广东省民俗文化研究会会议论文集
（2016—2019）

广东省民俗文化研究会　深圳博物馆 编
主　编　肖海明　叶杨
副主编　蔡惠尧　兰维

文物出版社

图书在版编目（CIP）数据

广东省民俗文化研究会会议论文集：2016-2019 / 广东省民俗文化研究会，深圳博物馆编 . -- 北京：文物出版社，2021.1

ISBN 978-7-5010-6975-0

Ⅰ . ①广… Ⅱ . ①广… ②深… Ⅲ . ①风俗习惯－文化研究－广东－文集 Ⅳ . ① K892.65-53

中国版本图书馆 CIP 数据核字（2021）第 003960 号

广东省民俗文化研究会会议论文集（2016—2019）

广东省民俗文化研究会　深圳博物馆 编

责任编辑：王　伟
责任印制：张　丽
出版发行：文物出版社
地　　址：北京市东直门内北小街 2 号楼
网　　址：http://www.wenwu.com
印　　刷：雅昌文化（集团）有限公司
版　　次：2021 年 1 月第 1 版
印　　次：2021 年 1 月第 1 次印刷
开　　本：889mm×1194 mm　1/16
印　　张：23.375
书　　号：ISBN 978-7-5010-6975-0
定　　价：198.00 元

序

广东省民俗文化研究会前身为广东省民俗文化研究专业委员会，成立于 1987 年 7 月，至今已 33 年。秉持推动广东民俗文化发展的初衷，研究会积极运作，连续举办了数期全省性的民俗学基础培训班、十余期学习班及理论研讨会，其中在广州番禺职业技术学院举办的全省非遗骨干培训班、在花都举办的全省民俗博物馆骨干培训班等受到了社会各界的广泛好评，为全省非遗调查研究和民俗博物馆建设做出了积极贡献。

尤其是 2015 年以来，广东省民俗文化研究会为深入推动广东民俗、民间工艺、民俗与旅游等有关领域的研究，先后与顺德博物馆（2016）、东莞福木源博物馆（2018）、深圳博物馆（2019）等机构合作，举办了三次主题研讨会。会议得到中国民俗学会的大力支持，众多会员和民俗研究者广泛研讨交流，深化了学界对有关问题的研究和认识。

此次特将三次主题研讨会的学术成果结集出版，以飨读者。篇幅所限，论文集收录了参会论文 30 篇，涵盖民俗与水神信仰、广东民俗与民间工艺及民俗与旅游等多个研究领域。作者们运用了田野调查、文献梳理、比较研究等方法，论域广泛，新意迭出，有效地推进了广东民俗的相关研究，也有助于读者了解广东民俗的历史及发展现状。

论文集的顺利出版，首先要感谢深圳博物馆的慷慨资助，也要感谢顺德博物馆、东莞福木源博物馆对会议的大力支持。其次，要诚挚感谢各位论文作者的优秀成果，使论文集具备了足够的学术分量。

2019 年，广东省民俗文化研究会与广东省博物馆合作，共同创办了《艺术与民俗》杂志，为民俗研究者开辟了一个新的学术交流平台，在学界产生了较大反响。今后，广东省民俗文化研究会将继续发挥好学术交流的平台作用，为广东民俗研究和学术交流添砖加瓦，为广东文化强省建设做出更大贡献。

广东省民俗文化研究会会长　肖海明

2020 年 12 月

目 录

2016 · 顺德

民俗与水神信仰

福建莆田博物馆藏清代《天后圣迹图轴》研究

肖海明*

【摘要】清乾隆欧峡绘《天后圣迹图轴》，纸本设色，原图共四幅，现存三幅，图轴原藏于福建涵江霞徐天妃宫，现藏于莆田市博物馆。本文从与福建仙游枫塘宫清代《天后显圣图轴》和中国国家博物馆藏清代《天后圣母事迹图志》比较的角度，对该图轴的来历简况、图像内容、绘画特色、使用功能等相关问题进行了较为深入的探讨。

【关键词】天后；圣迹图；欧峡

一、涵江霞徐天妃宫和欧峡《天后圣迹图轴》简况

涵江霞徐天妃宫，俗称旧宫，位于霞徐霞明镜（今霞徐街新开河畔）。创建于南宋，明成化十八年（1482）重建，清康熙四十八年（1709）和乾隆四年（1739）都进行了较大规模的修缮。霞徐天妃宫最盛时期共有殿宇五座，面积达一千多平方米；主殿一座，殿前有拜亭，两侧有钟鼓楼。围墙两侧设有“海晏”“河清”两宫门。民国时，天妃宫曾一度遭到破坏。民国三十三年（1944），乡人在霞徐天妃宫内创办“霞徐保国民学校”（今霞徐小学前身），天妃宫的拜亭、钟鼓楼、正殿等建筑都被改为教学、办公用房。1994 年，霞徐小学另行迁建，天妃宫得以重修。

现在的天妃宫坐东朝西，由宫埕、拜亭、正殿、观音殿组成，是一组规模庞大、气势恢弘的建筑群。整座宫砖墙环绕，庄严的南门重檐翘角，大门上方正中悬挂蟠龙

本文系国家社科基金“妈祖图像的收集、整理与研究”（16BZJ045）的阶段性成果。

* 肖海明，中山大学博士，中国社会科学院博士后。现任广东省民俗文化研究会会长、广东省博物馆馆长、研究馆员。

环绕的“天妃宫”匾额。大门内是一个宽阔雅洁的宫埕，正中立有一尊妈祖石像。进去则是一座约一百平方米的四角拜亭，正中悬挂“慈航普渡”匾额。拜亭后面便是供奉妈祖的正殿，面阔七间，门楣上悬挂着“灵显九圣”匾额。殿内雕梁画栋，金碧辉煌，梁、檩等上面还保留着历代乐捐人士的芳名。左右墙壁上彩绘《天后圣迹图》。正殿的神龛上方高悬一块红底黑字的“海不扬波”匾额。神龛正中供奉着妈祖神像，正前方还有一尊软身妈祖神像端坐在神轿中。神龛两侧还供奉着晏公、四海龙王等。殿内左右则站立着千里眼和顺风耳。偏殿里供奉妈祖父母圣父、圣母。殿后是一座双层观音楼，供奉观音。宫埕中的妈祖石像、拜亭、正殿和观音殿呈轴线分布，错落有致。

霞徐天妃宫是涵江最古老和最具代表性的天妃宫，宫内藏有碑刻、古画等珍贵文物。如明代彩绘星象图、清乾隆欧峡所绘《天后圣迹图轴》[1]、乾隆二十八年（1763）《兴安会馆香灯会碑记》碑、上刻“道光壬午年（1822）花朝，海关虞朝标手植荔枝四本香灯用”的方石柱等。本节所研究的欧峡所绘《天后圣迹图轴》就是霞徐天妃宫的原物。

欧峡《天后圣迹图轴》，纸本设色，原图共四幅，现存三幅，第一幅残长 190 厘米，宽 126.5 厘米；第二幅残长 198 厘米，宽 126.5 厘米；第三幅残长 168 厘米，宽 126.5 厘米。图轴原藏于福建涵江霞徐天妃宫，现为莆田市博物馆收藏。图轴中描绘了妈祖生平和灵应故事数十个，本图轴的特色是不同故事画面之间不用界框分隔，而是把不同时代和内容的故事巧妙地组合在一起，颇具匠心。本图轴另一个特色是一改此类绘画作品不署名的传统，在每幅画上都有画家欧峡的印鉴。欧峡，字元泰，福建莆田人，是清代乾隆年间的画家，擅画人物、花鸟，尚有多幅作品传世。他在存世作品《六将》中署款“泗华欧峡”，泗华为福建莆田地名，有唐代的著名水利设施泗华陂，今属莆田城厢区龙桥街道泗华村。[2] 从欧峡的署款和欧峡的生活时代，我们可以判断此套《天后圣迹图轴》为清乾隆年间的作品。

1. 明代彩绘星象图、清乾隆欧峡所绘的《天后圣迹图轴》现藏于莆田市博物馆。
2. 周金琰、蒋晓前辑纂：《妈祖文献史料汇编》第三辑，绘画卷上，海风出版社，2011 年，第 112 页。

二、欧峡《天后圣迹图轴》的内容辨析

图 1　欧峡《天后圣迹图轴》第一幅图

欧峡《天后圣迹图轴》原有四幅画轴，因第四幅遗失，其他三幅在长度上都有不同程度的缺损，再加上该图轴没有榜题文字或题记，不同故事画面之间也不用界框分隔，给画幅内容的辨认造成了一定的困难。现根据莆田市博物馆现藏的原图，结合妈祖相关的图像文献资料，尝试对现存的三幅画轴进行释读。

第一幅图（图 1）中可见的妈祖故事有 11 则：求佛赐子、天妃降诞、窥井得符、化草救商、菜甲天成、机上救亲、舫海寻兄、祷雨济民、降伏二神、龙王来朝、灵符回生。[3] 下面分别予以释读：

1. 求佛赐子

画面位于整幅画轴的中间偏上，是画面最显眼的位置之一。画中有一个四角亭子，亭子中央放着一张八仙桌，桌上小椅子上放着一尊白衣观音像，前有香炉、净瓶等拜祭物，一中年妇人作点香烛状，桌前一位中年男子虔诚跪拜观音，似在祈求着什么。联系《天妃显圣录》故事可知，他们是妈祖的父母，正在祈求观音赐子。

3. 欧峡《天后圣迹图轴》本身没有榜题文字，此处的榜题文字为笔者参照前述清代仙游枫塘宫《天后显圣图轴》所加。

2. 天妃降诞

画面位于整幅画轴的左侧中部，画中可见一座普通民房建筑，床上坐着一位已经分娩的母亲，床边有一个赤裸的婴儿和一个接生的妇女，旁边还有侍女、红盆等物，画面反映的是天后出生时的情景。

3. 窥井得符

画面位于整幅画轴的中上部右侧，画面人物达九人之多，与中国国家博物馆藏《天后圣母事迹图志》和枫塘宫《天后显圣图轴》最大的不同是捧符的神人跳出了井外，一副尊贵的道教仙官模样，还有两位武士护卫。天后和侍女们都仰头观看，体现出赐符神人的尊贵身份。

4. 化草救商

画面位于整幅画轴的上部，在汹涌的大海中，一艘帆船遇险，船上的人正在虔诚祈祷，船下的水中露出几根大木。从《天妃显圣录》“化草救商”条故事可知，此图描绘的是天后化草救商故事，大木即为草所化。

5. 菜甲天成

画面位于整幅画轴的左侧下部，本图与中国国家博物馆藏《天后圣母事迹图志》和枫塘宫《天后显圣图轴》的画面布局差别较大，但从山坡上清晰的菜苗可以判断出，此图描绘的是《天妃显圣录》所述“菜甲天成”故事。

6. 机上救亲

画面位于整幅画轴的上部左侧，一间民房内，天后坐在织机前“闭睫游神”，母亲正准备拍她，一缕白气延伸向天后出元神救父兄的大海方向。此图因空间有限，比中国国家博物馆藏《天后圣母事迹图志》和枫塘宫《天后显圣图轴》“机上救亲”图更为简化。

7. 航海寻兄

画面位于整幅画轴的上部中间的大海中，天后在波涛滚滚的大海中左手抓着一位老者，当为父亲，前面水中还有一个年轻男子正在拼命抓着木头，当为遇险的天后之兄。天后的右手无力地下垂着，暗示救兄的失败结局。

图 2　欧峡《天后圣迹图轴》第二幅图

8. 祷雨济民

画面位于整幅画轴的右上角，画中众人抬着一座神舆，神舆里坐着一位仗剑披发，类似真武大帝的神灵。神舆前有敲锣打鼓的队伍，有一个敲木鱼的僧人模样和一个摇法铃的道士模样的两人跟在妈祖的身后，一起带领着游行祈雨的队伍。此图有意识地将佛道人物融合起来，妈祖也以凡人身份出现，而不像中国国家博物馆藏《天后圣母事迹图志》和枫塘宫《天后显圣图轴》"祷雨济民"图中妈祖显现在云端。

9. 降伏二神

画面位于整幅画轴的左下角。图中可见千里眼和顺风耳放下手中的武器，跪倒在天后的面前，表示"愿皈正教"[4]，遂成为天后的二将。

10. 龙王来朝

画面位于整幅画轴的底部。图中的四海龙王都盛装执圭，在旌幡队伍的护卫下，一齐来虔诚朝拜天后。画面风幡飞动，场面热烈。此图四海龙王齐朝拜的场面与中国国家博物馆藏《天后圣母事迹图志》和枫塘宫《天后显圣图轴》的一个龙王或龙子来

4. 蒋维锬、周金琰辑纂：《妈祖文献史料汇编》第二辑，著录卷上，中国档案出版社，2009 年，第 89 页。

朝拜的场景明显不同。为了节省空间，此图和降伏二神图共用一个天后形象，体现了画家的巧妙构思。

11. 灵符回生

画面位于整幅画轴的右侧中下部。画面在一间房屋内展开，莆田尹坐在主位上，妈祖侧坐于桌子的对面。一位侍者端来了应为九节菖蒲的物件。此画与中国国家博物馆藏《天后圣母事迹图志》和枫塘宫《天后显圣图轴》“灵符回生”图最大的不同是天后地位的不同，此图中莆田尹居于主位，俨然以主人自居，天后反倒成为次要人物。而上两图中天后居于主导地位，莆田尹则处于求拜的身份。从《天妃显圣录》故事来看，此图的描绘更为真实，因故事发生在天后升天之前。

第二幅图（图 2）中可见的妈祖故事有 9 则：收伏晏公、伏高里鬼、断桥观风、收伏二怪、湄屿飞升、托梦建庙、枯楂显圣、铜炉溯流、圣泉救疫。下面分别予以释读：

1. 收伏晏公

画面位于整幅画轴的左侧上部。图中天后在一个圆形香几前掐诀作法，对面晏公和其所变的神龙都浮出水面，准备接受天后的收伏，千里眼和顺风耳二将在协助天后的收伏工作。此图与中国国家博物馆藏《天后圣母事迹图志》和枫塘宫《天后显圣图轴》“收伏晏公”图中天后在船上收伏晏公的画面不同，应该属于不同的图像传统。

2. 伏高里鬼

画面位于整幅画轴的左侧上部。图中天后手握拂尘立于庭院中作法，现出原形的高里小鬼抱头躲在一棵大松树后，前有一只小鸟，天后的二将之一正挥舞着大刀。

3. 断桥观风

画面位于整幅画轴的左侧上部。图中一座大石桥从中间坍塌在水中，桥下水中有两条张牙舞爪的巨龙，从《天妃显圣录》“断桥观风”故事可知，此二龙即为兴风作怪的二孛。此图与中国国家博物馆藏《天后圣母事迹图志》和枫塘宫《天后显圣图轴》“断桥观风”图最大的不同是此图描绘的石桥真为断桥，更贴近文献所记的断桥事实。

4. 收伏二怪

画面位于整幅画轴的右侧顶部。天后手握拂尘立于一船的尾部，前面一位绿衣将军模样的人正在向天后作揖行礼。船头的水面上有一位红衣将军模样的人。从《天妃显圣录》“收伏嘉应、嘉佑”故事可知，绿衣将军为嘉应，红衣将军为嘉佑。此图在中国国家博物馆藏《天后圣母事迹图志》和枫塘宫《天后显圣图轴》中都是用两幅图来反映，这里为了节约空间，将两船、两天后合并为一只船、一位天后，由于构思巧妙，画面和谐完整，并无局促之感。

5. 湄屿飞升

画面位于整幅画轴的左侧顶部。画面中有四位身着各色衣服的女子作遮手仰头观看状，由于上面的画面缺损，无法看到，但我们从《敕封天后志》《天后圣母圣迹图志》版画图像可知，这些女子为天后的好姐妹们，她们正在目送天后白日飞升。

6. 托梦建庙

画面位于整幅画轴的中部显眼位置。画面描绘了一幅生动紧张的建庙劳动场景，木工们有的用弯锯锯木，有的用刨子刨木，有的正在度量着木料；泥瓦工们有的在和泥，有的在运砖，有的在砌墙；还有人用锤子敲打着凿子正在凿着什么。这些劳动者中有老人，更多的是壮年劳力，人物衣着简朴，表情生动自然，充分表现了画家对生活的细致观察能力和高超的艺术表现力。

7. 枯楂显圣

画面位于整幅画轴的右侧下部。画面可见水中漂浮着一个发光的枯楂，一渔夫正在用一个带“十字”长杆试探，渔夫后面站着一位官员模样的人物，应为《天妃显圣录》“枯楂显圣”故事中所记的带头营建天后庙宇的“制干李公”。

8. 铜炉溯流

画面位于整幅画轴的右下角。画中可见两个乡民正在将一个漂流而至的铜香炉搬到岸边，岸边一个乡民作招手状。此图与中国国家博物馆藏《天后圣母事迹图志》和枫塘宫《天后显圣图轴》相比图像极其简略，只是将最具特征的故事情节描绘出来，延续了中国圣迹图像的传统。在真武大帝的灵应故事中，常有水涌洪钟的传说，与此故事类似。

9. 圣泉救疫

画面位于整幅画轴的左下角。画面在一座民居前展开，在水边的一口井旁，有人在打水，有人在担水，有人在抱着罐子装水，也有小孩子正在井边用碗喝水，一片繁忙的取圣水场面。民居前的一老一少正在好奇地探头观看，为妈祖赐圣泉而惊异。中国国家博物馆藏《天后圣母事迹图志》中没有绘出井和泉，枫塘宫《天后显圣图轴》则画了一条小溪，内容表现大同小异。

图 3　欧峡《天后圣迹图轴》第三幅图

第三幅图（图 3）中可见的妈祖故事有 4 则：祷神起碇、一家荣封、紫金山助战、助擒周六四。下面分别予以释读：

1. 祷神起碇

画面位于整幅画轴的顶部左侧。画面可见大海中的一艘船上，船工们在紧张忙碌地准备起锚。船下的水中天后坐在船碇（锚）上，沿着拴锚的绳子，有一个船工正在水下看个究竟。此图与中国国家博物馆藏《天后圣母事迹图志》和枫塘宫《天后显圣图轴》较为相似，《天后圣母事迹图志》中坐在碇上的是一个妖怪，而不是天后。

2. 一家荣封

画面位于整幅画轴的中部右侧显要位置。画面在一座庄严的殿宇前展开，天后头戴金冠，双手执圭，与盛装的父母、哥哥和五个姐姐立于殿前，均作拱手答谢状。他们对面的宫扇下，有一位官员模样的人物似正在捧着皇帝的诏书。倚栏还有两位见证人物，其一为道士打扮。画面中虽然所有人物都在殿前，但天后一家在浮云之上，暗示着凡圣之间的明确区分。

3. 紫金山助战

画面位于整幅画轴的下部，几乎占据了整幅画的一半空间。画面在山间展开，大宋军队处于追击的态势，士气高昂，“宋”字大旗高扬，还有两位全身虎皮的战士在奋勇杀敌，旁边的千里眼和顺风耳二将也在为宋军助战。金兵且战且退，难以招架。“金”字大旗也黯然无光。此图与中国国家博物馆藏《天后圣母事迹图志》和枫塘宫《天后显圣图轴》“紫金山助战”图类似，不同的是这两幅图中天后亲自出现助战，而此图中只是派二将助战。

4. 助擒周六四

画面位于整幅画轴的右上角。画面中一位骑马的将军率领着一队全副武装的军士，押解着一批囚犯，领头的囚犯关押在木栅囚车内，其余的捆绑双手拴在一起。此图仅从画面擒寇的内容来看，难于分辨，因温台剿寇、平大奚寇、助擒周六四等故事都可以用此图表示，但结合枫塘宫《天后显圣图轴》、中国国家博物馆藏《天后圣母事迹图志》和道光十二年（1832）苏州版《天后圣母圣迹图志》版画等相关图像资料来看，此图应为“助擒周六四”。

三、欧峡《天后圣迹图轴》的综合考察

从上节可知，欧峡《天后圣迹图轴》现存的三大幅图中共包含24个故事，这些故事基本上与《天妃显圣录》一致，以时间的先后排列。但由于不同故事之间没有用界框分隔，此图的排序根据画面的需要做了适当的调整，具有自己的特色。可以看出，《天后圣迹图轴》是在画家的统一构思下完成的，每一大幅图轴都分前景、中景和后

景三个部分：前景主要安排一些动作幅度比较大，需要充分展开来展示的内容如紫金山助战、龙王来朝等；中景主要安排亭台楼阁，需要重点展示、故事内容比较平和的画面，如一家荣封、灵符回生等；后景主要表现在大海中与海难、救助等有关的内容，如化草救商、祷神起椗等，缥缈的大海伸向远方，也增加了整幅图的悠远之感。由于照顾到整个画幅布局的错落有致、和谐美观，不可避免地影响到故事顺序的调整，使各幅图的故事排列顺序看起来较为混乱。再加上图中没有榜题文字或题记，给本图的释读造成一定的困难，这是本套图的缺点所在。但此图把不同时代和内容的故事组合在一起，各节故事之间衔接巧妙，自然得体，又体现了画家欧峡高超的艺术表现力和构图能力。从使用功能来看，此图与枫塘宫《天后显圣图轴》的功能相同，作为庙宇收藏的画轴，在妈祖庙宇里的一定节日期间悬挂，主要的功能是宗教宣传、信仰教化、烘托宗教氛围等。

欧峡《天后圣迹图轴》与枫塘宫《天后显圣图轴》和中国国家博物馆藏《天后圣母事迹图志》相比有同有异。相同的方面有：1. 故事来源相同。从欧峡《天后圣迹图轴》的故事来源看，也源于《天妃显圣录》系统的故事，与上述两套图同出一源。2. 画面构图有许多相似之处。比较上述三套图可知，三套图中有许多故事画面构图近似，如机上救亲、紫金山助战、一家荣封、祷神起椗、伏高里鬼等，相互应该有渊源关系。3. 欧峡《天后圣迹图轴》中的建筑、船舶与枫塘宫《天后显圣图轴》相似。欧峡《天后圣迹图轴》中的建筑和建筑装饰风格与枫塘宫《天后显圣图轴》中的极为相似，如建筑屋顶的瓦面形制、建筑物屋檐下的装饰风格，亭台楼阁角下的红色封檐板等；欧峡《天后圣迹图轴》中船舶的形状与枫塘宫《天后显圣图轴》中的也比较相似，如船舷的装饰风格、草席制作的风帆等。从前文可知，欧峡是莆田人，莆田仙游枫塘宫《天后显圣图轴》的作者也是莆田、仙游当地人，受相同地域文化的影响，两图表现出一些相同的地域化特色也是符合逻辑的。

从本节第二部分有关天后故事内容的分析可知，欧峡《天后圣迹图轴》与枫塘宫《天后显圣图轴》和中国国家博物馆藏《天后圣母事迹图志》亦有许多不同之处：

1. 强调天后的凡间身份。欧峡《天后圣迹图轴》在描绘天后升天前的凡间故事时，更强调天后当时的凡人身份，如“祷雨济民”图（图 1）中，天后以凡人的身份带领着整个游行祈雨的队伍到庙求雨。而不像中国国家博物馆藏《天后圣母事迹图志》和枫塘宫《天后显圣图轴》“祷雨济民”图（图 4、图 5）中妈祖和雷公显现在云端，求雨队伍似乎是在向妈祖神求雨，显然是已经把妈祖作为神圣来看待了。又如“湄屿飞升”残图（图 2）中可见到妈祖的四位好姐妹在依依不舍地目送妈祖白日飞升，表明妈祖与凡间的紧密联系。而中国国家博物馆藏《天后圣母事迹图志》和枫塘宫《天后显圣图轴》“湄屿飞升”图（图 6、图 7）中，妈祖孤身一人，并无姐妹陪伴，尤其在中国国家博物馆藏《天后圣母事迹图志》中，妈祖更是在云朵之上，表明已经与凡间划清了界限。再如“灵符回生”图（图 1）中莆田尹居于主位，俨然以主人自居，天后反倒成为次要的人物。而枫塘宫《天后显圣图轴》和中国国家博物馆藏《天后圣母事迹图志》“灵符回生”图（图 8、图 9）中，天后居于主导地位，莆田尹则处于求拜的身份。从故事发生在妈祖升天前的事实来看，欧峡《天后圣迹图轴》的描绘更符合当时天后的真实情况，也反映了该图对妈祖凡间身份的强调。

2. 擅长描绘劳动场景。欧峡《天后圣迹图轴》中有多幅描绘普通民众劳动的生动场面，如“托梦建庙”图（图 2），画面被安排在整幅画轴的中部最显眼位置，画面中无论描绘木工锯木、刨木、量木，还是描绘泥瓦工和泥、运砖、砌墙等都细致入微，生动传神。又如“圣泉救疫”图（图 2），画面在一座民居前展开，在水边的一口井旁，有人在打水，有人在担水，有人在抱着罐子装水，也有小孩子正在井边用碗喝水……动作到位传神。这些画面都充分表现了画家欧峡对生活的细致观察能力和对这些普通劳动场面的熟悉。

3. 更忠实于《天妃显圣录》的故事原文。欧峡《天后圣迹图轴》与枫塘宫《天后显圣图轴》和中国国家博物馆藏《天后圣母事迹图志》相比，多个故事画面的描绘更忠实于《天妃显圣录》的故事原文。如“断桥观风”图（图 2），图中一座大石桥从中间坍塌在水中，桥下水中有两条张牙舞爪的巨龙。而枫塘宫《天后显圣图轴》和中国国家博物馆藏《天后圣母事迹图志》中石桥都没有塌下来，从《天妃显圣录》“断

图 4　中国国家博物馆藏《天后圣母事迹图志》“祷苍穹雨济万民”图

图 5　枫塘宫《天后显圣图轴》“祷雨济民”图

图 6　中国国家博物馆藏《天后圣母事迹图志》“证仙班九日升天”图

图 7　枫塘宫《天后显圣图轴》“湄屿飞升”图

图 8　枫塘宫《天后显圣图轴》“灵符回生”图

图 9　中国国家博物馆藏《天后圣母事迹图志》“莆田尹求符救疫”图

桥观风”条“一日，忽怪风扫地，霹雳如雷，桥柱尽折，人病涉水”[5]的记载可知，欧峡《天后圣迹图轴》的描绘更忠实于原文。又如“一家荣封”图（图 3），天后头戴金冠，双手执圭，与盛装的父母、哥哥和五个姐姐立于殿前，均作拱手答谢状。这里特意将天后的五个姐姐都描绘了出来，而在枫塘宫《天后显圣图轴》和中国国家博物馆藏《天后圣母事迹图志》中，天后姐姐的数量分别为象征性的两个和三个。从《天

5. 蒋维锬、周金琰辑纂：《妈祖文献史料汇编》第二辑，著录卷上，中国档案出版社，2009 年，第 90—91 页。

妃显圣录》“天妃诞降本传”条记载妃父“娶王氏，生男一，名洪毅，女六，妃其第六乳也”[6]可知，欧峡《天后圣迹图轴》的描绘更忠实于原文。

4. 更强调佛道人物的在场。欧峡《天后圣迹图轴》与枫塘宫《天后显圣图轴》和中国国家博物馆藏《天后圣母事迹图志》相比，在一些故事图画中，有意安排佛道人物在场。如“祷雨济民”图（图1），画中众人抬着一座神舆，神舆前有敲锣打鼓的队伍，有一个敲木鱼的僧人模样和一个摇法铃的道士模样的两人跟在妈祖身后，一齐带领着游行祈雨的队伍。又如“一家荣封”图（图3），画面描绘的是天后一家受皇帝敕封的场面，其中倚着石雕栏杆的两位见证这一“荣封”盛典的人物，均为仙道人物打扮，其中一位红衣者还头戴道冠。这种有意安排佛道人物在场的图像，主要的目的应为利用佛道的强大影响力，增强画面的宗教氛围。从一个侧面也说明了佛道教对妈祖信仰的影响。

5. “一神两用”的构图特色。欧峡《天后圣迹图轴》与枫塘宫《天后显圣图轴》和中国国家博物馆藏《天后圣母事迹图志》相比，由于所有的故事画面没有界框分隔，画轴的空间又十分有限，因而有时候两个故事画面共用一个天后形象。如“降伏二神”图和“龙王来朝”图（图1）就共用一位身着黑衣、手持飘带的天后形象。又如“收伏二怪”图（图2），将在枫塘宫《天后显圣图轴》和中国国家博物馆藏《天后圣母事迹图志》中都是用两幅图来反映的天后收伏嘉应、嘉佑的故事合而为一，将两船、两天后合并为一船、一天后，由于构思巧妙，画面和谐完整，并无局促之感。

6. 其他特色。欧峡《天后圣迹图轴》还有一些图画与枫塘宫《天后显圣图轴》和中国国家博物馆藏《天后圣母事迹图志》相比具有自己的特色。如“龙王来朝”图（图1），图中的龙王共有四位，显然是指东西南北四海龙王，四海龙王带着旌幡护卫来朝，场面盛大，而不像枫塘宫《天后显圣图轴》和中国国家博物馆藏《天后圣母事迹图志》中只有东海龙王带众水族来朝。笔者田野调查时发现，涵江霞徐天妃宫里所供奉的也是四海龙王，可见此图明显受到了当地文化传统的影响。又如“窥井得符”

6. 蒋维锬、周金琰辑纂：《妈祖文献史料汇编》第二辑，著录卷上，中国档案出版社，2009年，第87页。

图（图 1），画面中捧符的神人跳出了井外，一副尊贵的道教仙官模样，还有两位武士护卫。天后和侍女们都仰头观看，表现了赐符神人的尊贵身份。这与枫塘宫《天后显圣图轴》、中国国家博物馆藏《天后圣母事迹图志》《敕封天后志》、道光十二年苏州版《天后圣母圣迹图志》等绘画、版画中描绘的捧符神人半身露出井外的惯常形象颇为不同。但此图与刊刻于道光六年（1826）的《天后本传》一书中的“窥井得符”图（图 10）就较为相似，《天后本传》图中的捧符神人为身披铠甲的将军形象，也有两位武士持旌幡护卫。可见绘画和版画之间存在着相互影响的关系。再如“助擒周六四”图（图 3），画面中一位骑马的将军率领着一队全副武装的军士，押解着一批囚犯，领头的囚犯关押在木栅囚车内，其余的捆绑双手拴在一起。用囚车来运送主要犯人，在枫塘宫《天后显圣图轴》、中国国家博物馆藏《天后圣母事迹图志》等类似图像中为仅见。

图 10　《天后本传》“窥井得符”图

总之，经过上述跨图像比较后，我们发现：虽然欧峡《天后圣迹图轴》与枫塘宫《天后显圣图轴》和中国国家博物馆藏《天后圣母事迹图志》相比在故事来源、画面构图等方面有许多相似之处，但从上述六个方面的不同之处可知，欧峡《天后圣迹图轴》与枫塘宫《天后显圣图轴》和中国国家博物馆藏《天后圣母事迹图志》显然不是来源于一个母本，有着自己独特的发展脉络。

南海神与达奚司空的历史考据与民间传说

曾应枫*

【摘要】南海神信仰从官府的拜祭演变成民间的诞会，从南海神诞演变为波罗诞，成为广州地区有着千百年悠久历史和丰富文化底蕴的盛大庙（诞）会。本文从南海神与达奚司空有关历史的不同记载及其民间传说的发展，厘清千百年来从典籍到传说的演变，及达奚司空与南海神从人到神的关系的演变。

【关键词】南海神；南海神诞；波罗诞；达奚司空；民间传说

说起有着悠久历史和丰富文化底蕴的广州波罗诞，必须了解南海神庙，了解庙中南海神的来龙去脉。南海神作为一个海上航行与贸易的保护神，传说是来自中原的炎帝之孙，名祝融，是合水火为一的神祇。他端坐在南海边的神庙中，始于隋文帝时。《隋书·礼仪志》记："开皇十四年（594）闰十月，诏……东海于会稽县界，南海于南海镇南，并近海立祠。"自隋唐起，南海神庙一直是历代帝王祭祀南海的场所。祝融成为南海神后，每个朝代的皇帝都想与之结缘，并不断地将其神位晋升，从王称为帝，从帝为王，几上几下，让人看花了眼。南海神 1400 多年的封王经历错综复杂，内涵丰富，每一次被加封或封号变动都与政权的更替或重大的国事活动有关，但民间对南海神的崇拜与感情仍旧，在民众的心中，在历朝皇帝加给南海神如此缤纷的封号中，最为民众信奉的是"南海神"和"南海洪圣王"。

---

* 曾应枫，广东省文化学会副会长，广州文学艺术创作研究院一级作家。

古代广州南海神有东西二庙。东庙位于今天的广州黄埔区南岗镇庙头村，始建于594年，近年已修复一新。西庙位于今天的荔湾区文昌北路广州酒家一带，1923年被广州市长孙科充公拆毁卖地皮了。现在人们说起南海神庙，一般指的都是东庙。古人认为东西南北四海神中，南海神最贵。南宋诗人杨万里《题南海东庙》诗云："大海更在小海东，西庙不如东庙雄。南来若不到东庙，西京未睹建章宫。"他认为如果南来广州而不到东庙游览，就如到了长安却不去参观建章宫一样虚此一行，由此可见其当时之殿阁巍峨，规模宏伟，确实是当时公认的广州标志性建筑物之一。

由于每年的南海神诞日朝廷及民间参与了对南海神的隆重祭祀，到宋代，南海神诞已是一个远近闻名的节诞，节诞期从每年农历二月十一至十三日。人们也多了一个位于广州城附近的南海神庙西庙去拜谒，如杨万里《二月十三日谒西庙早起》诗云："起来洗面更焚香，粥罢东窗未肯光。古语旧传春夜短，漏声新觉五更长。近来事事都无味，老去波波有底忙。还忆山居桃李晚，酴醾为枕睡为乡。"从"老去波波有底忙"以下三句，可知其谒庙是必须履行的公务职责而非闲情逸致的个人行为。诗题中指明二月十三日谒西庙，可见那时已普遍以此日为南海神的诞辰了。为了拜谒南海神，杨万里起身很早，以至于用完粥后东方之窗尚未见明，而且"洗面更焚香"，可见其恭敬虔诚。

南宋诗人刘克庄有《即事》诗二首："香火万家市，烟花二月时；居人空巷出，去赛海神祠。""东庙小儿队，南风大贾舟；不知今广市，何似古扬州。"诗中描述了"烟花二月时"，"万家""空巷"前往南海神庙"赛神"的盛况，并将其与古代扬州之繁华相提并论，反映出当时"东庙"（即今南海神庙）庙会的热闹景象。

明代的大戏剧家汤显祖，多次到南海神庙游览祭神，题诗描述神庙的风采："不到东洲驿，来朝南海王。虎门熛赤气，龙阙动朱光。铜鼓声威汉，金碑字隐唐。炎池堪浴日，今夜看扶桑。"清代诗人丘逢甲写了诗《波罗谒南海神庙五十二韵》，他把波罗诞的各项活动内容描绘得淋漓尽致，如百戏云集，市集上售卖的波罗鸡，甚至连疍民的讲价，四乡的民安富饶等民情风俗，也一一写进诗中。该诗为："红棉二月花，庙瓦朱璘璘。斑斑两铜鼓，神威借而伸。雄鸣雌辄应，奔走百粤民。东风吹万艘，打桨波罗春。神寿知几何……”。

清朝嘉庆年间举人崔弼撰编的《波罗外纪》，生动详尽地记载了清代波罗诞会盛况：波罗庙每（年）岁二月初旬，远近环集如市，楼船花艇，小舟大舸，连泊十余里。有不得就岸者，架长篙接木板做桥，越数十重船以渡。其船尾必竖进香灯笼，入夜明烛万艘与江波辉映，管弦呕哑，嘈杂竟十余夕，连声爆竹，灯火通宵。登舻而望，真天宫海市不过如是矣。至十三日，海神诞期，谒神者仅三更烧豭（小公猪）、蜡、燕、斋、楮、帛、蚖脂，络绎庙门填塞不能入庙……

以上的诗文典籍记载，南海神（诞）赛会的历史已经有一千多年了，影响波及广州珠江三角洲一带。至于为什么宋代的“去赛海神祠”到清代称为“波罗诞会”，南海神庙又称为波罗庙？这与站在南海神庙前东侧的达奚司空像有关。

有关达奚司空，民间有几个传说，一说唐朝时，波罗国（古印度）派了朝贡使达奚前来中国朝贡，到南海神庙参拜，并把随身带来的两棵波罗树苗种在庙前；另有一种说法是说番船经过长途航行到达南海神庙时，那些船员不停地朝着南海神庙喊着“波罗蜜、波罗蜜！”当地人听到了，以为这些番人所说的“波罗”就是指南海神。后来在民间，有人发挥想象力，说“波罗”是梵语，彼岸之意，“蜜”是到达之意，“波罗蜜”即“到达彼岸”之意；番船经过长途航行到达南海神庙时，那些船员不停地朝着南海神庙喊着“波罗蜜、波罗蜜”，当地人听到了，以为这些番人所说的“波罗”就是指南海神。后来人们听多了，也就跟着番人称这为“波罗庙”，叫“波罗诞”了，云云。

此说活灵活现，但有文献依据吗？据当代历史学家赵立人生前考据，梵语“波罗蜜”，按《金刚般若波罗蜜经》题解，确可译为到彼岸，此说其实是以此为据。故事的创作者想当然地认定，这些来到南海神庙的番船船员说的肯定是梵语，这可是个美丽的误会。其实，早在公元前 4 世纪之前，梵语已经脱离了普通使用。梵语的知识在古印度是社会等级层次高和教育程度高的标志，并主要教授给高等世袭阶级的成员。梵语作为古印度的学术语言，与俗语同时共存，而俗语演化成了中古印度—雅利安方言，并最终演化成了当代的各种印度—雅利安语言（参阅维基百科的“梵语”和“波你尼”两条目）。隋唐及后来到中国的印度船员说的无疑是俗语而不是梵语。这故事只能说是民间传说。

说到“波罗”，人们就会想到南海神庙前东侧站立的达奚司空立像，他黑面白眼，左手举额前望。关于他的身份，有两种记载，还有不少民间传说。其一，南宋王象之《舆地纪胜》记：“助利侯庙：本达奚司空也，梁普通中，菩提达摩由天竺与二弟航海而至，司空其季弟也。”旧日南海神庙前的宋代许得已《南海庙达奚司空记》碑则有更多细节：“达奚司空，不知其世次终始，或云梁普通中，菩提达摩由南天竺国与其二弟航海而至，司空其季也，道经扶胥之口，般庙谒王，王留与共治，司空不可，起欲遂去，揖死坐间。今其像犹故时，所以见王之身有欲去而不得免之状。”说达奚司空是梁武帝时由印度来华传播佛教禅宗的菩提达摩的小弟弟。当菩提达摩带着两个弟弟航海到达南海神庙时，达奚被南海神邀请留下辅助治理。他不愿接受，就在揖别要起身离去时死在座位上——其实是被南海神硬留下来辅政了。

其二，南宋绍兴十五年（1145）方渐《六侯之记》碑（有人认为是后人伪托）所记则略异：“达奚司空，庆历中阮遵有记云：普通菩提达摩由南天竺国与二弟航海而至，达奚乃季弟也。经过庙款谒王，王留共治，达奚立化（站着死去）庙门之东……今封助利侯。”明人韩雍《题达奚司空像》说：“兄为生佛弟为神，天竺西来剩一身。淡荡风光容貌在（或作“古”），南天俎豆未曾湮。”就是根据这个传说。今天的达奚司空造像是站在庙门外而不是坐在座位上，同于《六侯之记》。

其三，清屈大均《广东新语》卷 25“木语 · 波罗树”云：“相传波罗国有贡使携波罗子二，登庙下种，风帆忽举，舶众忘而置之，其人望而悲泣，立化庙左，……即达奚司空也。”南宋方信孺《南海百咏 · 波罗蜜果》云：“累累圆实大于瓜，想见移根博望槎。三百余篇谁识此，世间宁复有张华。”末两句是说，诗经三百余篇，多载草木之名，却未提及波罗蜜；世间哪还有像《博物志》的作者张华那样博学的人，能知波罗蜜的来历呢！南海神庙前的波罗蜜树很有名气，以致庙又称波罗庙，庙前的河道又称波罗江了。

那其祖宗“波罗国”的位置在哪呢？

赵立人先生考据，判断“波罗国”的位置，不应轻易相信那些上世纪末乃至本世纪才出现却又未举出可靠资料来源的臆说，如所谓“萧梁时称今南印度为波罗国，波罗国即婆罗门”之类，而应以尽可能接近相关事件发生时间的古代文献为依据。玄奘《大唐西域记》卷六、七记：“复大林中行五百余里，至婆罗痆斯国（旧曰波罗柰国，讹也。中印度境）。婆罗痆斯国，周四千余里。国大都城西临殑伽河（恒河），长十八九里，广五六里。闾阎栉比，居人殷盛，家积巨万，室盈奇货。人性温恭，俗重强学，多信外道，少敬佛法。气序和，谷稼盛，果木扶疏，茂草霍靡。伽蓝三十余所，僧徒三千余人，并学小乘正量部法。天祠百余所，外道万余人，并多宗事大自在天，或断发，或椎髻，露形无服，涂身以灰，精勤苦行，求出生死。大城中天祠二十所，层台祠宇，雕石文木，茂林相荫，清流交带。鍮石天像量减百尺，威严肃然，懔懔如在。”则波罗国当即玄奘译作“婆罗痆斯国”的波罗柰国（《新唐书》“列传”第一百四十六上作“波罗奈”，并云“亦曰波罗那斯”）的略称。由此可见，波罗（奈）国是中印度古王国。其都城波罗奈（Vārānasī）是印度地位最崇高的宗教圣地，当代译名为瓦腊纳西，是印度北方邦首府，位于恒河河畔。

有关达奚司空的真实身份，已故黄鸿光先生《〈六侯之记〉碑辨伪》根据《新唐书·艺文志》所记“达奚通《海南诸蕃行记》一卷”，以及王应麟《玉海》卷16所记：“达奚通《海南诸蕃行记》一卷，《书目》（按：指《中兴书目》）云：‘《西南海诸蕃行记》一卷，唐上元（高宗年号，674—675）中，唐州刺史达奚弘通撰，弘通以大理司直使海外，自赤土至虔那，凡经三十六国，略载其事。’”判断达奚司空即唐朝初年的达奚弘通，亦即达奚通。这与“波罗国贡使”一说本质上也并非完全不相容，因为正如郑和下西洋时有多国使者随其到中国一样，外国使节随达奚弘通到中国来是大有可能的，甚至可以说是常例。由于在口头流传过程中，史实往往会变形失真，民间传说中的所谓“达奚司空”，就既有可能是指达奚弘通本人，也可能是指随他来华的“波罗国贡使”，或二者的糅合体。达奚弘通所到的赤土，在马来半岛南端，学者对此已有一致意见；虔那，当即康泰《吴时外国传》中之加那调洲。《太平御览》卷七七一“帆”条引《吴时外国传》谓：“从加郍调州乘大伯舶张七帆，时风一月余日，乃入秦，大秦国也。”则其地当在印度洋西北海岸。无论达奚司空是否达奚弘通，按照唐代的海上交通条件，达奚弘通出使西南海诸蕃，必经南海神庙，这是古代中外交通的盛举，其功可与郑和媲美。故此在宣传南海神庙时，应予突出。

无论达奚司空的真实身份为何，他无疑和整个南海神庙一样，是广州作为海上丝绸之路始发港的象征，也是古代中外友好交往的见证。前引许得已《南海庙达奚司空记》还说：“番禺故都会也，控引海外。海外诸国贾胡，岁具大舶，赍重货，岁涉巨浸以输中国。当其天地晦冥，鲸呿鳌掷，惊发顷刻，乘之以烈风雷雨之变，舟人危惧，愿无须臾死，以号于神，其声未干，倏已晴霁。舟行万里，如过席上。人知王赐，出于神（按：指达奚司空）之辅赞，盖如此故祷谢不绝。”在科学技术还不发达的古代，航海贸易既可能获得丰厚的利润，也冒着极大的风险。对南海神和达奚司空的崇拜，实际上也鼓舞了人们战胜惊涛骇浪，完成万里远航。从这个角度来看，广州成为历史悠久、名闻遐迩的国际大港，南海神和达奚司空也有他们的贡献哩！

南海神信仰从官府的拜祭，演变成民间的诞会，从南海神诞演变为波罗诞，成为广州地区有着千年悠久历史和丰富文化底蕴的盛大诞（庙）会，是值得自豪并加以保护的。如今，广州波罗诞列入国家级非物质文化遗产保护名录，南海神庙成为国家重点文物保护单位。但请记住，正如清代丘逢甲的诗所言，“广州波罗诞”的主角是南海神，而不是站立在庙外廊的达奚司空。

参考文献：

[1] ［宋］杨万里著，辛更儒笺校：《杨万里集笺校》，中华书局，2007 年。

[2] ［宋］刘克庄著，辛更儒笺校：《刘克庄集笺校》，中华书局，2007 年。

[3] ［清］屈大均：《广东新语》，中华书局，1985 年。

[4] ［清］崔弼：《波罗外纪》，清光绪八年（1882）博陵崔氏补刻本。

[5] 王元林：《国家祭祀与海上丝路遗迹——广州南海神庙研究》，中华书局，2006 年。

[6] 龙庆忠：《南海神庙》，《广州文博通讯》增刊，1985 年。

[7] 曾昭璇、曾庆中：《南海神庙的历史地理》，《广州文博通讯》增刊，1985 年。

[8] 黄淼章、闫晓青：《南海神庙与波罗诞》，暨南大学出版社，2011 年。

[9] 赵立人：《粤海史事新说》，广东人民出版社，2017 年。

神明祭祀与工商业管理

——浅谈明清时期广东石湾的陶业与社会

黎丽明*

【摘要】广东石湾素有南国陶都之美誉，其朴拙传神的陶塑，自近代以来深受收藏家的喜爱，并引起研究者的关注，然而研究者甚少涉及明清时期的陶业经营。本文尝试以碑刻、族谱等地方文献资料，从社会组织及手工业、商业运作几方面，了解明清时期广东石湾的陶业及社会历史情况。在石湾，宗族及以宗族为基础、庙宇为中心的祭祀机构成为明清时期当地陶业用地、缴税与市场管理的重要组织单位，而行会组织则相对较晚才显现其重要性。

【关键词】石湾陶瓷；手工业；宗族；行会；民间信仰

前言

广东石湾素有“南国陶都”的美誉，是南方重要的陶器生产地，以民间日用陶器为主，行销两广地区及世界各地。石湾地处广东珠江三角洲的腹地，西江支流东平河的左岸，距离广东省省会广州市约 30 公里，距离东南面的明清四大名镇佛山约 6 公里。早在明末清初，南粤乡人已有“石湾瓦，甲天下”的美誉。明清时期的文人墨客在写到广东物产时，对石湾缸瓦多有提及。石湾陶塑，也就是“石湾公仔”在近代开始引起收藏家的关注，石湾陶业史逐渐走入研究者的视野之内。20 世纪 50 年代以后，考古发掘工作也推动了石湾早期陶业史的书写。然而，研究者主要是从艺术史、考古学等角度重建石湾陶器的历史，鲜少论及当地陶业的组织与经营以及当地社会的

* 黎丽明，广州艺术博物院副研究馆员。

管理。本文尝试通过碑刻、族谱等地方文献资料，将石湾陶业生产与其社会发展脉络联系起来，主要从当地陶业用地、缴税与市场管理几个方面，尝试探析明清时期的石湾陶业经营及社会管理的情况。

一、镇的兴起

明清时期石湾陶业的兴盛，以其优厚的地理、地质条件为基础。石湾的陶器，当地人称为“石湾缸瓦”，属陶器一类，原材料主要是粘土（陶泥）和砂。石湾一带，山岗众多，岗砂产量丰富。珠江三角洲是珠江河水所带来的泥沙冲积形成。远古时代这一带汪洋一片，岛屿零星分布其中。由上游冲积而下的泥沙逐渐形成平原，原来的岛屿便成了山丘。石湾的地貌也是在这一“沧海桑田”的地理转变中形成的。石湾山岗众多，山岗之间河涌密布，直接流入西江的支流——东平河。这一带的岗砂资源非常丰富。其次，山岗众多为龙窑的建造提供了极大的便利。龙窑以其形状如龙蜿蜒而上得名，长度约 30 至 50 米不等，需依山而建，火力能通过地势变化及风向作用从山脚的窑口传至山顶的窑尾。明清时期石湾烧制陶瓷的窑炉基本上都是龙窑。至迟在清代中期，本地已不能满足制陶所需的原材料。依靠便利的珠江三角洲水路交通网络，生产所需的陶泥、木柴（烧窑用）等可通过水路从清远、东莞、梧州等两广地区运至。其成品也可通过水路行销两广以及世界各地。

根据石湾附近一带的考古发掘，考古学家认为这一带自新石器时代已开始生产陶器。同时，研究者根据石湾大帽岗窑址以及相距 12 公里之外的小塘奇石唐宋窑址的考古发现，认为这一带自唐宋时已经开始生产陶器。[1]《佛山市文物志》根据当地的族谱称他们均自南宋末年已迁居于此，因此也认为自唐代开始生产陶瓷之后一直没有间断，石湾乡自南宋开始形成。[2]当地父老相传，大概在宋末明初之间，务农为主

1. 曾广亿：《石湾窑的起源及其发展》，《石湾艺术陶器》编委会编：《石湾艺术陶器》，岭南美术出版社，1987 年；张维持：《广东石湾陶器》，广东旅游出版社，1991 年。
2. 佛山市博物馆编：《佛山市文物志》卷下（内部未刊稿，1980 年代），第 13、21 页。

的石湾乡人搭建瓦窑以烧制缸瓦作为副业，后来副业变成主业。[3] 有文献的记载以及器物的佐证，石湾制陶的历史自明代，尤其是明中叶开始清晰。可以肯定，明代以后的石湾陶瓷生产日益繁盛。明正德年间，石头霍氏也有参与经营石湾陶瓷生产。[4]

除陶业生产外，石湾在明清之间也是当地重要的墟市。在明清两代，石湾是南海县辖地，分有上约、中约、下约（三约又称三窑、三镇。本地以烧陶为业，因此得名上、中、下窑。此处的镇是市镇之意），三约统称为石湾乡。上、中两约属南海县大江堡，在东平河上游，下约属南海县魁冈堡，在东平河下游。可见，地方官府对辖区的地理划分与设置，与当地人的地理划分不同。而这一自然村落地区的划分，以石湾市镇兴起为背景，其推动力当然是这一带手工业与商业的发展。石湾乡距离明清四大名镇佛山只有约 6 公里。西江支流到达南海王借岗之后分为两路，一路即汾水（入佛山），一路即为东平河（入张槎、石湾、澜石）。石湾、澜石也可从陆路入佛山，必经之路的通济桥早在明中叶就成为地方士绅捐资修建的主要桥梁。繁华的佛山镇带动了周边乡镇的发展，这一带的商业、手工业自明代开始迅速发展。在道光年间编的《佛山街道志》里面介绍了佛山以及周边繁华的商业情况，所列举的墟市包括了张槎、石湾、澜石等周边墟市。甚至，在以冶铁出名的佛山带动下，张槎、石湾也有冶铁。[5] 炼铁需用矿石、木柴，而制陶配釉需用矿石，烧窑需要木柴，两者所需原料极为相近。自西江上游的手工业原料及农产品，尤其是米运抵珠江三角洲后，又将下游生产的手工业品运回上游，这也就不难理解石湾乡东平河沿岸有不少码头、墟市。商业的繁盛与手工业的发展互相促进，为石湾陶业的发展提供了优厚的经济条件，石湾乡上、中、下三约也发展成邻近地区的繁华市镇之一。

---

3. 郑政平：《石湾陶业的概况和今后改良的我见》，《现代生产杂志》1935 年第 1 卷第 3 期，第 2 页。
4. 霍韬：《霍渭厓家训》，转引自罗一星：《明清时期的佛山商人》，《学术研究》1985 年第 6 期，第 88 页。
5.《饬禁私抽设牙碑记》（康熙三十二年），见佛山博物馆编：《佛山市文物志》，广东科技出版社，1991 年，第 56—57 页。由该碑可见，佛山、张槎、石湾三镇均从事冶铁。

二、宗族、庙宇与市场、税收

明清时期的石湾乡，乡民聚族而居，有庞、陈、冯、廖等多个宗族。每一约之中，又以三圣宫、高庙（北帝庙）、侯王庙等庙宇为中心，数个宗族结成地域联盟。[6] 有关华南地区的研究表明，里甲制度的推行、地方的开发（尤其是沙田的开发）、礼仪及宗族的建立，是明清时期珠江三角洲地方社会的主要历史发展脉络。由此形成的宗族组织成为重要的控产机构。至迟从明代开始，珠江三角洲的祀产机构成了集资和招募劳力的司理人。在宗族以外，又有以庙宇为中心结成的地域联盟，共同拥有、控制、经营财产和公共事务。名义上拥有财产的祖先或神明，具有了法人的特性。城镇商人所用的经营工具，与乡村控产工具并无二致。[7] 那么，在石湾这一陶瓷手工业城镇里，商人是如何管理城镇、组织生产的呢？当地明清时期碑刻、族谱等文献资料，为了解石湾的地方社会组织和商业运作提供了重要的线索。宗族以及宗族间以庙宇为中心结成的祭祀联盟，成为当地集资与管理的重要机构（图 1）。[8]

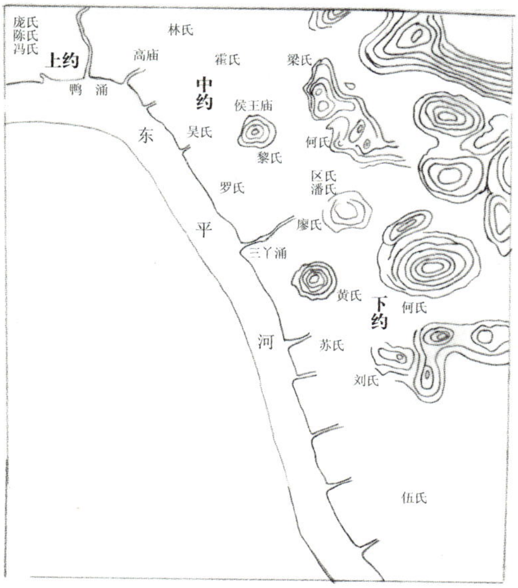

图 1　石湾三约及其宗族分布图

根据现存的碑刻和族谱资料，早在明代中期以前，这里已被官府编入里甲排每年缴赋纳役。尽管当地在明代已从事陶瓷生产，但乡民在官府眼中并非“匠”，而是

6.《重修侯王庙碑记》（光绪十二年），见佛山博物馆编：《佛山市文物志》，广东科技出版社，1991 年，第 87 页。据这通碑记，约中的罗、何、梁等四姓先民因得侯王神谕，停靠石湾并以此定居，该庙为感谢侯王而建。

7. 刘志伟：《在国家与社会之间：明清广东地区里甲赋役制度与乡村社会》，中国人民大学出版社，2010 年；科大卫著，卜永坚译：《皇帝和祖宗：华南的国家与宗族》，江苏人民出版社，2009 年。

8. 图片据霍流芝手绘《石湾龙窑时期示意图》删减而成。见霍流芝：《石湾龙窑时期的辉煌》，广东经济出版社，2001 年。

“民”，他们根据所拥有的土地缴纳赋税。当陶瓷生产日益繁盛、商业贸易日益发达，那些因沙泥冲积、河道淤积而增多的土地，成为乡民竞相争夺的肥肉。原存于上约高庙（北帝庙）之内、天启年间（1621—1627）的一通碑记《察院司道府县禁约》正是记录了这么一段官司。[9]

案中双方——陈通和潘寿、霍相，并不是某个具体的人，而是其在官府登记的户口，可以理解为姓陈、潘、霍的三族人。陈通以祖业为由打算承包其埠头税收，控制这个码头。而潘寿、霍相则以该埠头是官埠为由，控告陈通侵占官埠。埠头所在之高庙位于上约与中约之间，为当地居民称呼北帝庙一带的地名，以其地势较高而名为“高庙”。这一带又称之为“湾头”。高庙前就是河岸，这一带河岸刚好有一个弯位，极适宜船舶湾靠。从地形来看，该埠头是全镇地理位置最好的码头。也因此，从埠头到庙前的空地是当地最重要的农贸、日杂市场。在明代，能争夺这个埠头的是当地的大族，极可能是当地最早登记里甲的乡民。乾隆三十七年（1772）官府为重整收税秩序而订立了“蒙准勒石禁革陋规碑记”，当中列出了大江堡石湾乡十图、四十八图、四十九图共三图的各甲名单。[10] 将之与这块天启年间的碑刻对照发现，天启碑刻所列的“里排生员乡民”与乾隆三图各甲名单有所重合。根据乾隆的碑刻，天启年间为争夺码头打官司的陈通、潘寿、霍相均在四十九图。

在这宗天启年间的诉讼案件中，官府为断案特意翻查其祖先“百年”之前所登记田土的黄册。由此推断，他们大概在 1500 年左右就已登记。所以估计这一带至少在明中期已建立里甲制度，而在明朝 17 世纪的赋税改革以后，陈通、潘寿、霍相等成为一个向官府交税的户口。因此，在以后的碑刻文献中，我们依然能见到这几个户名。[11] 官员查看黄册却发现黄册的记载十分含糊。陈通的祖业与官路的界线并不明显，陈通也是以“过地脚”为由告承。经过日积月累的泥沙冲积，山岗被挖沙以后产生的

9. 此碑原藏于高庙，现藏于广东石湾陶瓷博物馆。

10.《蒙准勒石禁革陋规碑记》，见佛山博物馆编：《佛山市文物志》，广东科技出版社，1991 年，第 99—100 页。

11. 有关赋税改革与珠江三角洲里甲制度、乡村社会的变迁可见刘志伟：《在国家与社会之间：明清广东地区里甲赋役制度与乡村社会》，中国人民出版社，2010 年。

余泥以及制陶产生的余泥、废瓦堆积，土地新增是非常自然的。在河涌附近的码头面积自然也逐渐扩大。陈通的祖先在一百年前所告承的地方经过一百年的淤塞，埠头有所扩大也不足为奇。其次，在明代初期造册之时，该处的陶瓷业及商业尚未发达，而官府丈量的地权界线往往也不甚准确，但及至明末，随着商业和手工业生产日益兴盛，码头的重要性也日益提高，竞争码头自然也越加激烈。新增的坦地是新冲积出来的沙坦，因此就“坦脚”以及含混的黄册登记两项实难以判断其归属。

陈通一族主要居住在海口，也就是上约，但潘、霍居住在镇岗一带（上、中约之间），而高庙就是建筑在镇岗山麓之上。也就是说海口陈氏较镇岗的潘、霍两氏远离高庙，但黄册的登记是高庙前的码头在陈氏田土的边界上，可见陈氏祖先控制的土地延绵至中约。假如民国时期的窑灶情况还能反映明清时期一点痕迹的话，我们发现海口陈氏所控制的土地（山岗）还延绵至下窑。下窑 56 条龙窑里面，有 5 条为陈氏所有。[12] 很可能，陈氏最早将土地登记在其名下。上约陈氏可能是当地较早时期居住的大族，而潘、霍等族发家较晚。而到了明末，潘、霍两族已强大到能与陈氏一族争夺码头。而在这个官司里面，陈通一族之力对抗潘、霍宣称的“通乡之力”，官府最后判为官埠。

从陈通承税的做法来看，在明末该处的税收是由拥有码头土地所有权的人承包。承包者宣称拥有这块土地的理由是他的祖先拥有这块地，而证明祖先拥有这块地的证据则是登记在官府的黄册之内。承包者向官府缴纳税项之后，可向当地的窑户、商家抽税。

判为官埠显然对后来居上的霍氏最为有利。官府将案件的经过以及判决刻字成碑放在高庙，以此告示民众。湾头既是“官埠”，高庙（北帝庙）当然也是石湾乡（上、中两约）共同祭祀之所，但并不是全乡所有宗族都在能参与其管理的轮值排班之中。乾隆年间高庙码头之所属权再起争议，而其原因就是在天启至乾隆年间，霍氏等族将界定为“官埠”的码头，收归高庙管理。也就是说这霍氏、陈氏等几个大族通过建立庙宇的方式，以祭祀神明为由，实现共同管理码头及其邻近商铺，以达到利益均分。

12. 佛山博物馆编：《佛山市文物志》，广东科技出版社，1991 年，第 115—120 页。

乾隆年间官府调停这次争端后，再次将官府公告刻碑《奉督抚两院大老爷府县太爷饬禁碑志》示众。[13] 由这通碑刻可知，乾隆年间该处再生沙坦，新淤积的土地使乡民再次争夺，以致要官府调停。霍文升等人以新生沙坦告承，显然是希望通过向官府告承这片新生埠头，以行合法占用之权，筑铺收税。根据“凡新生沙坦可勘工筑者，许民承恳”，霍文升等人到官府告承。这片埠头，也确实可以划入“无税官地”之列。上文天启年间的官府告示以声明，将此码头定为官埠。霍文升的供词称，他们告承的沙坦是归庙管理。由此推测，在天启年间码头定为官埠之后，地方上有势力的大族将此码头及这一带的商铺归庙管理。由告承的人包括了“霍文升、霍学致、陈植之”推测，这个管理一系列码头、商铺物业的庙产是由陈、霍等族控制。因此，在乾隆年间，当有新生沙坦之时，这些以“归庙管产”形式控制这一带码头、商铺的地方大族再以此为据，告承新地。

除了这种通过控制埠头、承包码头税向窑户收税之外，另一块顺治年间的碑文，给我们展示了另一种收税的方式。由这通《三院严革私抽缸瓦饷示约》（顺治十六年，1659）碑刻，我们也可把握明清税制的具体落实。这通碑记现也入藏于石湾陶瓷博物馆。根据碑文，在顺治年间，曾宗瑜以罗兴名字承揽了缸瓦饷，此后以此开征。廖跃沧等窑户以此告官。当官员仔细审查之后发现，曾宗瑜确实以承揽缸瓦饷向窑户征税，而廖跃沧同时也以姚昌之名承揽了窑户的税饷，向窑户收取缸瓦税。而官府查阅赋役全书，发现缸瓦并不在缴税之列，最后决定永远废除缸瓦税。

根据碑文，原本对缸瓦征收税收的办法是“官司量其船之大小，薄征其税，以抵正赋。听其自输自卖，属税司稽核之”。清初，石湾陶业发达，官府以征收商税来抵偿正赋，可见其税源充足，而官府为了保证税收，将税收承包给承包商，承包商承饷之后，便可向窑户抽窑税。而廖跃沧等人又以承窑户税饷再向从业者收税。廖跃沧等人不堪曾宗瑜承饷抽税，进而告官。以“罗兴”“姚昌”之名承饷的曾宗瑜、廖跃沧，可能是商人个人也很可能是一个商业团体。清政府的财政税收主要有地丁、盐课、关

13. 该石碑原藏于高庙，现藏于广东石湾陶瓷博物馆。

税、杂赋四大类。缸瓦税应该算是杂赋一种。地方官员以《赋役全书》为基准，豁除缸瓦税，也就是曾宗瑜承饷的贸易税、廖跃沧收取生产者的缸瓦税均被废除。可以想见，至晚清厘金制度出现以前，豁免缸瓦税对清代当地陶瓷业蓬勃发展有积极的作用。

三、宗族与窑炉、市场的经营

在生产陶瓷的石湾乡，宗族在组织陶瓷生产中也发挥重要作用。陶瓷生产的步骤包括挖砂挖泥、制作成型、烧制、运输贸易、松柴供应等步骤。在缺乏大规模生产所需的管理工具（如会计）下，通过包工头招募、监管工人是最便捷有效的办法。[14]明清时期的石湾陶业，主要是通过手工作坊，尤其是家庭作坊组织小规模的生产，解决监管工人、核算成本的问题。但窑炉的经营管理例外。石湾使用的龙窑，其占地规模以及资本投入规模都要比馒头窑等要大，比一般的手工作坊也要大。作为控产机构的宗族组织，在当中发挥着重要作用。

当地的《太原霍氏崇本堂族谱》中，记录了霍氏一支经营窑灶的情况。根据族谱记载，在康熙十年（1671），该族重新订立经营窑灶的合同，如下：

立合同人霍昌祚、霍祖文等，体得祖建文灶，经今三百余年，近因灶颓，竟成荒地。虽岁赁贮缸瓦，所入无几，致有不肖子孙或私写按揭，或串本族异族，有契无契，借名占踞……诸如此类，不可胜数。若不早同齐心协理，祖灶终为不肖子孙荡尽，祖祭何凭，不已将现赁停货之租，两房齐收，于清明拜扫，当众支销。后日两房子孙共出银两，搭盖寮铺，租入既丰，则除国课外，尽为拜扫祭祀之用。倘有不肖子孙，仍踵前辙，两房齐心，呈官究治毋纵。其所收租银，俱于清明前五日，两房行年齐收，毋得私收。立合同一样二本，各执一本永照。文灶系西边旧地。

时康熙十年辛亥四月　日，立合同人霍昌祚

同立合同人珍庭、富庭、奕庭、嗣庭、泰生、闰生、倚生、应龙兄弟、巩章等。[15]

---

14. 科大卫著，陈春声译：《中国的资本主义萌芽》，《中国经济史研究》2002年第1期，第59—60页。
15. 《太原霍氏崇本堂族谱》（佛山博物馆藏），卷四。

合同提到的霍昌祚、霍祖文，与前文天启年间碑刻提到的陈通、潘寿、霍相，均是里甲户口。根据《南海县志》，陈通（八甲）、潘寿（一甲）、霍相（二甲）、霍昌祚（四甲）均属大江堡四十九图。而族谱记载，霍祖文一房在明代已迁居石湾对岸的云津堡。也就是说，订立合同的是两房人。由于当地龙窑的体积较大，当地一般采用“搭烧”办法烧制陶瓷，也就是数个作坊将陶器汇合起来同烧一窑。承租者或是个人或是几人合租不定，再分租给不同的作坊搭烧，但业主是霍氏宗族。他们以“该税四分八厘零，备载黄冊确据”，宣称拥有窑炉的所有权。窑炉是以土地的形式登记交税，为“太公”（祠堂）所有，霍昌祚、霍祖文两房人是其股东，拥有轮值管理以及平分租银收入的权利。合同提到，他们除了筑窑之外，还有“搭盖寮铺”（当地人称工场为“寮”），也就是在窑灶旁边搭盖工场、作坊以及小商铺，便利烧窑、贸易。可见这片以祭祀祖先为名登记的土地，以缴纳土地税的方式得到官府的承认和保护，而实质则是经营窑灶和租借工场。

当地的龙窑基本上都是以宗族形式来经营的。宗族组织以及宗族礼仪（祭祀祖先）的兴起，无疑是龙窑这种大型生产设施盛行的重要保证。根据调查，民国时期的窑灶拥有者基本上都是当地的大宗族，只有两条龙窑是由新建成的公司拥有。而在这些宗族控制的龙窑之中，霍氏所有的龙窑为数最多。[16]

除了窑炉之外，当地的族谱还见有寮场（工场）归入族产，成为祀典尝业。根据《廖维则堂家谱》记载：

廖氏家庙祀典尝业：

祠前海便（边）铺二间。

祠后南便（边）寮二间。（每年租银一拾二元零六分）

祠后北便（边）寮一间。（每年租银五大元）

高辛灶西向寮一间。（每年租银四大元）

16. 民国时期的26条龙窑中，有7条属镇岗霍氏。见佛山博物馆编：《清末民初石湾中窑窑址一览表》，《佛山市文物志》，广东科技出版社，1991年，第113—115页。

高辛灶南向寮二间。（每年租银二拾大元，此寮系十六世祖逌斯公送出）

祖山前祀典尝业：

松园灶边寮二间。（每年租银四大元，此寮系十七世祖芳臣公送出）

秋风灶寮合掌一连四间。（每年租银一拾五元）

秋风灶后便（边）寮一间。（每年租银一元）

秋风灶边寮二间。（每年租银九大元）

秋风灶边寮一间。（每年租银四大元。此寮系八间，系十八世公植公送出）

松园灶东便（边）砵寮一连两间。（每年租银一拾三大元，系十八世公植公送出）

……[17]

根据佛山博物馆的调查，高辛灶、松园灶、秋风灶均为廖氏一族控股的窑炉，在七星岗的北、西北、东南山麓依山而建，主要烧制砵、茶煲、粥煲、横耳、缸、埕、花盆等类陶器。[18] 文献中提到的“边寮”“砵寮”，正是生产这类产品的寮场，是承租人在窑炉旁租地开设工场。由于窑炉占地面积广，窑炉属宗族控产外，邻近的空地被承租作为工场，也有不少成为族产。在族谱中，不仅见有“系某某公送出”的记录，同时还见有抄录“送寮帖”。如秋风灶旁的边寮，乾隆四十五年（1780）十九世三房人（石湾北村、莘村三房）以先父十八世公植公之名义送出，日后三房人历年轮房办祭，也即轮房管理出租事宜，各子孙同到山前享胙。[19] 因是祖产，子孙不得藉端变卖，祀产因此而可以维持很长的时间，具备了法人的特性。尽管祭祀的供品（胙）可以为祭祀团体的所有成员享用，但轮值，也就是实际的经营者，只是有份出资的三房人。1930 年编写的族谱，依然将 1780 年订立的“送寮帖”收入，是为了清楚地向后人交代其土地之来源以及谁有份参与实际的经营。可见，从码头的控制到窑炉和寮场（工场）的合股经营，都可见宗族的影响。

17.《廖维则堂家谱》（南海），1930 年，广东省立中山图书馆藏。

18. 佛山博物馆编：《清末民初石湾中窑窑址一览表》，《佛山市文物志》，广东科技出版社，1991 年，第 113—115 页。

19.《廖维则堂家谱》（南海），1930 年，广东省立中山图书馆藏。

四、陶业行会组织

对于一个以手工业闻名的城镇，在宗族、庙宇（宗族联盟）以外，行会也是非常重要的社会组织。“行会”活动包括了祭祀行业神和行业内聚餐（石湾人称之为“饮行”，一年两次）、规定工钱、限制产品价格、制定招收学徒的制度以及提供丧葬等福利。清中期以前有关石湾陶瓷业行会组织情况的记载不多。父老相传，在明嘉靖七年（1528），石湾陶瓷行业修建了供奉陶师（虞帝）的庙宇。也就是说，明嘉靖年间开始有行业神祭祀的活动，但并未见有行会组织。李景康根据当地人的口述，称石湾陶瓷业行会组织“传自天启年间，初分八行”。[20]但此处的“行”可能只是行业的简单划分。文素珊的研究指出，由工匠组成的行会约在18世纪以前出现。“牙人”这种官方委派经纪的制度在18世纪衰落，其原因可能与行会的出现有关。[21]石湾当地的手工业行会资料也以乾隆六年（1741）的《花盆行历例工价列》为最早。据乾隆六年（1741）的《花盆行历例工价列》碑刻的记载，在乾隆年间已有花盆行会，就300多种不同类型、尺寸的花盆行产品订立明细工价。[22]由此可证明，至少在18世纪，石湾行会组织已非常发达。石湾陶师庙在民国期间已衰落，并在日军入侵石湾时被毁坏，碑刻荡然无存，也使研究者无从考究当年的行会情况。

乾隆六年初刻、光绪二十五年（1899）再刻的《陶艺花盆行规》，是了解当地行会运作情况最重要的资料。[23]根据该行规记载，“自乾隆六年，我行内各物公价，经东西尤议，一向无异”，至今已有百余年，西家越来越多，所造的款式也越来越多，因此有了重新订立工价和行规的必要。东西两家商议，共订立18条行规，包括学徒制度、东西两家订货定金规程、物件工价、一年开工停工的时间、互助长生会制度、诞会饮行安排等等。花盆行是当地规模最大的行会之一。据父老相传，清初从大盆

---

20. 李景康：《石湾陶业考》，《新广东月刊》第四卷第四十一期，1936年。

21. *Susan Mann: Local Merchants and the Chinese Bureaucracy*, 1750-1950, Standford: Standford University Press, 1987.

22. 木刻版《花盆行历例工价列》（乾隆六年），《明清佛山碑刻文献经济资料》，广东人民出版社，1987年，第47—60页。

23. 《陶艺花盆行规》，木刻印版，现存佛山市博物馆。

行中分离出来，乾隆六年又与缸行分离，与缸行分离后大多为四会人。[24]其他的大行，诸如大盆、缸、边砵等行也订立类似的章程。[25]东西家面议订立工价、行规的做法，是石湾陶瓷业行会的一大特色。严密有序的行会组织，促进了清中后期石湾陶业的发展。至清光绪年间，当地的窑炉数量从嘉庆时的四十余座增加至七十余座，同时吸引了大量的外地人前来业陶。花盆行的外地人尤多，不少著名花盆行店号都是四会人经营。

乡人的回忆以及近世的资料提供了一些晚清行会的情况。据当地耆老梁华甫（1905—2005）在五十年代的口述资料，陶师庙于清同治五年 (1866 年) 重修时，由各行会分担建筑、装饰工程，陶艺工人大显身手，其瓦脊公仔较佛山祖庙现存的还要精美。[26]这段笔记资料应该是可信的，“同治五年”一说来自梁华甫亲眼所见的陶师庙瓦脊年款。在现今珠江三角洲一些古庙的瓦脊上，依然能见到当年修建瓦脊的店号和年款。广东在咸丰三年（1853）曾遭遇天地会起义。1854 年陈开、红船子弟李文茂等人在石湾大帽岗竖起义旗，当地陶工和红船弟子纷纷响应，曾一举攻下佛山镇。陶师庙的位置在下约大帽山山脚，与莲峰书院为邻，恰恰在通往佛山的干道之上。“莲峰昼市”是晚清的石湾六景之一，可见此地之繁华。当代所编撰的红兵起义文史资料及地方传说，以歌颂石湾人民的革命热情为主。宣统《南海县志》则记载了临近周边士绅在红兵起义中英勇抗敌，石湾乡人霍景熙避祸邻乡大岸，由此估计这场红兵起义对当地经济的不良影响。[27]同治五年重修陶师庙是当地社会秩序和经济生产恢复正常、行会兴盛的反映。

在石湾最重要的行会活动非陶师诞莫属，由诞会亦可一窥行会的组织情况。每年二月、八月初十至廿四的陶业祖师爷——虞帝的神诞祭祀固然是宗教观念使然，不过筹备、参与诞会是需要经济支持的。供奉陶师的陶师庙，可以说是当地制陶业的总

---

24. 佛山博物馆编：《佛山文物志》（内部未刊稿，1980 年代），第 59 页。
25. 佛山博物馆编：《佛山文物志》（内部未刊稿，1980 年代），第 39 页。
26. 据梁华甫的手稿，写于 1950 年代初，也即佛山市博物馆对石湾陶瓷进行历史调查之时。
27.《南海县志》（宣统），卷十六，第 11 页。

行会。根据修建该庙时出资的情况、行会的大小及拥有窑灶之多寡，当地最重要的十个行会，组成了十年一轮的陶师诞筹备轮值排班，每班一年期，依次负责当年“陶师诞”活动之组织和该庙一年之管理事务以及掌管该庙一带商业区并收取地租。这十大行会分别是海口大盆（上约）、水巷大盆（中约）、花盆、埕、边钵、缸、横耳（高身瓦煲）、砵塔（砵、小碟等）、白釉、黑釉（黑釉缸盅）。[28] 为首的也是上面提到的集中在上、中约，较早发展起来的大盆行、花盆行、埕行等行。

不过，石湾陶业的“行”，并不全是行会组织。根据民国的调查，当地这些行会的组成，有的是根据生产品性质如缸行、埕行、边砵行、白釉行、古玩行、黑釉行、猪煲行、高博行、塔行、水矾行（盛水器皿）、面盆行、大缸行、茶壶行、金箱行、盏碟行、红釉行、薄金行、尾灯行、陶釉行。有些是根据生产过程负担的工序，如砌窑行、开满行（装窑卸窑的行会）、箅篱行（清理窑灶的行会）。也有根据劳资身份，如东家木柴行称“同薪行”，西家木柴行称“长薪行”。或根据所在地，如担泥行、松柴行，以上、中、下三约分为三个担泥行和松柴行。按照船舶停靠所在的码头，决定其货物装卸以及将由外地运抵的松柴砍细的工作归由哪一约的族人承担。行会构成的复杂，令民国时人对石湾陶业行会有两种截然不同的看法，一是认为落后的行会组织制约了当地陶业的发展，一是认为当地的行会根本算不在是行会。[29]

可见，早期的行会很可能是以宗族、乡约为基础建立起来的，其组织更偏重血缘与地缘的联系。比如海口大盆行、水巷大盆行这两个最早成行的大行会。另外，翻查石湾现存的明清碑刻文献，在清代（尤其是清中晚期）各类修庙建祠等公共事务的倡建、资助名单中，常见当地有功名的士绅倡建，陶瓷店号资助，亦有一些地方宗族以堂号、族产（窑名）的名义捐助，却甚少有行会的踪迹。唯一的例外是五社埕行。[30] 五社，指的是中、下窑一带的黎兴社、盘龙社、守纪社、后岗社及有德社。五社埕

---

28. 佛山市博物馆编：《佛山文物志》（内部未刊稿，1980 年代），第 95 页。

29. 贯之：《广东省陶瓷业之改进》，《新广东月刊》1936 年第 41 期，第 60—68 页；又见《粤省石湾陶器调查》，《中外经济情报》1937 年第 194 期，第 8—9 页。

30. 《重修启明门外院庙碑志》（咸丰八年），《重修侯王庙碑记》（光绪十二年），载佛山市博物馆编：《佛山文物志》（内部未刊稿，1980 年代），第 98、100 页。

行的行会旧址就设在何氏宗祠，从业者也多是何氏族人。职业世袭所形成的血缘（家族、宗族）关系，是一个重要原因。其次，土地生产资源的控制也是其中的重要因素。

根据目前所存的文献资料，迟至清中晚期，石湾的行会对当地社会的影响力才显现。岗砂是陶瓷生产的重要原材料。然而，这一带的山岗也是附近佛山、张槎、大富等乡民埋葬先人之地。因此禁挖岗砂事关临近乡村的祖祭及风水，而开挖岗砂则是石湾陶户的利益所在。道光年修的《南海县志》提到，莲峰书院（临近七堡的士绅所建）内立各宪禁挖岗沙印砖碑示，邻近的五显庙有明永历间禁挖岗沙碑示。同时，还附载道光年间石湾士绅林绍光写的《拟公禁石湾挖沙印砖说略》。[31] 原藏莲峰书院的嘉庆二十二年（1817）《藩宪严禁挖沙印砖碑示》又再重提禁挖岗砂。[32] 两处事关管理陶业生产的文献，地方士绅林绍光与官府均责令石湾上、中、下三约居民自觉遵守、乡绅监督约束。林绍光还提到道光年间“现在上窑已自立行规不买本地岗沙，由船贩运。中、下窑自可一律仿照”。[33] 可见，在 19 世纪初，乡约依然是重要的地方自治组织，管理着当地的陶业生产。

陶师庙的祭祀与“陶师诞”的组织，在清中晚期最为兴盛。民国时期的资料显示，并不是所有的行会均加入“陶师庙”的祭祀活动，茶壶、金箱（骨灰塔）、电具（电线电灯等瓷质零件）、公仔、红釉、茶煲等行均不参与陶师诞祭祀。[34] 不难估计，除了祭祀北帝的红釉行，而其他行会规模均比较小，甚至它们有一些是迟至清末民初新近发展出来的。[35] 由此估计，行会对陶业管理的作用，清中晚期最为显著。

在陶业衰落时，行会的约束力也日渐薄弱。在 20 世纪 30 年代，对石湾行会进行了解的调查者甚至认为当地的这些行业组织与同业公会不同，有些连“团体”都说不上，它们的作用只是区分各个不同的工作范围。行会之中很少绝对规定本行会友永

31.《南海县志》（道光十五年修，同治八年重修），卷七，第 32—34 页。

32. 佛山博物馆编：《佛山文物志》（内部未刊稿，1980 年代），第 105—107 页。

33.《南海县志》（道光十五年修，同治八年重修），卷七，第 34 页。

34. 李景康：《石湾陶业考》，广东文物展览会编：《广东文物》下册，卷十，中国文化协进会，1941 年，第 1019—1027 页。

35.《石湾陶行出会景盛况》，《越华报》1934 年 11 月 24 日。

远不能改做别的工作。同时，那些不受雇佣的家庭工作者往往自产自销，完全独立于行会之外。在陶业衰落的时期里，这种现象还更蓬勃发展。[36]民国以后陶师庙日益衰败，当然也在情理之中了，其诞会已不复过去的辉煌。抗日战争期间更遭日军轰炸，此后陶师庙再无重修。

结语

明清时期的石湾乡民，是登记在册的里甲排民，是皇朝“民”。皇朝以管理农业税收的办法，向他们征收土地税。他们则将土地以太公（宗族）的名义登记，并以宗族的形式控制、管理这些财产。随着这一带商业和手工业日益发达，这些土地也成为码头、窑场等，地方宗族则以此再向商户、窑户征税。宗族以外，清初也有商人（或商人团体）承饷后向窑户征收缸瓦税，但清初以后缸瓦税被废。宗族控产的发明，也促进了这一带的大型生产投资——龙窑的运营。周边市镇的日益繁盛，尤其是佛山镇商业地位的日益重要，也带动了这一带商业、手工业的发展。明清时期的石湾陶业进入了繁荣发展的阶段。宗族以外，也有以庙宇为中心结成的宗族联盟来控制、管理土地。

随着石湾商业、手工业的日益发达，行会组织逐步完善。与宗族、乡约相比，行会组织较晚才出现。与控制土地生产资源的地方大族相比，行会则以职业为纽带集结了外地人和本地人、生产资料拥有者和被雇佣者。从有限的文献资料来看，当地最大势力依然是地方大族。宗族里的士绅在城镇的管理上扮演着重要的角色。而手工业行会对陶业生产及地方社会的影响相对较晚才显现，而及至民国，随着陶业衰落，这种影响更为微弱。

（本文曾发表于《文博学刊》2020年第2期，参会时论文的标题为《明清时期广东石湾的北帝信仰与商业管理》，正式刊发时有所删节）

36.《粤省石湾陶器调查》，《中外经济情报》1937年第194期，第8—9页。

祈雨与日常生活

——以博罗县陈孝女祠为中心的考察

侯娟[*]

【摘要】雨水与人们日常的生产生活密切相关。干旱对于生活在传统农业社会的人们而言，是经常遭遇而又不得不应对的议题。祈雨就成为应对干旱的一项重要的仪式和民俗活动。在广东惠州博罗县龙华镇矗立有一座陈孝女祠，据明嘉靖《惠大记》记载，始建于梁大同年间。陈孝女曾是官方认可的重要祈雨之神。南汉封为“昌福夫人”，宋加赐“孝诚英烈龙华感应”。她成为社区凝结的重要纽带，深刻地勾连了官民关系和村落关系，使得地方社会在面对旱灾之时，能够共同抵御，发挥出最大力量。在一定程度上，民间信仰以及祈雨活动整合了地方社会。陈孝女这一神灵在地域空间中拥有长久的生命力。通过对陈孝女祠的考察来揭示神庙及民间信仰在社区中的重要意义，进而感知村民的情感与诉求。

【关键词】陈孝女；祈雨；旱灾；孝女志

在广东惠州博罗县龙华镇矗立有一座陈孝女祠（图 1）。它位于博罗县西部，西北面是著名的道教名山罗浮山。据明嘉靖七年（1528）《惠大记》卷二《迹考下》记载，孝女祠始建于梁大同年间。[1] 历经多次重修，孝女祠延续至今，1985 年被列为博罗县文物保护单位。这一地域广为流传有陈孝女“感藕生莲”的故事，讲述她在寒冬潜入藕池取藕为父治病感动天地的孝行（图 2）。然而，陈孝女还曾是官方认可的重要祈

* 侯娟，惠州市博物馆副研究馆员。

1. 广东省地方史志办公室《广东历代方志集成·惠州府部》第一册，岭南美术出版社，2009 年，第 27 页。

雨之神。南汉封为“昌福夫人”。宋加赐“孝诚英烈龙华感应”。在祈雨的仪式活动中，她成为社区凝结的重要纽带，在地方社会的整合中发挥着重要作用。

图 1　陈孝女祠前景

图 2　陈孝女祠内景

一、祈雨的渊源

祈雨是一项悠久的仪式活动。甲骨文中就有祈雨的记载。在以农为本的社会中，雨水的丰欠直接影响着人们日常的生产生活。先秦甲骨卜辞《今日雨》记录了癸卯日卜问今日下雨的具体情形：

> 癸卯卜，今日雨。
> 其自西来雨？其自东来雨？其自北来雨？其自南来雨。[2]

祈雨仪式所应对的是基于一种对自然状况的未知性的反应，常带有某种巫术的

2. 郭沫若：《卜辞通纂考释》，《郭沫若全集》考古编第二卷，科学出版社，1983 年，第 369 页。

性质。这种仪式很大程度上是民众的一种心理调适。干旱的场景中是满目龟裂的大地，很可能接下来遭遇的是因庄稼歉收而威胁生存的窘况，村庄之中危机四伏。干旱往往会与饥荒联系在一起。譬如发生在1876年到1879年间华北的“丁戊奇荒”就成为人们惨痛的历史记忆。

柯文在《历史三调：作为事件、经历和神话的义和团》中将水灾与旱灾对人们造成的心理影响作过比较。他指出，干旱造成的苦难是渐进式的，会持续多长时间难以预测，这与洪灾具有的来势凶猛和为害惨烈的特性不同。实际上，旱灾是人们经常经历的不确定之事（难以确知未来）的典型例证。旱灾持续的时间越长，这样的问题就越急迫：什么时候下雨？干旱什么时候结束？它会结束吗？简言之，水灾形成后，人们最为关注的是已发生之事，而旱灾形成后，人们最为关注的是尚未发生之事。可以说，旱灾给人们造成的心理压力更大。[3]正是由于旱灾对人们造成的这种渐进式的心理压力，才使得人们笃信神灵，进而采用信仰仪式来释放这种累积式的巨大的心理压力。在人们饱受久旱的煎熬之后，迫切渴望的是天降一场透雨。祈雨仪式带给民众的更多的是一种心灵慰藉。依靠仪式活动，依靠信仰的力量，人们才能艰难地度过旱灾，进而重新燃起对生活的希望。

在传统社会中，祈雨的形式较为多样，祈雨活动也较普遍。清末山西乡绅刘大鹏在《退想斋日记》中也有记录。1896年7月30日，“此村西半，忽然金鼓喧天，询之乃是村民祈祷雨泽耳，遐想此时祈祷雨之处当不少也，急需雨泽之日，而乃亢旱若是，斯芸芸众生有不引领而望之者乎。”[4]也有来自民众的自发祈雨。譬如在博罗县陈孝女祠内，老人会将竹斗笠、烂帽子等烧掉祈雨。[5]祈雨的迫切心情和窘境也刻录于民歌之中，流传于山西太原一带的民歌《偷土地》就反映了当地的祈雨之俗：

---

3. 柯文：《历史三调：作为事件、经历和神话的义和团》，江苏人民出版社，2000年，第60页。
4. 刘大鹏著，乔志强标注：《退想斋日记》，山西人民出版社，1990年，第59页。
5. 采访对象：陈春香，女，59岁，龙华镇旭日村人，高中文化，原龙华镇委副书记。曾组织和参与陈孝女祠重修并负责庙务。2015年6月6日采访记录。

图 3　陈孝女祠正殿

日头爷爷像火烧，地里的庄稼都枯焦，嗓子眼里直冒烟，十里以外把水淘，放羊的娃娃没处躲，光屁股的小孩烤焦了，寡妇婆姨没人养，盘头的闺女嫁不了，牛马猪羊打了蔫，黄狗不住的汪汪叫，挑上三个俊闺女，去偷三家三尊土地，悄悄的，稳稳的，供在屋顶僻静地，再偷三块洗碗布，放在土地的头顶起，一日三回把香烧，叩头还要心诚的，龙王爷爷发善心，下上三寸救命雨，打下麦子蒸馍馍，杀上羊儿贡献你。[6]

在人们的观念中，龙王、土地都是重要的祈雨之神。在华北的许多乡村都建有龙王庙。大旱之时，村民会将龙王神像抬出并置于烈日之下暴晒，希望通过这种方式来求得寸雨。在广东惠州西湖拱北桥边也建有龙王庙。“每岁春秋仲月上辰日致祭，礼仪与祭南海庙同。”[7] 按照南海神庙祭仪，每岁春秋壬日祭祀龙王庙。由主祭官着蟒服行二跪六叩头之礼。祭文如下：

惟 神德洋寰海泽润苍生，允襄水土之平经流顺轨，广济泉源之用，膏雨及时，绩奏安澜占大川之利，涉功资育物，欣庶类之藩昌，仰藉神庥，宜隆报享，谨遵祀典

6. 刘德增：《漫话山西民歌》，北岳文艺出版社，2005 年，第 434 页。
7. 广东省地方史志办公室：《广东历代方志集成•惠州府部》第四册，岭南美术出版社，2009 年，第 170 页。

式，协良辰敬布几筵肃陈牲币。尚飨。[8]

祈雨这项仪式活动源远流长，与人们日常的生产生活休戚相关。祈雨活动最为普遍，形式也较多样。由于旱灾具有的不确定性，带给人们巨大的心里压力，诉诸神灵成为人们缓解焦虑情绪的一剂良药。人们尽可能求助龙王、土地等认为与雨水相关的一切神灵，以寻求心灵慰藉。祈雨活动很大程度上成为民众的一种心理诉求。

二、官民的立场

在传统农业社会中，雨水的丰欠不仅关乎个体小家庭的生计，更直接影响着王朝及地方社会的稳定。旱灾将整个社会如同置身于一场危机之中。祈雨仪式就成为这样一种面对自然的未知性所产生的应对方式。在仪式活动中，民众、官员都参与其中，共同抵御灾害，进而赢得新生。

祈雨仪式不仅是民众及个人之事，通常官员也被赋予更多的责任。“他们通常被百姓假想为祭司，并且责无旁贷。”[9]在瞿同祖的《清代地方政府》一书中对此有详尽阐述。“只要发生灾害，州县官就有义务举行祈祷。因此，一旦发生旱灾、洪灾或蝗灾，州县官就要在城隍、社稷、风云雷雨及神农等神庙（坛）之前举行祈祷仪式。”[10]

在惠州也有专门设坛供奉风云雷雨之神，该神是进入官方祀典的，由官员陈牲帛致祭。光绪《惠州府志》卷十一《经政 · 祀典》中记载：

风云雷雨、山川、城隍共一坛，每岁春秋仲月致祭。安设风云雷雨之神居中，帛四。府州县境内山川之神居左，帛二。府州县城隍之神居右，帛一。共白色帛七。陈设礼

8. 广东省地方史志办公室：《广东历代方志集成 • 惠州府部》第四册，岭南美术出版社，2009 年，第 170 页。

9. 瞿同祖：《清代地方政府》，法律出版社，2003 年，第 277 页。

10. 瞿同祖：《清代地方政府》，法律出版社，2003 年，第 277 页。

仪与社稷坛同。经费在社稷坛经费内匀支。[11]

归善县的风云雷雨山川坛在惠州府城南二里，为明洪武二年（1369）立。“由南入中为风云雷雨神，左为境内山川神，右为城隍神，木主皆南向。岁春秋二仲月上旬卜日祭。”[12] 在祈雨仪式活动中，官员扮演着非常重要的角色，通常被百姓赋予着责任和期望。“地方官员的祭祀活动并非都是根据朝廷律令或指令而为。老百姓的期望也具有一定的影响力。例如在旱灾的时候，百姓就要求州县官为他们祈雨。他们不仅要求州县官对官方认可的神灵举行祭祀祈祷，还膜拜他们自己私下迷信的任何神灵，膜拜他们以为是眼下灾害祸首的神灵。对百姓而言，州县官就是本地的大祭司。”[13] 在百姓的心目中，官员是承担该项祭祀仪式的祭司。在他们的观念中，由官员祭祷可以有效沟通神灵与普通百姓的世界。官员们在仪式过程中往往被赋予了某种神力。类似的如一些官员演变成城隍神的例子也屡见不鲜。

祈雨被视作一种巫术。“巫术不是一个自发的个人的行动，而是一种有组织的制度。有一个固定的人，他拥有魔力并负责施展巫术。其次，有一套传统的礼仪来唤起超自然的干预。最后还有一些神话来维护这种礼仪和巫术师的能力。”[14] 在官方的仪式传统中，官员拥有权力主持祭祀典礼，同时在祭祀过后，祈祷获得灵验的同时，神祇将被赋予更多的神力。为表示对神祇的充分肯定和答谢，王朝会将其纳入祀典，长久地享用官方祭祀。仪式通常是一套较完整的系统，同时也依靠灵验传说、禁忌等维系着信仰。“按照古老的传统，县行政官就是百姓的巫术师。有水灾时，他就到河边或湖边把供物扔进水里，祈求洪水退去。干旱时，他就发布命令禁止宰猪，并组织游行，游行者带着一切象征雨的用具如伞、长统靴等。有蝗灾时，他就带着刘皇的偶

---

11. 广东省地方史志办公室：《广东历代方志集成·惠州府部》第四册，岭南美术出版社，2009 年，第 163 页。

12. 广东省地方史志办公室：《广东历代方志集成·惠州府部》第四册，岭南美术出版社，2009 年，第 171 页。

13. 瞿同祖：《清代地方政府》，法律出版社，2003 年，第 277—278 页。

14. 费孝通：《江村经济》，上海人民出版社，2006 年，第 115 页。

像游行。”[15]祈雨仪式中有诸多禁忌，这也是仪式活动中的一项重要内容，比如旱灾中禁止屠宰，这在民国《博罗县志》中有记载：

（同治）二十三年（1897），春、夏，旱。清知县张从禹依例禁屠。祈雨于白水山龙潭，遂雨。[16]

这里讲到博罗县祈雨过程中，知县厉行禁屠。在禁例之下，整个村庄以及县域都变得紧张起来，人们共同遵守祈雨的禁忌，虔诚祈求天降雨泽。禁屠宰，食素食具有一定的科学依据，它将有效预防与旱灾相伴的传染病的流行。“清例，县官于旱则求雨，禁屠，祈晴亦同。”[17]许多祈雨仪式是由官方主持，官员在祈雨仪式活动中常起到主导作用。不少祈雨的寺坛观庙也是经官方认可，也就是被列入祀典之列。罗浮山曾是官方认可的重要的祈雨之所。唐代有“诏遣道士诣罗浮山祷雨。”[18]至大元年（1308）十月，惠州路同知完颜可山、经历韩良祭祷罗浮，诣冲虚观，命道录黄菊岩等人祭祀。“礼毕，阴云流布，么凤幽鸣，油然雨意。见者鼓舞，百姓悦孚，释子亦合掌赞叹，一时之盛举也！”[19]冲虚观即是这样一处官方认同的重要祭醮祈雨之处。东晋咸和五年（330），相传葛洪来罗浮山后，修道炼丹，在朱明洞天前始建南庵，相继建西、北、东庵。南庵又名都虚、元虚。晋义熙元年（405）改庵为祠。唐天宝元年（742）改祠为观，称都虚观。宋元祐二年（1087），宋哲宗赐额名冲虚观，从此冲虚观声名远播。抬陈孝女銮驾出行祈雨的仪式活动中，其中很重要的一站就是冲虚观。

在应对一场灾害面前，官员的重要意义显现出来。他们被普通百姓所期望充当祭司，进而沟通神灵与普通百姓的世界。他们被赋予了这样一种责任和力量。从另一

15. 费孝通：《江村经济》，上海人民出版社，2006年，第115—116页。
16. 广东省文史研究馆、博罗县志办公室：《博罗县志》，广东省博罗县印刷厂，1988年，第54页。
17. 广东省文史研究馆、博罗县志办公室：《博罗县志》，广东省博罗县印刷厂，1988年，第54页。
18. 广东省文史研究馆、博罗县志办公室：《博罗县志》，广东省博罗县印刷厂，1988年，第6页。
19.（明）陈琏编著，邬榕添校注：《罗浮山志》，广东人民出版社，2015年，第69页。

种层面来说，灾难面前包括官员、普通百姓在内的所有人都是凝聚起来的。官方的认可使得祈雨成为一项国家或地方的重要事项。也正由于官方主持祭祀，才使得民间信仰具有了正统性，从而使信仰能够传播覆盖至更广阔的范围。像陈孝女一类的地方神祇也被列入祀典，长久享有奉祀。祈雨仪式在一定程度上也平衡了官民关系。它是一项改善、修正和调试官民关系的重要仪式活动。一场透雨过后，危机暂时得到解除，地方社会逐渐恢复了平静。

图 4　陈孝女祠碑刻

三、《博罗龙华陈孝女志》的解读

陈孝女祠历史上曾是博罗县的著名祠庙。相传始建于梁大同年间。孝女祠原先位于佛寺龙华寺一侧。罗浮山有九观十八寺二十二庵之说，龙华寺即是十八寺之一。唐末毁，宋初复建。洪武二十五年（1392），龙华寺归并于延庆寺，孝女祠渐废。嘉靖初年，提学副使魏校将昌福夫人祠（昌福宫）正名为孝女祠。此后经过嘉靖、雍正、道光等多次重修。解放后，孝女祠曾改作龙华卫生院、龙华小学之用。1990 年经重修后重新开光（图 3）。

据嘉靖七年 (1528 年)《惠大记》卷二《迹考下》记载：

孝女祠，在博罗县西五十里。梁大同中，沙河富民陈志，年八十，独有一女。志卒，女哀毁甚虑，居以营葬，毕，亦卒。广州刺史萧誉闻而异之，乃立祠焉，表曰孝女。

南汉封为昌福夫人。今亦谓之昌福夫人祠，祷雨有应。[20]

孝女祠所在的位置也曾是入罗浮山的重要通道。“游山者，旧多由石龙乘舟至泊头或龙华登山。再由黄龙、冲虚、华首或酥醪等处至山顶。”[21]同时，该处也是重要的墟市，称作龙华墟。今天称龙华市场。

陈孝女很长时间内都作为一个官方认可的祈雨神灵而存在。南汉封昌福夫人。宋淳祐四年（1244），加封孝诚英烈龙华感应昌福夫人。在孝女祠中依然保留有昌福夫人的印记。文献的零星记载中留下“昌福宫”的名字。殿门上端原挂有“昌福宫”木牌匾，匾已废。[22]该祠有香炉一只，用白色玉石雕成。炉身正面刻有“昌福宫”三字，右刻“恩诚内结善缘众信敬奉”，落款“光绪十五年仲秋吉旦”。[23]嘉靖年间，魏校将昌福夫人改为孝女，这并不只是易名如此简单，更多地体现出官方对孝女进行一种儒家化的塑造，某种程度上也是士大夫与原先僧侣势力的一种较量。孝女被列入了官方祀典，民国《博罗县志》的《政制五》中《祀典 · 祠庙》中有孝女祠的相关记录。[24]

关于奉祀陈孝女祈雨的情况，地方志、碑刻等文献中只有零星的记载（图 4）。在田野访谈中，乡人也全然不知陈孝女祈雨的事迹。但在留存至今的一本民间文书《博罗龙华陈孝女志》中，可以窥见祈雨的一些片断以及陈孝女在社区空间中存在的重要意义。

《博罗龙华陈孝女志》（复印本）现存于陈孝女祠之中（图 5）。它成书于民国二十六年（1937），分为庙图、墓图、祀田、粮税和祈雨事例五部分，以下简称《孝女志》。该志书最初撰于明嘉靖年间，由陈氏后裔于宣主持。万历时期，裔孙守鉴重刻。

20. 广东省地方史志办公室：《广东历代方志集成 • 惠州府部》第一册，岭南美术出版社，2009 年，第 27 页。
21. 广东省文史研究馆、博罗县志办公室：《博罗县志》，广东省博罗县印刷厂，1988 年，第 69 页。
22. 黄观礼主编：《博罗县文物志》，中山大学出版社，1988 年，第 75 页。
23. 黄观礼主编：《博罗县文物志》，中山大学出版社，1988 年，第 76 页。
24. 广东省文史研究馆、博罗县志办公室：《博罗县志》，广东省博罗县印刷厂，1988 年，第 254 页。

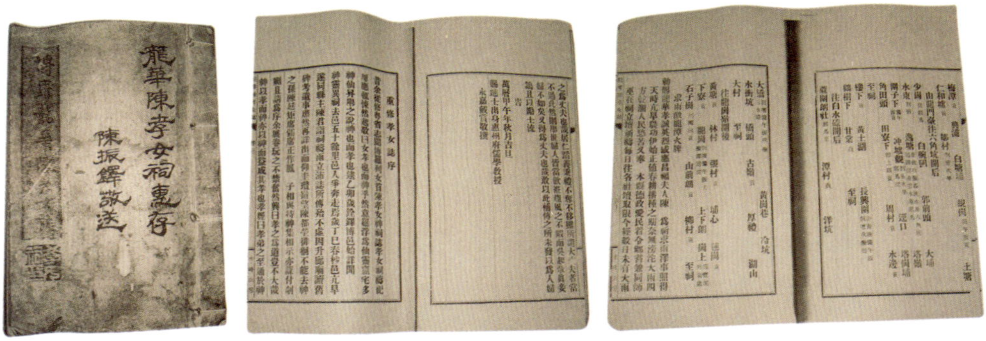

图 5 《博罗龙华陈孝女志》复印本

乾隆时期廷钜重刻。1937 年，由陈允厘再次重刻。这一史料收集了关于陈孝女的传序、碑记、诗歌等各类资料。最早的序言书于明万历甲午年间，由惠州府儒学教授戴赏撰书。志书中，将“祈雨事例”作为一个重要组成部分。

陈允厘序略：嘉靖间，吾族干（于）宣公始搜集孝女传序碑记诗歌汇刻为《陈孝女祠志》。万历时鉴公，乾隆廷钜公均重刻之。中更兵燹，镂板不全，藏本亦不可多得。此残本得于祠中，卷帙有脱落，而传序碑记诗歌等灿然具备，亟付手民，以广其传。[25]

在乾隆三年（1738）的序言中就提到祭祷孝女祈雨的灵异。博罗县儒学教谕关廷相在《重修孝女志序》中写到：“岁丁巳春杪邑亢旱，遂同县主陈君诣祠祷雨，立沛。志传殆不虚。”[26] 这里提到的陈君是博罗县知县陈有为。

可以看出，在祈雨仪式活动中，孝女祠赢得了博罗知县的关注。孝女祠的一些匾额来自博罗知县所题，有的与祈雨相关。如博罗知县董海题写有匾额“普泽甘霖”。头门联“孝德终天地，神功布雨旸”。[27] 这些匾额无疑成为官方对孝女祈雨灵应的有

25. 广东省文史研究馆、博罗县志办公室:《博罗县志》，广东省博罗县印刷厂，1988 年，第 396—397 页。
26.《博罗龙华陈孝女志》复印本，民国二十六年（1937），博罗县龙华镇文化服务中心藏，第 3 页。
27.《博罗龙华陈孝女志》复印本，民国二十六年（1937），博罗县龙华镇文化服务中心藏，第 19 页。

效认可。

《孝女志》中还录有一道诰敕，相传为梁武帝诰敕，落款为“大同二年三月”。其中提到“赏善罚恶，必秉至公，祷雨祈晴，务昭克应。春秋二享典礼，隆加寒暑，四时遣人安慰于戏。幽明一理，勉存锡类之思。”[28]这份诰敕暗示着孝女与南梁的某种联系，也将陈孝女的历史追溯得更加久远并且倾注了更多王朝的关注。

具体到祭祷孝女祈雨的仪式活动，通常由博罗县地方官员主持。一般由地方官员先派乡耆、师巫等在孝女祠立坛祈祷。如久未雨，紧接着会再派人赴往龙潭激火牌。在这个过程中，就意味着要将孝女的神像抬出，派人到指定的地点激火牌，再次虔心祈雨。与此同时，沿途村庄都要参与其中并积极行动起来。从志书中的一则祈雨祭文中能了解概况：

求雨激龙潭火牌

敕赐龙华孝诚英烈感应昌福夫人陈 为祈求雨泽事，照得天时亢旱，农功伊始，正值春耕播种之期，奈无滂沱大雨，四方干涸，人民愁苦。又奉 本县德政爱民，着令乡耆兼同师巫在祠立坛祈祷，每日往各社坛取限，今经数日未有大雨，乃思原额有置龙潭，屡有应验。合就遣牌赴激为此牌，仰庙司沿途知悉的于本月 日 时在庙起马，由陆即照例开各地方，连拨人夫几名俟候，逐程交替。如遇社坛，务宜洁净。即备壶盒、果酒、红鸡一只俟候，本师到社取限，合行预知。此系奉 上文明祈雨以救民苦，非徒劳扰，各宜诚心斋戒，毋远须至牌者。

右仰庙司沿途地方知悉。

年 月 日 遣 牌 限 日 缴[29]

所谓龙潭，也就是官方认为的祈雨“屡有应验”之地，在志书中提到五处，分别位于五个方位。

28.《博罗龙华陈孝女志》复印本，民国二十六年（1937），博罗县龙华镇文化服务中心藏，无页码。

29.《博罗龙华陈孝女志》复印本，民国二十六年（1937），博罗县龙华镇文化服务中心藏，第40—41页。

计开龙潭处所

南有龙岗高岭顶，北有善政龙门台，东有龙潭白水礤，西有龙潭白龙述，中有罗浮六角坑。[30]

赴往龙潭激火牌求雨是孝女祠祈雨的一种重要方式。这项仪式活动牵动了诸多沿途村庄，这些村庄在仪式过程中要承担相应的夫役。“凡遇孝女上县求雨或往五方攻激龙潭，由陆所经各围寨，务宜速拨人夫，沿途交替，往回一体。此系县尊著令，永照无违。”[31] 对于沿途村庄承担的具体夫役以及巡游路线，在《孝女志》中也有明确记载：

上县开后

柳村（在祠起马） 夏朗 牛田岭 田螺墩 横岗 凹头 田心围 莲塘墩 麻地脚 苏田 荔枝坑 大潘 水西（至县）

往龙门台开后

梅潭（贡） 典浦 白塘埔 蚬岗（备午饭贡） 土塘 仁和墟（贡） 邹村（扎宿次早）

由龙门台往六角坑开后

少岗（从起马） 白碗凹 郭前头 大埔 水东（扎宿） 逸塘（至此攻激番流水及六角坑，回归从在云水庵起马） 塔岭 围子下（备午饭贡） 冲虚观（扎宿次早，起马从） 径口 塔岗埔 角田头 田寮下（即上罗贡） 周村（贡） 水边（贡） 至祠

楼下（贡） 黄土湖 长兴围（即青塘备午饭，扎坛攻激回） 鹤树下 甘棠（贡） 至祠

往白水礤开后

麻园朗社（起马至） 潭村（贡） 洋坑 大桥（扎坛备午饭，攻激白水礤） 黄

30.《博罗龙华陈孝女志》复印本，民国二十六年（1937），博罗县龙华镇文化服务中心藏，第 39 页。
31.《博罗龙华陈孝女志》复印本，民国二十六年（1937），博罗县龙华镇文化服务中心藏，第 39 页。

岗巷 冷坑 水卫坑 桥头 古岭（贡） 厚礼 湖山 大村 至祠

往龙岗岭开后

黄塘（贡） 林村 张村（贡） 埔心 毬岗（贡） 下寮（贡） 龙岗（扎坛备午饭，去激潭回从） 上下朗 岗上（备宝烛外场处） 石子岗（三围同贡） 山前朗（贡） 柳村（贡） 至祠[32]

在祈雨仪式过程中，沿途村庄承担起相应的夫役，包括贡奉、备午饭贡、宿夜等等。类似于官员到地方巡查，地方也要承担起迎送官员的职责，由此产生的夫役也由地方承担。抬孝女神像出行祈雨所覆盖的村庄范围非常广泛，上述提到的参与前往博罗县及赴五方攻激龙潭的村庄多达62个。由柳村起马，最后回祠。整个过程约持续五六天。由官方主持的规模浩大的祈雨仪式，有效地凝结了社区中的村庄。在祈雨仪式活动中，这些村庄共同承担夫役，共同坚守禁忌，共同抵御旱灾，有效地整合起来，形成一种巨大的力量来抵御灾害。

当然，也不乏一些村庄不履行祈雨仪式的责任，不顾禁忌，藐视神灵。《孝女志》中就记载了一则案例《不遵取夫》：

禀不遵取夫

呈为硕围不遵答应人夫事蒙 本县老爷德政爱民，见得天时亢旱，业经祈祷无雨，乃着师巫、僧道、人役等前来至祠迎接。龙华孝诚英烈感应昌福夫人辇驾至县，敬祠虔祷，即夜显应，连落三日滂沱大雨。蒙赐花红、银米奖赏，卜择吉日乘送昌福夫人回祠，着师巫、术长沿途取夫，奈术长、师巫坐恃不来取夫。乘送回祠，各围俱既诚心出夫，惟白仔屯、牛田岭、柳村三围恃硕不遵，至于天降淋漓大雨。神人衣物一洗回祠，不得无奈在夏朗围宿夜。若不呈究敕票，严拿以儆将来，庶日后无敢坐视罔闻，只得上呈赴。

32.《博罗龙华陈孝女志》复印本，民国二十六年（1937），博罗县龙华镇文化服务中心藏，第39—40页。

年 月 日禀[33]

这则案例讲的是博罗县官祭祷孝女求得雨泽之后，在送昌福夫人辇驾回祠的过程中，白仔屯、牛田岭、柳村三村拒不出夫役，遭至天降大雨，使得孝女辇驾以及衣物浸湿的事。将这样的案例记入《祈雨事例》，一是用天降大雨这种自然现象来表达对怠慢神灵的一种谴责。二是警示其他村庄，要敬畏神祇。当然维护这种正统性的依然是官方。这则小故事会作为一种传说流传，流传的同时也无疑成为一种警示。类似的《孝女志》中还记载有《大桥客顽抗坐恃》，其中讲到孝女神像巡游过程中，沿途村庄的神户按例准备茶酒，“惟大桥客藉恃顽，坐高不出，藐视神明，法所不宥。”[34]这些案例记载于《孝女志》之中，用于警示后来者，同时也作为传说故事流传开来。民间信仰通常会依靠神话传说等有效地维护神祇的正统性。

在南汉以及清代民国陈孝女都是官方认可的重要的祈雨神祇。明嘉靖四十三年（1564）的《博罗陈孝女碑》中有：“其水、旱、疾、疫，祷辄有应”[35]。直至民国《博罗县志》都有这样的记载。“终清之世，县人求雨者，官必奉孝女以行云。”[36]民国以后，向孝女祈雨的习俗不见于文献中。《博罗龙华陈孝女志》是极为珍贵的民间文书，能让我们更真切地了解祈雨这项仪式活动在地方社会的具体实践，从中可以了解祈雨活动的诸多细节。从祈雨的游神路线来看，陈孝女并不是仅仅龙华社区的神祇，涵盖的村庄范围几乎横跨博罗县境，她成为地方社会整合的重要纽带。

在田野访谈中，人们已经全然没有抬孝女神像祈雨的记忆，仅流传孝女祠中原先有一尊可以出行的神像。据说塑像用檀香木雕制；可移动起身，身穿龙袍，头戴冠冕，右手执扇，左手拎手帕。当地人称孝女为“姑婆妈”。[37]在20世纪90年代重修孝女祠时，村民们发现了这尊孝女神像。2012年3月1日，孝女祠举行重光23周年庆典。

33.《博罗龙华陈孝女志》复印本，民国二十六年（1937），博罗县龙华镇文化服务中心藏，第42页。
34.《博罗龙华陈孝女志》复印本，民国二十六年（1937），博罗县龙华镇文化服务中心藏，第42页。
35.黄观礼主编：《博罗县文物志》，中山大学出版社，1988年，第158页。
36.广东省文史研究馆、博罗县志办公室：《博罗县志》，广东省博罗县印刷厂，1988年，第596页。
37.黄观礼主编：《博罗县文物志》，中山大学出版社，1988年，第75页—76页。

村民们抬孝女像环绕旧集市和新集市巡游。从这些印记中已经很难看出陈孝女与祈雨仪式的关系。但是，陈孝女信仰依然固守着在社区空间中重要地位。每年正月初二，来自龙华镇附近的二十余村的村民会前往陈孝女祠举行上灯仪式。陈孝女信仰仍旧是凝结村落关系的重要纽带。或许，祈雨仪式已经淡出人们的视线，但是民间信仰的长久生命力依然显现，它正以其他的方式延续下来。

四、结语

祈雨是一项重要的仪式和民俗活动。雨水与人们日常的生产生活密切相关。干旱对于生活在传统农业社会的人们而言，是经常遭遇而又不得不应对的议题。在应对旱灾之时，无论官员还是普通民众都参与其中。祈雨仪式深刻地勾连了官民关系以及村落关系，使得地方社会在面对灾难之时，能够共同抵御，发挥出最大力量。透过祈雨的仪式活动以及人们崇祀的神灵，可以看到一个广阔的地方社会。陈孝女这位广东的女性神，曾是官方认可的重要祈雨神祇，在地方社会整合中发挥出重要作用。从某种意义而言，陈孝女也是一位水神。她连接了广泛的社区，包括地方官员、普通村民以及整个地方社会。直至今天，她仍深刻地影响着地方社会的变迁，成为社区凝结的重要纽带。陈孝女这一神灵信仰在地域空间中拥有长久的生命力。

（本文曾以《祈雨与地方社会——以《博罗龙华陈孝女志》为中心的考察》为名，发表于《惠州学院学报（社会科学版）》2017 年第 4 期）

参考文献：

[1] 广东省地方史志办公室：《广东历代方志集成》惠州府部，第一册，岭南美术出版社，2009 年。

[2] 郭沫若：《卜辞通纂考释》，《郭沫若全集·考古编》第二卷，科学出版社，1983 年。

[3] 柯文：《历史三调：作为事件、经历和神话的义和团》，江苏人民出版社，2000 年。

[4] 刘大鹏著，乔志强标注：《退想斋日记》，山西人民出版社，1990 年。
[5] 刘德增：《漫话山西民歌》，北岳文艺出版社，2005 年。
[6] 广东省地方史志办公室：《广东历代方志集成》惠州府部，第四册，岭南美术出版社，2009 年。
[7] 瞿同祖：《清代地方政府》，法律出版社，2003 年。
[8] 费孝通：《江村经济》，上海人民出版社，2006 年。
[9] 广东省文史研究馆，博罗县志办公室：《博罗县志》，广东省博罗县印刷厂，1988 年。
[10] [明] 陈琏编著，邬榕添校注：《罗浮山志》，广东人民出版社，2015 年。
[11] 黄观礼：《博罗县文物志》，中山大学出版社，1988 年。
[12]《博罗龙华陈孝女志》，复印本，民国二十六年（1937）. 博罗县龙华镇文化服务中心藏。

佛山禾花仙娘崇拜的民俗解读

程宜*

【摘要】禾花仙娘崇拜是我国农耕社会作物神崇拜的遗存，这类神祇崇拜习俗在岭南一带广泛流传。佛山番村禾花仙娘崇拜源自中原地区，由番村潘氏族人南迁时带来，至今已有一百多年可追溯的历史。其间历经神迹再造、神灵功能演化丰富、日常和特殊日子的崇拜，特别是“禾花诞”崇拜仪式，成为潘氏族人相互认同和情感联系的纽带。“禾花诞”是一个以妇女为主导，全村参与的民俗活动。从神灵在仪式中的安排，可以发现神灵在社会大环境和具体的乡村小环境中的地位排序是有差异的。

【关键词】佛山；禾花仙娘；崇拜

禾花庙是祭祀禾花仙娘的场所，位于广东省佛山市禅城区石湾街道番村村内，与文武庙并联为一座砖木结构的建筑整体。两庙内部有门互通。庙门花岗石门额上刻“禾花庙”三个大字，两边石刻对联：“瘠土稼登同沃土，公田雨足及私田”，落款为：“道光庚子仲夏重修／众信立”。禾花庙内，正面神坛上供奉着三位禾花仙娘（禾花三姐妹）及观音、金花娘娘，进门左侧供奉土地和车公。相连的文武庙内供奉玄坛、华光、北帝、医灵、文昌。二庙始建年代不详，历清道光庚子年（1840）、光绪二十一年（1895）两度重修。每年农历四月十三为禾花仙娘的诞日，举村参与，热闹非凡（图1）。

一、禾花仙娘溯源

禾花仙娘与五谷神、青苗神、谷神、禾神、禾仙、禾谷夫人等农作物神祇关系密切，

* 程宜，佛山市博物馆陈列宣教部主任、副研究馆员。

图 1　禾花庙与文武庙

可能是对农作物禾谷类神祇崇拜的不同称谓。在广东佛山的一些村落，作物神信仰是以崇拜禾花仙娘为表现的。作物神多以男性神灵的面貌出现，一般与社神也就是土地神一起，称为社稷神，在传统农耕社会，每个村落都有他们的神位和定期的崇拜仪式，佛山市南海区九江镇某村的社稷神位直接刻写“禾花社——社稷之神”就是一种佐证（图 2）。

社神和稷神是原始农耕文明的产物，人们崇拜他们赖以生活的土地，崇拜他们种植并赖以为食的五谷，故将他们神话并祭祀，祈求丰年，报告收成和表达敬意。民间的社稷神信仰，从上古至近代，一直存在。经过历史演化，一些地方逐渐出现了女性作物神。在不同地方，称谓虽略有不同，但指向的都是相似的民俗诉求，即祈求风调雨顺，禾谷庄稼顺利生长，种植丰产，并衍生出祈求妇女生育顺利、子孙繁衍兴旺、保佑平安健康等更多的功能。

关于作物神传说的版本很多。四川等地传说后稷善于种植各种粮食作物，曾是尧舜时代的农官，教民耕种，被认为是最先种植稷和麦的人，百姓奉他为谷神，周人

图 2　佛山市南海区九江镇某村“禾花社”社稷之神

姓姬，故有的地方称谷神姬真人。更多的地方称其为“青苗神”。清人纪昀在《滦阳消夏录 · 青苗神》中描绘：“余乡青苗被野时，每夜田陇间有物，不辨头足，倒掷而行，筑地登登如杵声。农家习见不怪，谓之青苗神。云常为田家驱鬼，此神出，则诸鬼各归其所，不敢散游于野矣。此神不载于古书，然确非邪魅。从兄懋园尝于李家洼见之，月下谛视，形如一布囊，每一翻折，则一头著地，行颇迟重云。”[1] 与青苗神相关的就是丰富的跳禾神和田公地母的故事。而禾花仙娘崇拜则主要流行于佛山和肇庆一带，出现的历史也比较晚近，是从中原地区传播而来，属于禾神、谷神、青苗神、五谷神、田公地母崇拜的本土演化。

佛山的禾谷类作物神崇拜与周边大致呈三条带状联系，第一条从广西桂平沿西江流域到达佛山；第二条从广西、广东连州壮瑶山区沿小北江流域到达佛山；第三条南部沿海雷州、化州、阳江等地都有出现，但流动方向还未明确。

1. 广西桂平沿西江—梧州、云浮、肇庆、广宁、佛山一带。

1. [清]纪昀：《阅微草堂笔记》卷六《滦阳消夏录六 • 青苗神》，中华书局，2014 年，第 282、284 页。

2. 广西、连州壮瑶山区沿小北江—阳山、清远、佛山一带。

3. 南部沿海的雷州、化州、阳江、佛山一带。

这些地方流传“跳禾神”“拜禾仙”的习俗，有丰富的民间传说，有些地方还保留原始祭祀舞蹈。例如广西桂平市的民间舞蹈“跳禾神”和肇庆郁南的“禾楼舞”，就是原始巫文化流传至今的一种变异，他们把稻禾当做神灵来信仰、祭拜，并用舞蹈的形式表达出来。这种舞蹈，先是在壮族、瑶族之间流传，寓意风调雨顺、五谷丰登，被周边汉人接受，“跳禾神”逐渐向外流传。一些地方“跳禾神”的形式为跳田公跳地母，后又增加了跳狮跳龙、跳锣跳鼓和跳歌跳诗等形式，是一种带有宗教性质的祭祀舞蹈，也是农耕文明的重要见证。每年中秋前后，以水稻种植为主的肇庆郁南宝珠镇农民会自发组织在庞寨村广镇宫举行禾花诞活动。在活动中有山歌对唱、八音锣鼓、过仙桥、放生等仪式来祝愿当年禾谷丰收，祈求来年禾花继续盛开。活动组织和参加者主要以妇女为主。

据清初《广东新语》记载，香山（今广东中山）有禾谷夫人崇拜习俗：“香山村落，多祀禾谷夫人，或以为后稷之母姜嫄云。余谓里有社稷，社，土神也，稷，谷神也。祈年报赛，以二神为归足矣。”[2] 民间认为姜嫄为禾神，而屈大均则认为社稷即是土和谷，是大地生产之神，祭祀他们就足够了。不赞成民间大肆崇拜禾谷夫人，以至于批评“立淫宇而享祀无度”[3]。其实，从明代魏校以广州府为中心大毁淫祠开始，民间小庙祭祀各种庞杂神仙的活动，确实受到不小的遏制，诸如禾谷夫人、禾花仙娘之类的祭祀活动完全有可能大规模被儒家视为正统的社稷、谷皇崇拜代替。此后，大部分的禾神祭祀崇拜活动可能与社稷、谷皇的祭祀崇拜融为一体，而佛山是村村都设社稷之坛，不少地方也建有谷皇庙。比如佛山市南海区和顺镇东村至今还保留了“谷皇古庙”（图3）；南海区里水镇新联村北涌坊北涌亭供奉“禾花娘”，逢农历二月社日，村民祈祷拜祭，希望风调雨顺、国泰民安。

佛山有崇拜作物神的传统。明清直至民国时期，在佛山农村，农历二月初二谷

2.［清］屈大均：《广东新语》，中华书局，2006年，第210页。
3.［清］屈大均：《广东新语》，中华书局，2006年，第210页。

图 3　佛山市南海区和顺镇东村“谷皇古庙”

神诞，正值春耕时节，农户烧香烛，备糕点，拜谷神，祝祷一年顺景。佛山高明区更合镇一带，每年农历四月初八、八月十五两大收成后的农闲季节举行穰田仪式。农户们在穰田前一天磨米蒸糕。穰田当日清晨，用竹篮载着鸡、糕点、水果、酒、茶、元宝香烛等祭品，到田间感谢神灵保佑一年稻谷丰收，六畜兴旺。祝祷词有：“鸡仔似凤凰，烧酒似蜜糖，旧谷未粜了，新谷快入仓”。佛山禾花庙和禾花仙娘崇拜的存在，体现了民间作物神信仰在佛山传承演变的强大生命力。

二、禾花仙娘神迹传说

禾花仙娘（三姐妹）相传由潘氏三兄弟，从中原经南雄珠玑巷南迁至佛山时带来。三兄弟分别落户于今佛山市南海区大沥镇（兄）、佛山市禅城石湾街道番村（二弟）和佛山市顺德区勒流（三弟）。三地都建有禾花庙，供奉禾花仙娘并一直相互往来祭拜。

番村禾花仙娘经过岁月流转，已经从保佑谷物丰产的神灵演变成为全能的神祇。但追溯其神迹传说，仍能明显感受到其作物神的特点。我们采访了村中“禾花诞”活动组织者，78 岁的徐姨（图 4），“文革”后参与修复禾花庙，约 80 岁的祠叔（图 5）；现年 101 岁仍然在参与制作“禾花诞”拜祭品的庞日老婆婆及村长和村中文人（图 6）。

图 4 “禾花诞”组织者徐姨

图 6 101 岁仍参与制作供品的庞日婆婆

图 5 曾参与禾花庙修复的祠叔

他们讲述的禾花仙娘神迹传说细节各有侧重，可以相互补充，其中有几个重要的神迹是他们一致强调的：

1. 护堤。佛山在历史上一直是一个水网密布的地区，许多地方是宋以后才修建堤围逐渐成陆，明清时期，佛山经济繁荣，各地迁入佛山的人口和本土人口增长都较快，不少村民住在堤围区，生产和生活的保障都有赖堤围的牢固安全，这也是北帝、洪圣、龙母等水神崇拜在佛山如此兴盛的重要原因。每年春夏洪水泛滥之际，各村都会举行仪式，祈求自己的保护神保佑全村的安全与丰产。禾花仙娘就是番村的保护神。据传有一年连降暴雨、洪水滔天，佛山多地相继决提，受灾严重。番村的堤围也危在旦夕，村民向禾花仙娘祈愿，得神授意，于是到禾花庙取下具有法力的禾花三姐妹神位上供奉的金花，赶到情况最危急的河提段，将金花插在堤围的旗杆顶。于是，狂风暴雨渐停，一场即将发生的灾难得以幸免。从此，每年洪水季节，村民都按例拜祭祈求禾花仙娘的保佑，在村民的记忆里，禾花仙娘已经保佑番村堤围坚固一百多年。

2. 调节村际纠纷。宋元明清，特别是明清以降，佛山一直在上演外来人口不断迁入、定居、融入本土的历史。新的外来人口的迁入，必定会触及到原先定居群落的利益，上演土地、资源的争夺战在所难免。据历史记载，明清时期的佛山因为土地、赋税、码头等纷争不时发生群体性纠纷、械斗，严重时需要到祖庙大魁堂由乡老集体决议解决矛盾。根据番村老人家口述，他们的祖先是清代迁入佛山的（具体时间不详），这个时期，佛山已经聚居了大量人口，番村距离佛山石湾很近，石湾是著名的陶业产区，石湾窑生产的日用陶和建筑陶远近闻名，销往附近省份与港澳、东南亚一带，产业的发展吸引了大量的外来人口在此就业生活。番村祖先迁至这里，加剧了土地、资源的争夺，他们需要在有限的土地里夹缝求存，周边先于潘氏族群定居的村民对原有利益的保卫，对新来族群的排斥是必然的。于是有了如下传说故事：有一次，邻村男丁组织起来挑战番村（原因未流传），准备来番村与男丁对决械斗打群架，双方约好了对决时间。当日，番村的村民在禾花庙附近煮了一大锅饭，大家吃饱了准备迎战。邻村的男丁也来势汹汹聚集到了番村，一时间群情激昂，战事一促即发，此时，一群相貌不凡的男女从这群准备械斗的人群边飘然而过，有人发现他们的脚没有着地，飘进禾花庙，并消失在其中。这一情景使人们恍然大悟——禾花仙娘等神灵为保佑村民，以集体现身的方式出面阻止两村械斗。于是，大家各自散去，争斗得以平息。这个传说故事可以窥见番村与邻村在纷争中是处于弱势的，借禾花仙娘等神灵的神迹故事使本村得到保护、平息纷争不失为一个明智的举动。

3. 护秧驱虫。每年插秧和稻作禾花开放季节，对气候的要求特别高，自然条件决定了作物的收成。禾花开花的季节，还是虫害严重的时节，钻心虫、卷叶虫、稻飞虱等横行，传统农业面对这些虫害，可以施展的抗虫手段有限，对于气候与虫害，也真的只能依靠神灵护佑了。于是禾花仙娘就充分发挥她的原始功能，护秧驱虫，保佑风调雨顺，农作物的顺利丰产。

村民不断向禾花仙娘扩大祈求的范围，禾花仙娘的功能也越来越强大，除了以上主要的功能外，她们还保佑妇女生育、儿童成长、老少健康、家宅平安等，几乎可以囊括一切。

图 7　烧幽

三、禾花仙娘崇拜仪式

番村禾花仙娘崇拜是佛山保存比较完好，规模比较大的作物神崇拜习俗，禾花仙娘崇拜又以“禾花诞”仪式最为隆重，已有一百多年可追溯的历史。一年一度的祭祀活动历经建立临时活动组织、资金筹集、祭祀用品购置制作、延聘法师、开坛诵经、祈福迎祥、诸神巡游、共享斋宴等过程，汇集了全村的人力物力，大家踊跃参加，各司其职，村民在这样的民俗信仰活动中关系得到巩固与确认。禾花诞日的祭祀活动主要由祭祖烧幽、开坛、转运、诸神出游和共进斋宴五项仪式组成。

1. 祭祖烧幽。时间为禾花诞前日，分别为农历四月十二日的上午和下午。上午祭祖，由村中有声望的长者带领族人到潘氏宗祠拜祭太公（祖先），仪式由男性承担。下午烧幽，由妇女们在村头组织实施，此举为安抚亡灵（图 7）。

2. 开坛仪式：时间选择在农历四月十二晚（禾花诞前夜）吉时（一般选在 7-8 时）开始，延请法师开坛诵经，为村民祈福，直至凌晨跨入四月十三禾花仙娘诞日结束。程序为：法师念诵大悲咒、十小咒、心经供诸天——村妇在大师引领下上香敬神、洒净水、烧鞭炮、请诸神仪式开始。开坛仪式全部由村中妇女跟随法师完成，三位法师来自附近顺德区陈村镇大都村，属在家修行的俗家弟子，平时务农经商，有法事活动时就披挂上阵（图 8）。

3. 转运仪式：时间为农历四月十三上午。法师用米精心制作福禄寿大字——在写好的“福禄寿”上摆生果、红枣、符箓、法器——村妇在法师诵经声中祈求作物丰产、添丁发财、平安健康——村妇在大师引导下在庙前广场绕行三圈，意为“转好运”——绕行完毕列队从禾花庙门口花灯下穿过（意为添丁）——进庙继续念经参神（图 9—

图 8　开坛仪式

图 9　法师用米写“福禄寿”并摆上生果、符箓、法器等

图 10　村妇在大师引导下绕行庙前广场三圈转好运

图 11　绕行完毕列队从禾花庙门口花灯下穿过（意为添丁）

11）。转运仪式全部由村中妇女跟随法师完成。

4. 诸神出巡：农历四月十三禾花诞日下午 5 至 6 时。请禾花庙和文武庙诸位神灵出巡（每年留禾花三姐和文昌君两位神灵坐镇庙宇），与此同时，村民将自制的神衣在庙前香亭焚烧。每位出巡神灵配备一部脚踏三轮车，由本村 8 至 10 岁男童担任骑车手。准备出巡的脚踏三轮车铺红纸摆黄皮叶垫底，由村中男丁将诸神灵抬上三轮车——诸神出巡前村里男丁在庙前舞彩狮，之后锣鼓、彩狮在游行队伍前面开路——法师引领众人车载神像缓步沿村绕行——经过村中各巷口，妇女们早已摆好敬神的供品拦住神灵，待法师代表神灵祝福后方放行到下一个路口，直至绕行完整个村庄，全村都获得神灵保佑和祝福。诸神出游顺序为车公——玄坛——华光——禾花大姐——禾花二姐——北帝——观音——金花——医灵，据禾花诞组织者 78 岁的徐姨介绍，

图 12　焚烧神衣图

图 13　神出巡的脚踏三轮车铺红纸摆黄皮叶垫底

图 14　彩狮开路

图 15　锣鼓开路

图 16　法师在前护卫神灵绕行全村祈福，男童担任诸神出游的三轮车手

图 17　村民们在制作和享用斋宴

图 18　村民们在制作和享用斋宴

车公在前为开路，医灵押后为保健康。神灵绕行村中一圈后回到神庙。出游仪式主要由村中男性完成（图 12—16）。

5. 共进斋宴。农历四月十三晚，全村在禾花庙前广场绕村路排开筵席，一起吃斋宴酬神。斋宴的场面很大，一般有一二百围台。据说许多从番村走出去，在外发展的游子也会在这一天千里迢迢赶回家乡。这是欢乐的节日，也是全村共叙乡情，展望美好未来的好时节。这个场面不禁让人联想到传统“村社”节：“桑柘影斜春社散，家家扶得醉人归。”整个“禾花诞”就在这浓浓乡情中结束（图 17、18）。

四、村民在禾花仙娘崇拜中的角色

（一）女性是禾花仙娘崇拜的主要参与者和“禾花诞”仪式的主要组织者

1. 女性是日常禾花仙娘的主要崇拜供奉者。也许因为禾花仙娘的女性身份，人们普遍认为仙娘更能保佑女性与儿童。每月农历初一、十五，妇女会比较集中地前去拜祭禾花仙娘，同时也拜祭观音、金花娘娘等女性神灵，拜祭完女性神灵后，还会到相连的文武庙拜祭众神。另外，小孩出生、满月、上学、结婚、做寿等重要日子，妇女们也会提着供品前来禀报禾花娘娘并祈求祝福。

2.“禾花诞”前期筹备组织的主要成员。每年“禾花诞”前半个月左右，番村就会组建临时的筹备小组，由村长、村委领导和热心人士组织，其中村长和村委只在大局上把关，具体组织工作全部交由徐姨和另一位老阿姨操持。村里不需要出资，所有费用由村民自愿捐赠。斋宴（2005 年 360 元一围）由各家自行出资订餐，虽然常住本村的村民有限，但许多家庭都订多几围斋宴，为的是招回在村外生活的儿孙一齐回乡过节。所有资金委托本村一位熟悉财务的妇女记录管理。制作供品和祭品由徐姨等人组织村中巧手，每天都有几人、十来人自愿到禾花庙左侧筹备室参与前期准备工作。诞日前一两天，妇女们一起装饰布置禾花庙和文武庙，摆放供品，一切井然有序（图19—21）。

3.“禾花诞”神灵衣饰祭品的制作者霍定女。每年“禾花诞”日，村民都会为禾花庙和文武庙的12位神灵准备服饰，每位两套，共24套。最初，神衣是在衣纸铺购买，较为简陋。后来大家发现本村媳妇霍定女自己制作的神衣特别用心、美观。近年来，“禾花诞”神灵服饰都指定由她制作。霍定女制作的神衣从头饰、簪花、帽冠、衣袍

图 19　妇女们在准备禾花诞的供品和祭品

图 20　记录管理村民捐赠的香烛供品经费和斋宴款

图 21　妇女们装饰布置禾花庙和文武庙

图 22　神灵衣饰祭品的制作者霍定女

到鞋袜一应齐全。衣饰色彩、装饰，款款不同，充分体现出为神办事不遗余力的精神。霍定女制作“禾花诞”神衣出名后，附近泥地等村也邀请她制作神衣（图22）。

4.“禾花诞”仪式的主要组织和参与者。“禾花诞”5个主要仪式及前期的筹备，妇女都是主要的组织者和参与者。只有在游神仪式中，妇女担任次要的角色。

（二）男性在禾花仙娘崇拜及“禾花诞”仪式中担任的角色

男性在禾花仙娘崇拜中一直主动让位于女性。他们往往参拜与禾花庙相连的文武庙的几率更多，文武庙敬奉的北帝、玄坛、华光等神灵，在南方珠江三角洲一带倍受尊崇。和女性相反，女性一般先去禾花庙拜祭，再去文武庙，而男性一般先去文武庙拜祭，再去禾花庙。

五、神灵的排序与地位

神灵在庙宇中敬奉的位置和诞日出巡的排序，体现了他们的传统地位和在村民心目中各自不同的重要性。

1. 禾花庙神灵排序。禾花庙女性神灵从左至右排序为：金花——禾花大姐——观音——禾花二姐——禾花三姐，观音是地位崇高的大神，虽然身处禾花庙，她也坐镇中央，禾花三姐妹按照长幼有序的方式安排，金花是岭南地区的生育保护神，在民间很受欢迎，因此也位列其中（图23）。

2. 文武庙神灵排序。与禾花庙连为一体的文武庙男性神灵从左至右排序为：玄坛——华光——北帝——医灵——文昌。北帝司水、司财，是佛山最崇高的保护神，佛山祖庙就是崇拜北帝的祖祠，每年三月三北帝诞、春节等重要日子，佛山倾城而出，聚集祖庙拜祭北帝，这一传统习俗几百年来长盛不衰。近年，拜祭北帝民俗还入选国家级非遗项目。因此北帝居中是理所当然的安排，华光司火，番村临石湾窑，华光在窑区地位崇高，陶器出品的好坏与火密切相关，从文武庙华光排序仅次于北帝可以推测，番村的潘氏族人有不少是从事陶业生产的。医灵是保健康的神灵，而文昌则为祈求族人在学问、科举上有所建树（图24）。

图 23　禾花庙神位排序

图 24　文武庙神位排序

3. 从诞日神灵的安排看村民心中神灵的地位。尽管观音、北帝地位崇高，村民一定会遵守礼数，将他们供奉在中心位置。但从“禾花诞”神灵巡游的安排上，我们可以窥见神灵在村民心中真实的位置和情感。在巡游的时候，有两位正神留守禾花庙和文武庙，他们分别为禾花三姐和文昌君。禾花三姐妹是番村祖先从中原一路带来的神灵，她们保佑了潘氏族人的安全、生根、繁衍、丰收、富足，在潘氏族人心目中无疑是最亲近的神灵，是他们的精神依托。在中国民间传说中姐妹数人，往往以最小的妹妹最得宠爱，民间有“皇帝爱长子，百姓爱幺儿”的说法，故禾花三姐妹又以三姐最受村民喜爱，因此在诸神出游时，禾花三姐被安排坐镇禾花庙。文武庙留守文昌君，可以看出潘氏族人重文的心态。期望族人科举扬名，光宗耀祖，这是移民族群普遍的心理诉求，只有科举成功，族中有人在朝为官，家族在本地的安全、发展才有切实的保障。佛山梁氏、李氏、霍氏、陈氏、庞氏等家族就是通过科举途径一步步发展壮大，成为举足轻重的名门望族的。

结语

佛山番村禾花仙娘崇拜作为作物神崇拜的遗存，不仅保留了她保佑风调雨顺、作物丰产的原始功能，随着潘氏族人的南迁，村民又进行了神迹再造，增加了调节村际纠纷、防洪护堤、促进人口繁衍等功能，以利于族人在佛山生根、壮大、发展。一年一度隆重的“禾花诞”崇拜仪式，以妇女为主导，全村共同参与的民俗活动，成为强化宗族观念，加深潘氏族人凝聚力的有效途径。通过“禾花诞”神灵在仪式中的安排的观察，可以发现神灵在社会大环境和具体的乡村小环境中的地位排序是有差异的。

广东南海神的信仰发展与神格变迁

刘翀*

【摘要】广东因其滨海的地理特色，海神（水神）信仰繁盛，所奉海神（水神）也众多，其中南海神信仰颇具岭南地区特色。在南海神信仰传播发展的过程中，还伴随着神格的变迁，祝融从南方司火之神，演变为南海神可以看作是五行观念与地方文化相融合的产物。而南海神进一步演化为南海龙王，则是国家祭祀与民俗信仰相互动的结果。
【关键词】南海神信仰；祝融；神格

南海神，民间俗称“洪圣大王”，自隋代于广州东南设南海神庙以祀，成为岭南地区重要的祀典，南海神诞——“波罗诞”也是民间社会重要的庆典活动。而南海神在其信仰形成和发展过程中，还伴随着神格由“火神”转变为“水神”，进而成为“龙王”的变迁历程。

一、火神司海：五行观念与地方文化的融合

依照南海神庙内韩愈所撰《南海神广利王庙碑》所载：“海于天地间为物最巨，自三代圣王莫不祀事。考于传记，而南海神次最贵，在北东西三神、河伯之上，号为祝融。天宝中，天子以为古爵莫贵于公侯，故海岳之祀，牺币之数，放而依之，所以致崇，极于大神”[1]，可知官方所认定的南海神为“祝融”。而祝融在中国传统神话故事中，

* 刘翀，广州市海珠区文物博物管理中心职员，博士。

1.［唐］韩愈：《南海神广利王庙碑》，现存于广州南海神庙，碑文载于广州市地方志办公室编：《南海神庙文献汇辑》，广州出版社，2008 年，第 161 页。

却是以“火神”的面貌存在的。

祝融传说多被认为起源于楚地，而明确把祝融与火联系在一起，则大概可以认为是在五行学说已然体系化的春秋时期，如《左传·昭公二十九年》所载：

故有五行之官，是谓五官。实列受氏姓，封为上公，祀为贵神。社稷五祀，是尊是奉。木正曰句芒，火正曰祝融，金正曰蓐收，水正曰玄冥，土正曰后土。[2]

五行学说与儒家思想相融合，形成了“五德始终说”用以解释朝代更替，祝融的职司与位阶已经基本固定下来，如《孔子家语·五帝》所言：

季康子问于孔子曰：“旧闻五帝之名，而不知其实，请问何谓五帝？”孔子曰：“昔丘也闻诸老聃曰：‘天有五行，水火金木土，分时化育，以成万物’，其神谓之五帝。古之王者，易代而改号，取法五行，五行更王，终始相生，亦象其义．故其为明王者而死配五行，是以太皞配木，炎帝配火，黄帝配土，少皞配金，颛顼配水。”……康子曰：“吾闻勾芒为木正，祝融为火正，蓐收为金正，玄冥为水正，后土为土正，此五行之主而不乱称曰帝者，何也？”孔子曰：“凡五正者，五行之官名，五行佐成上帝而称五帝……此五者，各以其所能业为官职．生为上公，死为贵神，别称五祀，不得同帝”。[3]

汉代董仲舒确立了儒家学说的正统地位之后，五行与五方、五色、五音等对应关系成为了对世界认识的基本体系。与之相应的，祝融南方司火之神的神格也得以确立，如《白虎通·五行》所载：

其日丙丁……位在南方，其色赤，其音徵。徵，止也。阳度极也。其帝炎帝者，

2. 杨伯峻编著：《春秋左传注》，中华书局，1981 年，第 1502 页。
3.［北魏］王肃注：《孔子家语》下册，源记书庄印行，第 1 页。

太阳也。其神祝融，祝融者，属续也。其精朱鸟，离为鸾。[4]

南海在中国古代海上贸易的重要地位，也使得南海神祝融更加备受关注，韩愈因之将其列为四海之首。然而，“火神”祝融被奉为“南海神”，却需要完成“水火相容”的难题。炎热和湿润并存的气候特征，似乎为岭南地区对祝融重新诠释提供了依据。屈大均在其《广东新语·南海之帝》条中对于火神司海提出了较为详细的解释：

予尝于南海祠书额曰“南海之帝”。盖以家语云：水、火、木、金、土，是为五帝。又庄生云：南海之帝为儵故也。南海之帝实祝融，祝融，火帝也，帝于南岳，又帝于南海者。石氏《星经》云：南方赤帝，其精朱鸟，为七宿，司夏，司火，司南岳，司南海，司南方是也。司火而兼司水，盖天地之道，火之本在水，水足于中，而后火生于外，火非水无以为命，水非火无以为性，水与火分而不分，故祝融兼为水火之帝也。[5]

可见，到了清代不仅祝融以火神之姿，顺理成章地司掌南海，而且也一跃成为“南方赤帝”而不再是早期的臣属身份。

南海神信仰源于南海居民与海洋的密切依存关系，如屈大均言：“然今粤人出入，率不泛祀海神，以海神渺茫不可知。凡渡海自番禺者，率祀祝融、天妃，自徐闻者，祀二伏波。祝融者，南海之君也”。[6] 南海神信仰的兴盛则是海洋贸易对中国古代王朝重要性的体现，因而南海神庙的设立与国祀正始于帝国重新统一、南方经济发展以及海上贸易兴盛的隋代。据明万历《广东通志·坛庙》记载：

南海神庙，在（广州）府东南八十里，创自隋世。唐天宝中封广利王；宋康定二年加号洪圣王，皇佑二年以侬寇西遁赖神功，加号昭顺，治兴七年复加威显；元至

4.［清］陈立撰，吴则虞点校：《白虎通疏证》，中华书局，1994 年，第 207 页。
5.［清］屈大均：《广东新语》卷六《神语》，中华书局，1985 年，第 205 页。
6.［清］屈大均：《广东新语》卷六《神语》，中华书局，1985 年，第 204 页。

元中，加号广利灵孚王；国朝（明）洪武三年，诏封南海之神，赐春秋祭。[7]

根据黄淼章的考述，自唐天宝年间至清雍正三年历朝共对南海神赐封号十六次，并且均与海上贸易的昌盛有关，“广利”意为广招天下之利，蕴含着唐玄宗对南海、广州在对外贸易中的地位和作用的深刻认识和殷切希望。[8]

在所有封号中，影响最广的无疑是“洪圣”。宋仁宗康定元年，诏封江渎为广源王，河渎为显圣灵源王，淮渎为长源王，济渎为清源王，加东海为渊圣广德王，南海为洪圣广利王，西海为通圣广润王，北海为冲圣广泽王[9]，其时广州港海外贸易正值极盛之势。因而岭南地区祭祀南海神的庙宇，除了朝廷诏封的南海神庙外，大多以“洪圣庙”或“洪圣大王庙”命名。

二、水神化龙：国家祀典与民俗信仰的互动

祝融是官方祭祀的南海神，作为“海神”的主要职司是保障海上航行安全，正如南海神庙前牌坊上所昭示的“海不扬波”。因而，历代南海神庙的祭文、碑文也大多祈祝风平浪静、商贸畅通。如宋开宝六年裴丽泽撰《大宋新修南海广利王庙碑铭（并序）》中所言：

炎荒之极，南海在望，洪涛澜漫，万里无际。风潮汹涌，云岛相连，浴日浮天，乍合乍散……自古交趾七郡贡献上国，皆自海，沿于江，达于淮，逾于洛，至于南河。故砺砥砮丹、羽毛齿革，底贡无虚岁矣。[10]

乾道三年康与之撰《创建风雷雨师殿记》所记：

7. [明] 郭棐纂修：《广东通志》（万历）卷十八《坛庙》，刻本，早稻田大学藏书，第 16 页。
8. 黄淼章、邝桂荣：《古代帝王对南海神的封号》，《岭南文史》2001 年第 2 期，第 53—56 页。
9. [元] 脱脱等撰：《宋史》卷一百二《礼五十五》，中华书局，1977 年，第 2488 页。
10. [宋] 裴丽泽：《大宋新修南海广利王庙碑铭（并序）》，现存于广州南海神庙，碑文载于广州市地方志办公室编：《南海神庙文献汇辑》，广州出版社，2008 年，第 164 页。

□南粤置使，掌□服诸夷，贸易□□，岁□资邦，计数百巨万。胡商海贾，以不赀之货入重泽之地，行万里海，必禀命于南海，□□□水之使，然后敢行舟舢。既济输征，乃广国以饶。[11]

明崇祯八年叶绍颙撰《祀南海神记》所言：

夫海环赤县者，若西之蒲类，北之勃鞮，皆远在夷裔。中国不得施舟航之利，而修望秩之礼。惟东南二海，若襟带华夏，壮我雄图。况南海之别名涨海，交趾七郡贡献，皆从兹出入。

从以上碑文中可以看出南海贸易的重要性不言而喻，也进一步抬高了南海神的地位，在海神神格之外也拥有了地方保护神的神格。如宋乾道元年陈丰所撰《南海广利洪圣昭顺威显王记》所述：

皇佑壬辰，蛮獠猾二广，暴集三水。中流飓作，闭关渴饮。雨降而足，变怪惊异。贼矍然若加兵颈上，一夕遁去……元祐间，妖巫窃发新昌，领众数千，来薄城下。官吏登城，望神而祷。是日晴霁，忽大晦冥，震风凌雨，凝为冰沍。群盗战慄至不能立足，望城上甲兵无数，怖畏颠沛，随即溃散。虽八公山草木之助，未若是之神速也……祝融司南，弹压百怪，庇护南服。俾濒海居民，饱鱼蟹，餍稻粱。舟行万里，仅如枕席上过。获珠琲犀象之赢余，敛惠一方厚矣。[12]

---

11. [宋] 康与之：《创建风雷雨师殿记》，现存于广州南海神庙，碑文载于广州市地方志办公室编：《南海神庙文献汇辑》，广州出版社，2008 年，第 176 页。
12. [宋] 陈丰：《南海广利洪圣昭顺威显王记》，现存于广州南海神庙，碑文载于广州市地方志办公室编：《南海神庙文献汇辑》，广州出版社，2008 年，第 175 页。

海神，即为水神，除了管辖风浪外，与降雨也不可避免产生联系。在中国传统神话中虽有专职的雨神，但在信仰体系中水神与雨神通常是不分彼此的，才有了祝融降雨救城的神迹记载，也产生了专向祝融祈雨的祭祀活动。如宋熙宁六年程师孟撰《南海庙程师孟祷雨记》言：

熙宁岁次癸丑十二月丙申，距甲寅六月辛未。府帅谏议程公凡四谒南海广利昭顺王，盖将天子之命求雨于神，而两祷两谢之，获应颇异。[13]

另有明天启六年叶廷祚撰《张其四甘霖颂记》所记：

东浙张侯来宰番禺，补以醇醲，湛同南海之波，民戴若父母。神明□□，丙寅复旱。占候者谓：昔岁荧惑犯南斗，土当赤数也。侯独不以数委而精禋弥笃，修救备至。徂暑之月晦前一日，以检踏劝济，至鹿步之波罗少憩焉。□□里田畴，焦瘁集于面目。乃萃耆老，欷歔语曰："诘明启闰得冰，为润兹水乡也。时与地适，吾将请命祝融，不得将为西华聚薪"。众曰："唯"。朝肃坛而虔达焉，亭午霡霂濡首，越日□云泥足。初三日癸卯，翻盘沾洽矣！民大悦，老稚翻苏。[14]

"洪圣"祝融既是海神又有了降雨的职能，自然与民间信仰中最为著名的海中司雨之神——龙王发生关联。龙与云雨自古就有联系，但在早期观念中，龙是从属于水的，如《左传·昭公二十九年》所载："龙，水物也。水官弃矣，故龙不生得"[15]。因此祈龙求雨的习俗虽古已有之，但直到佛教繁盛的唐代才被正式列入国家祭祀，在佛教观念的影响下传统的龙神上升为龙王，龙王降雨济世的神格得以确立，凡有水处

13. [宋] 程师孟：《南海庙程师孟祷雨记》，现存于广州南海神庙，碑文载于广州市地方志办公室编：《南海神庙文献汇辑》，广州出版社，2008 年，第 171 页。

14. [明] 叶廷祚：《张其四甘霖颂记》，现存于广州南海神庙，碑文载于广州市地方志办公室编：《南海神庙文献汇辑》，广州出版社，2008 年，第 192 页。

15. 杨伯峻编著：《春秋左传注》，中华书局，1981 年，第 1502 页。

皆驻有龙王[16]。龙王广布于江河湖海的民间信仰观念，将唐代敕封的“四海神”与民间“四海龙王”逐渐融合在一起，而“洪圣”与“龙王”相结合也是必然的结果。而在明清通俗小说的文本中，二者几乎完全等同起来，如清徐道所撰《历代神仙演义》中所记载的四海龙王名号为：“东海：沧宁德王敖广，南海：赤安洪圣济王敖润，西海：素清润王敖钦，北海：浣澥泽王敖顺”。[17] 明清通俗小说对于四海龙王大多均有提及，虽名号有些许差异，但基本体系与《历代神仙通鉴（演义）》并无太大出入。

清雍正三年祭祀南海神时进行了最后一次加封，据《广东通志·礼乐》（雍正）载：

> 南海之神曰惟，神流滋炎域，容纳百川，功弘长养，庶类藩昌。朕抚驭寰区，考稽典礼，将祈福以庇民，宜加封而致祭。爰命所司崇神，封号曰“南海昭明龙王之神”。所冀波澜永息，蒸黎获利济之安，风雨以时，稼穑享屡丰之庆。神其昭鉴，来享苾芬。[18]

此时的封号“南海昭明龙王之神”最终将“南海神”与“南海龙王”统一在了一起，祝融也完成了从“火神”演变为“海神（水神）”，最后成为“龙王”的神格变迁。

南海神祝融的神格变迁首先是儒家传统的五行配以五方五帝的观念与岭南滨海的地理特色相融合的结果。然后，由于南海对外贸易对中央王朝的重要作用，国家权力的介入进一步推动了这一信仰的发展，而在地方文化，尤其是龙王信仰与南海神信仰的互动下，最终通过官方的敕封完成了“洪圣龙王”的塑造。在清雍正以后，随着对外贸易的监管与提防，官方层面的南海神祭祀日渐衰落。而民间却在获得正统性的“南海神”国家祀典之外，演义着不同版本的地方“洪圣传说”，形成了各具地方特色的“洪圣信仰”，各有内涵又并行不悖，共同彰显着岭南民间海神信仰的特色。

（本文曾发表于《神州民俗》2017 年第 6 期）

16. 张玉霞：《佛教文化与中国龙王信仰的形成》，中南民族大学硕士论文，2012 年，第 19 页。
17. [清] 徐道撰：《历代神仙演义》，辽宁古籍出版社，1995 年，第 847 页。
18. [清] 郝玉麟等监修：《广东通志》（雍正）卷八《礼乐》，钦定四库全书影印本，第 38 页。

护海神灵罗侯王的历史渊源和信仰习俗探究

黎明[*]

【摘要】罗侯王一家四代五人先后不幸为国壮烈捐躯，是古海上丝绸之路始发港湛江及周边地区，历史上的一位由真实历史英烈人物演变成的保国安民、福佑海疆的神灵。祭祀形式从刚开始建庙供奉、祭祀和祈福，演变到每年正月初十至十五请罗侯王神像到村里巡游，再演变扩大到船上、海上巡游，象征其神灵威武重现。这种信念超越了宗教信仰，这是人们对英烈的崇敬和缅怀，对历史的传承和弘扬，对美好生活的向往和追求。这是一项需要认真挖掘的现象和深入研究的课题。

【关键词】护海神灵；罗侯王；历史渊源；信仰习俗

罗侯王姓罗，名郭佐，祖籍江苏，宋末元初时出生于石城府（今广东湛江廉江），自小好学，文才武略、智勇双全、精兵善战、英名远扬，因打击海寇有功，被授予朝列大夫、化州路总管，随即又被授予广州路总管。公元 1342 年，在护送粮饷时遭遇贼寇偷袭，不幸捐躯，葬于今廉江市车板镇名教村。后人尊称其为罗侯王，并建罗侯王庙敬奉，每年农历正月初十至十五举办盛大的陆地和海上游神等庙会活动感怀。

一、罗侯王：书写一家四代五人英烈捐躯传奇

历史上关于罗侯王（罗郭佐）的记载主要集中在其一家四代五人围剿海寇、保家卫国的英勇壮举和感人事迹上。其中，《广东通志》清同治三年版记载：“罗郭佐，

---

* 黎明，广东省湛江市非遗保护中心研究员。中国民协、中国曲协、中国民俗学会会员，广东民协、广东曲协、广东民俗文化研究会理事，湛江市民俗文化研究会副会长、秘书长。

石城人。其先世居汴。祖廷玉，以文学仕宋，授武翼郎，任岭南石城县主簿，因家焉。生子嗣宗，授承信郎，石城知县。宋季，郭佐策从原征南将军史八万，讨平海寇，以功授朝列大夫、化州路总管，寻授广州路总管，督运粮饷给海北军士，沿海遇贼而殁。长子震，敦武校尉，化州路管军把总，随父同时殁于难。次子奇，袭化州路判官，寻授奉政大夫、雷州路同知。奉檄讨瑶寇，战而殁。其子元珪，死父难。孙仕显，袭武德将军廉州路同知。至正间，奉命督战舰，会高、化、琼、廉等郡官兵，剿海寇，殁于石蠼港，年三十九。昆季子孙，咸受爵秩，相继死节，粤人称为'罗五节'"。

根据史料和族谱记载，罗侯王的先祖住在汴，即现在的河南开封，后来迁往莆田亚美巷。宋孝宗淳熙元年甲午（1174），罗侯王的爷爷罗廷玉，被授予文学士武翼郎（当时武臣设有五十三个官阶，武翼郎为第四十二阶），任命为石城府主簿，掌管当地的政务，举家从莆田移居湛江并从此定居下来。罗侯王的父亲罗嗣宗，被授予承信郎（宋代官名，当时武臣设有五十三个官阶，承信郎为第五十二阶），任石城府知县，履职时多次为民向朝廷请命，造福百姓，颇有声望。

罗侯王自小秉承"文接豫章家学远，武承忠义国恩深"的家训，聪明好学，善诗赋，精武艺。罗侯王承袭祖父们的遗志和事业，自小就在军中磨炼成长。宋末元初，智勇双全的罗侯王在平定讨伐海盗时立了大功，得到朝廷重用，提拔为朝列大夫（五品、十三阶），任化州路总管，随即又被委任为广州路总管，担负起地方军政大小事务。据《元史》卷六十三记载，罗侯王生长和任职地的化州路，属当时的海北海南道，有19749户，52317人，屯田55顷多，管辖石龙（化州市）、吴川、石城（廉江市）三县。罗侯王任化州路总管时，勤于政务军务、治理地方、管理军队，大公无私、忠国爱民，深受百姓称赞爱戴。

南宋末，元军追赶，宋皇不断南迁，局势动荡不安，地处南方沿海的化州路（路：行政区域，类似现在的省；化州府前身，时辖石龙、吴川、石城三府，即现在的广东茂名、湛江和广西北海、防城港、玉林地区）海盗活动猖獗，不仅在海上为非作歹，还经常上岸杀人越货。沿海民众不堪其苦，恨之入骨。由于战事紧张，军用粮饷征集、运送成为一项重要的督办事项。罗侯王凡事躬亲，认真做事，公元1342年，在一次给海北（现北部湾一带）军士护送粮饷的途中，在沿海一带遭遇贼寇偷袭，不幸壮烈捐躯。后葬于今廉江市车板镇名教村委会上山猪表村。罗侯王的大儿子罗震（敦武校尉，化州路管军把总、领军总管）也同时遇难。罗侯王的二儿子罗奇，继承父亲遗志，任化州路判官，之后任奉政大夫、雷州路同知（副职，负责地方盐、粮、捕盗、江防、海疆、河工、水利以及清理军籍、抚绥民夷等事务），奉命打击周边山区“瑶寇”时英勇阵亡。其儿子，也就是罗侯王的孙子罗元珪在援救父亲时也阵亡。公元 1349 年，罗元珪的儿子，罗侯王的重孙罗仕显，被授予武德将军，任廉州路同知，继承先辈英志，39 岁时在奉命督导舰船和高、化、琼、廉郡（古代行政区域，比县大）官兵联合围剿海寇的战斗中，牺牲于石蠼港（海口）。

罗侯王一家四代五人，先后不幸为国壮烈牺牲、无私捐躯、节操高尚、英名远扬、千古流传，人们敬称为“罗五节”。

二、罗侯王庙：记录真实历史　承载民间崇拜

罗侯王给当地的民众带来了安全保障和恩惠，事迹在民间广为流传，为了表达对罗侯王的爱戴、崇拜和感怀，当地民众纷纷捐资建庙，为其雕塑神像，供奉祭祀。据《高州府志》记载：“罗门英烈功绩感召乡民，麻斜乡民于元朝末年（1352）建庙纪念、敬奉为佐国侯王，敬奉为神，敬奉者络绎不绝。年久成为乡民奉之为陆海境的保护神，祈愿罗侯王的英灵驱魔逐邪，保境平安。”

现坐落于湛江市坡头区麻斜街道大海边的罗侯王庙（图 1），建于元至正十二年（1352），清光绪十九年（1893）重建。占地面积 1200 平方米，呈方形，庙前广场和建筑各占一半约 600 平方米。庙里有 3 个殿堂和 22 间房屋，传统抬梁式砖木结构，泥塑、木雕、彩绘、石刻等工艺精湛、应用完美、保护完好。庙门面向大海，门楼有三层约 10 米高，黄砖、红墙、金琉璃瓦。大门有 5 米多高、3 米多宽，两侧是后人敬书，黄底红字的“德泽被高雷一门五烈垂青史，英灵传遐迩千秋四境佑斯民”门联。门联下是一对两只威风凛然的石狮子。大门两边是金黄色、通透式的围墙。大门上面第一层是精致的丹凤朝阳彩绘，再上一层是“侯王庙” 三个金光闪闪的石刻大字。

图 1　广东湛江坡头罗侯王庙

庙大门内，左右两侧各有一株古榕树，枝繁叶茂，绿荫遮天。庙前广场上距大门约 15 米起，第一横排是两条 5 米长的铁烛架，中间留有通道，每条烛架上留有 71 个插烛位。第二排整齐均匀摆放着 6 个高 80 厘米、直径 60 厘米的大香炉。第三排左右边各是一张又长又大的供案。第四排最接近庙，左右边各摆放一只高 60 厘米、直径 40 厘米的香炉。另外，庙前广场的左侧还有一座元宝炉、一个爆竹池和一个香炉。

罗侯王庙主殿前有三层石阶，屋檐下 6 只大红灯笼高挂，中间的庙门石框，配两扇木制彩漆绘大门，上面的门匾署清光绪十九年（1893）该庙重建时属地吴川县知事李之潘题写的“侯王庙”三个金色石刻大字。两侧是深棕色木门联，上刻永乐五年（1407），明朝翰林学士解缙路过此地祭拜时题写的楹联：“风送潮声平乐去，雨飘山色特呈来”。屋檐下两根石柱子直直矗起，柱子外面镶裹的木雕，红黄相间、龙飞凤舞、顶天立地。房梁上面是木雕的“番鬼佬托梁”颇具特色。檐下左边是两通三块古刻石碑，其中右边一通一块是清道光二十一年的《罗侯王庙香灯勒示》，左边一通两块是光绪十九年的《重修侯王爷庙捐题碑记》。

庙门里面是罗侯王主殿，约 60 平方米，呈长方形。18 层彩绣的帷幔一面接着一面，挂满屋顶。地上摆放五排跪拜用草席跪垫，接着是 3 张宽 3.6 米、深 1 米的木供案，再里面是宽 2.3 米、深 70 厘米的主供案。最里面最高的神桌上神圣摆放着 4 尊木雕的罗侯王坐式神像，主像、二像、三像同排摆放在最里面，前排中间摆放着 30 厘米高的罗侯王四像，四像右边是千里眼、左边是顺风耳。罗侯王主神像高 1.04 米、长宽各 50 厘米，稳稳地端坐在正中，威武庄严、神情肃穆。右边的罗侯王二像高 80

厘米，左边的罗侯王三像高 60 厘米。

主殿右侧是关帝殿，左侧是福德殿，各约 30 平方米，屋顶各挂三层布幔，地上各摆放一张供案。与关帝殿相连的房梁上，挂着一口约 50 厘米高的青铜古钟，神桌中央摆放一尊 30 厘米高的关帝神像，前面摆放着 20 厘米高的关平、周仓木雕神像。左侧的福德殿里供奉着两对 30 厘米高的土地公土地婆木雕神像。侧殿左右两旁的外墙上分别是宽 5 米、高 4 米的双龙戏珠和双凤朝阳彩色泥塑画。侧殿隔壁两边是工作间，两层共 22 间，每间约 15 平方米。

清代，朝廷在罗侯王庙前的渡口设置炮台镇守海港。光绪二十四年（1898），法军侵占当地，村里 1000 多青壮年在罗侯王庙聚集誓师抗法，迫使法军撤出。抗日战争、解放战争时期，罗侯王庙成为当时支援前线的活动据点，为解放湛江作出了贡献。2008 年罗侯王庙列入湛江市文物保护单位和湛江市青少年爱国主义教育基地。

麻斜罗侯王庙是以罗侯王命名，供奉祭祀罗侯王神像的中心寺庙。目前，在湛江、茂名罗侯王出生和任职过的地方，还有一些供奉祭祀罗侯王的庙堂。据《廉江罗氏家谱》记载：大清雍正五年丁未（1727），朝于廉城北街建“忠义罗公祠”，立罗郭佐、罗福牌位，门联为：“忠贞两世，义勇一家”，内联有“七代衣冠三朝济美，一门忠孝五节流芳”，“文接豫章家学远，武承忠义国恩深”。族谱中记载，明朝开国元勋、国师刘基于公元1369年秋到供奉罗侯王和其重孙罗福（罗仕显之子）的“忠义罗公祠”祭拜，并题书挽联：“得显元明世堪嘉，建祠崇祀纪留遐，名扬四海千秋业，五孝传忠万古华”。另外，湛江市坡头区南三岛油吉塘村的罗大人庙，茂名市茂南区公馆镇油柑窝村、角塘坡村侯王庙，高山镇章福村委会车头屋村罗福庙等，供奉的都是罗侯王。

三、罗侯王庙会：独具地方特色和海洋文化气息

数百年来，罗侯王演变成强大的人格化神灵。人们对他的祭祀形式从刚开始的供奉祭祀和祈福，演变到每年正月初十至十五请罗侯王神像到村里巡游，象征其神灵威风重现，再演变扩大到举行盛大的庙会，分别在陆地、船上、海边进行为期数天的

图 2　当地民众敬奉的各路神灵会聚行礼

游神活动。巡游时，伴有仪仗队、锣鼓队、彩旗队等，吸引本地和北部湾、珠江三角洲和港澳及马来西亚、越南等国家地区的近 20 万人参加。2011 年，罗侯王庙庙会列入广东省非物质文化遗产名录。

罗侯王庙会在正月初十一早上拉开帷幕，一连五天的时间里有请神、逐村游神、迎拜、会礼、打醮、祭神、船上巡游、海边游神、理神、归位等内容。陆地游神的第一道程序是请神，将更换了巡游袍服的罗候王神像，安放在装饰有珠帘、令旗、罗卒子的神轿上，准备出游。第二道程序是会礼，早上 8 点，罗候王庙周边的 15 个沿海村庄，把敬奉信仰的罗候王和诸神神轿抬到庙前的广场，在锣鼓和爆竹声中，分上下会，由青壮年抬着神轿、面对面列成两排，分 3 次向前冲 3 步、向后退 3 步，以示各路神灵相见致礼（图 2）。第三道程序是祭祀仪式。广场摆满烧猪、阉鸡、水果、甘蔗等供品，供桌上燃三支香、两大支香烛、敬三杯酒，道士诵经，村民敬拜（图 3）。第四道程序是起轿，准备巡游。道士、罗候王庙主持打“起马醮”，诸神轿依次排队开始巡游。第五道程序是巡游。历时长 5 天，是庙会的主要内容。巡游时鸣爆竹、吹唢呐，彩旗队、仪仗队、锣鼓队、舞狮舞龙队、武术队，连成数百米长的巡游队伍，浩浩荡荡依次往各村巡游（图 4）。第六道程序是迎送神，巡游途经的每个村庄，均准备一个接神的小广场迎神、拜祭。小广场上设祭台摆放烧猪、阉鸡、水果等祭品，在入村时和在巡游完全村后，村民一起祭拜，祈求众神庇佑。途经的各家各户在自家门口准备香烛、银宝、熟鸡鸭、水果，放炮竹、跪拜，迎送、祭拜巡游队伍。

海上游神在正月十五晚举行，从晚上 8 点一直游到第二天清晨 5 点结束。主要

图 3　上香

图 4　巡游

图 5　海上游神

有打醮起巡、船上巡游、海边游神、沐足归位四道程序和仪式。正月十五一早，罗侯王和诸神巡游完各村后，回到庙前的广场，村民们轮流拜祭，青壮年轮换着抬神轿抖神。晚上，道士和罗侯王庙的主持一起打“起巡醮”，大家抬神轿登船开始巡游。多艘渔船装饰令旗、彩旗、彩布、彩灯一起出海巡游。时辰一到，诸神登上渔船，从麻斜码头游往南油码头方向，再游到海湾大桥的位置调头，游往霞山港务局码头转向南三码头，回到麻斜码头上岸，船上巡游约三个小时。在船上，青壮年轮流抖神、颂祝，燃放爆竹、烟花，锣鼓喧天（图 5）。男女老幼沿路沿海岸观看。船上巡游完后，诸神轿离船登岸，在海滩和罗侯王庙前的广场继续抖神、祭拜、祈福（图 6）。约清晨 5 点，

图 6　神秘的罗侯王庙会海上游神

经过一整夜的船上、海边游神，先在海边用海水为罗侯王神像净足，进庙时再用茶水为神像沐浴，换上袍服，诸神归位，庙会结束（图 7）。

抖神轿在当地民间也称作抖神威或抖轿，是罗侯王庙会和游神中颇为神秘、颇具特色的环节，是陆地和海上游神过程中反复出现的一个场面，如在会礼、村中巡游、海上巡游，以至神像归位前，都要持续抖神轿。陆地抖神时是 4 名抬着神轿的青壮年，忽快忽慢地跑动，并用力上下、左右摆动，神轿有节奏地前后进退、上下起伏、左右抖动。抬神轿的人同时发出震耳欲聋、势震山河的呐喊，营造出一种抖擞神威，驱魔逐邪的震慑气势和撼人情景，象征其神灵威风重现。

四、罗侯王信仰：从千古英烈升华为护海神灵

（一）罗侯王从历史英烈升华为万能神明

罗侯王一家四代五人书写了保国护民、英勇捐躯的不朽传奇，这是一段真实的历史，是一位曾经为当地民众带来安全和惠泽的先辈英烈，由真实历史人物演变成的保国安民、福佑海疆的神灵。

当地民众对罗侯王英雄气概的崇拜发自肺腑，由于其在人们心中的形象、神力

图 7　民众通宵达旦海上游神

日益完美和增大，不断地被推崇和一步步神化，传奇的故事越来越多，影响范围日益扩大，在民间已从人变成神，在慢慢被神化的同时已奉为“万能”神。

（二）罗侯王庙承载着人们对先辈英烈的敬仰与感怀

罗侯王庙三面环海，庙里的神像全是用传统手工雕刻而成，刀法有力、线条自然，尊尊形神兼备、惟妙惟肖，头饰、服装精美细致、纤巧隽秀，人物表情、姿态、手势、眼神、法器栩栩如生、传神入化。古庙、古村、古井和 600 多年的见血封喉古树一起向人们述说着当年罗侯王出海巡视、打击海寇，保国卫民、造福一方的传奇故事。

现在，人们逢年过节、婚迎嫁娶、求福祈祷、禳灾祛病、生育发财都要到罗侯王庙烧香祈祷。这种信念超越了宗教信仰，是人们对英烈的崇敬和缅怀，对历史的传承和弘扬，是泛灵崇拜中的祖先崇拜和英雄崇拜的民俗文化，是一种精神依托和美好的愿望与祈求。

（三）罗侯王庙会表达人们对美好生活的向往和追求

每年正月初十至十五，当地群众自发举办罗侯王庙会，通过连续五天的陆地、船上、海上游神，祭拜、打醮、抖神轿等，象征其神灵威风重现。祈求新的一年风调雨顺、国泰民安、万事顺利。庙会每年吸引近20万人参加，呈现出强大的亲和力、吸引力、凝聚力。

人们对罗侯王这位“境主”“保护神”的信仰，已经渗透到了生活方方面面。不同时期，不管是否有血缘、亲缘、地缘或业缘关系，也不论是城镇居民或乡村百姓，人们都通过庙会这种集体性的感怀、祭拜、追访活动，满足神灵保佑、有求必应、身心愉悦的精神需求，这成为人们祈求人生顺遂、化解内心困惑、净化心灵，对美好生活的向往追求和精神寄托。

（四）罗侯王信仰的现实主义和积极作用

罗侯王信仰是一种民间自然自发形成的信仰文化，体现以人为本，人与社会、人与自然、人与生态的和谐，有利于充实民众的心态调节和精神需求，有利于促进家庭和谐稳定，有利于社会管理和发展。其庙会活动成为爱乡爱国教育、维护社区稳定的一项有益活动。

罗侯王信仰以湛江为中心，扩展影响到粤西、北部湾、珠江三角洲和港澳及马来西亚、越南等国家地区，已从一般的宗族供奉、先烈祭拜发展为地域性的神灵信仰文化和活动，具有较大的影响力，对于研究雷州文化、湛江文化和岭南文化具有重要价值。

参考文献：

[1] ［清］屈大均：《广东新语》，中华书局，1997年。

[2] 张智主编：《中国风土志丛刊》，广陵书社，2003年。

[3] ［明］陈大科 戴耀修 郭裴等纂：《（万历）广东通志》，万历二十七年刻本。

[4] ［明］曹志遇等纂修：《（万历）高州府志》，明万历刻本。

[5] ［清］徐成栋纂修，孙焘校正：《廉州府志》，清康熙六十年刻本。

[6] 梁猷刚：《广东省海南岛汉语方言的分类》，《方言》1984年第4期。

珠海妈祖庙的分布及价值

黄金河*

【摘要】珠海不但毗邻澳门，而且海域广阔，水网密布，珠海各地都建有妈祖庙。妈祖庙从福建传播到珠海的过程中，产生众多的庙宇和民间传说等。珠海妈祖庙分布广，整体上保持原来的布局和风貌，特色浓郁，布局合理，具有较高的历史价值和民俗文化研究价值。

【关键词】珠海；澳门；妈祖庙；民俗文化

海洋文明，陆路衔澳，中西文化的交汇碰撞，使珠海有幸成为一座历史文化底蕴十分丰富的城市。珠海不但毗邻澳门，而且海域广阔，水网密布，以船舶为生者众，加上历代封建国家将民间宗教标准化的努力，妈祖信仰从产生之日起，便逐渐由福建莆田南下传播至珠海。珠海各地都建有妈祖庙。南宋初，莆田人刘克庄（1187-1260）作《到任谒诸庙：谒圣妃庙》，云："某持节至广。广人事妃，无异于莆。盖妃之威灵远矣！"可见，当时妈祖已由其产生之地向岭南传播，且已达到一定的规模，至明清时代更蔚为大观。地区的崇祀也非常兴盛。明清时期，珠海人不但在其居住区域内建妈祖庙，一些渔船、商船出海也携带妈祖的神像。由此可见，妈祖已成为珠海一带最显赫的海神。广东内地甚至香港、澳门见于记载并能保存下来的诸妈祖庙宇，绝大多数建成于明清时期。不同的是，内地由于各种原因尤其是政治运动被毁的妈祖庙宇不在少数，而香港、澳门的庙宇不但保持了其连续性，并获得了更大的发展。

妈祖信仰从福建传播至珠海的过程中，产生了为数众多的庙宇，还衍生出民间

---

* 黄金河，广东省作家协会会员、珠海市民俗文化研究会会长。

传说以及各种地方化的祭典仪式。

由于时代的变迁和地域文化的多样性，每当妈祖文化从一个区域传播到一个其他的区域，总会伴随一个融入本地化的过程，只有与当地的地理、历史、文化以及民情风俗相契合，才能在当地扎根并成为其文化传统的有机构成部分。

珠海妈祖庙分布广，整体上保持了原来的建筑布局和传统的历史风貌，地方建筑特色浓郁，建筑规划布局合理，现状保存也较为完善，具有较高的历史价值和民俗文化研究价值。

一、珠海妈祖庙的分布

珠海市现有的妈祖庙有淇澳天后宫、飞沙妈祖庙、万山天后宫、荷包岛天后庙、南水娘妈庙、白沥天后庙、桂山岛妈祖庙、三灶观音庙、东岸观音古庙、桅夹村洪圣庙。

（一）淇澳天后宫

淇澳天后宫在淇澳村。建于何年不详，清道光十三年（1833）重修。坐东南向西北，面阔三间 15 米，进深二座夹一天井 21 米，天井中设香亭。正殿不设梁架，以砖墙承托檩木。硬山顶，青砖墙，檐高 1.5 米。正殿供奉天后娘娘。左厢配殿供奉金花夫人，右厢供奉“蔡二将军”。门额阳刻楷书：“天后宫”三个大字，门联阴刻：“坤仪建极：母德垂型”。

1836 年 7 月，英国和美国殖民主义者企图占据淇澳岛，纠集十五六艘船武装入侵淇澳村。村民自发组织来，齐集于天后宫，筑起了炮台，用土炮、铜炮还击侵略者。全村团结一致奋勇抗敌，终于打败了侵略者。还逼使英方赔款 3000 两白银，修筑“白石街”和维修“天后宫”。相传右殿供奉的“蔡二将军”，即当年淇澳村民蔡二，他在这次战役中阵亡，村民将他立像于庙中祭祀。1989 年村民集资将庙宇修葺一新。在左厢上嵌上彩色瓷砖，写着：“天后即妈祖，性情廉洁笃实，乐善好施，且有预测天气，护船航海化险为夷之本领，为古代沿海民间所崇拜。清朝道光十六年，我淇澳村民曾集天后宫前，奋力打败英夷入侵，振我村威。”

（二）飞沙妈祖庙

珠海南水镇高栏岛飞沙村有一妈祖庙，始建何时不详。村里人说，澳门妈阁庙之神像和香火是从此庙分出去的，并流传一联：“五指山龙配福地，一洲海岛在飞沙”。市舶船只望飞沙山作航标到“浪白澳”进行贸易，并来飞沙湾拜妈祖。澳门开埠后，市舶船只趋向澳门，澳门妈阁庙的神像也是从飞沙村分香火去澳门的，可见其建庙时间之早。飞沙村宋代就有人居住，现在的妈祖庙为清光绪庚子（1900）重修。整座庙宇基本完整，青砖木结构，面阔 1 间，进深两间。门联写着：“天泽宏敷重海国；后恩广被遍梯航”。

（三）万山天后宫

珠海万山镇万山西湾村中的天后宫供奉天后娘娘，庙宇完整，面阔三间，二进，内有附刻一方。“重天后宫古庙芳名”碑和清代万山重修天后宫古庙碑。端州石质，阴刻楷书。“重修碑”侧面记述了晚清万山渔港的地理环境、渔业生产与贸易情况。天后宫有 200 多年的历史，每年农历三月二十三日前后三天，都会吸引许多港澳渔民来祭祀。

（四）荷包岛天后庙

荷包天后庙建于清代，只有 30 多平米，香火鼎盛，来往此地的渔民多来拜祭。庙内有一石匾，花岗岩质，长 2.43 米、宽 0.48 米。阳刻行书“天后古庙宇”，上款“光绪丙申仲夏”“黄玉筵敬书（印）”。古庙久圮，匾额和石柱、石础等留在荷包村中。

（五）南水娘妈庙

珠海南水镇李兆志学校东侧，距珠海市约 46 公里，娘妈庙在文湾山北坡，面向浪白滘古海道，面积约 1600 平方米，地面遗留石板、石柱、石础。有一石柱长 2.03 米，阴文刻着：“婆心救困抚危视海内皆为赤子”。其对联是：圣德重如山万古声灵宛在，母恩深似海千年藻绘常新。

古代南水称作“浪白澳”，明朝嘉靖年间（1522—1566）曾作过广州市舶司的外港，往来船只甚多。原庙建于南水旧村村西，清朝光绪四年（1878）南水立墟时。庙址由村西迁往村东，每年三月二十三日“娘妈诞”，人们游神拜庙，人烟鼎沸。光绪三十四年（1908），扩建并改名为“圣母殿”。该庙为青砖木框架结构，两进，面宽三间，雕梁画栋，装饰精致。1954年遇台风吹塌屋顶，1959年拆屋取木以修水利，庙宇圮废。至60年代，该庙遗址上建起了公社（镇）卫生院。

（六）白沥天后庙

白沥天后庙在珠海市万山镇白沥岛湾仔，西北越海距市区约38公里。天后妈祖，又称作天妃、圣母、娘妈等。原名林默，福建莆田人。传说她一生为人诚恳笃实，行医济世，会预测天气，能救助遇险船舶，被渔民、船民视为海上护航神。现仅存一座倒塌的清代庙宇，为青砖木结构，面宽4.8米，进深5.17米，后壁并排三个神龛。庙宇门匾和门联均为花岗岩刻字。门匾长1.58米，宽0.49米，行书“天后古庙”。门联一副，各长1.92米，宽0.28米，行书署联“圣迹鼎新重光海、神功洋溢靖风波”。

（七）三灶岛上的观音庙

三灶岛有4座观音庙。如榄坑村头观音庙、圣堂村游岩山上的观音庙、三灶旧街的圣母殿、正表村风水山下的观音阁。这种观音庙密布的现象在珠海一带是独特而罕见的。

三灶旧街圣母殿的对联是：圣恩孝堂长流海，母德巍峨独配天。榄坑村口的观音庙对联：驷马山龙蟠福地，五洲海宝聚榄坑。正表村的观音阁对联是：观音慈航万民受普渡，佛法无边百姓藉安康。

为什么三灶人喜欢建观音庙，喜欢供奉观音？这与这里的地理位置和民情风俗有着密切的关系。几千年前，三灶岛是茫茫大海上的一个孤岛，能够登上三灶岛的多是能够棹船能游水的渔民，渔民最信奉的是观音菩萨。观音菩萨是分管南海的。根据这一点再加上妈祖生前海上显圣灵验，经常帮助遇难的渔民化险为夷，渔民们就认为妈祖是观音的托生。

（八）东岸观音古庙

珠海唐家金鼎东岸观音古庙，建于明朝中晚期，有500多年的历史，由曾氏后人兴建，建在东岸村后山马仔迳，古称仁寿山。庙联为：慈悲座上菩提现，仁寿山前众庶康。

据说，观音菩萨去南海时，曾在此停留过，所以此地清风明月、天朗气清。远近乡亲们来拜祭所求都灵验，那些出国或到香港、澳门的人，出发前必到这里虔诚地上香，以期观音菩萨的保佑。

（九）蕉镇梳夹村洪圣庙

这是珠海市乡村中唯一的，也是规模最小的一间洪圣王庙，面积只有20多平方米。洪圣大王，亦称南海神、广利王、祝融等。南海神不仅在民间广为信仰，亦被历代王朝列入正祀。唐玄宗天宝年间，封南海神为“广利王”，宋朝加封“洪圣”。每年的农历二月十三日为南海神诞。

明末清初，珠江口一带浅海湾大面积泥沙冲积成滩，斗门一带仍多为海岛。《香山县志》称，当时南海诸岛有大小磨刀山、白藤、芒洲、白蕉、竹洲、粉洲、大托、小托、大林、小林、文湾、连湾等，又说螺洲门“广阔十三里”。

清初，梳夹基本成村，并栽有木棉树为证，成村后即建有洪圣王庙供村民拜祭。村民把他当作妈祖一样来供奉，因为他的为人和功绩与妈祖一样，深入水上人的心中。

二、珠海妈祖庙的特色

任何建筑特色都不能脱离其所在的地理环境。珠海大部分处于亚热带气候区，全年的平均温度为22-26℃，最高达39℃以上，夏季火热潮湿，太阳的高度角大，日照的时间长，太阳辐射热量大，而且经常有台风侵袭，因此妈祖庙的建筑抗风雨和通风隔热性能显得非常重要。由于受地域条件的影响，珠海妈祖庙建筑大多采取方形平面，大部分建筑为夯土与砖木混合结构，夯土墙，硬山顶等组成。建筑内部多采用开敞的厅堂，建筑顶部不设天花板，这些布置方法都有利于建筑的通风。建筑檐廊大都用石柱、石梁、高石础，地面铺麻石，外墙用夯土墙和青砖等，有利于防潮防水。建筑平面采用方形，山墙高大厚实，梁架稳重，屋坡陡直，出檐较短，檐廊结构采用穿斗式步架和墙体承重等，这些方法都有利于防风抗风。此外，还多选用优质密实的材料，比如麻石、青砖用于砌筑墙体，坤甸木材用作梁架、柱、栏板等构件，都有利于防虫、防腐，这些措施都属于建筑适应珠海气候的做法，也是岭南建筑的特色之一。

珠海妈祖庙的结构形式反映了中国传统木构架的典型特点，内部以木结构为主要的承重结构，斗拱与房梁接榫无缝，外围所围合的墙体只起到围护作用。

妈祖庙建筑一般以穿斗式做法为主，主要承重的柱子落地，而不承重或承重较轻的次要短柱则采用抬梁式的做法。柱间穿梁为月梁状，穿枋为曲背状，短柱一般被处理为较矮的垫托形式，上面施以繁琐细密的木雕，构造手法极具岭南特色。木材一般都采用老油杉，不施油漆，保持原木本色。

建筑是一个综合的艺术表现实体。建筑的艺术表现除了建筑本身的艺术处理，如体量、体型、线条、色彩、材料等要素的运用外，还要借助其他的艺术门类如绘画、雕塑等。珠海妈祖庙建筑细部的装饰充分运用了岭南的三雕、三塑以及楹联、书法、匾额等地方传统文化来表现建筑的艺术风格，这是珠海妈祖庙建筑又一明显的特色。

三雕即木雕、砖雕和石雕，三塑即陶塑、泥塑和灰塑。这些雕塑门类在珠海妈祖庙建筑艺术中得到了充分的表现和发挥。加上许多各具特色的绘画、雕塑、书法、匾额、楹联、诗文等艺术手段来加以帮助和表达。这种建筑与美学、建筑与文学的结合是中国传统建筑艺术表现的一个明显特征。这种特征在珠海妈祖庙里随处可见。从而使珠海的妈祖庙更呈多元性、务实性、创造性和自然性。

1. 多元性。珠海人对古代文化、外来文化都是来者不拒，巧于中西文化的结合，珠海妈祖庙在建筑风格上，也比较多元化，敢为人先。珠海是典型的侨乡，海外华侨华人众多，因此在建筑的形制上也明显带有西方的元素，颇有中西合璧的建筑风格。

2. 务实性。珠海妈祖庙极其尊重环境与自然地形地势的结合，因地制宜，实用性强。多数妈祖庙的布局，遵循地形从高到低，顺着斜山坡。这种布局形式用地紧凑，通风性能好，很适应珠海地区火热、潮湿的气候条件。

3. 创新性。珠海地处中西文化交流的前沿，西方先进的技术、材料和思潮，不断地给珠海建筑注入新的生机和活力。珠海传统文化具有多元性、兼容性的特点，这也为珠海妈祖庙的建筑吸引了西方理念和不断创新提供了文化基础。混凝土、石材、玻璃、金属等先进的建筑材料和技术，被引进、整合到珠海妈祖庙的部分建筑之中。珠海妈祖庙建筑无论在建筑材料还是在技术方面都能不断地创新，既充分体现出珠海妈祖庙建筑的特点和人文景观，又是珠海地区劳动人民勤劳和智慧的结晶。

4. 自然性。珠海妈祖庙充分利用大自然的山水、植物等来增加建筑的自然风光。珠海妈祖庙从选址、规划、设计到营建等各个环节的具体做法，通过对人的生活居住条件、环境的选择与处理，以满足人避凶就吉的心理需求。这也是人类自古以来协调人与自然的一种有效手段，即谨慎周密地考察和了解自然环境，利用和改造自然环境，赢得最佳的天时地利与人和，达到天人合一的境界。

三、珠海妈祖庙的价值

珠海妈祖庙的文化内涵丰富，其体现出来的庙宇文化、耕读文化、宗族文化、聚落文化、乡土文化，具有很高的研究价值。在当今的寻根热和民俗文化兴起浪潮中，各地妈祖庙文化的研究方兴未艾。作为珠海文化的重要载体，珠海妈祖庙的发展过程，一直是研究和探讨珠海庙宇文化和风俗文化的热点。重视和弘扬民俗文化是不可阻挡的历史潮流，庙宇文化的不断发展创新将是历史的必然趋势。随着社会的不断发展和科技的不断进步，人们的生活方式也在相应转变。在珠海民俗文化演变过程中，人们一直努力尝试传统和新潮相结合的办法，使珠海的妈祖文化得以更好的发展。

当前，面对现代与传统所发生的碰撞，如何使珠海的妈祖文化更加健康地发展，人们在积极不断地努力探索。珠海妈祖庙作为岭南建筑文化的重要载体，它的更迭启发我们创新并不仅仅是抛弃传统，相反只是不断地发展创新才是对传统最好的继承和保护。因此，我们要清醒地了解珠海妈祖庙宇文化，以开放的姿态来面对外来文化信息的冲击，尊重地域特色文脉的真实传承，只有这样才能真正地保护珠海妈祖庙文化特色。

2012 年 3 月 6 日，农历二月十三，斗门区白蕉镇桅夹村迎来了延续百年的一年一度“大事”，即洪圣大王诞辰的祭祀活动。数百村民前往洪圣王庙祭拜，到了下午，村民们还按照习俗舞狮、放炮、分猪肉，大办宴席。

传说洪圣大王是南海的大海盗，他通晓天文地理，又乐于帮助出海打渔的渔民，并且他只劫贪官污吏向朝廷进贡的货船，百姓的渔船则安然无恙。不仅如此，这位洪圣大王还将贪官的财富抢来分给穷人，因其劫富济贫的举动而深得民心。他在村民的心中就像妈祖一样崇高。

在珠海大万山岛，始建于1822年的万山祖庙，至今有189年历史，是万山群岛及港澳渔民祈求出海平安的主要活动场所。每年的三月二十三日，人们上午拜祀妈祖后，高举妈祖金身巡安，祈求平安幸福。除一系列祭祀活动外，还请来澳门鸿胜馆演出精彩的舞狮，在为期三天的活动期间还演出传统大戏贺妈祖诞，还有100多围的妈祖盛宴和妈祖饰物拍卖等活动。万山妈祖文化源远流长，独具特色，结合旅游开发，大有作为。

珠海的妈祖庙不仅仅是静止的建筑物，因为它穿越了岁月，记载了历史，也就是珠海市民俗文化的"活化石"。单是那些饱经沧桑的妈祖庙，我们静静地凝视、触摸、拥抱，就能得到一种饱满、安静和恬静的精气神和深沉感触。它们虽然不会和人对话，却将历史的味道深深铭刻到了记忆当中，值得敬仰。

全世界的妈祖庙有1500多座，其中广东100多座，最大的天后庙在深圳赤湾，著名的还有三水芦苞天后宫、汕头妈祖路的妈祖宫等。香港鲤鱼门外的天后古庙香火最盛。

珠海古色古香的妈祖庙，是充满灵性的一次性资源，是民俗文化稀有物品。如果因为眼前的利益而将妈祖庙放弃或推倒，就是一种发展的短视。

因此，对于珠海妈祖庙的保护，仅仅停留在口头阶段是不够的，还应像保护名人古迹、历史文化遗产一样去保护它们。其一，应该有专人保护，让专业人员关心它们的冷暖，让老态龙钟的它们在今天也能重新焕发出生机。其二，应该有专款，为妈祖庙的保护提供必要的物质条件和硬件设施，比如应该对已腐朽的妈祖庙增加必要的保护栏杆和设施以及防雨设施等，减少自然剥蚀。其三，也是最重要的一点，政府一定要有足够的、充分的文化遗产保护意识，担负重要的文化和历史责任。我们社会发展的终极意义就是为提升社会幸福指数。妈祖庙作为人的文化和精神发展的重要构成，当然不能缺少。

加强文化遗产保护传承与利用，多挖掘妈祖庙的文化遗产价值，也是对珠海民俗文化的最好继承和发展。

东江中下游水神信仰的田野调查及推论

林慧文*

【摘要】东江流域中、下游区域为“水神”崇拜的发达地区，主要有洪圣、北帝和妈祖等水神信仰。通过大量田野调查和文献记录的研究，本文认为南海神“洪圣”为“东渐”而来的水神，具有历史久远、近江不近海、跨族群信仰的特色；北帝具有“南驻”特色，复杂的名号体现其南驻的强势和历史文化背景；妈祖为“西渐”扎下根的海神，却是从西渐完成由海神变为兼以江海的水神、多族群崇拜、多神共祀以及多种奉祀模式的重要的地方信仰神。

【关键词】水神；东江中下游；东渐；南驻；西渐

东江流域中、下游是当代惠州、东莞、河源、汕尾四市的主要辖地，自隋代开始即为惠州前身循州统领。以古循州及古惠州的辖地，处于岭南之东，故古人又以岭东名之。岭东为丘陵地带，但东江中下游这一带明显为水网密集之地。这一带，东贴南海，北依群山，以独特的丘陵地形构成其河网密布、水系发达的地理特征，其中心城市惠州更被称为“水城”；由于开放性的地理区位，使其自古以来就浸润着较为浓郁的文化氛围，于是开放性和熔铸性便成了这一片土地水神信仰的突出特色。

一、东江中、下游区域属开放性地域，由此引领了多神崇拜的信仰文化特色，“水神”信仰为其中之一

东江流域中、下游作为岭东的核心文化区域有其重要的地理区位优势，其重要

* 林慧文，广东省民俗文化研究会理事、惠州市社科专家库专家、惠州学院东江文化研究院客座研究员。

的交通枢纽和优秀的地理条件，使它在远古就是岭东地区的开放性地域。据这里的人类历史遗存发现，20 万年前的早期智人阶段或曰旧石器时代，东江流域就是人类起源由西向东发展的重要通道之一，史前考古学家尤玉柱指出：“我国西南地区是人类起源的中心之一，并由该地区向北、东北、西南和东几个方向辐射。在向东辐射的这一路线上……存在着一条人类化石由老到新的分布带（线路）”[1]；对此，刘向明教授强调指出：“在远古人类文化的传播、交流和发展上，广东与福建之间存在着一条重要的通道，其规律是由西向东扩展”[2]。这里所指的“远古”，就是指旧石器时代。那么，这条重要的通道具体所指何处呢？尤玉柱认为，20 万年前早期智人东移的通道主要有三条：第一条是由浙江沿着滨海地带进入福建东北部；第二条是由江西沿较大的河谷或山谷进入福建北部；第三条是由广东东部沿海丘陵区进入福建龙岩和漳州地区。这里所指的第三条通道就是以古循州（惠州）为中心的东江流域[3]。尤玉柱同时认为，前两条通道存在“严重阻碍”或“很难进入”，而第三条通道几乎无地理障碍，提供了向东迁徙的良好条件。刘向明教授也认为，第三条通道也就是东江通道以它优越的丘陵地理优势，“提供了这种东向迁徙的良好条件”。

这种自然条件优越的开放性地域，最大的利好，就是使东江中下游区域这样的地方，容易迅速吸收和熔铸大量外来文化，从而形成一种包容性极强的多元文化；也正是依据这种天生具有的开放性地域特征，为这一区域多元、包容特色文化的形成，起到了一种地理区位的优势作用。这种多元的熔铸型文化，在民间信仰中，就是以粤、客、闽等多族群、多神崇拜兼容为主要特色，其中“水神”文化信仰，就是较为典型的表现。所以，东江中下游区域的水神信仰，自古以来就呈现自己独有的特色，比之广府、潮汕、客家区域的相对单一性，更表现出一种包容性较强的“多元”性和“熔铸”性的形态。

1. 尤玉柱主编：《漳州史前文化》，福建人民出版社，1991 年，第 157 页。
2. 刘向明：《东江在岭南古史演进中的作用——以史前至秦汉时期为例》，《东江文化纵横谈·首届东江文化全国学术研讨会论文集》，暨南大学出版社，2010 年，第 99 页。
3. 参见尤玉柱主编：《漳州史前文化》，福建人民出版社，1991 年，第 157—158 页。

二、源于“东渐”的水神信仰及特色

东江中下游区域的水神信仰，从历史的悠久程度来看，首推“东渐”而来的南海神“洪圣”崇拜。

南海神是中国古代东南西北四海神之一。《太公金匮》载：“南海神曰祝融，东海神曰句芒，北海神曰玄冥，西海神曰蓐收”；《管子·五行》也说：“得奢龙而辩于东方，得祝融而辩于南方”。这里是说，南海神最原始为“祝融”，属陆地火神。其中由火神演变为水神，个中缘由有古代尧的民间传说，本文不予详述，我们以南海神广利王驻足广州开始作主要的推演和分析：

南海神是中国古代海神信神之一，中国先秦古籍《山海经》就有相关记录，并在先秦时成为国家郊祀的一部分。而以南海神广利王专称出现在粤地，并开始成为中国南方有名的神祀，是在隋开皇十四年（594）于广州建南海神广利王庙开始。据流寓《试论南海神信仰的变迁》记述，隋结束了魏晋南北朝三百余年的分裂局面，重新建立大一统帝国。隋文帝开皇十四年（594），以廷臣建议，以为海神灵应昭著，望祀非虔，宜就各方创庙奉事，以答元贶，于礼为协。至此开始，这种与整合、完善岳镇海渎国家礼制有直接关系的大规模官办活动，便在穗地驻足，然后迅即庶民化，从而开始了大规模的南海神的信仰及相关的民俗活动，以“广利王”及之后的“洪圣”之名流传于民间。

洪圣之所以成为岭南历史上曾首屈一指的水神，自然是岭南人摄于对南海的敬畏和避凶祈祷，并寄予享逸平安的一种精神追求。因而南海神在珠三角建庙立足伊始，便以其巨大的精神影响成为岭南沿海有名的一个地域性海神。唐代韩愈《南海神广利王庙碑》说：“考于传记，而南海神次最贵，在北东西三神、河伯之上”。正因为有了这样的地位，加上历代帝王循礼崇封，官民皆祈禳祝佑，便推演了珠三角地区自隋唐开始的神灵信仰和大规模祈神活动的文化浪潮。

东江中下游区域以古循州为中心，其位居珠三角边缘，自然在第一时间受到这一文化浪潮的影响，这就造就了隋代南海神以“东渐”的状态进入岭东，逐步向东江流域“东向”一带延伸。由于古循州（今惠州）不管在区域划分也好，文化形态的区域化特色也好，自隋、唐以来一直与广府间有一种若即若离的状态，正因为这样，记录这里的洪圣崇拜及大规模祭祀活动的地方文献和相关资料相当稀少。但是，据多次民俗田野调查并参考稀有的文献记录，发现以惠州为中心的东江中下游区域，洪圣崇拜还是比较普遍，东江民众对其的信仰程度，已经近于穗地，且呈现了几大特色：

特色一，历史久远，洪圣名之。东江中下游区域人们崇拜南海神不会迟于唐代，唐循州刺史陈谏就曾书写过“南海神广利王庙碑”，既然有碑刻，必有神庙流传，也必有南海神崇拜。由此看，东江中下游一带，人们供奉南海神的年代，远可在隋唐年间，隋代广州立庙后，并没用多久就传入东江中下游地区，也就是说，南海神进入东江中下游的时间其实相近于隋唐广州立庙时间。当然，这只是开始，在东江中下游区域出现大规模的南海神崇拜，应该要北宋中期。主要理由是，从这些年在东江中、下游几市的田野调查情况来看，南海神崇拜自隋唐“东渐”进入东江流域以来，至现当代都还保持着相当普遍的状态，几乎全以“洪圣”之名供奉。洪圣之名始于宋中期，宋仁宗康定二年（1041），四海并封王，南海神封为洪圣广利王，自此开始，各地新建神庙多以“洪圣”名之。东江中下游区域各地或以“洪圣”立庙，称“洪圣庙”或“洪圣宫”，或以“二圣宫”“三圣宫”“六圣宫”兼神崇拜的涉及南海神的神庙很多，其所供神祇无一不以“洪圣”名之，就说明了这一道理。

特色二，近东江及主要的东江支流等，不近南海。东江中、下游区域对南海水神的供奉，更多的是作为陆地神或内河水神供奉的，一般远离滨海区而偏向内陆特别是在东江主道及中下游几条重要支流的两岸。洪圣是南海之神，问题是东江中下游区域并不近海，为何热衷于祭祀南海神？这大概和唐代人对“南海”这个概念的特殊释义有关。南海之神，其实是指南海这一片土地的神，广东汉代设南海郡，所辖之地就是近南海的这一大片土地，广州和古循州都属这一地域；岭南这片土地，古人又称为“岭海”；王雨先生在释义李商隐可能留驻惠州时写下的诗句就直接将惠州视作“南海”，这大致就是南海神“东渐”能在东江中下游区域扎根并成千年气候，就是南海神崇拜的一个地域背景原因。

特色三，兼容特色，跨族群信仰。洪圣本来属以广府族群为主的供奉神，因而其称谓、祭祀方式、民俗特征等等，也就多打下广府信仰的民俗特性。但是，南海神洪圣“东渐”演化的结果，使洪圣崇拜早已超越民系的局限，成为了多民系多族群的共祭之神。据不完整资料统计，整个广东省的大小洪圣庙不下500座，这个数据主要是在广府区域，东江中下游区域在整个广东来说还是庙宇较少的，但并不等于东江中下游洪圣信仰很少。经过专门针对惠州的田野调查发现，洪圣崇拜其实不少，虽有一部分早已湮没于历史长河中，但在近年又渐复生机，恢复的不少。例如惠州市区江北小金口岭背唐村，本地话居民区，有洪圣宫地名，原来以庙得名，原庙在“文革”破四旧时拆除，近又复建，并选神诞日请神复座。显然，这部分未能统计在“不下500座”之内。这些崇拜，已几乎全部不在广府族群，而见于“本地”“客家”和“福佬”中。

洪圣还普见于惠州大量的合祀庙中，而这些合祀庙，也分别分布在本地话区域、客家话区域或福佬区域。如惠州市区东郊的马安镇，本地、客家、福佬三族群混居，所奉二圣宫，祀之主神，就是洪圣和谭公，其中谭公是惠州最主要的本土供神，本地、客、闽三大族群共祀，洪圣在此居二圣宫首位，作为地方民俗信仰，其实早已突破族群界线。

特色四，祭祀多样，会节形式。惠州的洪圣崇拜，早就在民间形成特色明显的、形式多样的大规模庙会模式，这种模式大部分都是大型的东江民间祈神会节模式。洪圣神诞是农历二月十三，如惠州一带的洪圣庙或马安的合祀庙二圣宫等，每年都会有很隆重的诞会，即以“筹会”“拜神”“娱神”游神”“食会”等形成连环相扣的环节，民间称“做会”；而洪圣崇拜又显得形式多姿多彩，主要表现是更多掺杂于其他祈神活动中，如城隍、土地崇拜、福佬区域很盛行的关帝盛典等。这些祈神活动呈多样形式，经常杂入多种神灵的礼拜，如多神上座的形式环节等。这些奉祀的众神均是当地民众最为信奉的神灵如洪圣、观音、社神（土地）、天后、关帝等，其中洪圣就往往是纳入其中“上座”最多的一位。

三、源于“南驻”的水神信仰及特色

比之“东渐”或“西渐”，东江中下游区域有一个广泛供奉的水神神灵不能以“渐”形容，是因历史上随北方族群南迁或北方军旅南下立足，故以“南驻”名之，这个神灵就是在东江中下游区域沿海、内陆的东江、西枝江等普遍存在的“北帝”神，平海古城称“真武”神，庙称“玄武庙”；在内河两岸一带除称“北帝”外，也有不少地方称“玄天大帝”，惠州市中心区域就出现过不少北帝庙或玄武庙。

据《太上说玄天大圣真武本传神咒妙经》说，真武大帝是太上老君第八十二次变化之身，托生于大罗境上无欲天宫，净乐国王善胜皇后之子。皇后梦而吞日，觉而怀孕，经一十四月及四百余辰，降诞于王宫。后既长成，遂舍家辞父母，入武当山修道，历四十二年功成果满，白日升天。玉皇有诏，封为太玄，镇于北方。但北方之神为何作水神？《后汉书·王梁传》曰：“玄武，水神之名，司空水土之官也”；《重修纬书集成》卷六《河图》也说：“北方七神之宿，实始于斗，镇北方，主风雨”。正因为雨水为万物生存所必需，所以北帝的这一水神属性，自造神开始便深受人们的信奉。

北帝崇拜在北方汉代就已开始，但北神南驻东江中下游又始于何时？关于这点几乎找不到相关的文献记录，但是，通过地方文献对东江中下游中心城市惠州的族群构成的记录来看，犹可见一些蛛丝马迹：首先，惠州自清至今，原住民基本为三类，即本地、福佬、客家。本地历史最久；福佬的南迁约在唐宋；客家南迁则最晚，约在明末清初。从惠州地区北帝主要流行于东部沿海和东江、西枝江两岸的“福佬”族群这一情况看，北帝南驻惠州的时间应该在唐或宋，距今或有千年。但是，若从历史的大背景看，加之惠州平海古城“军声”居民，自明初以来一直把真武作为供奉的主神，又以其祭祀北帝为主要对象的“三月三”“摆盘”等大型会节影响整个沿海的福佬区域，不由得让我们有了另外的一种时间推断。

北帝名号“真武玄天上帝”，据说出自明成祖朱棣。朱棣原为皇叔，朱元璋死后立建文帝，朱棣拥兵谋反，弑侄杀君，铸成明初著名的历史事件“靖难之役”。后朱棣为掩盖其逆行，推出玄武神，敕封为“北极镇天真武玄天上帝”，对外宣传“君权神授”，以此来平息朝野对他的反感，巩固他的统治，并大规模修建武当山的宫观庙堂，所以，明其实是真武玄天上帝声势最显赫、民间信仰最为普遍的时期。

平海古城正好建于明代初，是明代早期设立的卫所军制的直接产物。按明初制，由于国家刚刚建立，社会动荡，经济萧条，国家财政实力有限，无法维持庞大的军费开支，于是便实行一种寓兵于农、屯守合一的卫所编制和世袭军户相结合的军屯制度，主要做法是由国家供给耕牛、种子、农具等，耕战结合，部分军需自给，并以律约束军人必须娶妻以形成“军户”。这样的城市，已几乎无异于一般性的居民城市，但其人口几乎全为北方人，其所依赖的精神信仰，自然是北方神嗣，这样一来，当时在北方朝野被极力推崇的真武玄天上帝便成了他们带来的供奉神灵，南驻惠州及整个东江中下游区域，影响至今。

从明代古城平海镇的祈神活动看，“三月三抢炮头”“城隍庙会”“摆盘”可称为平海最主要的三大祈神会节，这三项大型活动都和真武玄天上帝有直接关系，其中真武庙祈神的“抢炮头”会节，更是真武玄天上帝的大型专祭活动，时间长达五到六天：农历正月二十八日为“北帝出位日”，行“娱神”数日；三月初二“复位”行“安放”供神礼仪；三月初三则搞大规模的祈神会节，主要模式就是气势恢宏的“抢炮头”和“食会”活动。在东江、西枝江两岸及内陆城镇多见的北帝庙或玉虚宫（也有少量称玄武庙），则同样依据不同的民俗习惯每年以各种时间举行大型专祭的祈神会节，或一天到数天；多神群祭的（如二圣宫、三圣宫、六圣宫等）或以其他专祭神附以的祭拜活动（如关帝祈神抢龙头水会节、城隍庙会等）更是层出不穷。

四、源于“西渐”的水神信仰及特色

“西渐”进入东江中下游区域的水神主要指天后神，亦即妈祖神。妈祖是海神，始于宋，根在福建沿海，并迅速在闽、粤、台三省沿海的福佬“海疍”居民中形成巨大影响，并延续至今成为上述各省的主要民间崇拜，也是中国南方沿海影响最大的渔民保护神。

妈祖于北宋在福建形成崇拜后，其实还是逐步向内陆发展的，就是“西渐”。

在这过程中，妈祖有一个将自己的海神身份逐步转向内河水神的过程。东江中下游区域的沿海地区，自然是妈祖信仰最集中的地区，但妈祖信仰“西渐”过程，特别是由沿海“西渐”内陆的过程，东江中下游的内陆区域的确又是受影响较大的一个地区。所以，除在今惠州沿海区域依然普遍流行妈祖信仰外，已在内陆（特别是东江、西枝江两岸）形成了较为普遍的内河水神信仰，使妈祖信仰在整个东江中下游区域都早已成为普见的、又是比较重要的水神信仰之一。

妈祖又称天妃、天后，真人出自宋代福建莆田，名林默，因传奇神秘的色彩被奉为神，并成为著名的航海保护神，又兼司送子娘娘之职。在中国东部尤其是沿海“福佬”民系中有相当广泛的信众，在中国文化史、民俗史、民族史、宗教史中都有相当重要的地位。妈祖信仰“西渐”的结果，是使妈祖与龙母、冼太夫人一起，成为广东地区著名的三大女神，妈祖也成为东江、西枝江“河疍”及沿岸居民的主要保护神。

信奉妈祖的，主要包括福建、台湾以及广东东部沿海地区的福佬居民，它在这一民系成为主要供神有它重要的两个构件，一是保佑海运渔船的平安，此为安生；一是保佑送子，此为民生。对以大海为生的福佬居民来说，这几乎占了他们人生的全部。东江中下游的内陆区域，作为妈祖文化辐射区域，其实也已说明妈祖信仰早已开始打破神的“海”功能和族群界线。但是，这种信仰是何时进入，形成什么规模，有什么特点，其“西渐”时间段怎样划分等，都有一定的复杂性，也构成东江中下游妈祖信仰的一些地方特色。经多年的田野调查，笔者发现东江中下游区域的妈祖崇拜有几个较为显著的特征：

其一，祀妈祖从“海神”变为内陆“水神”，都与“水”有关。历史上妈祖崇拜重心在汕尾、惠东、大亚湾等沿海的福佬区域。但自明、清以来，妈祖崇拜已很快在东江中下游区域内陆的西枝江、东江两岸形成普遍崇拜：天后庙或天妃宫等随处可见，以天后信仰所引发的各种会节、娱神、游神、上座等祈神活动层出不穷。其精神信仰，已明显不作为海神供奉，而使她成为了内河疍民和沿岸居民的保护神“水神”。这种由“海神”走入内陆形成内河“水神”的变化，实际和妈祖“西渐”的大背景有着直接的关系。汪毅夫《客家民间信仰》就记述道，妈祖崇拜在宋代已传入客家地区，但发展相当缓慢，影响也较小，这在长汀、宁化等客家县都可找到相关的地方文献记录[4]。问题是，东江中下游区域远离福建，内陆的客家区域和本地话区域也远离大海，为什么也那么顽固地崇拜妈祖神灵？通过上文及谢重光《闽西客家住区的妈祖信仰》一书其实可得到一点启示，例如谢文说到，妈祖神虽早已在客家地区立足，但一直发展缓慢，以至到了明代才出现较多的妈祖神庙，主要原因是客家地区早就有了一大批适合自己信仰和求助的各类神灵，故而妈祖的信众“只限于少数与汀江航运有关的特殊人群”[5]。以此论看，妈祖“西渐”东江中下游区域，其实也是“冲水”而来，也就是说，东江中下游区域优异的水环境，就是妈祖能在东江中下游水网中形成规模崇拜的主要因素。从这一带妈祖庙（天后庙、天后宫、天妃宫等）多在西枝江两岸和东江两岸来看，其“水神”的功能便充分地显示出来：如东江航道最急险处之一观音阁镇，历史以观音庙得名，所以主祭之神应为观音，以求子嗣、求福为核心；但其地祈神活动，除观音诞日行会以外，至为重要的与观音并行的还有天后庙和天后崇拜，以祈航道安全和近江居民的安生、吉祥，故有天后诞日大型会节，还有天后娱神及初一、十五的祈神活动等，形成了当地常态化的一种民间宗教活动。

其二，东江中下游区域开始在内河形成较普遍的妈祖信仰约在清初。东江中下游区域沿海奉祀妈祖的时间应同于闽、台、粤沿海的时间，但是内河奉祀妈祖到底始于何时？笔者认为始于清初，主要理由有两点：

1. 从这些区域对妈祖的称谓得出。东江中下游区域的妈祖庙很普遍也很多，但几乎无一称“妈祖”者，而统称“天后宫”或“天后庙”。天后是清代康熙年间朝廷对妈祖的封号，故东江中下游沿海及内河的天后宫或天后庙，形成时间一般都迟于清初，这一点已在这些年大量的田野调查中得以证实；

2. 与清初“迁海”历史背景相关。妈祖信仰一般在沿海福佬区域盛行，但东江中下游区域内陆的“福佬”甚至“本地”或“客家”族群区域也出现较普遍的天后信

4. 汪毅夫：《客家民间信仰》，福建教育出版社，1995 年，第 136—141 页。

5. 谢重光：《闽西客家住区的妈祖信仰》，汀州天后宫文物古迹修复协会：《妈祖研究与民间信仰》，2008 年内刊，第 6—8 页。

仰，除与东江中下游内陆中心区域水网交错有一定联系外，应该与清初广、福两省的一段“迁海”历史有关联。据清屈大均《广东新语·地语·迁海》和清刘献廷《广阳杂记》卷三记述，清朝顺治十八年（1661），为了对付郑成功父子领导的东南义师，清政府实行了大规模强制迁徙濒海居民的法令，史称“迁海”，强令福建、广东等沿海居民内迁，距海三十里（一说五十里），不准人居住。其议发于郑氏降臣黄梧，至施烺始行，民有越出界外者概处死刑，至雍正六年（1728）其禁稍弛，界外渐有居民。“迁海”是清政府的弊政，推迟了广东社会经济的发展几十年。但是，近海居民（最大量的为福佬居民）从迁离沿海陆地五十里外七八十年的时间里，由于信仰的原因，沿海大量的福佬人尤其是海疍，他们自然将自己历代守候的精神家园亦即赖以寄托的神灵，也带入内陆。他们多依江而居，海疍变成河疍，把像天后宫、北帝庙这样的神庙建在了他们的新家园，一是多集中在福佬族群的居地，二是多依江而建。这类信仰状况，也在这些年对这些族群的族谱调查中获得不少直接或间接信息，充分展现了“迁海”的历史痕迹。

其三，东江中下游天后信仰同样形成多族群崇拜、多神共祀和多种奉祀模式。首先，东江中下游的天后崇拜，在从沿海“西渐”内陆后，因受多族群、多种文化形态兼容的影响，逐步形成了多族群共同崇拜的气候，即表现为在原住民的各种方言区域都有天后崇拜存在；其次，由于上面的条件，就使各种文化形态兼容的社会环境下，普遍出现了“多神共祀”的模式，即在所谓二圣宫、三圣宫等众神合祀的模式中出现，也在其他神灵如南海神、医灵神、关帝神、真武、城隍、社神等的专祭中客串出现，突显其在东江中下游多族群民众相近或相同的神灵信仰状态，也突显出东江中下游区域“多神崇拜”的共性特色；再者，比之传统妈祖信仰地闽、台、粤沿海超大型但稍嫌单一的奉祀模式，东江中下游区域尤其是中心区惠州的奉祀模式就更显示其多样化的特色：以“做会”形式的大型祈神会节；以初一、十五的奉祀为特色的小型斋祀；以“娱神”和祈神祝颂的常态化模式（时间的随意性）等等。

试论咸水歌是疍家人的精神文化载体

林凤群[*]

【摘要】咸水歌是疍家人中广泛流传的口头文化，历史上，疍家人无论是插秧种田、出海捕鱼或是婚丧嫁娶、生老病死等都以咸水歌作为宣泄情感的载体。本文通过论述中山咸水歌的源流和发展，试图探究咸水歌是如何成为疍家人的精神文化载体。

【关键词】咸水歌；疍家人；精神文化；载体

一、疍家人因生存环境而孕育了咸水歌

“就一个民族来说，每一个民族大都有自己特定的生活和活动的地域，该地域的自然环境对该民族有很大影响，进而会在此基础上形成该民族的文化特征。”[1]

据史料记载，珠江流域一带的百姓大多是宋末逃避中原战乱而向南迁徙，经过南雄珠玑巷这一驿站后，为逃避朝廷追杀“胡妃”的大军，百姓乘着竹筏等沿着珠江流域继续向下游漂移，他们散居在珠江三角洲下游的中山、番禺、顺德、珠海等沿海地区和河网地带，以种禾、种蔗、种蕉、养鱼、种桑、养蚕为生，有些则长年以舟楫为家，在水上从事渔业捕捞或运输货物为生，这些紧紧依存河流而生的人群有一个特殊的称谓：疍民。珠江流域的疍民群体还形成了自己独特的语言——疍家话，带有广府白话语调，因受到地方方言影响，各地之间的疍家话音韵也有所不同。[2]

宋末之前，珠江流域的大沙田都是一些冲积滩涂，地域空旷寂寥，人烟稀少，

---

* 林凤群，中山市非物质文化遗产保护工作专家委员会专家，研究馆员。

1. 王文章主编：《非物质文化遗产概论》，文化艺术出版社，2006 年，第 68 页。

2. 甘建波编著：《中山民俗与民间艺术》，珠海出版社，2002 年，第 3 页。

图 1　咸水歌诞生在珠江三角洲等水乡地区

疍民生活十分艰苦而单调，为了抒发心中的苦闷和孤寂，减轻生活和劳动的压力，疍家人自己创作了咸水歌这一口头文化。据考证，在广东的珠江、东江、西江、北江、汕尾，广西的梧州、北海，海南的三亚，福建的部分沿海，以及港澳地区等水域流动的疍民，历史上都有传唱咸水歌的习俗（图 1）。而中山咸水歌则是疍家文化中的典型代表。

广东省香山县（今中山市），位于珠江三角洲口西岸，宋代以前是珠江口外伶仃洋上的山地、丘陵和岛屿。“在县南，隔海三百里。地多神仙花卉，故曰香山。”[3]

明代嘉靖年间出版的《香山县志》中记载的“醮子女，歌唱以导其情，曰歌堂酒”[4]等文字，均是记载香山地区疍家人唱咸水歌的情景。可见中山的咸水歌早在明代就开始流行了。

二、咸水歌是疍家人的重要口头文化

咸水歌的诞生，最初是疍民为了抒发生活的孤寂和苦闷随口而唱。我国著名民

3. [宋] 乐史：《太平寰宇记》，中华书局，2007 年，第 3019 页。
4. [明] 邓迁、黄佐纂修：《香山县志·风俗篇》，嘉靖刻本。

图 2　2006 年 10 月，中山民歌手梁社金、吴容妹参加在中央电视台举办的《中国民族民间歌舞盛典》，演唱咸水歌《对花》

图 3　地处珠江三角洲地区的坦洲镇举办咸水歌大赛

俗学专家钟敬文在《中国疍民文学一脔》一书中这样描述咸水歌：“以舟楫为家以捕鱼为业，这差不多是他们生活的概况。但他们足以使吾人注意的，却是那种‘诗的生活’。这当然是一条通例：凡民族生活简单的，他们歌唱的生活，总要发达得多。”[5]

后来，这种口头文化经过传承和发展，成为了疍家人精神文化生活的一个重要载体。疍民无论是婚丧嫁娶、互诉衷肠，或是唱山唱水、唱花唱月，都以咸水歌作为一个重要的载体。疍家人无论是牙牙学语的小孩，还是年轻力壮的男女青年，或是七老八十的长者，全都会随时“爆肚”出口成歌，无所不唱。

疍家人在不同的场合唱不同的咸水歌，因此咸水歌还衍生出高堂歌、大缯歌、姑妹歌、担伞调等多个歌种。

在中山咸水歌中，以歌传情是最常见的一种曲调。大沙田水乡的男女青年在很长的历史时期里，都是以出海捕鱼、围海造田、种蕉薅草为生，面对着空旷辽阔的大沙田，为了抒发生活的苦寂，也为了与异性交流，他们在划艇耕田或捕鱼的同时，也扯开歌喉进行对歌交流。其中，《钓鱼仔》就是这样一首经典的咸水歌：“你是钓鱼仔还是钓鱼郎罗嗬，我问你手执鱼丝有几十壬长？几多十壬在海底，几多十壬在手上，还有几多十壬在船旁……”[6]，这一首咸水歌，在中山坦洲等大沙田水乡流行了数百年，

5. 钟敬文：《中国疍民文学一脔》，黑龙江人民出版社，2004 年，第 234 页。
6. 林凤群编：《岐海寻珍——中山民间文学拾萃》，珠海出版社，2009 年，第 130 页。

被一代代的青年男女反复吟唱。《钓鱼仔》的歌词既是水乡生活场景的写照，也是男女试探心声的反映。在获得肯定的歌声回应之后，两艘小艇渐渐靠近，两颗年轻的心也渐渐靠近。可以说，《钓鱼仔》一歌促成了不少疍家青年男女的姻缘，它成为流行在珠江三角洲大沙田地区最有生命力的一首情歌。

当然，咸水歌也并不是在欢欣愉悦的时候才歌唱，很多时候，它还是疍家人倾诉心声的一个重要载体，以姑妹歌为例，它是以唱疍家女性对生活和命运的慨叹而闻名。比如《哭嫁歌》就是疍家姑娘在出嫁前夜，与一群姐妹一起，唱对姐妹友谊的不舍，唱对父母养育之恩的感激，以及唱即将嫁出对未来婆家生活的迷茫心情等，通常通宵达旦地唱，唱得众姐妹泪流满面。而《哭丧歌》则可以说是大沙田地区的挽歌，家中长者辞世，后辈在为灵柩守夜的同时，还凭歌寄情，怀念先人的种种好处，以及祝愿先人升上天堂："有你在生大镬煮，无你在生捱蕃薯"是哭丧歌的最典型歌句，反映家庭主心骨失去后，家中孤苦伶仃的妇孺对未来生活发出无助的哀叹。

可以说，咸水歌这种口头文化，反映了疍家人内心的真实感受，是疍家人精神世界的真实写照。

三、疍民口头文化蕴含着艺术大美

"咸水歌是疍家民族的一种心声，很值得去欣赏和研究。它的优点在于表情的真切和音律的谐美。"[7] 民俗学家钟敬文早在 20 世纪 20 年代就关注到咸水歌所蕴含的艺术之美。

作为在疍家人中广泛流行的歌种，中山咸水歌在世世代代传唱，同时涌现出一些出类拔萃的民歌手。而这些出类拔萃的歌手将中山咸水歌从大沙田传播开去，从而使疍家文化走出了沙田水乡的局限而置身于社会广泛关注的视野之下（图 2）。

中山大沙田地区的已故民歌手何福友，是当地最具代表性的民歌手之一，他擅于歌唱并很有"爆肚"创作才华。他写过、唱过的咸水歌有几千首，1956 年和 1960

7. 钟敬文：《中国疍民文学一脔》，黑龙江人民出版社，2004 年，第 238 页。

年，他两度赴北京，出席全国青年文学创作者代表会议和全国文教工作先进工作者群英大会，在中南海为中央首长献唱咸水歌。他的个人代表作长句咸水歌《金斗湾》从20世纪50年代唱到90年代，有些作品还被灌录成音像制品。梁容胜也是大沙田地区极具代表性的歌手之一。他于20世纪50年代初加入中山县文工队，一度成为广东省华南歌舞团民歌独唱演员，他于1960年出席了全国文化艺术先进工作者大会，1958年、1994年两次为中山咸水歌灌录了唱片。

图4　中山咸水歌手吴容妹到坦洲的学校教学生唱咸水歌

如今，何福友和梁容胜两位民歌手已经逝世十多年了，但每当说起中山咸水歌的“咸水史”，人们还总会提起他俩的名字。

在中山的大沙田地区，还活跃着一批很有才华的民歌手，其中，年逾六十的梁三妹，家中姐妹几人都从小就跟父亲学唱咸水歌，三妹更是从12岁起就随父辈走村串户传唱，1958年加入中山县文工团，1994年她和吴志辉等中山歌友灌录了《中山民歌》金碟CD；2003年春节，中央人民广播电台特约她录制了中山咸水歌向全球华人广播。另外，梁连友、梁容妹两位歌手，近年来也经常在省市及国家级舞台上亮相，前几年的春节，这两名歌手还被中央电视台邀请到北京录制咸水歌节目向全球华人播放。

另一位至今仍活跃在坦洲一带的民歌手吴志辉，在唱情、唱景、唱人、唱物方面有很高的“爆肚”才华，而且保留了疍家人演唱中山咸水歌的原生态唱腔唱法，声调高昂开阔，擅长男女声咸水歌对唱（图 3）。自 20 世纪 50 年代起，吴志辉钟情于咸水歌的传承与保护工作， 2008 年 3 月，吴志辉被国家文化部确认为国家级非物质文化遗产项目代表性传承人[8]。

四、从咸水歌可以研究疍家人群体的特质

“民族性是指为某一民族独有，深深地打上了该民族的烙印，体现了特定民族的独特的思维方式、智慧、世界观、价值观、审美意识、情感表达等因素。”[9]

作为疍家人这一独特族群传承了数百年的口头文化，咸水歌独特的文化价值得到越来越多的关注。2010 年 9 月，中山市举行文化艺术顾问会议，郑秋枫等著名音乐家在发言中一再强调：中山咸水歌是岭南文化的重要符号，是岭南音乐的重要元素，应当很好地进行保护和发展。

事实上，作为一种在珠江流域广泛人群中流传了数百年的歌种，中山咸水歌的民俗学价值、音乐学价值、艺术学价值等早就被社会广泛关注，早在 20 世纪 60 年代，何福友、梁容胜两位民歌手就被广州音专（现星海音乐学院）民歌系特聘为民歌音乐教授，由他们教唱咸水歌（图 4）。同时，中山咸水歌也吸引了专业的音乐家前来大沙田地区进行研究。在 20 世纪 50 年代，广东的著名民间音乐家许树坚等就从大城市深入到中山坦洲等大沙田，住在疍家人的艇上及茅寮里，对咸水歌进行长时间的深入研究，同时，还创作了《竹树开花根连根》等脍炙人口的新民歌，在中山沙田地区传唱了大半个世纪，一直流传至今。

由于咸水歌是珠江流域的水上疍家人在数百年生活演变过程中，根据自己的生活和劳动环境所创作产生的口头文学，疍民以歌会友、以歌传情、以歌声诉说心中的苦与乐，涉及疍家人衣食住行等方方面面，它是疍家人共通的语言，在疍民群体中起到身份确认的作用。

咸水歌所蕴含的历史学、人类学、社会学、民俗学等文化价值，近百年来吸引

8. 郑集思主编：《中山市非物质文化遗产》，珠海出版社，2009 年，第 9 页。
9. 王文章主编：《非物质文化遗产概论》，文化艺术出版社，2006 年，第 66 页。

了无数专家学者为之深入研究。笔者近年曾先后多次接待过从日本远道而来的博士研究生阿爽，远在东瀛的这位小女子，在经过我国有关方面同意后，将中国岭南沙田地区流行的中山咸水歌定为自己的博士研究课题方向，不远万里地多次深入到中山的坦洲、横栏等沙田地区的小艇上、茅寮里，一句句地记录下当地民歌手演唱的中山咸水歌。作为疍民的后代，笔者在敬佩这位日本小女子的钻研精神外，更是为咸水歌所蕴含的文化价值所自豪。

正是因为咸水歌对疍家人这一群体有着如此独特而重要的作用，国务院在2006年公布首批国家级非物质文化遗产代表作名录时，就将中山咸水歌列入其中[10]，可见其历史文化价值所在。

五、保存与研究疍家文化从传承咸水歌开始

作为带有珠江流域浓厚地域特色的咸水歌，成为珠江三角洲一带生活的疍家人数百年来精神文化生活的重要载体。在疍家人的人文生态环境发生巨大变化的当下，加强疍家文化的保存和研究，对社会学、人类学等学科的研究来说都有重要意义。而传承咸水歌，则是保护疍家文化的人文生态链条不会出现断裂的有效措施。可喜的是，中山社会各界近年为之作出了不懈的努力和探究，并取得了一些进展。

2010年暑假期间，中山大学中国非物质文化遗产研究中心的课题组到中山市东升镇胜龙小学做调研，几位即将升上初中的小学生，这一天再次回到母校的音乐室，一起唱起了她们擅长的咸水歌，在一曲传统的《对花》之后，她们又试唱了老师最新创作的一首咸水歌，稚嫩和清丽的歌声，令远道而来的课题组耳目一新。在没来中山之前，研究人员以为，中山咸水歌这种历史悠久的民歌，已经随着珠江三角洲人文生态环境的改变而日渐式微，而在日渐繁华的东升镇这里，咸水歌还能在新一代中有着如此顽强的生命力，让人感受到咸水歌这一民俗传统艺术所蕴含的恒久魅力。

事实上，作为世世代代以艇为家、依水而居的疍民来说，咸水歌可以说是他们

---

10. 郑集思主编：《中山市非物质文化遗产》，珠海出版社，2009年，第3页。

的重要精神文化载体。然而，随着珠江三角洲面貌的日新月异，自然和人文生态环境发生了重大变化，纵横的河涌日渐减少，大片的水塘、蕉地被圈地成为了工业园区，疍民以捕捞为生、以种养为生的生活方式正在日渐改变，加上多元化的现代娱乐无处不在，曾经传唱百年的咸水歌失去了赖以生存的河流和土壤，外来文化的大量涌入更是使年青一代文化意识、价值取向产生了巨大改变，咸水歌这一民间艺术处于绝唱的濒危边缘。[11]

好在，有识之士对咸水歌这一珍贵的非物质文化遗产爱护有加，除了一大群热心的老歌手尽心传承之外，中山市各级机构也积极开展传承工作，特别是在地处沙田地区的坦洲镇、东升镇、民众镇、横栏镇等沙田地区的学校建立传承基地，通过民歌手和学校共同努力，将咸水歌在下一代中开展传承，使疍民的下一代对中山咸水歌的基本常识有所了解，进而深入感受其文化价值和艺术魅力。在胜龙小学等沙田地区的学生，如今已形成了以学唱咸水歌为荣的风气。一些长期被咸水歌浸润的学生，更是将当音乐教师作为自己的人生理想，这是很令人欣慰的事。

正是中山咸水歌在下一代中得以传承和发展，使中山咸水歌这一岭南传统音乐重要元素的相传和发展有了重要保障。而创造条件让咸水歌得以良好地续存，是进行疍民文化研究的有力支撑。

11. 中山大学中国非物质文化遗产研究中心编：《中山市非物质文化遗产保护和发展纲要》，2010年12月。

2018 · 东莞

广东民俗与民间工艺

非遗瑶绣的挖掘、传承与发展

——以连南瑶族自治县为例

李筱文[*]

【摘要】瑶族服饰刺绣文化历史悠久，内容丰富，技艺精湛。本文以连南瑶族自治县瑶绣为例，追溯瑶族刺绣历史发展的脉络，分析刺绣的技艺特性，阐述瑶绣的社会价值和传承发展，寻找瑶绣文化传承的规律性。在新的发展时期，以求更好地保护和利用民族传统的瑶绣技艺和服饰文化。

【关键词】瑶绣；传承；发展

瑶族是我国南方的古老民族之一，瑶族历史悠久，文化内涵丰富。隋唐时期，瑶族就生息繁衍在湘、粤、桂三省交界区，广东粤北是瑶族较早的聚居地。明中叶以后，南方瑶族跨越广西、云南边境，不断向东南亚移动，走向越南、泰国、老挝等国的山地。1975 年印支战争以后，美国、法国、加拿大等国大量吸收印支战争难民，不少瑶族人在此期间移居到了法、美、加等国。[1] 据有关资料反映，全世界瑶族人口达 378.09 万人，主要分布在中国、越南、老挝、泰国、缅甸、美国、法国、加拿大，其中越南 80 万人、老挝 2.5 万人、泰国 5 万人、缅甸 1000 余人、美国 5 万人、法国 1500 余人、加拿大 250 余人。中国国内的瑶族分布地域辽阔，集中聚居在我国南方的广西、湖南、广东、云南、贵州、江西 6 个省区的 134 个县市内。人口已接近 280 万人。按照全国第六次人口普查数据，中国瑶族的主要分布为广西 171 万人、湖南 70.5 万人、

* 李筱文，广东省民族宗教研究院原副院长、研究员，广东省民俗文化研究会副会长。

1. 黄钰、黄方平：《国际瑶族概述》，广西人民出版社，1993 年，第 1 页。

广东 20.3 万人、云南 19 万人、贵州 4.4 万人、江西 1198 人。[2]

据第六次全国人口普查数据，广东瑶族有 20.3 万人，主要分布在粤北清远市的连南瑶族自治县、连山壮族瑶族自治县以及连州市的瑶安、三水瑶族乡，阳山县的秤架瑶族乡和韶关市的乳源瑶族自治县、始兴县深渡水瑶族乡以及仁化、曲江、翁源，英德、乐昌等地。还有部分人口分布在怀集县下帅壮族瑶族乡和龙门县蓝田瑶族乡。

连南瑶族自治县位于粤北山区西北部，是广东省最早成立的少数民族自治县，居住有排瑶和过山瑶，至今已有一千五百多年的历史。据 2009 年人口统计，全县 7 个镇共有 16.3 万人口，其中排瑶约有 8.5 万人口，占全县总人口的 52.6%；其余是汉族和其他少数民族。全县 7 个镇 71 个行政村其中有 42 个瑶族行政村共 15000 多户瑶族人家，几乎户户有绣娘，家家有绣品。

连南瑶族有语言没有文字，语言分别有排瑶语和过山瑶语。千百年来，瑶族保留了精湛的瑶族服饰刺绣工艺文化，创造了绚丽多彩的刺绣服饰。清代学者李来章在《连阳八排风土记》中写到："男衣皆大领，左衽，裤用青布，裤脚以五色绒横绣之。""女衣幅袖以五色绒密绣之，后衣则长过膝，无前襟。"可见连南瑶族在清代就有着美轮美奂的刺绣服饰文化，直至今日仍然世代相传。因此得到非遗项目中心的认定，2009 年连南瑶族服饰刺绣被定为广东省级非物质文化遗产，2010 年连南被授予"广东瑶绣之乡"的称号。

一、连南瑶绣的历史脉络

据民间传说，较早定居连南的排瑶（自称为"邀敏"）于隋唐前就从湖南迁入，排瑶分布居住的地方在明代已经形成了"八个大排"，曾有"八排二十四冲"之称（排指聚居千人的大山寨；冲指居住数百人以下的山村）。连南瑶族超过八万，排瑶因习惯聚族而居，依山建房，其房屋排排相叠，形成山寨被汉人叫做"瑶排"，所以被称为"排瑶"。如今连南已成为世界最大的排瑶聚居地。过山瑶（自称为"勉"）晚于

2. 数据来源于第六次全国人口普查资料。

排瑶进入连南，也有五六百年的历史，四五千人口。瑶绣作为其非物质文化遗产之一，历史源远流长，就如古老瑶歌一直传唱的那样：“盘古造人先造女人，又造男人让女的招郎结亲。女人坐着高机织细布……女人在家织布勤绣花，盘古又造松明来点灯。”从这首瑶歌可知，瑶人从创世时代起就有了自己的刺绣。

秦汉时期，瑶族先民便已知道用木皮制作服饰，最早在汉代，史料中就有对瑶族刺绣服饰的记载，《后汉书》卷八十六记载瑶族先民盘瓠事说：盘瓠死后，其子女便“自相夫妻。织绩木皮，染以草实，好五色衣服，制裁皆有尾形……衣裳斑斓”。隋代的瑶族先民，被称为莫瑶，《隋书·地理志下》载：“长沙郡（治今湖南长沙）又杂有夷蜒，名曰莫徭，自云其先祖有功，常免徭役，故以为名。”《隋书》卷三十一载，其先民莫徭，“男子但著白布裈衫，更无巾袴；其女子青布衫，班布裙，通无鞋屩”。史籍反映隋唐时期，莫瑶已经种植苎麻。唐代诗人刘禹锡曾在《插田歌》诗中写到：莫瑶“农妇白纻裙，农父绿蓑衣”，纻是一种苎麻织物，白纻裙是苎麻所织的白粗布裙，据此可知当时的莫瑶已经懂得种植苎麻并用以绩麻织布。其另一首诗《蛮子歌》提到了“蛮衣斑斓布”。斑斓一词已经说明那个时期莫瑶服饰的色彩丰富，颜色鲜亮。至宋代，瑶族社会发展到一个重要时期。瑶族社会从原始社会末期直接进入到封建社会，而其服饰则在力求实用的基础上，开始增添更多的美感，服饰以蜡染、挑花、刺绣为饰，男子喜以鸡羽为插髻，女子喜以银、锡、海螺等为饰。明末清初，瑶族的挑花刺绣艺术已达到了鼎盛，社会经济进一步发展，新型的技术和工艺涌现，瑶族吸收了周边汉族的先进技术经验，丰富和发展了瑶族民间手工业和民间工艺，使瑶族服饰更为华丽多彩。《广东新语》卷七《人语·瑶人》记叙道：“八排瑶……其领袖皆刺五色花绒，垂铃钱数串。衣用布，或青或红，堆花叠草，名‘瑶锦’”。清代，广东瑶族多居住在粤北山区，其“男子编白雉插首，银环穿银箍匝额，银环饰项，腕带银钏，多至二三双。女子簪发以竹，履以，如鸟张翼状，衣腹背俱系唐宋铜钱为饰，裙用五色绒彩为文绣，短膝，系钱于边幅，行则有色。”道出瑶族刺绣在各种因素的影响下不断发展和完善的技艺。进入民国时期，民国政府颁布了《服制条例》，这主要是针对男女的礼服和公务员的制服而言，对于平时的便装和少数民族的传统服饰未作具体规定。所以，在农村，广大瑶族农民群众仍穿民族传统服装，独具特色的民族刺绣也得以保留。瑶族一套着装包括了衣服、裤、裙、带、绑腿、鞋和头饰、首饰、配饰，其中服装与头饰最能体现保暖、御寒、遮羞功能；包头帕巾，不仅可以保暖御寒，还可保护头发不受荆棘芒草的割扯；衣裳宽松无扣，方便身体散热；裤短而宽脚，利于在崎岖山路上行走；打上绑腿，可防备毒蛇虫咬和滚石挫伤，冬天又可弥补御寒的不足；这些最朴实的衣饰功能，始终在瑶族服装中体现。瑶族服饰所展示的深厚历史文化底蕴，瑶绣自然功不可没。

二、连南瑶绣的民族特色

在漫长的岁月里，瑶族传统的挑刺工艺，使用黑色、深蓝或青蓝布料为衣料，在衣裳的衫领、胸襟、袖口、底边、围裙和裤边等处镶绣花边、花带和花纹。这些花边等都是瑶族妇女精心挑绣的工艺品，它起到了点缀服饰的作用，古朴别致，具有独特的民族特性。

（一）排瑶挑花刺绣

排瑶民间的刺绣工艺具有鲜明的地域特性，所居住的排不同而具有不同的特色，当然也有很多共同点。排瑶的挑花刺绣图案多样，一般以几何图形为主，如三角形、圆形、正方形、长方形等；排瑶的刺绣图案主要可以分为单花图案、双花图案和组合图案三类。其刺绣针法有很多种，包括错针绣、乱针绣、网绣、叠针绣等。色彩选用的多是纯色（红、黄、蓝、青、白），以一色调为主，采用对比色。色彩中的配色、拼色、接色、传承、分割和结合，都是瑶族同胞在劳动中自然形成，故所表现的客观存在和形体内在要求的衔接是如此自然、协调。下面具体介绍十字挑、斜挑、平挑、缩边、结绳和滚边几种针法。

瑶族挑花刺绣的针法大体分为六种：

一是十字挑。这种绣法实为十字绣，用在瑶族刺绣的大花纹图案中。十字挑分两种：①在密集的十字针脚中适当空针，即可显出实地空花的图案，有的还在空花中补上黄、白、绿色大花纹，形成多种大花纹的组合图案；②“担旺麦”：此种绣法常出现于三排、油岭、南岗的绣花袋中，在正面挑花。

二是斜挑：这种绣法一般用在原野纹上，有长斜挑与短斜挑之分。

三是平挑：这种绣法按布料纱线的经线或纬线，用近似网绣的方法施针，反面挑花正面看，可以取得精致细密的效果，甚至可以取得正反两面都完美的效果。排瑶刺绣图案多用这种绣法，如至高无上的盘王印、美丽的姑娘纹、龙角花纹、鸡冠纹、小鸟纹、扇子纹、蛇纹、龙尾纹、森林纹、牛角纹、桥梁纹、雪花纹、双小鸟纹、树木纹、小草纹、马头纹、双马头纹、日字纹、半圆花纹、松树纹等都属于平挑。

四是缩边：这种绣法一般用在衣领、绣花袋、小孩绣花帽的边缘上。

五是结绳：这种绣法一般和缩边一起用，起装饰作用。用在绣花袋、小孩绣花帽的边缘上。

六是滚边：①在绣花裙的末端滚上红、白、黑边，起装饰、加固作用；②在绣花裤的末端滚上蓝、白、红、黑边，起装饰、加固作用；③在绣花三角巾的末端滚上蓝、白、黑边，起装饰、加固作用。

（二）连南刺绣的品类

以服饰的类别分，瑶族的服饰可分为便装、盛装和特殊服饰等。便装是平时生产劳作或是在家穿着的服饰，样式较为简单，较少装饰；盛装是各种传统文化节日喜庆或宴会时的着装，承载着洋溢的喜悦之情。特殊服饰主要指在一些宗教活动、节日中身份特殊的人的服饰，如儿童服，新娘服，师爷、先生公等穿着的节庆祭祀服饰、丧服等。每一套服饰都装点着各种刺绣的纹样图案。

排瑶刺绣的品种繁多。排瑶的刺绣基本上是作为日常生活用品的装饰而出现，刺绣的品种有女绣花三角巾、女绣花头帕、男绣花头巾、男披肩、绣花衣领、绣花襟边、绣花衣、绣花腰带、绣花袋、绣花裙、绣花脚绑、儿童绣花帽、儿童绣花马裤等十多个品种。

（三）连南瑶绣的文化内涵

瑶族刺绣图纹中的象征意义，是瑶族人民在长期的生活中，对自然生活环境的一种转化表示；图纹的样式、造型是瑶族妇女对客观事物的感触和感知并转化综合为智慧的意境，与瑶族人的审美、信仰等意识密切相关。如象征皇权的盘王印；象征将军的马头纹；象征动物的牛角、龙眼、龙尾、鱼纹鸡冠、小鸡等图案；象征大自然的山河、日、雪花、树、草、原野等；象征粮食的“麦担图”。

而用五色绒配绣图案，使刺绣服饰手工精美、色彩鲜艳、五彩缤纷、光鲜照人。由此可见，连南瑶族服饰刺绣具有很高的艺术价值、欣赏价值和历史价值，是中华民族传统文化中的一朵奇葩，也是中华民族文化宝库的重要组成部分和历史文化的活化石之一。排瑶刺绣，色彩鲜明、图案多样，但创作意念十分纯粹，民族文化底蕴十分深厚，创作源泉多来源于自然与瑶族的信仰和传说。在绣品配色上，瑶民所用的“五色”通常是黑、红、蓝、黄、白等。黑色在瑶民心中代表着庄重、高贵、财富，用于底色，显示着庄重、尊贵、沉稳和智慧，富有吉祥之意，并且易于搭配其他色彩；红色是太阳的象征，是火的象征，具有忠诚勇敢、高贵之意，其代表着生命与正义，是一切邪恶不可与之抗衡的正义之色；蓝色象征广阔、宽广；黄色象征五谷丰收；白色象征纯洁、纯净。色调是一种象征符号，图案亦是，排瑶刺绣的图案，都是来源于瑶民的生活，因瑶人生活环境亲近自然，所以许多图案是以自然界中的事物为原型彰显在绣品上。除了自然，瑶人的崇拜也从绣品图案表现出来，例如五色与盘瓠传说的关系，还有盘王印、三公主、蜘蛛救瑶人等多个古老的瑶族传说，都记载于刺绣图案里，是穿在身上的历史。每一件刺绣作品，都有其自己的来源，都或多或少象征着某种寓意。

三、连南瑶绣的传承发展

瑶绣作为非物质文化遗产，无疑也兼具有非物质文化遗产的“传承性、活态性、口头性”的特质，而后两者，活态性和口头性都是由传承这一属性衍生出来的。非物质文化遗产的三大特征，要求在非物质文化遗产保护中要把握“传承”这一核心主题。非物质文化遗产具有“传承性”，即非物质文化遗产必须依靠“传承人”这样一个实施主体一代接一代继承和发展。这个主要实施主体可以是个人，也可以是群体。瑶绣的传承即是瑶绣作为非物质文化遗产保护工作中的核心任务，保护好了，才能够传承繁衍。随着市场经济的不断发展，随着社会文明的进步，年轻一代的瑶族女性逐渐对传统的瑶族刺绣失去兴趣，过去“不会绣花的姑娘找不到好婆家”的习俗也逐渐淡化，传统的瑶绣手工艺濒临失传危险。在经济、社会、文化都飞速发生变化的背景下，瑶绣除了在刺绣品种和制作方式上逐渐发生变化，传承的方式在时代的要求下也发生了改变，由原来的母传女，婆传媳的家庭传承、社会传承发展到现在的师徒传承、学校教育传承。

为了使传统文化得以顺利传承保护，连南瑶族自治县人民政府对瑶族刺绣的保护、传承与利用十分重视，在上世纪 90 年代初就开展了一系列的民间保护传承活动。

第一，对节日这一传承渠道的利用。政府加大力度扶持和鼓励民间在每年农历十月十六前后举办盛大的民俗文化活动——“瑶族耍歌堂”，穿瑶服，唱瑶歌，跳瑶舞，使各瑶族村寨的男女老少自觉主动地穿戴上瑶绣的盛装参加活动。

第二，对教育的传承功能更加重视。2009 年，连南县政府颁布《关于振兴民族传统文化艺术的实施方案》，确定瑶绣等传统文化艺术进入校园的措施，组织编辑出版《瑶族刺绣——连南瑶族服饰刺绣工艺》一书。目前，全县有县民族小学、南岗中心学校、涡水中心学校等八间中小学校把瑶族刺绣列入第二课堂的教学内容，除了女孩，男孩也会跟随老师学习瑶绣，使瑶绣技艺在全县广泛流传。

第三，对传承人的重视和保护。政府相关部门已经对连南瑶绣现有传承人的现状做了充分的调研，做好详细数据参考资料入库。并在相关政策上，对传承人的代表有了政策的扶持，如给予适当的补贴，以调动传承人的积极性，更好地起到瑶绣传承的标榜作用。

第四，政府加大宣传，尽力扩大公共活动的号召力。2009 年组织了主题为“岭南瑶绣 · 中国连南远古刺绣”的活动，此次活动共绣出 70 多幅刺绣，并在中国（连南）第二届文化艺术节开幕式上进行了展示。2010 年，为了配合在建的广东瑶族博物馆瑶族非物质文化遗产的展示，组织绣娘做出了排瑶、过山瑶服饰刺绣共 59 套，远古瑶绣图案 70 幅，八排瑶童帽 15 顶，并争取广东省民族宗教研究院和广东省非物质文化遗产保护中心在连南召开广东首届瑶绣、粤绣与非物质文化遗产研讨会。在研讨会中举行了首届连南瑶绣走秀活动、手工艺品展示、申报广东瑶绣之乡等活动，得到了与会专家的高度肯定。县委、县政府为了发挥丰富的绣娘人力资源优势，决定把瑶绣文化产业作为连南扶贫开发孵化研发基地的重要项目之一。并且聘请广东省文化厅、广东省民族宗教研究院、中山大学、广东省文联民间艺术协会等部门的专家、学者作为连南瑶绣文化产业研发中心的顾问及专家。目前新开发了领带、香包、围巾、《万山朝王》、龙凤图等一批手工绣品。2010 年 10 月 23 日，在连南县文化广电新闻出版局举行了揭牌仪式，广东瑶绣坊就此成立。该绣坊是瑶绣文化产业的培训基地，初步把瑶绣、潮绣、十字绣、广绣等广东四大绣艺融合一体。目前已培训首批瑶绣技师 32 人，这些技师在家带徒近 200 人，如绣娘技师房三妹带徒 30 人，唐石头妹 15 人，房冬英还在县城开瑶绣、十字绣店。2015 年 3 月连南瑶绣开发中心已列编在广东瑶族博物馆并承接省非遗项目展示现场会。2017 年举办了首届绣娘技艺大赛，评出了优秀的一、二、三等奖。

瑶族服饰是瑶族社会发展中物质文明与精神文明相结合的产物，也是民族特征最直观的外在体现。瑶族对民族服饰有着一种特殊的感情，将其看作民族的依赖和标示，甚至看作是民族的象征和尊严，他们将各种代表性的图案、花纹绣于服饰上，以不同的图案表达不同的内容和情感，通过代代承继的服饰，使得这种表现于服饰上的文化内化为个体对群体的认同感与标志性或一致性，塑造了瑶族的集体意识和民族文化自信。为保障瑶绣的传承发展，由连南县人力资源和社会保障局、县文广新局、广东瑶族博物馆、县妇联、县扶贫办等单位联合制定《连南县瑶族刺绣职业专项能力开发工作方案》，计划在“十二五”规划中完成 5000 人的瑶族刺绣职业专项能力培训，在瑶绣文化产业研发中心专家委员会的指导下，以绣坊加公司加基地，在广东瑶族博物馆带动下建立起岭南瑶绣文化旅游产业链，创出连南瑶绣品牌，推介连南瑶族文化艺术。以瑶绣技艺扶贫，培训千名瑶绣技艺师，带动万名绣娘就业，这样既传承保护了瑶绣等非物质文化遗产，又能帮助广大瑶汉族妇女脱贫奔康，闯出一条特色瑶艺扶贫开发新路子。作为一种强感染力的传统文化，服饰描绘着象征符号，凸显象征意义，并使意义符号化。对于一个没有文字的民族来说，“没有哪种知觉不包含在神秘的复合中，没有哪种现象只是现象，没有哪个符号只是符号。民族服饰作为一种象征与符号，其生产方式、风俗习惯、宗教信仰、人生礼仪、地理环境、艺术传统等无不折射到他们的衣冠服饰上”[3]。每一个民族的服饰文化都是一种创造，一种身世的符号。其文化的传承也有一定的规律性，民族服饰文化靠着人类社会生息繁衍，留住了传承，就留住了历史；留住了信息，就留了记忆，保存了文化的命脉。连南将立足于文化生态的良性发展，走好可持续性发展道路，以科学发展观为指导，使远古的瑶绣绽放出更鲜艳的光彩，完善中国美丽的瑶绣之乡！

3. 杨鹍国：《符号与象征：中国少数民族服饰文化》，北京出版社，2000 年，第 203 页。

明清广东地区竹纸生产的发展和探源

——以龙门三寨谷造纸遗址为例

陈政禹*

【摘要】竹纸生产技艺是我国古代造纸技术史的重要组成部分。明清以来，广东地区的竹纸生产飞速发展，形成了独特的竹纸制作工艺。其中龙门的三寨谷地区就是一个典型代表，三寨谷遗址完整地保留和记录了明代至民国时期竹纸生产的各项技术信息，为了解明清广东地区的竹纸生产工艺提供了重要的实物资料。本文以三寨谷古法造纸为例，通过深入的田野调查，探究明清以来广东地区竹纸生产的技术体系以及历史发展脉络，并从非物质文化遗产保护的视野下提出三寨谷造纸的可行性传承方式，以期解决古法造纸的传承问题。

【关键词】广东；竹纸；三寨谷

竹纸有着书写滑顺、不易褪墨和被虫蛀的优点，但由于竹原料结构紧密，纤维坚硬，加工难度大，使得竹纸在一定历史时期未能大量推广。明清时期，造纸技术在前代的基础上持续发展，其突出表现就是竹纸加工技术的提升，人们能够将竹子质地坚密的纤维分离出来作为纸料，这就使得大规模利用竹子造纸成为可能。在这种情况下，广东出现了大量竹纸作坊，形成了具有自身地域特色的竹纸制作工艺。然而学术界对广东的竹纸生产地位一直未给予足够的重视，其研究重点多放在福建、江西和四

* 陈政禹，惠州市文化馆副馆长、博士。

川一带[1]，所涉及的竹纸类型也多为毛边纸、玉扣纸和连史纸等，论及广东地区竹纸生产的研究比较少。[2] 近代以来，伴随着西方机制纸的涌入，传统古法造纸急剧衰落，许多竹纸造纸作坊消失，其承载的造纸工艺也随之失传，多种竹纸仅名称见于文献记载，其原料和加工过程却众说纷纭，甚至出现以现代制作工艺来附会古法造纸的现象，这对研究造纸史和恢复传统造纸工艺造成了不良影响。因此本研究试图以龙门三寨谷造纸为个案，再现明清广东地区的古法造纸工艺，同时以"实现传统手工艺的可持续发展"为研究目标，探讨三寨谷古法造纸的保护和传承问题。

一、明清广东地区竹纸的生产

根据文献记载，最早的竹纸产生于东晋。宋代赵希鹄《洞天清录集》有记："二王（王羲之、王献之）真迹，多是会稽竖纹竹纸。"[3] 广东地区的竹纸生产始于中唐。唐代李肇 (806—820) 的《国史补》在介绍各地著名纸张时，提到有"韶之竹笺"[4](韶指韶州，今广东韶关一带)，这说明中唐时期广东地区就存在竹纸生产。

虽然竹纸产生的时代较早，但笔者认为在明清前，竹纸的使用尚未普及。北宋

1. 1907 年，日本学者井上陈政在考察了中国的连史纸、毛边纸和官堆纸后，写成《清国制纸法》一书，后国内翻译为《皖赣造纸调查日记》，书中指出 "粤地无纸厂，徒知有纸，不知纸由何物所成"。（井上陈政著，荣蠖译：《皖赣造纸调查日记》，《中国纸业》1941 年第 1 卷第 5 期。）王菊花的《中国古代造纸工程技术史》认为古代手工纸共有 10 大产区：安徽产区、四川产区、浙江产区、河北产区、西北产区、广西产区、云南产区、贵州产区、新疆产区和台湾产区（王菊花：《中国古代造纸工程技术史》，山西教育出版社，2005 年）。徐建青在《清代的造纸业》中认为清前期造纸业主要仍集中在南方的福建、江西、安徽、浙江、四川、湖南、广西等省（徐建青：《清代的造纸业》，《中国史研究》1997 年第 3 期）。这些观点皆忽视了广东在造纸史上的地位。

2. 1929 美国学者莫古黎 (F. A. Maclure) 的《广东的土纸业》记载了韶关东北一带重桶纸的制作工艺 (莫古黎：《广东的土纸业》，《岭南学报》1929 年第 1 期）；钟周的《广东民间手工纸的工艺特点与艺术应用研究》对广东民间手工造纸的工艺流程有所涉及（钟周、彭小鹏：《广东民间手工纸的工艺特点与艺术应用研究》，《艺术科技》2014 年第 1 期）；陈刚的《中国手工竹纸制作技艺》一书中有涉及广东仁化重桶纸的制作技艺（陈刚：《中国手工竹纸制作技艺》，科学出版社，2014 年）。以上研究的关注点多集中在韶关地区，对整个广东的竹纸制作缺少纵向的梳理与整体的研究。

3. [宋] 赵希鹄：《洞天清录》之《古翰墨真迹辨》，清海山仙馆丛书本，第 53 页。

4. [唐] 李肇：《唐国史补》卷下，明津逮秘书本，第 157 页。

初期苏易简《文房四谱·纸谱》称：“今江浙间有以嫩竹为纸，如作密书，无人敢拆发之，盖随手便裂，不复粘也。”[5]这种情况说明直到宋代竹纸的制造技术还不成熟，纸张的质量较差。同时根据一些学者对现存各个朝代古纸的成分分析，直到明清时期，竹纸的样本比例才超过 40%，成为使用最多的造纸原料。[6]可见，竹纸的大规模使用是在明代以后。

（一）明清广东纸坊的分布和竹纸贸易

北宋时，广东的造纸业已经崭露头角，当时的大书画家米芾认为，广东南雄出产的韶纸“大行于岭南”[7]。据韶关四会地区当地族谱和《四会县志》记载，早在公元 1270 年左右，有张、陈、程、申等中原姓氏族人迁徙至韶关四会一带定居，同时传入的还有竹纸的制造工艺。移民们建起灰池、水车、水碓、作坊、晒场，开始进行砍竹造纸。[8]明代时，广东竹纸更是进一步发展，大量竹纸用于印书。明代黄佐的《广东通志》有记：“从化流溪出竹纸，用以印书，流布甚广。”[9]据笔者对广东地方志的查阅，明清广东竹纸的产地共有 26 处（表 1），最早的竹纸生产不晚于明代嘉靖年间 (1522—1566)。

表 1 明清广东竹纸产地分布表

竹纸产地	年代	内 容	出 处
乐昌县（韶关）	明	山，在县东南八十里，山产竹可造纸	嘉靖《广东通志初稿》卷一
翁源县（韶关）	明	纸山去县东南八十里，山产竹，可造纸，故名	嘉靖《翁源县志》山川
从化县（广州市从化区）	明	有纸竹，流溪堡居民以之为纸者，嘉靖初年，竹尽生花，土人顿失其业	康熙《从化县新志》物产志
肇庆府（肇庆）	明	纸山，在城东南伍拾里	康熙《广东舆图》

5.［宋］苏易简：《文房四谱》卷四《纸谱三》，清十万卷楼丛书本，第 174 页。
6. 李涛：《古代造纸原料的历时性变化及其潜在意义》，《中国造纸》2018 年第 1 期。
7.［明］毛子晋：《海岳志林》，中华书局，1985 年，第 30 页。
8. 广东省人民政府文史研究馆编：《广东省民间艺术志》，中山大学出版社，2016 年，第 155 页。
9. 嘉靖《广东通志》卷二十四《民物志五》，香港大东图书出版公司，第 607 页。

竹纸产地	年代	内容	出处
开平县（江门）	明	纸山，在城东北五十里	康熙《广东通志》之三
龙门县（惠州）	明	纸竹	康熙《龙门县志》卷五
大埔县（梅州）	明	嘉靖壬午以来，双坑何氏潜入山林伐木抄纸	嘉庆《大埔县志》卷十八
增城县（广州）	清	增邑之奥数山中……原有纸厂	道光《广东通志》卷一百二十
花县（广州）	清	纸竹	民国《花县志 13 卷》实业志
顺德县（佛山）	清	竹纸，出泮浦碧江	乾隆《顺德县志》卷四
封川县（肇庆）	清	封川之利，纸炭二厂为大	道光《封川县志》修志姓氏
始兴县（韶关）	清	竹类有茅竹，俗名苗竹，境内南北二山多产之，取其笋为制纸原料	民国《始兴县志》卷四
曲江县（韶关）	清	黄坑苦竹，可制纸张	民国《广东通志》曲江县
仁化县（韶关）	清	苗竹，春间出土者为苗笋，以造纸	民国《仁化县志》卷四
和平县（河源）	清	立夏节斫，伐之嫩竹曰竹麻，为造纸原料	民国《和平县志》卷十
长乐县（今梅州五华县）	清	有单竹，可以作纸	道光《长乐县志》卷四
兴宁市（梅州）	清	纸山在兴宁	光绪《广东舆地图说》
丰顺县（梅州）	清	用水力设造纸厂，并广植竹材	民国《新修丰顺县志》卷二
清远	清	清远为山邑，制纸原料甚丰	民国《清远县志》卷十四
佛冈县（清远）	清	纸山尾	同治《广东图说》佛冈厅
东安县（云浮县）	清	纸，出西山	道光《东安县志》卷三
西宁县（今云浮市郁南县）	清	设纸篷于山间，春初采扶竹	民国《西宁县志》卷十四
阳江	清	田少山多，居民多种竹制纸为业	民国《阳江志》卷五
茂名县（茂名）	清	石竹，质重而坚，诸竹笋沤烂，俱可作纸	光绪《茂名县志》卷一
电白县（茂名市）	清	山麓中多自生杂竹，居民取以制纸	民国《广东通志》电白县
廉江市（湛江）	清	纸料塘	光绪《石城县志》卷末

综上所述，广东历史上用以造纸的竹子有茅竹、苦竹、单竹、扶竹、石竹和猫

儿竹等，其竹纸生产形成了三个产区，分别是粤中北广州惠州韶关一带、粤东梅州一带和粤西南阳江茂名一带。

粤中北产纸区以广州的从化、龙门的蓝瀵山和韶关的始兴县为代表。从化产纸始于明代，据《广东新语》卷十五记载："从化有流溪纸，纸出流溪一堡，有上流纸渡，下流纸渡。二渡专以运纸故名。其竹名曰纸竹，与他竹异，男女终岁营营，取给篁箐，绝无外务。"[10]可见，明代从化一带居民以造纸为本业，并有专门的运纸码头，这足以说明从化造纸规模之大。从化所产的竹纸多作印刷之用，"今则每岁粤东印历日用此。例解布政司三十万以为常。"[11]韶关始兴县所产竹纸，分桶纸、京文纸两种，这些竹纸"每年运往佛山省城约一万四五千担。"[12]龙门三寨谷所在的蓝瀵山地区，其所产的竹纸也大量外运。据《光绪广州府志》记载："蓝瀵纸，出龙门蓝瀵山，造纸之竹曰纸竹……近岁出纸多于从化、流溪，运赴省城、佛山、石龙者不绝。"[13]综上所述，粤中北一带所产竹纸多运往广州、佛山一带销售。在粤东产纸区，所产竹纸多运往潮州销售。如在梅州的大埔县，制作的竹纸"以长富甲之大常坑、溪上各乡出产为最多，运潮州销售年约三万元。"[14]在粤西南产纸区，居民所制竹纸，"除本地用外，贩至梅菉、以输雷州及海口者年约在十万元左右。"[15]可知，粤西南所产竹纸跨海远销至海南。

（二）明清主流竹纸生产技艺

明代以前关于竹纸制作工艺的记载很少。北宋梅尧臣的《答宋学士次道寄澄心堂纸百幅》有记："寒溪浸楮春夜月，敲冰举帘匀割脂。焙干坚滑若铺玉，一幅百钱

10.［清］屈大均：《广东新语》，中华书局，1974 年，第 428 页。
11. 康熙《从化县新志·物产志》，清雍正八年续修本，第 325 页。
12. 民国《始兴县志》卷之四《舆地略》，民国十五年刊本，第 297 页。
13. 光绪《广州府志》卷十六《舆地略八》，清光绪五年刊本，第 1156 页。
14. 民国《大埔县志》卷第十《舆地略二》，民国三十二年铅印本，第 923 页。
15. 民国《广东通志未成稿》之《广东电白县兵要地理参考书》，民国二十四年稿本，第 545 页。

图 1　《天工开物 · 杀青 · 造竹纸》中的竹纸制造流程图

曾不疑。”[16] 寥寥数语道出了造纸工艺中的沤料、舂捣、抄纸、烘焙等环节。明代的《天工开物》对整套竹纸制造工艺进行了详尽的描述，据其卷下《杀青》中的记载，竹纸制作流程大致为：“斩竹漂塘—煮楻足火—荡料入帘—覆帘压纸—透火焙干。”具体操作为先斩下嫩竹放入池中浸泡百日以上；将泡好的竹子放入桶内与石灰一道蒸煮八日八夜，再放入水碓中受舂；将打烂的竹料倒入水槽内，并以竹帘在水中荡料，使纸浆成为薄层附于竹帘上面；将竹帘翻过去，使湿纸落于板上，即成一张纸。如此重复，使一张张湿纸叠积上千，然后上加木板进行重压，挤去水分；最后将湿纸逐张揭开，贴在土砖砌成的夹巷墙上，巷中生火，从而将湿纸焙干。[17] 其竹纸制作程序可简要概括为斩竹—泡竹—蒸竹—舂竹—捞纸—榨纸—焙纸。《天工开物》记载的虽然是福建的竹纸生产工艺，但也为研究明清广东地区的竹纸制作提供了重要参考（图 1）。[18]

清代的竹纸制作流程更加复杂，清人《造纸说》有云：“片纸非容易，措手七十二。”[19]1775 年法国耶稣会士蒋友仁（Michel Benoist）根据其在中国的记录资料编辑了《中华造纸艺术画谱》一书。书中有记“本店自制大小白路南纸发行”，从而推断其反映的竹纸制作工艺应源于南方。《画谱》通过 27 幅水粉画描绘了当时竹纸的制造工艺，其流程为：砍竹—泡竹—洗竹—削竹皮—碎竹—磨竹—蒸竹—沤

16.［宋］胡仔：《苕溪渔隐丛话前后集》卷三十，清乾隆刻本，第 401 页。
17.［明］宋应星著，潘吉星译注：《天工开物译注》，上海古籍出版社，2013 年，第 169 页。
18.［明］宋应星著，潘吉星译注：《天工开物译注》，上海古籍出版社，2013 年，第 169—171 页。
19.［清］杨钟羲撰集：《雪桥诗话续集》，北京古籍出版社，1991 年，第 315 页。

图 2 《中华造纸艺术画谱》中的竹纸制造流程图

竹—搅拌竹浆—抄纸—晾干。[20] 在竹子浸泡过石灰后的处理环节中，《画谱》中记载的工艺是“先舂后蒸”，这与《天工开物》中采用的“先蒸后舂”的工艺略有不同，可见明清两代竹纸制作工艺大致相似，只是细节上有所不同（图 2 ）。[21]

清末学者杨钟羲在《雪桥诗话续集》中根据钱塘人黄兴三的见闻写出了《造纸说》一文，记载了清代浙江地区的竹纸制作工艺。杨氏与宋应星所述大致相同，但也有几点可以补充宋应星记述的不足：

造纸之法，取稚竹未木卉者，摇折其梢，逾月斫之。渍以石灰，皮骨尽脱，而筋独存。蓬蓬若麻，此纸材也。乃断之为二，束之为包，而又渍之。渍已，纳之釜中，蒸令极熟，然后浣之。浣毕，暴之。凡暴，必平地数顷如砥，砌以卵石，洒以绿矾，恐其莱也，故暴纸之地不可田。暴已，复渍，渍已复蒸，如是者三，则黄者转而白矣。其渍必以桐子若黄荆木灰，非是则不白。故二者之价高于菽粟。伺其极白，乃赴水碓舂之，计日可三担，则丝者转而粉矣。犹惧其杂也，盛以细布囊，坠之大溪，悬板于囊中，而时上下之，则灰汁尽去矣。粲然如雪，此纸材之成也。[22]

20. Michel Benoist, *Art de faire le papier à la Chine*, 1775.pp.3-26.

21. Michel Benoist, *Art de faire le papier à la Chine*, 1775.pp.3-26.

22. [清] 杨钟羲撰辑：《雪桥诗话续集》，北京古籍出版社，1991 年，第 315—316 页。

《造纸说》所记录的竹纸制作工艺过程大致为：“砍下嫩竹—石灰水浸渍—敲打成竹丝—截断后再浸石灰水—蒸料—清水冲洗—日光曝晒漂白—用桐子灰水或黄荆木灰水浸渍—水碓舂打—用细布袋装好放入江水中冲洗”。最后是加入纸药匀浆抄纸。其中有提到“凡曝，必平地数顷如砥”，可见在当时的竹纸制作中有采用“日光漂白”的技术，这是前述文献中皆未曾提到的。日光漂白增加了竹纸的白度，提高了纸张的档次。

通过以上三种文献的记载可以发现，明清时期主流的竹纸制作技艺都采用的是“熟料法”，即先将竹料浸腌后，再经石灰蒸煮。

（三）明清广东传统竹纸生产技艺

明清方志中有大量关于广东地区竹纸生产工艺的记载。康熙《从化县新志》记载了明代广州从化流溪一带的竹纸生产工艺，可视为明代粤中北地区造纸工艺的代表。“流溪堡居民以之为纸者，与他竹不同，其法先斩至地窖中，灰水清之，久之取出，捣治为纸，渍久则纸洁而细，速则粗而渗。”[23] 其制作方法可概括为砍竹、沤竹和搅拌竹浆等几个环节。从中可知，竹子在石灰水中浸泡的时间越长，纸质越好。康熙《从化县新志》虽然没有详细记载造纸的选竹以及浸泡竹子的时间和步骤，但粤中北其他地区的造纸记载可以使我们更完整地了解整个造纸流程。在粤北的始兴县，“每年立夏节，笋长踰丈，断之三尺许，去皮划开数片，置坎中以石灰拌之，约四十日洗去石灰，灌以清水，再四十日笋自霉烂，擦之溶化，以器盛之和以胶，用竹漉之置诸焙场，干即取之。”[24] 可见，造纸选用的竹子为毛竹的嫩竹，浸泡竹子的时间为四十天左右。在韶关东北一带，最好的竹纸要用未发枝的笋来做，先把笋的外皮削掉，一层层地放入化笋池，每五寸厚的笋，放半寸厚的石灰。泡一月后，用清水冲去石灰，盖上稻草，用石头压住，再放入清水，每十天放水一次，四十天后，竹料可用于抄纸。一般是每

23. 康熙《从化县新志》之《物产志》，清雍正八年续修本，第 325 页。
24. 民国《始兴县志》卷之四《舆地略》，民国十五年刊本，第 326 页。

八百斤竹料制一百斤纸。[25] 从中可知，在浸泡竹子的过程中，竹子要和石灰层层堆砌。

在粤东产纸区，《民国大埔县志》记录了梅州一带的传统竹纸生产技艺：

多在山间适宜地点设厂制造，其工作，大概于初夏，砍猫儿竹之初解箨者，劈之成寸许之细片，挖地为池，渍以石灰水，经过相当时日，复碎其片，以水碓舂之，使成糊状是为第一步。工作厂中，设纸槽，槽大约四、五尺，方边，将糊状之纸料，调以木叶所制之胶水，搅拌之，使成稀薄之液，然后用竹制极细之纸帘，四向套有木边者，入此水液中摇荡二三次，随即提起，滴去余水，即有薄层之竹纤维粘附帘面，有顷，覆而置之木板间，是为第二步工作。厂侧设焙窿，窿为一薄砖壁之小室，室内以草燃烧，使其壁微热，司焙纸者，将木板上所置之重叠层层新制之湿纸，轻手揭之，粘附热壁之上，再以刷刷之使平，约粘附十余张时，则先粘者已干透脱落。如是往复循环，落者拾之，积成若干张，折成一卷，若干卷扎成一球，以刀割其一端使平，印以招牌字号，遂挑运出售。业此者，以长富甲各乡为多，约有数十厂。尚有小张之草纸，在家庭间小制者亦有之。[26]

由上可知，清代粤东梅州地区的竹纸生产可概括为砍竹、切片、泡竹、碎竹、舂竹、打浆、下纸药、抄纸、榨纸、焙纸、包装等多道工序。与粤中北地区的造纸记载相比，其突出了抄纸和榨纸的环节，并指出抄纸之前要在纸浆中下纸药。纸药多为植物的汁液，这在《民国始兴县志》中也有记载："冬青，叶可取胶，为造纸原料。"[27]

《民国西宁县志》记录了粤西南地区的竹纸生产方式："春初采扶竹各种笋之未成竹者，渍以石灰，沤于山池，越月碾瀛成絮，灌于清流，又匝月下槽，随捞随焙，因而成纸，每槽司役五六人不等，纸价贵时岁可获百余金。"[28] 由上可知，与粤中北

25. 莫古黎：《广东的土纸业》，《岭南学报》1929 年第 1 期。
26. 民国《大埔县志》卷第十《民生志》，民国三十二年铅印本，第 914 页。
27. 民国《始兴县志》卷之四《舆地略》，民国十五年刊本，第 311 页。
28. 民国《西宁县志》卷十四《食货志三》，民国二十六年铅印本，第 491 页。

图 3-1 “熟料法”造纸作坊

图 3-2 “生料法”造纸作坊

和粤东相比，粤西南在竹纸制作中会将渍过石灰的竹子碾成竹麻，作为制作竹纸的半成品。进行生产时再将竹麻在清水中浸泡一月，然后进行抄纸。

上述文献记载了明清时期粤中北、粤东以及粤西南地区的竹纸生产工艺。在造纸作坊的生产设施和人员配置方面，《民国和平县志》有记载：“县属业造纸者……仅于乡村中筑成一二间房屋，名为纸栅，内设纸槽、纸榨、竹帘、焙笼，于近水处装水碓一座。”可见，纸坊的规模设置不是很大，其造纸采用水力。关于造纸所需的人数也有记载：“每一纸棚需搓纸一人，兜纸一人，伙夫一人，用焙笼者加焙纸一人”。[29]据此可知一个造纸坊所需的人手大约为四五人。

经过对粤中北、粤东及粤西南地区手工造纸作坊的考察可知，广东传统竹纸生产工艺虽因地区不同而有细节上的差异，但总结起来主要包括砍料、泡料、打浆、抄纸、焙纸、包装等几个环节。在生产原料上都是采用嫩竹进行生产，而且在打浆环节多采用水碓。

《天工开物》载：“凡造竹纸，事出南方，而闽省独专其盛”。[30]而根据对明清方志的整理，可以发现明清时期广东的竹纸生产不亚于福建，其在制作工艺上也与《天工开物》等文献中记载的主流竹纸制作工艺有所不同。《天工开物》《中华造纸艺术

29. 民国《和平县志》卷十《实业志》，民国三十二年铅印本，第 550 页。

30. [明] 宋应星著，潘吉星译：《天工开物译注》，上海古籍出版社，2013 年，第 169 页。

画谱》和《造纸说》中记载的竹纸制作方法为“熟料法”，而明清广东地区的竹纸制作方法为“生料法”，与之对比缺少了“蒸煮”的环节（图3）。[31]

值得注意的是，“生料法”由于对原料处理的过程缩短，除去竹纤维杂质的效率降低。[32]因此生料法一般只限于生产祭祀用纸。但明代从化所产的竹纸多作印刷纸张之用，“每岁粤东印历日用此”，“用以印书，流布甚广”。因此，在广东的竹纸工艺中，是如何通过“生料法”生产出质量良好的书写印刷用纸尚需进一步研究。除此之外，记录广东竹纸生产工艺的文献多来自民国时期，因此能否如实反映明清广东地区的竹纸制作工艺，还需要考古实物的进一步证明。

二、三寨谷古法造纸的独特价值

三寨谷造纸遗址位于广东省惠州市龙门县永汉镇鹤湖村三寨谷旅游度假区内，纸坊依山而建，遗址中有三处水车舂碓的石基座、石榷、地窖等遗迹。造纸处有用河石砌筑的外墙、花岗岩质地的石榷和石基座等物件。整个遗址占地面积约为1200平方米（图4）。[33]

当地优越的自然条件是支撑造纸产业的根本。明人王宗沐认为纸坊应选址在“水土宜槽，穷源石峡，清流湍急”处，因为这样可以使“漂料洁白，蒸煮捣细，药和溶化，澄清如水，帘捞成纸，制作有方”。[34]可见，竹纸生产需要具备两个基本条件：一是作为造纸原料的竹类资源充足；二是溪流落差较大，可以利用水力进行舂捣纸浆。以上这两种条件在三寨谷地区都非常优越。据《康熙龙门县志》记载，明代三寨谷所在的龙门地区就盛产观音竹、马尾竹、大头竹、白眼竹、紫竹、甜竹、苦竹、筋竹、泥竹、

31.“熟料法”造纸作坊有进行蒸煮竹浆的煮镬和烟囱（吴鸿照：《民国十六年六月省政府派员调查造纸工场》，《浙江建设厅月刊》1927年第4期）。而“生料法”造纸作坊的主要设施为浸泡竹子的水塘。（莫古黎：《广东的土纸业》，《岭南学报》1929年第1期）

32.唐立：《明清时代的生产技术》，《明清时代史的基本问题》，商务印书馆，2013年，第133页。

33.数据来自惠州第三次全国不可移动文物普查资料。图片来自2015年11月《龙门县三寨谷古代造纸遗址考古调查与勘探工作报告》。

34.万历《江西省大志》卷八《楮书引》，明万历二十五年刻本，第910页。

图 4　三寨谷古代造纸遗址作坊区三维扫描全景

黄竹和纸竹等竹类。[35] 清人戴桓英有诗描写龙门山间奔腾的溪流：“响似梵钟惊野鹤，声如雷鼓起沙鸥。”[36] 足见龙门山间水力资源的充沛。

在北宋时期，便有惠州产纸的记录。据《蔡襄全集》记载：“今世纸多出南方，如乌田、古田、由拳、温州、惠州皆知名”。[37] 大书画家米芾也指出，“循、韶、藤皆有纸”[38]，其中的“循”指的就是惠州。可知，宋代惠州就是南方的产纸地之一。而根据惠州造纸的自然条件推断，当时造纸的地点很可能就在龙门的三寨谷一带，但目前三寨谷地区尚未找到宋代遗存的痕迹。据 2004 年 7 月在造纸遗址中出土的印有“大明嘉靖年制”六字的青花瓷杯（残缺），说明遗址的造纸年代不晚于明代中后期。而《康熙龙门县志》卷五《物产篇》中也有龙门产“纸竹”的记载[39]，《康熙龙门县志》编于康熙二十六年（1687）。可以推断，龙门三寨谷造纸遗址反映的是明代的竹纸生产工艺。

35. 康熙《龙门县志》卷之五《物产篇》，清康熙二十六年刻本，第 121 页。
36. 康熙《龙门县志》卷十二《艺文篇》，清康熙二十六年刻本，第 382 页。
37. [宋] 蔡襄：《蔡襄全集》卷三一《文房杂评》，福建人民出版社，1999 年，第 699 页。
38. [明] 毛子晋：《海岳志林》，中华书局，1985 年，第 30 页。
39. 康熙《龙门县志》卷之五《物产篇》，清康熙二十六年刻本，第 121 页。

（一）遗址所反映的竹纸生产工艺

三寨谷遗址为研究明清古法造纸提供了重要的实物资料。遗址中现保留的部分为造纸、浸纸和为引水而设置的方形石池、引水渠、栏板柱洞等遗迹，印证了文献中记载的泡竹、碎竹、舂竹、打浆的工艺流程。据《道光龙门县志》记载："蓝瀵纸，出蓝瀵山。造纸之竹曰纸竹，其法先斩竹投地窖中，渍以灰水，久之乃出。而椎练渍久，则纸洁而细，速则粗而渗。"[40] 县志中的蓝瀵山就是今天三寨谷遗址所在地，其记载的造纸流程与现场发现的造纸遗迹相吻合。

值得注意的是，遗址中并未发现蒸煮竹子的痕迹。这也说明了三寨谷用"生料法"进行竹纸的制造。因为在通过"熟料法"进行竹纸制造的杭州富阳泗洲造纸遗址中，发现有明显的皮镬、灰浆池等熟料加工设施。[41] 而在同样进行熟料造纸的江西华林造纸作坊遗址中，也发现有蒸煮竹麻留下的大片红烧土、堆石灰留下的粗砂土、烧灰碱的灰坑、拌灰与发酵的工作台。[42] 而这类遗迹在三寨谷地区都未找到，这也进一步说明了明清广东地区通过"生料法"进行竹纸的加工制作。

（二）遗址所反映的造纸动力设施

三寨谷遗址中发现有与水碓相关的碓房、引水渠和水栅及架槽遗迹。[43] 水碓是用来加工沤竹的水利机械。其工作原理是利用水力推动水车转动， 然后通过水车的打板来推动碓身， 使碓身的石杵上下撞击石臼，从而舂捣竹浆。宋代惠州地区水碓的使用已很普遍，据苏轼在惠州作《游博罗香积寺》诗的小序中记载："寺下溪水可作碓磨，若筑塘百步，闸而落之，可转两轮、举四杵也。"[44] 清代方志也记载了以三寨谷为核心的南昆山地区，在造纸中大量使用水力。南昆山"居民多造纸为业，石陂头、

---

40. 道光《龙门县志》卷三《舆地第二》，清咸丰元年刻本，第 187 页。
41. 唐俊杰：《杭州富阳泗洲发现宋代造纸遗址 》，《中国文物报》2009 年 1 月 7 日。
42. 王意乐，刘金成，肖发标：《江西高安市华林造纸作坊遗址发掘简报》，《考古》2010 年第 8 期。
43. 2015 年 11 月《龙门县三寨谷古代造纸遗址考古调查与勘探工作报告》。
44. [宋] 苏轼：《苏轼诗集合注》，上海古籍出版社，2001 年，第 1989 页。

图 5　三寨谷的水车石碓遗址

黄沙水、马留桥、槽碓冚、水眼塘各处，俱有纸篷，其货最广。”[45] 方志中提到的地点多为溪流水力充沛之处，如“槽碓冚”应因水碓而得名。三寨谷的水碓虽然是民国遗留的，但其构造与位于温州泽雅镇的明代四连碓相似。可见，三寨谷造纸坊保留了原始的动力模式，是明清时期广东采用水力进行竹纸生产的实物见证（图 5）。[46]

（三）遗址周围关于造纸技艺的口述资料

走访造纸遗址所在地的群众，查找造纸技术传承人，有助于进一步了解造纸的工艺流程，与文献记载进行相互印证。根据当地造纸的老工人张晃新的回忆，三寨谷造纸有以下几个步骤：

1. 备料。三寨谷造纸所选用的竹子为未出叶子的嫩竹。需在小满的前 10 天（即 5 月上旬）砍下，将竹皮刮去，用刀截成 1 米多长的小段，比较粗的竹子还要对半劈开。

2. 沤料。把劈好的竹片放进料塘里用石灰水浸腌。通常是一层竹片夹置一层石灰，

45. 道光《龙门县志》卷一《图说》，清咸丰元年刻本，第 31—32 页。

46. 图片来自龙门县博物馆。

浸泡时间为两个月。

3. 漂水。石灰水浸过后的竹料要再用淡水泡10天，之后再分层放回料塘。这时塘面要覆盖茅草，并压上大石头，然后往塘里灌满清水，使竹料进一步浸洗和发酵，直到竹料开始腐烂。这一过程一般又需要两个月。

4. 打料。用水碓把发酵后的竹料舂成粉末状的竹纤维。

5. 下纸药。竹料经水碓碾磨成竹浆后，流入石齿之下的石槽内，再加入一定剂量的果胶，与竹浆一起搅拌均匀，最后配成纸浆。

6. 抄纸。造纸工人以竹条编成纸帘，然后单人持帘入槽捞纸，将纸帘在槽中振荡两下，继而将纸帘提起，翻过来，使湿纸落于木板之上。

7. 榨纸。等到抄起的湿纸叠至一尺高时，以压榨器压去水分，压至3寸厚时，静止过夜，让水分尽量流干。

8. 焙纸。焙纸工将榨过的半干半湿之纸逐张揭起，用毛刷摊放在焙墙上烘干，从而制成成品。[47]

通过口述资料调查可以发现，三寨谷流传下来的造纸工艺为“生料法”造纸，与文献记载大致相同，具有历史的一致性。

在如何通过生料法生产出高质量的印刷用纸方面，笔者通过对三寨谷地区的各项考古调查，认为有以下几方面原因：一是对砍竹的老嫩程度和发酵的操作把握得当。三寨谷地区造纸所用竹子为未出叶子的嫩竹。由于嫩竹纤维细嫩，处理相对容易，所制的纸张比较细腻。而砍竹时间推后，竹子的纤维就会变粗，处理难度增加，就需要使用化学药品进行蒸煮。二是水力碓舂提高了纤维的打浆度。美国学者莫古黎在考察了民国时期广东的竹纸制造业后就指出“踩踏越足，纸质越好。”[48] 三是三寨谷所在的南昆山地区，水质优良。纸张质量往往“半系人工，亦半赖水色，他处不能争也。”[49] 而据《广东新语》记载，龙门地区水质优良，“溯增江而上，直至龙门，一路水清沙白。”[50]

47. 资料来自龙门县博物馆。

48. 莫古黎：《广东的土纸业》，《岭南学报》1929年第1期。

49. 光绪《富阳县志》卷十五《风土志》，清光绪三十二年刊本，第1226页。

50. [清]屈大均：《广东新语》，中华书局，1985年，第178页。

可见三寨谷地区的水质也是提高纸张质量的关键。以上因素使得三寨谷地区通过“生料法”就可以生产出颜色淡黄悦目、质量良好的书写印刷用纸，同时也节约了木材和劳力，使生产规模有了扩大。

综上所述，三寨谷遗址完整保存了明清以来竹纸制造的工艺技术、生产工具、生产设施和生产环境等一系列实物遗存和历史信息，是广东古代造纸术工艺流程的“活”的见证。而今天一些地方的竹纸生产在传统技艺上做了诸多改变，如使用较老的竹料，在制浆过程中引入烧碱、漂白剂等较强的化学试剂，采用电动机械打浆等。[51]这些都在一定程度上削弱了竹纸制作技艺作为非物质文化遗产的价值。

表 2 三寨谷竹纸制作工艺与其他地区竹纸制作工艺的对比

著名竹纸产地代表性的纸产品	广东三寨谷	福建长汀、宁化玉扣纸	浙江富阳元书纸、京放纸	江西地区毛边纸	四川夹江连史纸、对方纸
原料竹种	纸竹	毛竹	毛竹 石竹	毛竹	白夹竹 慈竹
竹的初步加工形态	嫩竹片	竹片	竹片	竹麻丝	脱青竹片
制浆方法	生料法（石灰发酵法）	生料法（石灰发酵法）	熟料法（石灰蒸煮，尿液发酵）	生料法（石灰发酵法）	漂白熟料法（石灰一碱蒸煮法）
漂白方法	不漂白	不漂白	不漂白	不漂白	漂粉漂白
打浆方法	水力碓舂	人工踩浆	人工脚踏碓舂	水力碓舂	人工脚踏碓舂

51. 近代以来，受西方造纸技术的影响，国内各个竹纸产区出现了以现代工业技术来改良或取代传统竹纸生产的趋势，如陈蘧主张闽省的竹纸制作采用老竹，加入苛性钠煮五日后再进行舂捣，并加入漂白粉进行漂白（陈蘧：《改良本省竹纸之初步试验》，《闽政月刊》1938 年第 3 卷第 3 期）。邓华鋉和黄琛琼主张在广西境内的竹纸制造中大量采用漂白粉进行漂白，并用苛性钠取代石灰对竹子进行浸泡（邓华鋉、黄琛琼《土制竹纸料漂白法之研究》，《广西建设》1946 年第 1 卷第 9-10 期）。陈栩提出在在浸竹这个环节用土碱配石灰，浸过的竹料用碱浸透再上锅蒸煮，再用打浆机进行制浆（陈栩：《改良竹纸工程计划》，《小工艺》1940 年第 2 卷第 3 期）。潘吉星先生也于上世纪六十年代对四川夹江的手工竹纸进行了调查，发现夹江竹纸生产基本属于半机械化生产，蒸料时使用锅和煤气，而打碓舂捣过程则由打浆机完成（潘吉星著：《中国造纸技术史稿》，文物出版社，1997 年，第 236 页）。

续表

著名竹纸产地代表性的纸产品	广东三寨谷	福建长汀、宁化玉扣纸	浙江富阳元书纸、京放纸	江西地区毛边纸	四川夹江连史纸、对方纸
抄纸方法	单人端帘	单人端帘	单人荡料上帘	单人端帘	单人端帘
抄纸操作方法	二出水法	二出水法	二出水法	二出水法	二出水法
添加植物粘液	加	加	不加	加	加
纸的特性	用于书写或卷烟	纸色洁白，不易被虫蛀，吸水性强，印写易干，适用于书法，绘画	与毛边纸近似，但质量不如毛边纸，组织较松	纸面匀润，纸质细腻，书写或印刷不凝滞，托墨吸水性能好	纸张纸质细腻，手感绵软，渗透性好，可作为优质的书画用纸

三、三寨谷竹纸的保护发展策略

手工竹纸的制作技艺，作为一项重要的非物质文化遗产，日益引起重视。一些省份的竹纸制作工艺还被列入国家、省、市、县级的非物质文化遗产名录。但从广东现存的传统造纸技艺来看，其衰退极为严重，绝大部分的传统产区已经停产。笔者在充分分析三寨谷造纸的技术价值和文化价值的前提下，结合其周边构成因素，提出了如下几条保护发展方式：

（一）保持传承原汁原味的小作坊生产方式，发挥小而精的优势

1973 年，E. F. 舒马赫在其《小的是美好的》一书中提出人类应当利用精小工作单元来实现一种为持久而生的生活方式。[52] 在这种理念的影响下，在日本和欧美国家，都陆续出现了散点式传统生产复苏的案例。它们多以作坊的形式出现，以传统的、可持续发展的、亲和自然的方式进行生产生活。三寨谷造纸遗址位于旅游度假区内，

52.（英）E.F. 舒马赫：《小的是美好的》，商务印书馆，1984 年，第 166—176 页。

其造纸原料茅竹的砍伐数量和范围受限，同时大量利用石灰进行生产也会对环境造成破坏。因此三寨谷传统手工造纸要发挥小而精的优势，以小作坊为核心进行传统手工造纸的生产、展示和研究，将中国古代传统手工造纸技艺较为全面地展示给大众。

（二）与艺术大师联合，追求小批量精品化的理念

对于手工竹纸，不能从生产效益上把它与机制纸等量齐观。应本着“机制纸是工业制成品；手工纸是工艺品”的理念去发展传统竹纸业。把手工纸尽可能地与艺术结合起来。三寨谷竹纸作为传统的书写纸张，有利于调动艺术家的思维和情感，从而影响创作行为。因此要利用惠州“书画之城”的文化优势，邀请书画名家用传统的手工竹纸进行书画创作，从而提升三寨谷手工竹纸的知名度。

（三）立足于传统手工造纸作坊遗址，建立生态博物馆

生态博物馆是对自然与文化遗产进行有效保护的一种博物馆的创新形式。三寨谷传统手工造纸包含了造纸技艺、造纸作坊遗址等，既有非物质遗产又有不可移动遗产，这些与造纸技艺相关的遗产可以作为构建生态博物馆展示的重要内容。同时三寨谷造纸遗址位于鹤湖村三坑，这里是中国传统村落，有着丰富的文化遗产和田园风光。因此，以造纸作坊遗址为核心，以传统村落风貌为载体，以传统手工造纸技艺为依托，打造三寨谷造纸生态博物馆，是对三寨谷古法造纸的有效保护手段。

四、结论

广东是竹纸的最早产地之一，明清以来这里出现了大量的竹纸作坊，不仅有大量的竹纸生产外销，而且在生产技艺上形成自身的特点。竹纸生产不仅是广东人民在长期中历史积淀下来的宝贵财富，也是留住文化记忆、延续民族文脉的重要载体。在工业化和城镇化大举推进的今天，其保护和传承受到了前所未有的挑战。因此要以三寨谷传统造纸的开发研究为契机，给予广东传统造纸更多的关注和发展空间，将古法造纸更好地活化传承下去。

当代文化遗产的保护利用与可持续发展

——香云纱遗产的保护与发展

胡志辉[*]

【摘要】以当代文化遗产的发展观念，对传统技艺香云纱染整技艺进行审视和研究，解析蕴含其中的内涵和意义，为保护和利用文化遗产，探索让其可持续发展的路径。

【关键词】香云纱；传统技艺；文化遗产；可持续发展

前言

珍贵的文化遗产是人类社会发展过程中历代人民群众劳动和智慧的结晶，是物化了的社会发展史，是世界各族人民赖以生存发展的根和魂，同时也是发展先进文化、创造美好生活的不竭动力，产业经济发展的重要支柱，它在实现社会经济文化的协调和可持续发展过程中，已经逐渐成为一种越来越宝贵的发展资源与经济软实力。文化遗产的内涵，在现代生活中获得越来越多方面的延伸和利用。在新的历史条件下，当代中国的文化遗产保护与利用的可持续发展，要有全新的思路，积极探索新的运行机制，以适应社会主义市场经济的新要求。对待文化遗产的态度应该首先是保护，文化遗产保护的目的是加以利用，而开展文化遗产产业化和旅游是保护与利用文化遗产的重要途径。

一、文化遗产的意义深远，我们义不容辞

文化遗产的价值无可估量。中华五千年历史进程留下的无数历史文化遗产，积

---

* 胡志辉，佛山市顺德区博物馆文化遗产保护部主任、文博馆员。

淀了深厚的文化底蕴和文化内涵。这些历史文化遗产是中国人民赖以生存发展的根和魂，是发展先进文化、创造美好生活的不竭动力。在实现社会经济文化的协调可持续发展过程中，它们已经成为一种越来越宝贵的发展资源与软实力。一个城市软实力的大小，很重要的一个组成部分是该区域的文化遗产继承和发展到什么程度。

文化遗产的内涵在现代生活中获得越来越多方面的延伸和利用。许多文化遗产已经成为城市和地区的形象和特色，甚至成为城市对外宣传的一张重要名片，在国内、外产生了强大的影响。

极其丰富的文化遗产资源，为我们提供了宝贵的物质财富和精神财富，如何合理利用应成为我们思考的课题；努力发掘优秀文化遗产的资源优势，汲取文化遗产的精华，打造具有特色的、在全国乃至国际上有影响的“文化品牌”，是时代赋予我们的责任。

多年来，广东省委、省政府非常重视文化遗产保护工作，先后颁布实施了《广东省文物保护管理条例》《广东省重点文物保护专项补助经费管理办法》等法律法规，组建成立了“广东省非物质文化遗产保护中心”。在每年的 5 月 18 日国际博物馆日，都号召全省各地区精心组织策划“国际博物馆日”和“文化遗产”宣传等活动，加大文化遗产保护力度，增强全社会的文化遗产保护意识，推进全省文化遗产保护健康有序发展。

二、文化遗产的保护利用，我们责无旁贷

在新的历史条件下，文化遗产保护与利用需要我们具有全新的思路，配合在新时代下的新机制，以适应社会主义市场经济的新要求。文化遗产保护涉及社会生活的各个方面，需要政府各有关部门统一认识，形成合力，建立起良好、规范的保护管理秩序，营造好全社会动员起来共同自觉开展文化遗产保护的氛围；需要进一步提高广大人民群众对文化遗产重要性的认识和理解，形成以政府部门牵头保护为主，全社会共同参与保护的新局面。

（一） 对待文化遗产的态度——保护

文化遗产具有不可替代性，是不可再生的、可持续发展的重要资源。历史无法重复与复制，历史文化资源一旦损毁就会带来无可挽回的损失，给子孙后代留下永远的遗憾。

广东省是全国经济发展的排头兵。当前，我省经济、社会、文化都处在高速发展的时期，文物工作既有快速发展的大好机遇，但又面临着复杂而艰巨的挑战。

一方面，各级领导和市、区政府对文物保护的重视程度有很大提高，文化遗产的保护力度不断加大，文物保护各项工作都取得了长足的发展；另一方面，我们应清醒地看到，随着现代化进程的加快和经济建设的持续高效发展，经济建设和文化遗产保护的矛盾日益尖锐，文化遗产的安全和保护工作在各地遍地开花的基本建设中受到威胁，甚至被破坏。破坏、改建、盗掘古遗址和古墓葬等事件时有发生；非物质文化遗产受到越来越大的冲击，一些依靠师傅传徒弟口授方式和行为传承的文化遗产不断消失，许多传统技艺濒临消亡。

因此，必须要从对文化尊重和历史负责的高度，充分认识保护文化遗产的重要性，正确处理经济发展、城市建设与文化遗产保护、新社会建设与村镇破坏的矛盾。

对待这个问题，我认为首先必须端正保护态度，提高保护意识，树立全局观念，进一步增强责任感和紧迫感，切实提高文化遗产保护、管理和利用的水平。

（二）文化遗产保护的目的——利用

保护和继承文化遗产，其本质就是继承弘扬中华民族的优秀文化和民族精神，增强民族自尊心和凝聚力。国家、省市已经将文化建设提到前所未有的高度。所以，我们要让历史文化遗产在社会经济发展中，充分发挥其对人们思想的引领和启迪作用、对人们精神的抚慰和激励作用、对社会矛盾的缓解作用、对民族的亲和与凝聚作用，以增强人们内心世界的丰富感。营造全社会人民在精神上的安宁和幸福，激发人们的想象力和创造力，促进人的全面发展。

所以，作为文化、文博事业工作者，我们就要培养利用历史文化遗产提高公众在文化认同上的自觉和自信的认识，借以调解社会生活中的各种矛盾和问题，协调人与人之间的关系，人与社会之间的关系，人与自然之间的关系；深入探究文化遗产中凝结的科学原理和高超技艺，使现代科学技术和传统文化相结合，使得传统文化在新时期、新形式下更具有生命力和发展前途。可以看到，文化遗产对广大人民群众，特别是青少年一代具有巨大的吸引力和感召力。不难发现，许多文化遗产保护单位同时也是作为爱国主义教育、革命传统教育和精神文明建设的重要基地。我们要利用好前辈留给我们的得天独厚的资源，在保护文化遗产的同时，将其发扬光大，加强其宣传和教育功能。

因此，我认为文化遗产保护的目的在于充分利用。我们需要充分发挥历史文化遗产的教育功能和宣传功能。总之，要在经济发展的大潮中赋予历史文化更多生存的意义，增强其社会凝聚力，培育全社会尊重和保护利用文化遗产方面的良好文明风气。

（三）保护利用与可持续发展文化遗产的重要途径——开展文化遗产的产业化

文化遗产在当前经济社会发展中所起的作用也是有目共睹的。遍布各地的历史文化遗产已经成为发展经济产业、旅游产业的宝贵资源，一些具有特色的物质文化遗产基地甚至成为人们旅游和消费的重要场所。

在国家旅游业所产生的经济效益中，文化遗产旅游收益所占的比重相当大，是旅游经济的重要支柱。许多地区，依靠得天独厚的文化遗产资源，带动工业化生产、交通、商贸和旅游业的发展，不仅扩大了就业，增加了税收，也有力地促进了经济和社会的协调发展。

随着我国现代化建设的不断发展，欣赏历史文化遗产，旅游名胜古迹，已成为人们精神生活的一种追求。

与此同时，一些非物质文化遗产也在不断焕发出时代的魅力。一些传统的手工艺制品、传统的民俗表演技艺，都在不断产生着良好的社会效益、经济效益。我国是一个多民族的国家，千万年来，许多少数民族都留下了非常珍贵的非物质文化遗产。

例如在合肥，就成立了中国（合肥）非物质文化遗产园，安徽省就将其作为“861”行动计划项目来发展，汇集一大批非物质文化的大师和传承人，这无不蕴含着巨大的商机和经济发展潜力。

因此，应积极鼓励合理利用文化遗产，充分发挥文化遗产资源优势和特色优势，大力发展文化遗产业，将传统的文化遗产产业化。

三、香云纱文化遗产的保护与发展

我国原有的经济开发较多关注、利用文化的物质层面，往往忽略了对非物质文化的利用忽略了从发展经济的角度对非物质文化遗产的保护利用做出合理规划。文化遗产包含物质文化遗产和非物质文化遗产，物质的文化遗产我们关注得比较多，转换角度，调整思路，我们其实应该更加关注和重点保护发展好非物质文化遗产。

无形的非物质文化遗产也有重要的历史、艺术和科学价值，也起着传承民族文化血脉的重要作用，也有重要的经济价值。不能仅仅从保护层面对非物质文化遗产进行保护，应与利用、开发有机结合，实现非物质文化遗产的“可持续性”开发。非物质文化遗产具有潜在的经济价值：非物质文化遗产是对一个地区、民族的传统文化、悠久历史的记载，反映着历史文化传统、文化变迁。

（一）香云纱染整技艺概述

广东是中国蚕丝业的主要地区之一，历史悠久。唐宋时期，广州成为丝织品贸易的重要港口，带动了珠江三角洲丝绸生产的发展。明清以来，蚕丝业日益商品化，兴旺发达。蚕丝业的发展又带动了印染、浆缎等行业，香云纱就是在这样的背景下产生的。

香云纱，又叫薯莨纱、响云纱，是一种自然染色的丝绸面料，其制作方式为一种独特的手工染整技艺——晒莨。香云纱本名“响云纱”，因拿在耳边轻弹，或穿起来走路，可听到“沙沙”的响声而得名，后人美其名曰“香云纱”，俗称莨纱绸、薯莨纱、云纱。

它独产于珠江三角洲，主要产区是顺德、南海、佛山、番禺、广州等地，是中国南方特有的著名染织品，也是目前世界纺织品中少有的用纯天然染料染色的真丝绸面料。

香云纱的制作包括两部分，即坯纱绸制作与晒莨加工（图1）。晒莨工艺是利用植物薯莨茎块的液汁（含有凝胶和单宁酸）、含氧化铁成分的河涌泥进行染色、加工（图2）。其简要机理是真丝织物、薯莨、河涌泥三者之间的相互结合，互为反应（图3）。首先织物和薯莨中所含的单宁酸结合，使绸缎表面形成涂层；河涌泥中含有高价铁离子与薯莨中的单宁发生反应后，生成黑色沉淀物凝结于绸缎表面（图4）。

顺德是保存香云纱染整技艺的重要基地。截止20世纪末，顺德伦教街道的成艺晒莨厂是我国硕果仅存的一家晒莨厂。它仍能较好地保存、运用传统的晒莨技艺。但是，香云纱是纯手工制作，成本高，颜色单一，且可用于制作的薯莨和优质河涌泥日益减少，难以在市场竞争中生存。同时，由于劳动强度大，年轻人不愿意入行，香云纱制作正面临后继乏人的窘境。香云纱染整技艺已处于非常濒危的状况。

随着社会政治、经济等方面的变化，香云纱染整技艺的存在、传承、发展遇到了一些难题。作为一个民间手工技艺门类，香云纱染整技艺是最先走向世界的。早在清宣统元年（1909），这种莨绸就远销欧美、印度、南洋等地，一直延续到清末民初。香云纱有过辉煌历史，至今依然是广受人们喜爱的服装面料，传承着中华的古老文明。

（二）香云纱染整技艺是一项重要的国家级非物质文化遗产

香云纱染整技艺是一项重要的国家级非物质文化遗产。香云纱是世界纺织品中用纯植物染料染色的蚕桑丝绸织物中极为少见的一种布艺。因香云纱染整技艺特殊，佛山市顺德区的香云纱经历了各种艰辛，于2008年将“香云纱染整技艺”作为传统手工技艺申报“国家级非物质文化遗产”，当年获得通过。随后，2009年9月1日，“香云纱文化遗产保护基地”“广东香云纱文化产业园区”在顺德区伦教街道正式挂牌，这意味着从省一级的高度，积极加大对这一项传统的非物质文化遗产的保护力度。

同时，顺德伦教街道也投资1.5亿元，规划面积600亩，全力支持广东香云纱文化遗产保护基地建设，将这种文化遗产打造成为集保护、研发、生产和游览等为一体的香云纱产业园。同时启动了染整工艺知识产权保护、生态保护和开放性保护三大保护工程，以加大对香云纱的综合保护力度。2010年1月21日，顺德联合多个部门，隆重正式发布了《顺德香云纱（莨绸）联盟标准》，让香云纱生产走向规范化、科学化，让联盟成员共同受益、共同促进，保证香云纱行业的良性发展，为这一传统文化产业的可持续发展保驾护航。

作为一项传统的国家非物质文化遗产，除了成为一个地区的一项重要的地理标志和对外宣传的名片外，就其实质，关键是要将其激活发展、产业化。如何将其激活，也就是说将其保护和可持续发展。就香云纱这个产业的发展，我们是充满信心、满怀希望的。原因在于，我们中国的香云纱已经走向世界，走向国际化、时尚化、多彩化。据有关媒体的报道，伦敦时装周上，中国设计师设计的香云纱服装受到消费者的青睐，伦敦主会场连续两年邀请该设计师参加，中国设计师很少能够在国际舞台上受此殊荣。用香云纱做成的成衣，作为贵重物品赠送给外国人，很受青睐，在国内也很畅销。

（三）做好香云纱的保护和开发，将其规模化、产业化

做好香云纱的保护和开发，关键是将这种蕴含经济效益的文化遗产保护传承下来，然后将其规模化、产业化，让其在新时期形势下可持续发展。

第一，维护原有的自然环境，进行资源保护。顺德当地特定的水资源、土地资源、薯莨是稀缺资源，在世界其他地方无法复制，具有唯一性、独有性，因此要大力保护。当地政府也意识到这一点，从地域、产业、人才、基金、政策等方面进行实质上支持。

第二，创造有利条件，加以提升改造。在宣传上再加以提升，营造一种氛围，不单单在该地区，应该辐射到国内，甚至在国外，也要做好宣传工作。让国人、外国人知道和熟知香云纱这一物料。

第三，运用好得天独厚的资源，依托外界敏锐的眼光，互补发展。让该产业在制造上多下功夫，传承和创新香云纱这种民族文化遗产，最终让其走出国门。

第四，从产品的制造和经营方面对香云纱产业全面开发。作为一种商品，需要有强烈的品牌保护意识，对其进行商标的注册和保护；让更多的人了解珠三角地区香云纱这一种非遗财富，申请注册“香云纱”原产地标志；对这种传统的手工艺进行产业的抢救、传承和创新；把控产品质量，优化内在结构，多注册一些专利和发明技术，生产运营上多运用现代经营手段。

第五，加大研究开发，走产业化高端路线。对产品进入深入研究开发，可以考虑在香云纱服装面料中加入如纳米技术、防脱色技术、防褶皱技术、防缩水技术等高新技术，让其服装产品走功能纺织品路线，使这种面料的产品线更加丰富。加入现代高科技手段，再附上一定知名度的品牌，把这种传统的服饰面料赋予民族华丽服饰的标签，适度进行包装，可以预见，市场会很广阔。

第六，整合区域资源，加强区域合作。香云纱的制作过程犹如酿酒。由于是纯天然染色，反复染色的过程不但要经过十几道工序，而且染成后的面料还需保存、发酵。保护香云纱，必须整合区域资源，加强区域合作。多方法、多方面、全方位地进行通力合作，收集其他周边地区对其有益、有帮助的改良建议，邀请行业内专家进行点拨提高，也参考同类产品的生产经营模式，凝聚各方力量，共同发展。

（四）注重非物质文化遗产传承人的人才队伍建设

传承人是非物质文化遗产最重要的活态载体，所以必须坚持“以人为本”的原则，保护传承者的主体地位。在非物质文化遗产保护中传承人是无可替代的能动主体。非物质文化遗产由于历史时间长，加之外来文化和商业的冲击，许多传承人严重的流失、断代。传承人减少，不仅会影响非物质文化的传承，也影响着非物质文化的经济价值。

香云纱染整技艺劳动强度非常大，而且要承受强烈的日晒。其独特的制作要求，使许多年轻人为之却步。伦教成艺晒莨厂是顺德硕果仅存的晒莨厂，但真正通晓晒莨工艺的只有 2 名师傅。且由于劳动强度大，年轻人不愿意入行，香云纱制作正面临后继乏人的窘境。

因此，香云纱染整技艺这种传统的文化遗产还应注意挖掘民间技艺的特殊人才，

图 1　浸莨水

图 2　晒莨

图 3　过河泥

图 4　洒莨水

采取多种措施鼓励民间染整技艺发展。同时注重培养尖子人才，并努力做好具有相关技艺的人员提前退休的问题。这样既有利于香云纱染整技艺这一非物质文化遗产的保护，又利于提高它的经济价值，为香云纱非物质文化资源利用提供充足的人力资源。

四、往来成古今——近年来顺德非物质文化遗产保护工作硕果累累

顺德政府一贯高度重视本土优秀的传统民间文化资源的发掘和非物质文化遗产

的保护。顺德作为全国第三次文物普查的试点城市，率先完成了第三次文物普查，对自己的家底很早就十分了解。

顺德建制五百多年，给人们留下或寻常或别有意味，且独具意义的文化遗产。优秀的文化遗产构成这座城市和这个群体思想与灵魂深处血脉相融的文化根基，并形成独有的精神与气质。

顺德的非物质文化遗产涉及门类比较广泛。分别有：

(1) 国家级：第一批 (2006 年)：龙舟说唱；第二批 (2008 年)：香云纱染整技艺、人龙舞。

(2) 广东省：第一批 (2006 年)：龙舟说唱；第二批 (2007 年)：香云纱染整技艺、人龙舞、八音锣鼓柜；第三批（2009 年）：陈村花会。

(3) 顺德区：第一批 (2007 年)：香云纱染整技艺、人龙舞、八音锣鼓柜、三字经、赛龙舟；第二批（2009 年）：水乡农谚、春节习俗、永春拳、广绣。

顺德的非物质文化遗产传承人分别有：

（1）国家级传承人：①龙舟说唱：伍于筹、尢学尧；②香云纱染整技艺：梁珠。

（2）省级传承人：①香云纱染整技艺：梁珠、黄田胜；②人龙舞：苏求应；③八音锣鼓柜：梁兆帝。

五、加强文化遗产的保护、传承、宣传、展示和可持续发展

我国是历史悠久的文明古国，拥有丰富多彩的文化遗产。多姿多彩的物质文化、非物质文化遗产是文化遗产的重要组成部分，是我国历史的见证和中华文化的重要载体。保护和利用好这些先辈流传下来的文化遗产，对于继承和发扬民族优秀文化传统，增进民族团结和维护国家统一，增强民族自信心和凝聚力，促进社会主义精神文明都具有重要而深远的意义。

然而，在经济全球化和现代化的冲击下，文化遗产遭到不同程度的破坏，甚至由于传承人的逝去而濒临消亡，大量有历史、文化价值的珍贵实物与资料遭到毁弃，或因为遭到非法改造或盗窃而不幸流失，以往保护这些珍贵的文化遗产的理念、手段、

范围与力度，在当前新的社会形势下，已远远不能适应今天的客观现实与发展需求。因此加快这些文化遗产的保护工作迫在眉睫，需要我们，也需要全社会共同努力。

《国务院办公厅关于加强我国非物质文化遗产保护工作的意见》国办发 [2005]18 号文要求：加强非物质文化遗产的研究、认定、保存和传播。要充分发挥各级图书馆、文化馆、博物馆、科技馆等公共文化机构的作用。通过社会教育和学校教育，使非物质文化遗产代表作的传承后继有人。充分发挥非物质文化遗产对广大未成年人进行传统文化教育和爱国主义教育的重要作用。教育部门和各级各类学校要逐步将优秀的、体现民族精神与民间特色的非物质文化遗产及其保护工作进行宣传展示，普及保护知识，培养保护意识，努力在全社会形成共识，营造保护文化遗产的良好氛围。

加强对文化遗产的保护传承与开发利用工作，可以不定期地多举办文化遗产保护成果展览、文化遗产艺术展演、文化遗产博览会、民族民间文化节等各种活动。利用各种传播途径和灵活多样的手段，积极对文化遗产进行广泛、深入的宣传。

顺德一向重视文化遗产的保护，始终把处理好文化遗产的保护利用与经济的发展作为顺德文化建设的重大课题来认识和研究，并作出了认真的探索与实践。

物质文化遗产与非物质文化遗产共同承载着人类社会的文明，是世界文化多样性的体现。加强文化遗产保护，不仅是国家和民族发展的需要，也是人类社会可持续发展的必然要求。随着全球化趋势的加强和现代化进程的加快，文化遗产受到越来越大的冲击，我们博物馆承担起加强保护、传承、宣传、展示文化遗产方面的责任也是义不容辞的。

几千年灿烂文明，是我们赖以生存的物质基础，是人类共同拥有的精神家园。追溯过去，放眼未来，可以相信，在党和政府对文化遗产保护的高度重视和指导下，在全社会对文化遗产保护的高度重视下，弥足珍贵的历史文化遗产必将在新的社会形势下，与经济发展建设更加紧密地结合起来，并与当代文明交融互动，为构建和谐社会、打造精神焕发的精神文明、建设和谐社会发挥重要作用，做出更大贡献。

参考文献：

[1]《顺德县志》，清咸丰、民国合订本，中山大学出版社，1993 年。

[2] 辛儒、张淑芬：《论非物质文化遗产与区域经济建设——以吴桥杂技为例》，《特区经济》2010 年第 3 期。

[3] 海铃：《保护传承人至为关键》，《中国人才》2007 年第 13 期。

[4] 中国非物质文化遗产保护中心编：《中国非物质文化遗产普查手册》，文化艺术出版社，2007 年。

从仰视到平视：近代石湾陶塑艺术风格的源流与演变

黎丽明*

【摘要】案头摆件的石湾陶塑，在19世纪末开始走向全盛。其工匠的来源、技法与风格，均与19世纪中后期繁荣的瓦脊陶塑有直接的继承关系。但是观赏角度从仰视到平视，从远距离到近距离的改变，令清末民国时期的案头陶塑逐步形成独特的审美特征。在与之同时兴起的近代“美术”观念以及展览会的推动下，案头陶塑不仅成为石湾陶塑的代表，同时还形成审美与评价的标准，对石湾陶塑的发展影响深远。

【关键词】石湾；陶塑；潘玉书；展览会

广东石湾是岭南地区重要的陶器产区。石湾窑，自古以来属于民窑体系，其生产均为民间日用所需，以各式各样日常生活所需的瓦器（当地人称为“缸瓦”）为主。在瓦器以外，石湾也以陶塑，也即“石湾公仔”声名远播。石湾陶塑的历史，远比日用瓦器要短。装饰于祠堂、庙宇等大型公共建筑物屋脊之上的瓦脊陶塑，18世纪（乾隆年间）已极为流行，及至20世纪初走向衰落。用作案头摆件的小件陶塑，大约是19世纪末开始走向全盛。近代的案头陶塑，其风格渊源与清中期盛行于两广地区的石湾瓦脊陶塑有密切的关系，石湾陶塑艺人在石湾瓦脊陶塑的基础上再进一步制奇创新。但瓦脊陶塑与案头陶塑有很重要的视觉区别，前者需观众远距离仰头而观，而后

* 黎丽明，广州艺术博物院副研究馆员。

者则可近距离捧在手中把玩再三。得益于近代展览会和“美术”概念的兴起，更利于展示和鉴赏的案头陶塑蓬勃发展。由于功能与视觉的不同，两者之间既有传承的关系，又在塑造手法、风格和审美趣味上存在分歧。在本文，笔者将通过文献与实物资料结合，考察近代石湾案头陶塑风格的形成与转变。

一、清中期以前的石湾陶业与瓦脊陶塑的出现

作为地方民窑的石湾窑，日常用的瓦器是最大宗的产品。明清时期，石湾陶业的生产已极为繁盛。清初屈大均曾记载，“石湾多陶业……故石湾之陶遍二广，旁及海外之国。谚曰，石湾缸瓦，胜于天下。”[1] 屈大均还特别提到：

> 南海之石湾善陶，凡广州陶器皆出石湾。其为金鱼大缸者，两两相合，出火则俯者为阳，仰者为阴。阴所盛则水浊，阳所盛则水清，试之尽然。[2]

在屈大均的记载里，该处最具特色、最神奇的陶器是金鱼缸。这里生产的金鱼缸，有阴阳之分，盛水会一清一浊。陶泥的主要成分是粘土和砂子，而瓷泥的主要成分是高岭土，经烧结后，前者质地粗疏，后者则质地坚固致密。相对瓷器而言，陶器的吸水率较高，透气性也较好。陶器确实能在一段时间内盛水不腐不浊。但恐怕也未如屈大均阴阳之说那么神奇。不过，屈大均的记载，与石湾早期居民多从事大缸、大盆等日用陶器行业的历史相合。因此也不妨视为明末清初两广地区常用石湾陶器、欣赏石湾陶器的重要证据。

尽管石湾窑的主要产品是日用瓦器，但陶艺品的出现和发展也不晚，至少在清代前期已有相当的规模。清代其中一个生产美术陶器的行会花盆行，其历史至少可以追溯至清初。[3] 瓦脊陶塑也就是装饰在祠堂、庙宇等屋脊上，或以花鸟神兽或以人物

1. [清] 屈大均：《广东新语》卷十六《器语》，中华书局，1985 年，第 458 页
2. [清] 屈大均：《广东新语》卷十六《器语》，中华书局，1985 年，第 452 页
3. 白釉行也有生产白釉的花瓶、花插等陶艺品，该行也属下文提到的筹办陶师诞的十大行会之一。

故事为图案的陶塑，是花盆行的重要产品。以陶塑瓦脊装饰庙宇、祠堂的做法，常见于岭南（广府地区）、广西（西江流域）以及东南亚（珠江三角洲华侨聚居地）一带。乾隆六年（1742）的《花盆行历例工价列》碑文，详细列明花盆行所生产的各种类型、尺寸陶器的工钱。[4] 由这个工价表可见，花盆行的生产品种主要是花脊（以花卉、博古为图案的瓦脊陶塑）、花盆、仿古器皿（如尊、琮）等。这说明了，最晚在乾隆时期，瓦脊陶塑已经流行，并且这一时期的瓦脊陶塑主要是花脊，而非今天两广地区最常见到的人物、动物瓦脊。同时，这通珍贵的古代手工业行会碑记也反映了，至少在十八世纪中，该行会已具有相当的组织规模。马素梅博士在粤、港、澳三地的考察表明，三地现存最早的瓦脊可追溯至嘉庆年间。[5] 佛山博物馆在两广地区的考察也表明，现存最早的瓦脊也在嘉庆年间。[6] 广西玉林大成殿的瓦脊陶塑（嘉庆十七年，1812）、澳门观音堂的花脊（嘉庆二十二年，1817）、现藏佛山祖庙的“松龄鹤寿”瓦脊（道光七年，1827）以及广西黄姚古镇宝珠观的花鸟瓦脊（道光八年，1828），均是早期瓦脊陶塑多为花鸟的实物证据。

清代花盆行在石湾本地有着重要的地位，由此也可见它的发展规模之壮大。石湾陶业奉虞帝为祖师，每年二月、八月均有祭祀虞帝的神诞活动。祭祀固然是宗教观念使然，不过参与、组织诞会则需要经济支持。根据修建该庙时出资的情况、行会的大小及拥有窑灶之多寡，当地最重要的十个行会，组成了十年一轮的陶师诞筹备轮值排班，每班一年期，依次负责组织当年“陶师诞”活动和该庙当年的管理事务，包括该庙一带商业区的租金收入。这十大行会分别是海口大盆、水巷大盆、花盆、埕、边钵、缸、横耳、钵塔、白釉、黑釉。[7] 为首恰恰是也生产金鱼缸的两个大盆行。花盆行位列第三，可见其行会具有相当的规模和经济实力。民国时期的资料显示，并不是所有

4.《花盆行历例工价列》，广东省社会科学院历史研究所中国古代史研究室、中山大学历史系中国古代史教研室、广东省佛山市博物馆编：《明清佛山碑刻文献经济资料》，广东人民出版社，1987 年，第 47—72 页。

5. 马素梅：《屋脊上的戏台——香港的石湾瓦脊》，香港艺术发展局，2016 年，第 23、24 页。

6. 参见佛山博物馆编，王海娜著：《清中晚期岭南地区建筑陶塑屋脊研究》，文物出版社，2016 年。

7. 佛山市博物馆编：《佛山文物志》（内部未刊稿，1980 年代），第 95 页。

的行会均加入“陶师庙”的祭祀活动，茶壶、金箱（骨灰塔）、电具（电线电灯等瓷质零件）、公仔（即摆件陶塑）、红釉、茶煲等行均不参与陶师诞祭祀。[8]“公仔行”成行较晚、规模较小，是它未能加入这个祭祀组织的重要原因。

人物瓦脊陶塑出现的时间较晚，在咸丰至光绪年间最为流行。人物瓦脊陶塑，多以神话和戏曲故事为题材，比如八仙贺寿、天官赐福、姜子牙封相、郭子仪贺寿、甘露寺刘孙联姻（三国演义的故事）、穆桂英挂帅（杨家将的故事）等。一条瓦脊陶塑常常分成几段，每段或一个故事，或多个故事连景式组合。以陈家祠及佛山祖庙两处的瓦脊为例，位于中段的故事通常是神功戏里的剧目。神功戏，又称酬神戏，通常是指在神诞、打醮等活动中，为酬谢神恩延请戏班演唱的戏曲，以此“神人共乐”。现今香港所见的神功戏，例剧包括了破台、贺寿、封相、加官、送子、李世民、团圆、封台。[9]神功戏古已有之，而用粤剧来表演神功戏，应与粤剧在珠三角地区的流行有关。根据陈守仁先生的研究，粤剧成型于乾隆年间。道光年间，广州已有专门看戏的戏园创设，可见当时粤剧开始风行。[10]陶工们最容易接触的，当然是这些一年中数度演出的神功戏。而且这些酬神故事通过陶塑的方式，安放在庙宇、祠堂屋脊之上，延续信众、子孙时时都在酬神、祈福的美好愿望。由粤剧流行的时间来推断，最早的人物瓦脊应在道光或以后。[11]两广及港、澳地区现存的瓦脊则显示，人物瓦脊陶塑在咸丰、同治年间已颇为流行。

石湾人物瓦脊陶塑的造型简练而生动传神，色彩鲜明，装饰性强，为两广及东南亚地区的华人社区所钟爱。石湾瓦脊安放在距离地面五、六米之高的屋脊之上。站在地面上的观众，需要远距离仰视瓦脊。因此，瓦脊陶塑的设计和制作需要因此而作细致特别的处理。每一段瓦脊代表不同的神话、戏剧故事情节，因此每一个陶塑人物

---

8. 李景康：《石湾陶业考》，载广东文物展览会编：《广东文物》下册卷十，（香港）中国文化协进会，1941 年，第 1019—1027 页。

9. 参见陈守仁：《神功戏在香港——粤剧、潮剧及福佬剧》，（香港）三联书店，1996 年。

10. 黄佛颐：《广州城坊志》，广东人民出版社，1994 年，第 101 页。

11. 人物瓦脊出现的最早时间以及早期人物瓦脊的艺术特色，有待资料的进一步发掘与研究。由佛山市博物馆与广东民间工艺博物馆合作调研的石湾瓦脊项目，应该可以给我们一些线索。

图 1　石湾均玉造：《哪吒闹东海瓦脊》，1899 年（光绪二十五年），现存佛山祖庙，长 4.3 米，高 1 米

需被安排在某个特定的位置，形如观看戏台上戏剧一样，一幕接一幕。观众可以根据平时看戏的经验，通过人物的衣饰、人物的位置、手持的器物以及背景道具等细节，解读瓦脊所表现的故事。瓦脊人物的头部常常比正常比例稍大，且往往头部、身子向前倾。由于是远距离观赏，瓦脊人物的面部、动作刻画都比较简练、雷同。眉目常以划线方法表现。手和脚的处理也不在细节，而在手脚所呈现的姿态动作及所持的器物。陶匠往往用泥模印制人物的头部、衣饰配件等，然后根据人物的身份以及故事情节，将日常的看戏经验与陶塑手法巧妙结合，运用传统的捏塑、贴塑、印贴等手法，为之设计不同姿态、装贴不同的衣饰配件和手持器物，衣纹线条也比较粗略简洁，其衣饰往往施以常用的蓝、黄、绿三种釉彩。有些瓦脊，在重要的人物和场景上还贴一层金箔，令瓦脊更加辉煌夺目（图 1）。

二、展览会的兴起与近代石湾的摆件陶塑

在清末民初时期，得益于展览会的推介，独立的摆件陶塑成为另一重要的石湾陶塑形式，其声名不逊于瓦脊陶塑。在 1904 年的美国圣路易斯赛会上，石湾陶塑即以“广东物产”的身份参与展览。当时的报纸是这样报道的：

粤中绅商曾奉伦贝子节办货物赴会。兹闻粤商已设立广业公司，专办赴会货物……瓦工则以石湾烧人物为最……赛会一事最关系于工商之进步，诸君能组织如斯，

完满以赴赛会，可谓粤人之光矣。[12]

石湾向多陶工，为缸瓦出处，但恨无赛工场以资鼓励，故未有进步。现闻明年美国散鲁伊斯赛会，有某富商特挑选上等陶工十余人，予以重酬，令照万图刻所绘万国人形，分别摹制人物高约盈八尺，饰以瓦青。各陶工已钩心斗角，日夜赶制，将来搓土为人，亦会场中之别开生面也。[13]

在清末展览会、赛会兴起之际，清廷缺乏处理这类对外事务的经验，而有长于与外国人打交道的广东商人抓住了这一“商机”。他们设立公司，挑选广东物产赴赛会展出，以其赛会不仅能促进工商贸易，还能为粤人争光。展品当中的瓦器一类，石湾烧制的人物陶塑被选为代表参展。根据这段资料分析，石湾陶工当以传统烧制大型雕塑的手法，对照外国人的图像，以泥临摹创作外国人物雕塑参展。清末出外参加博览会的展品，基本上都是展览结束后直接在当地销售完毕，因此这些大型人物陶塑或许现在还在美国的某个角落。

大型陶塑，虽然以体量大最能吸引观众的注意，但烧制、运输、展览都极不便利。在清末至民国时期的展览会里，中、小型陶塑仍然是主流，相信这也是近代案头摆件陶塑兴起的重要原因。英国维多利亚阿伯特博物馆东方部主任刘明倩曾介绍其馆藏的石湾陶器。馆藏的石湾陶器最早是在 1851 年（万国工业博览会）入藏。她以入藏档案分析，这批早期（20 世纪以前）的藏品，来自其时的博览会以及陶瓷器商店，主要是实用器皿（包括花瓶、碟子等），还有一小部分就是中、小型的陶塑，包括花盆行生产的日神、月神陶塑、鳌鱼等。[14]1910 年南洋劝业会上所展示的石湾人物陶塑，明显尺寸缩小了。陈渭岩以照片为据，手塑了当时的皇室贵胄包括光绪皇帝载湉、庆亲王奕劻、肃亲王善耆、贝勒载洵、总督端方、大学士张之洞、李鸿章等人的七座塑像，每座高约一英尺三英寸（37.6 厘米），阔七英寸（17.7 厘米）。其中端方塑像

12.《粤将赴美国赛会详记》，载《岭东日报》1903 年 12 月 11 日。

13.《预备赛会之资料》，载《岭东日报》1903 年 12 月 17 日。剪报承蒙黄大德先生提供，特此致谢。

14. 刘明倩：《英国维多利亚阿伯特博物馆藏石湾陶器》，广东民间工艺博物馆讲座，2015年9月24日。

图 2　陈渭岩：《光绪皇帝塑像》等七座塑像以及《端方塑像》背后的刻字

的背后有“纪念第一次南洋劝业会”以及“广州合聚窑陈鸿彬渭岩氏制”。七座塑像现藏于澳门某银行（图 2）。[15]

展览会的推介，不仅是近代石湾陶塑兴起的原因，也是石湾陶塑艺术赞助人兴起的原因之一。澳门葡籍律师文度士（Manuel da Silva Mendes，1876—1931 年）也是现在所知最早开始收藏石湾陶瓷的鉴赏家之一。他的早期收藏品，也属中型石湾陶塑。出生于葡萄牙的文度士因何对石湾陶塑产生兴趣无从考究，或许是源于澳门街头的随意一瞥，毕竟澳门、香山古旧庙宇众多，屋脊上都有栩栩如生的瓦脊陶塑，又

15. 照片承蒙国际石湾陶艺会秘书长罗敬礼先生提供，特此鸣谢。

图 3　潘玉书：《华佗》，高 74 厘米，澳门艺术博物馆藏

图 4　陈渭岩、潘玉书：《沉思罗汉》，高 58 厘米，澳门艺术博物馆藏

或是某次与本地华人的雅聚。而又极可能是某次大型的国际博览会，他所订制的陶塑均是半米以上的中型陶塑，用以装饰其花园。文度士对石湾陶塑极为喜爱，甚至将之与法国近代大雕塑家罗丹的作品相比。1920 年，文度士邀请陈渭岩、潘玉书到澳门塑造七个 48 厘米至 91 厘米高的人像。因其中一个潘玉书施釉，不符合文度士不施釉的要求而退回给潘玉书。文度士原藏的六件石湾人物陶塑，现藏澳门艺术馆。[16]

三、近代案头陶塑风格的演变

案头摆件陶塑，明清时期早已有之，题材大多是仙佛人物，多为人们日常供奉之用。清末民初，小件的案头摆件陶塑，题材多样、从业者众，开始走向全盛并受人瞩目。何秉聪先生曾经这样概括近代石湾艺术陶器的历史：

---

16. 据施丽姬的记载为 1910 年。见施丽姬：《略谈石湾美术陶》，《石湾陶展》，香港大学冯平山博物馆，1979 年，第 317—330 页。而澳门艺术馆的记载为 1920 年。鉴于澳门艺术馆应该更为了解藏品的来源，本文取 1920 年之说。

从前石湾陶艺制品不入帝王家，难邀富豪顾。自清末两广总督张之洞请石湾黄炳制九大簋模型神似，黄炳因而成名而石湾陶艺亦渐为世重。那时候，石湾陶艺名手叠代更出，陈渭岩、黄古珍、陈祖、潘玉书、潘铁达、梁百川、梁醉石（梁福）、刘佐朝等，先后各以所擅为各人所喜爱。人们更追搜黄炳以前的名家，于是上溯明代，下迄清初，祖堂居、可松、来禽轩、文如壁等制品，得者珍同拱璧，直与明代时已闻名全国的宜兴陶器、德化仙佛分庭抗礼，各擅胜场[17]

何秉聪先生（1918—1999 年），石湾邻乡张槎大江人，1949 年以后迁居香港。他自小喜爱石湾公仔，与民国时期的石湾陶塑艺人廖坚、梁华甫等相熟，对石湾清末民国时期的历史应该是非常熟悉。迁居香港后，曾为香港杂志《广角镜》撰写介绍石湾陶艺历史、名匠与陶器鉴藏的文章。他认为近代石湾陶艺的转折点在张之洞用石湾陶器一事之上。这类说法，近乎于民间传说，无从考据。上文提到 1904 年美国圣路易斯赛会的资料，或可对清末石湾陶艺的历史修正一二。其次，清宫也有收藏石湾陶器，也证明了“不入帝王家”的不实。[18] 但这段话的后半部分，基本上将清末民国时期的石湾名匠囊括其内，包括黄古珍（约 1836—1908 年）、黄炳（约生于 1815 年）、陈渭岩（约 1868—1926 年）、陈祖（约 1818—1891 年）、刘佐潮（1890—1933 年）、潘玉书（1889—1936 年）等。他们的陶艺制品，以案头摆件的小件石湾公仔为主。石湾生产小件人物、鸟兽陶塑的历史悠久。但近代以来的石湾陶塑，以赏玩、装饰为创作目的，有着鲜明的艺术意涵和审美意趣。这与历史上那些或为陪葬、或为日常祭拜、或为小儿玩物的小件陶塑截然不同。何秉聪先生所关注的应该是这类有艺术意识的陶艺制品。何秉聪大概相当于这批名匠的儿子或孙辈，所记的事应该较为准确。这段资料说明了，以本地人的观察，近代以后石湾陶塑名匠才出现，石湾陶器的收藏热也自此才兴起。

---

17. 陶人：《石湾人物陶塑欣赏》，香港大学冯平山博物馆编：《石湾陶展》，1979 年，第 281 页。
18. 2005 年广东省博物馆展《粤海珍萃：清代广东贡品特展》中见有石湾陶器，可证清代宫廷确有收藏石湾陶器。

花盆行与公仔行有很深的渊源，清末民初，也即案头摆件陶塑方兴未艾之际，其工匠有相当一部分是来自花盆行。两个行会均生产“艺术陶器”，但两者在传统时代却是分别从事不同类型陶塑的两个行会。上述的瓦脊、大型人物陶塑均由此行会生产。而“公仔行”的“公仔”，在广州话里就有“小件玩偶”的意思，其产品以案头摆件的人物、动物、鸟兽等小件陶塑为主，其成行时间较晚，大约是清末才逐步成行。上世纪五十年代，为了配合政府挽救、恢复民间工艺的宣传，公仔行的工匠，开始被宣传为过去一些患有疾病、受人歧视的工匠，他们因为不能从事其他较需体力的陶瓷行业，才不得已加入公仔行。陶泥公仔塑制，主要是手制，形体也不大，确实不太需要体力，因此能吸引一些有身体残疾（尤其是腿疾）、羸弱的人入行。但“受人歧视”一说有作伪、夸大之嫌。事实上，至少在民国时期，公仔行的从业人员为数不少，产品销售情况也相当不错。在清末民初，不少公仔行的名匠，就是从花盆行中转行的。现存的庙宇祠堂显示，宣统以后人们开始甚少用石湾瓦脊来装饰屋脊，瓦脊陶塑逐渐式微。花盆行内从事人物陶塑的工匠，极可能是因此而改为塑制其他的陶艺产品。现在所知的清末民国石湾陶塑名匠，有不少是兼入花盆、公仔两行，而较晚时期的陶塑名匠则只是入公仔行一行。从工匠的行会来源也可再次印证何秉聪先生的判断：名匠及其制品摆件陶塑兴起于清末民初。否则，不可能吸引来自大行会花盆行的工匠。何秉聪先生提到的陈渭岩、黄古珍、陈祖均是出身于花盆行。

来自花盆行、熟悉人物瓦脊和大型人物陶塑的工匠加入公仔行，也就意味着摆件陶塑深受瓦脊陶塑风格的影响。然而，仰视、平视与可低头俯视、仔细揣摩的观察角度不同，也决定了工匠在制作小件摆件时需要有新的突破和创造。清中后期的小件人物雕塑，常常整体施釉。这种手法减免了细节刻画的必要，头和四肢的表情、动作极为简单。而在清末，石湾小件陶塑的风格为之一变。由于早期参与创作的名家大部分都是

图 5　黄炳：《猫》，高 12.8 厘米，广东省博物馆藏

花盆行出身，因此，这个时期的陶塑既有瓦脊公仔大刀阔斧的简练，同时又开始注重头、四肢的细节表现，别具韵味。石湾的陶塑者，大概也是从这个时期开始追求艺术意味，以此吸引观众细心把玩。

在这一风格转变过程中，黄炳是其中一位重要的名匠。他有小件的人物、动物陶塑存世，其中尤以动物为著。釉色在其陶塑中不再重要，他更注重以陶土的原色（胎色）表现人物、动物的形态。其猫、鸭作品，通体不施釉，直接在其胎泥上刻画猫的细毛、鸭子羽毛，极力表现动物的动态和神韵。在石湾当地，这种塑造动物毛发的技法称为“胎毛技法”。这种技法，为前代石湾陶艺中所未见，应是艺人考虑到观众可以近距离欣赏而运用的。施毛是中国工笔画常用的技法，同时黄炳也有画作存世，相信他的“胎毛技法”是吸收了中国画的技法，以刻笔（多是竹片）代毛笔，将这种工笔技法运用到陶瓷器上（图 5）。

黄炳之后的两位重要陶艺家陈渭岩与其徒弟潘玉书，两者作品风格相互间的传承与分歧，也很能体现清末民初时期石湾陶塑技法与风格的变化。花盆行出身的陈渭岩，以大、中型陶塑为代表作品，在人物动态的刻画、衣服纹饰的表现上均较为简练含蓄。人物常常是正襟而坐，姿态端庄而面容庄重。如其代表作《六祖惠能像》，六祖坐姿端正庄严，面容慈祥，与陈渭岩在1910 年南洋劝业会上所展示的七座人物陶塑，风格一致。相比之下，其徒弟潘玉书的陶艺作品，在继承其师父的陶塑技法之余，在人物情节（动作）的选取以及人物性格、动态的表现，尤其是以衣纹的流动变现动态方面有更多的经营。比如他的《贵妃醉酒》，

图 6　陈渭岩：《六祖惠能像》，高 93 厘米，澳门艺术博物馆藏

图 7　潘玉书：《贵妃醉酒》，高 32 厘米，广东民间工艺博物馆藏

图 8 潘玉书：《卞庄打虎》，高 20 厘米，“潘玉书制”款，二义草堂藏

图 9 刘佐潮：《拍蚊公》，高 8.5 厘米

侍儿手扶贵妃，贵妃的帔帛飞扬，眉眼惺忪，很好地表现了贵妃“醉酒”后的媚态，而两人流畅婉转的衣纹，表现了贵妃醉后的脚步蹒跚。细腻的衣纹处理，令静止的陶塑人物增添了一股灵动的韵味。潘玉书的《卞庄打虎》，可能是他较为成熟的晚期作品。在情节的设定上，与他的其他作品相比显现出有更多的经营。陶艺家将情节选择在一虎已被打趴，卞庄趁机往另一虎迎头一脚。原以为已大功告成的老虎，被卞庄这一脚踹得身子直往后仰，神情慌张。卞庄一手按虎，一手握拳，嘴巴张开大吼，老虎吓得双眼凸起，表情极为灵动传神。与陈渭岩正襟危坐的造像相比，潘玉书的作品反映了他具有更为强烈的艺术表达意图。潘玉书的艺术风格，不仅对同时期，对后世的石湾陶艺也有深远的影响（图 6—图 8）。

从陈渭岩到潘玉书的风格传承与转变，也印证了从瓦脊陶塑到摆件陶塑，陶塑家需要有更多的艺术主动性地进行艺术创作，这与陶塑工匠按照固定程式有限度地发挥创作，是截然不同的。由于瓦脊是一段一段的场景相加，如同连环画和戏剧剧目一样连续播放，因此人物的内心世界不需太考究。同时，由于是远距离的仰视，不需太多的细节刻画。因此往往瓦脊公仔的人物表情单一，人物的一招一式均按照故事情节和戏剧情节设计，有板有眼之余也过于拘泥。而摆件公仔，是可把玩、品味之物，人物的动作、表情需有所选择取舍，作品的主题需具有一定的艺术意涵，否则无从品味再三。

无论是身前身后，刘佐潮或许都没有潘玉书出名。但纯粹公仔行起家的刘佐潮，其个人风格或许更能体现出较为纯粹的公仔行陶塑风格，更为古拙意长。刘佐潮的人物，多是“擒缩”（缩腰），个体通常较小。与潘玉书细腻的衣纹处理不同，刘佐潮对衣纹的处理十分简练，创作者着力于头部、手部、脚部细节的刻画。通过头部、四肢的刻画，表现人物的神态。根据何秉聪先生的忆述，他听说刘佐潮每到年晚，将所作公仔带到香港卖，例必下榻陆海通旅店，古董店闻风早已相候，先拣其佳作，余下便摆卖于六国饭店附近，过了新年才回石湾。[19]可见，当年他的作品也有不少爱好者（图 9）。

四、“美术”观念影响下的石湾陶塑

近代花盆行之衰落与公仔行之兴起的原因，与清末民国时期展览会的兴起关系密切，尤其是展览会对“美术”概念的推广与强化。随着近代西方知识体系的传入，物品有了新的分类标准，“美术”是其中一个典型例子。传统中国的“六艺”，礼、乐、射、御、书、数，指代的是技能、技术，与审美无关。1910 年南洋劝业会则以“美术”指代书画、金石雕刻、刺绣、古代陶瓷等类。代表广东物产的石湾陶器以“泥制玩具”参展，可能还不能称为“美术品”。该展览的陶瓷器得奖名册也未见有石湾陶器。根据目前的资料，最晚在 30 年代，石湾陶塑已成为“美术品”。潘玉书 1936 年在石湾当地（上约潘祠）筹办了个人作品展。据报道，“观众可免费入场，场内的展品均为非卖品，分有鸟兽、石山、人物三部份展出，此外还悬有名人潘冷残、陈恭受等人的题词十几幅。”[20]潘冷残，指的应该是潘达微，以曾收殓黄花岗七十二烈士而闻名于世，善绘画、摄影。这段资料证明了，最晚在 30 年代，陶艺家已意识到个人的艺术价值，已有开办个人作品展览的概念。1937 年初的第二次全国美展广东预

19. 何秉聪：《陶艺师傅略》，载香港艺术馆编：《历史、神话与传说：胡锦超先生捐赠石湾陶塑》，香港市政局出版，1986 年，第 550 页。

20.《石湾玉书作品展览会纪》，载《国华报》1936 年 2 月 7 日。

展会上，也有 70 件（套）石湾陶器参加预展。其中的参加者均为当时石湾的著名陶艺家，包括林棠煜、刘佐朝（潮）、潘玉书、霍津、陈赤、刘传、醉石轩（梁福）、吴清、罗流、潘雨生、何伦等，还有和生号、四兴号与冠华号三家店号。他们的作品售价大多在 7 至 10 元，定价最高的是刘佐潮的作品（50 元），参展的潘玉书作品“不售”。[21] 这一定价，当然不能与同场画家的定价（画价在 100 元以上）相比，陶塑艺人依然比画人地位略低。但同场展览证明，民国时期广东社会对陶塑是“美术品”的认可。1938 年有报纸以“石湾两陶匠”报道了黄炳、潘玉书。[22]

人们开始以“艺术品”的标准看待石湾陶塑的同时，其艺术评价的标准也开始建立。大约也是在这个时期，“传神”不仅成为了时人赞颂石湾陶塑的重要评价，也成为石湾陶塑风格的重要特征。在 1940 年的广东文物展览上，评论家是这样评价他的作品的：

行脚僧，是石湾陶土烧的人物，潘玉书手捏，高约五寸，穿着灰色的和尚服，秃其首，唇间突出两双长长的门牙，上身微俯，左手托砵前伸，右手出五指斜护砵旁，这个姿态已经够动人了，而还有更动人的，就是那两个神气活现的眼睛，这两个眼睛很像在对着每一个向它注视的人诉说它栗鹿风尘的劳苦，我相信，就是一个完全不懂得什么是艺术的人见了它，也要为之停着脚儿，不忍遽去的。就只这一点，已够表现出它的艺术价值了。看了这，谁敢说我们中国没有高超的艺人？就是法国十九世纪被人称为“只有他的眼，才能看透自然的核心；只有他的手，才能拔出自然的微末。”的大艺人罗丹，也不比我们这位作者高超得几许吧？[23]

当时评论家，以其作品《行脚僧》为例，完全是从艺术欣赏的角度评价潘玉书

21.《第二次全国美展广东预展会专刊》，1937 年，第 51—53 页。

22.《石湾两陶匠》，载《华字日报》（香港）1938 年 3 月 3 日。

23. 沧阁：《广东文物展览会印象记》，《民国日报》1940 年 3 月 29 日，广东文物展览会编：《广东文物》卷四，“报章之纪载”类，中国文化协进会，1941 年，第 244 页。

图 10　佚名：《拍蚊公》，高 11 厘米，长 18 厘米，原石湾美术陶瓷厂藏

图 11　在 1940 年广东文物展上展出的潘玉书《廋骨仙》

的陶塑，从陶塑人物的姿势、双眼等细节欣赏其陶塑，不仅将之称为“艺术’，还将潘玉书与法国大雕塑家罗丹相提并论。动人、传神，是评论家对潘玉书作品的重要评价。潘玉书在人物面部表情的刻画，以及人物的动作，尤其是能表达人物内心世界的动作的表现，都处理得非常细腻，令人物传神灵动，为观众营造无限的想象空间。这些细节，是用于远距离观赏的瓦脊陶塑所没有，也不需要的。而潘玉书的风格以及手法，真正迎合了摆件陶塑可近距离摩挲把玩的特点。也难怪他拥有众多的艺术赞助人，名满南中。

民国时期的石湾人物陶塑在题材上有所创新，相信与陶艺人开始有“艺术创作”的概念密不可分。根据广东省及香港两地博物馆的藏品，在明代至清代晚期以前，诸如观音、达摩、李白醉酒等为题材的人物陶塑已流行。随着摆件人物陶塑的兴起，在清末、民国时期陶塑题材开始多样化，不仅仅局限于过去的神佛、神话故事和传说。清末开始有表现现实人物的陶塑，诸如林则徐、陈渭岩本人的陶像。而在民国，诸如瘦骨仙、拍蚊公等反映市井生活的题材，更是这个时期一个很有意思的新主题。这类题材，常常是一个瘦骨嶙峋的男子坐在蒲团上，一腿竖起，双手自然垂下，又或一手垂下、一手正在举起准备拍打蚊子。全身以胎泥表现，骨骼清晰可见，突出其“瘦”，将石湾陶泥的可塑性充分发挥。而拍蚊的动作、表情栩栩如生，意味悠长（图 10、11）。除了市井人物外，仕女题材也是这个时期兴起的新题材，潘玉书的仕女陶塑是其中最为杰出的作品。

结语

研究石湾陶塑的文章和著作颇多，然而大部分的作者将眼光主要集中在陶塑本身，其创作意念、艺术特色成为讨论的核心。然而，艺术品的形成、交换、流通、评价与展示，是不同时代创作者与欣赏（消费）者之间互动的结果，有其外在的社会历史脉络与内在的艺术发展脉络。近代以来，知识体系的重构、社会制度与艺术市场的变迁，令传统时代地位低下的陶匠，成为受人称颂的“艺术家”。[24] 在这些外因之外，石湾陶塑自身也同样经历了从匠塑到艺塑的内在发展过程。市场的改变与展览的兴起的需求下，使得瓦脊陶塑衰落而案头摆件陶塑兴起。近代的案头摆件陶塑，无论是其创作者抑或其陶塑手法，均传承自瓦脊陶塑。但是，从远距离仰视到近距离把玩，观赏角度的转变引发陶艺家们超越参照戏剧的程式化人物题材，创新更能吸引观众细心揣摩的多样化题材，超越瓦脊陶塑极为简练，乃至近乎脸谱化的塑造风格，而在表现故事情节、人物内心世界等细节处着力。在传统的程式化、脸谱化的仙佛人物题材之外，大量迎合市井趣味的拍蚊公、瘦骨仙等，迎合文人趣味的胎毛猫、胎毛鸭子、仕女、历史人物以及有别于传统且有艺术意念的仙佛人物等新题材出现。创作者在参考中国绘画之余，更注重人物面部表情的刻画、人物姿态动作的设计以及故事情节的选择，其创作更有“艺术意识”。

与陶艺家们有意识地进行艺术创作，并开始具有“艺术家”意识的同时，人们也开始以“艺术品”欣赏这些陶塑，艺术赞助人（收藏家）开始涌现。“朴拙传神”是近代以来石湾陶塑家与艺术赞助人（评论人）共同建构的地域风格与审美标准。“朴拙”指的是用陶土（胎泥）原色以及厚重低调的釉色以突出人物的表情动作，而“传

---

24. 关于近代石湾陶塑艺人身份地位的转变，可见笔者：《艺术家的塑造——清末以来广东石湾美术陶瓷从业人员身份地位的建构》，《历史人类学学刊》2009 年第 2 期。

神”往往是通过故事情节的选择以及适度夸张的人物表情而达致，以此表现人物的丰富内心世界。从传统或通体施釉的陶塑人物、或程式化的祭祀神像，到正襟危坐的造像，再到诸如《贵妃醉酒》《卞庄打虎》《拍蚊公》等灵动传神的陶塑精品，到黄炳、陈渭岩，再到潘玉书、刘佐潮等民国的陶艺家，是“朴拙传神”风格不断成熟的过程。承前启后的一代石湾陶塑大师刘传及其学生庄稼，在上世纪六十年代更以“宜起不宜止、宜藏不宜露”十字总结石湾陶塑的创作经验，人物故事情节要选定在“情节动作发展到顶点之前的某一顷刻”（起），而非选定在情节动作完结那一刻（止）。[25]如何令陶塑“传神”，是近代以来几代石湾陶艺家们所不倦追求的审美趣味，而“传神”是民国以来艺术评论家们对石湾陶塑最重要的评价。

有论者认为，近代石湾陶塑风格的转变与成熟，与陈渭岩、潘玉书等吸收西洋雕塑技法有关，两位陶塑大师的陶塑人物比例较前代精准是为重要证据。瓦脊陶塑的人物头部较大、人物身体微俯，均是服从远距离仰视观赏的需要。比例精准、逼真写实的人物雕塑例子，在中国雕塑史上比比皆是。陶艺家们在设计人物身体比例以及姿态动作时，相信更多地是服从观赏需要，而非事实需要。1904 年的美国圣路易斯赛会以及 1910 年的南洋劝业会，石湾陶塑艺人均以照片为据，力图表现的是形神毕肖的现实人物，其人体比例精准。近代摄影的兴起，刺激了这一时期的陶艺创作。但这类写实陶塑并未成为近代摆件陶塑的主流。相反，为服从人物性格与内心世界而人体比例与面部表情适度夸张的陶塑，更为多见。近代石湾陶塑家们及其艺术赞助人，更倾向于“传神”而非“写真”的审美趣味。

艺术品风格的时代差异，是研究者分析作品风格源流之根据，更是作品断代、辨伪的重要依据。针对石湾陶塑断代标准不一而疑点重重的现状，罗敬礼先生请香港中文大学物理系以及香港大学物理系实验室对五件不同款识的吴南石堂（明代至清代）进行热释光测试。[26]然而，由于石湾案头陶塑兴起的时间不长，大约只有一个半世纪

---

25. 庄稼：《宜起不宜止、宜藏不宜露——刘传陶塑经验简介》，《美术》1962 年第 3 期。

26. 罗敬礼：《石湾古陶器新谈》，载《国际石湾陶艺会 2008 年年刊》，香港国际石湾陶艺会有限公司，2008 年，第 9—17 页。

的历史，从黄炳、陈渭岩至潘玉书、刘佐潮，再至刘传等，也大略是四、五代人。热释光的误差也在上下五十年，因此热释光能解决较长时段的断代问题，却不能解决所有的年代鉴定问题。对近代石湾陶塑而言，风格演变与时代气息依然是很重要的手段。创作者“艺术意识”的不断强化，表现在人物故事情节的选定、人物表情动作的设计、衣纹、四肢等的考究等等不断进步、不断成熟，是几代艺人最重要的风格代际差异，也是科学仪器所不能准确测定的。风格分析与类型比对，对石湾陶塑的研究与断代依然重要。

（本文曾发表在《收藏家》2016 年第 12 期）

从广州黄大仙祠沿革看黄大仙信仰的地方特色

刘翀*

【摘要】黄大仙信仰产生于金华，兴盛于岭南，在传播过程中不断融入岭南地方文化元素，成为典型的岭南民间信仰。位于广州花地湾的黄大仙祠在其百余年的兴衰历程中，虽几经迁徙，仍一直保留着“劝善济世”“三教共尊”等特征。现今的广州黄大仙祠由广州市道教协会管理，但在其建筑布局、神像设置等方面仍保留着不同于其他道教宫观的浓重的民间文化特征。这也充分展现出岭南黄大仙信仰隐藏于“正统化”过程中的地方性特质。

【关键词】黄大仙；道教宫观；民间信仰

岭南黄大仙信仰是在清代扶乩活动的促进下兴盛起来的。当时的花埭（现改称“花地”）是黄大仙信仰的中心，扶鸾堂众多，其中以普济坛、普庆坛、普化坛最为著名，它们也是后来重建黄大仙祠的重要依据。广州黄大仙祠位于芳村花地村，竣工于2004年12月，其建筑格局不同于正统道教宫观“十方丛林”的规范，而保留着岭南民间信仰特色，遗留着历史上扶乩道堂的痕迹。

一、广州黄大仙祠的沿革与现状

广州黄大仙祠始建于清朝光绪二十五年（1899），是广州宗教圣地之一，其香火鼎盛，在珠江三角洲一带有极大的影响。广州黄大仙祠的发展历程不仅仅是岭南道教发展的重要组成部分，也是广府民俗与民间信仰流变的重要例证。

岭南地区的黄大仙信仰盛行于清代，供奉黄大仙的宫庙坛场的兴建则与士大夫间的扶乩显圣的活动息息相关。岭南第一个黄大仙道坛是1897年创立于广东番禺大

* 刘翀，广州市海珠区文物博物管理中心职员。

岭村菩山的深柳堂。清末的岭南地区，时局动荡，疫病频发，民间道坛与善堂得以发展。供奉黄大仙的扶鸾堂由此出现，并随着黄大仙信仰影响力的扩大而发展，广州先后出现了普济坛、普庆坛、普化坛三个道坛。

1898 年，广东疬疫流行，深柳堂道侣们于同年八月二十三黄大仙宝诞时扶乩请示择地建观，广州出现了第一座黄大仙庙。该坛名号传为黄大仙箕示所赐，名曰“普济”，其内涵在《凉迷梦 · 玉帝命关圣帝君序》中阐释为：“喜诸子好善良可嘉，欲挽人心于未堕，愿大家除恶务尽，庶回气运之将衰，堂开普济坛。”[1] 普济堂的产生与发展基本形成了岭南黄大仙信仰的主要特点：①以“普济劝善”为信仰宗旨，并在此宗旨的引领下发展宗教慈善事业；②塑造黄大仙“有求必应”的灵验、全能的神性特质，并以此为信仰的核心；③视三教共尊为信仰原则，并在此原则下开拓、发展岭南黄大仙信仰文化[2]。1911 年清朝统治终结，寺庙道观在除旧立新的浪潮中遭到破坏，普济坛也未能幸免于难。1913 年，花埭黄大仙祠被没收，改为广东女子教养院。

1901 年，普济坛创始人之一的梁仁菴道长回到家乡广东南海县稔岗乡，建立岭南第二个黄大仙道坛——普庆坛。普庆坛创建之时只是一个道坛，两年后才建成花埭黄仙祠。普庆坛沿用了普济坛的宗教慈善模式，即施医赠药和著造劝善书。普庆坛于 1904 年设立药局，专门管理赠药事务。同时发展了种类齐全、分科严明的黄大仙药签，被岭南各黄大仙道坛沿用至今。梁仁菴重视道坛的宗教建设，他一方面广派弟子四处学习道教科仪，建立自己的经生队伍；另一方面又创立普庆坛自身的道号系统，力求使普庆坛黄大仙祠朝着正统道教宫观的规范方向发展。同时也通过神像的供奉力行“三教共尊”的信仰原则，确立了岭南黄大仙信仰的基本原则与实践方法。民国初，花棣黄大仙祠遭毁坏。1915 年，梁仁菴带着黄大仙画像前往香港，创立普宜坛，1921 年迁坛至竹园（啬色园）。1925 年香港黄大仙祠在啬色园建成。[3]

1. 功全备道：《惊迷梦》，啬色园出版社，1991 年，第 1 页。
2. 陈晨：《岭南黄大仙信仰研究》，中央民族大学 2010 年博士学位论文，第 68 页。
3. 吴志诚：《黄大仙骑鹤遨游世界》，广州市荔湾区政协学习和文史资料委员会编：《荔湾文史》（第 7 辑），2007 年，第 148 页。

图 1　今天的广州黄大仙祠（图片来源：广州黄大仙祠）

图 2　广州黄大仙祠黄大仙像（图片来源：广州黄大仙祠）

1930 年，掌控广东军政的陈济棠与其姨太太莫秀英在花埭原普济坛的附近又建造了一座黄大仙祠——普化坛。陈济棠笃信道教、沉迷扶乩，主粤期间曾多次举办道教醮坛。莫氏也是黄大仙的虔诚信徒，在普济坛被充公后，她感念神恩，在花地寺岸街收购了长林园，重建黄大仙祠，题刻了“金华分院”。但由于社会动荡，战乱频繁，普化坛规模比不上原黄大仙祠，但仍承其旧制赠医施药。1949 年后，受到历次政治运动的影响，该庙遭到破坏，普化坛渐渐被改做他用。

1985 年，芳村区成立后，不少信众倡议重建黄大仙祠。经广州市政府有关部门批准，决定在芳村花地（当时“花埭”之名已改为“花地”）复建广州黄大仙祠。1993 年 12 月 23 日举行了黄大仙祠复建工程的奠基仪式，1998 年底首期工程竣工，1999 年 2 月 6 日对外开放。2004 年 12 月第二期工程完工，广州黄大仙祠再次开放（图 1）。

黄大仙祠总占地 30 亩，建筑面积 6000 多平方米。在平面的布局上，没有沿用传统寺观三进院落小空间模式，而引入现代建筑大空间、大尺度等手法，采用明确的纵向中轴线布局。主体建筑坐北向南，处于仙祠的中心位置，并耸立于高 3.5 米、宽 70 米的宽大台基之上。主体建筑由正殿、配殿和风雨碑廊等组成，黄大仙正殿雄踞正中，前后出廊，重檐歇山顶，设计中特意将正殿通高抬升，为目前珠三角地区最高的宗教建筑之一。[4]

4. 广州黄大仙祠：《骑鹤到南天》，香港天马出版有限公司，2005 年，第 48 页。

广州黄大仙祠内共设有七殿，中央台基上为主殿和配殿，主殿坐北朝南供奉黄大仙，两侧配殿对门而开分祀吕祖与观音。另四殿则在台基下广场两侧的别院中，东边为财神殿、孔圣堂，西边为关帝庙、斗姆殿，均坐南朝北，与主殿相呼应。

主殿高 21 米，门高 4.1 米，宽 6.4 米，门槛高 0.25 米，用整条原木制成，殿门上书“赤松黄大仙祠”。殿内黄大仙像用青铜铸造，高 3.2 米，重 3000 公斤，2003 年得信众捐赠，铜像上覆金箔。黄大仙铜像安坐中殿，两侧没有陪祀，独享香火。神像两侧有布幔，书写着原普济坛黄大仙祠的对联：“叱羊传晋代，骑鹤到南天”（图 2）。

正殿与东西两侧配殿以低矮的风雨廊承接，形成三面围合的空间。西侧吕祖殿内原祀吕祖，雕像由整块花岗岩线刻而成，错金，吕洞宾负剑捧圭，身前有一童子托举着葫芦。后改为铜铸金身立像，戴纯阳巾，着道袍，左手结印竖于胸前，右手托拂尘，腰悬葫芦，背负法剑，脚踏波涛，两侧没有陪祀。东侧观音殿所奉观音像由整块汉白玉雕刻而成，左手结印，掌心朝外竖于胸前，右手持净瓶向下倾洒，踏于莲台之上，两旁没有金童玉女陪祀。

台基以下广场两侧建有两条岭南建筑风格的长廊，左边为“添福廊”，右边为“添寿廊”。广场东侧别院小门上正面石刻“通财”，背面石刻“有求”，西侧别院小门上正面石刻“如意”，背面石刻“必应”。

广场东侧别院为孔圣堂与财神殿。孔圣堂内为铜铸孔子立像，未施金身或彩绘，保留了黄铜原色。塑像造型取材自曲阜孔府石刻本，以据传为吴道子所绘的《先师孔子行教像》为原型，双手交叠于胸前并前伸，左手在前，右手在后，上身略前躬，为周代士人揖礼之态。孔圣堂西侧是财神殿，殿内供奉的是道教宫观中较为少见的文财神彩妆立像，头戴官帽，身着红袍，左手托金元宝，右手持一法贴，上书“财神到”。广东自改革开放以来，经济发展迅速，人们对财神的热情也十分高涨，佛、道寺庙中几乎都设有财神殿。

与孔圣堂、财神殿相对应的大门西侧别院，则设立了斗姆殿和关帝庙。斗姆殿内神像为铜铸坐像，以黄铜原色为底，衣饰施彩绘，仅保留了传统斗姆像“八臂”的特征，身前双手合十，身后上、中、下各有一对手臂。最上方一对手臂各举日、月；中间一对手臂，左手执圭，右手握环；下方一对手臂，左手持戟，右手拿弓。关帝庙内的关帝为立像，金盔金甲，外披红袍，左手虚捋长须，右手倒提青龙偃月刀，独祀庙中，两侧没有传统陪祀的关平、周仓像。

黄大仙祠门楼坐北向南，高 9.5 米，宽 7 米，门楣正面刻有隶书“黄大仙祠”，上面刻有小字“芳村胜迹”；背面则上刻“花地仙缘”，下刻“普济劝善”。门后是一广场，广场中央靠大门处立有一块石碑，正面刻有“普济坛”三字，彰显岭南本地黄大仙信仰的传统；背面刻有“金华分迹”四字，表明黄大仙信仰的渊源。

主殿后台基下有“玉液池”，供信众放生。池旁后花园放置了原普济坛的遗物，包括刻有王羲之手迹“叱羊岩”的大石。后花园走廊内有新凿的药仙井，用来纪念黄大仙行医救人的事迹。另有两层平顶小檐建筑作为道士用房，台基地下则是供信众安放亲属骨灰的长生堂。

二、黄大仙信仰在岭南的传播

黄大仙亦称赤松黄大仙，其信仰源起于晋代的今浙江金华地区，之后发展成为中国东南沿海地区的区域性神灵，并被道教所崇奉。黄大仙信仰虽形成于东南，却兴盛于岭南。近代以来，随着华人大量旅居海外，该信仰逐步向世界多地播衍。

据高致华称：“黄大仙俗名皇初平，然自晋代以来‘皇初平’与‘黄初平’”二者杂用的情形非常普遍。清代晚年，仙师于乩坛自称姓‘黄’，此后大众则以‘黄大仙’称之。”[5] 黄大仙传说最早见于葛洪《神仙传》所记载的皇初平“叱石成羊”之神迹。[6] 在葛洪的记载中，黄大仙原为兄弟二人，因而在文献中也多被称为“二皇君”。经过后世的不断补充，黄大仙的出生来历、家族谱系等内容已经十分完备，俨然成了

---

5. 高致华：《明代以后的黄大仙信仰》，田澍、王玉祥、杜常顺主编：《第十一届明史国际学术讨论会论文集》，天津古籍出版社，2007 年，第 749 页。
6. [晋] 葛洪：《神仙传》，《钦定四库全书》“子部十四 · 道家类”，乾隆四十一年刻本，另参考了 [宋] 张君房辑：《云笈七签 · 纪传部 · 神仙传》，华夏出版社，1996 年，第 671 页。

确有其人的历史人物，载于地方志书之中。[7]金华因系黄大仙信仰发迹之处，金华山因此成为道教三十六洞天之一[8]，而赤松宫自宋代以来则成为“江南道流冠冕”[9]。宋亡以后，赤松宫盛况不再，黄大仙信仰随着人群迁移逐渐流传至岭南地区。

通常认为黄大仙信仰传入岭南地区最迟应在明万历年间[10]，理由是道光《新会县志》中“叱石岩”的记载[11]，来自于黄初平的传说故事。但在岭南地区广为流传的则是另一个地方版本——罗浮山“黄野人传说”。《罗浮山志汇编》记载了两种不同版本的“黄野人”：

黄野人，葛洪弟子也。洪即仙去，留丹与罗浮柱石间。野人得一粒服之，遂为地行仙，常行人世间。或有遇之者，一日醉归，取煤书二诗壁上，渡海而去。诗载《艺文志》。（罗浮书）

黄励，石晋时，南汉据有百粤，励为祯州刺史（今惠州）。见刘氏淫行峻法，乃弃官如罗浮山水簾洞左，筑书院居焉，亦自号曰：“黄野人。”遇仙真，授以丹法，修炼得道。常服黄道衣，系皂条，腰悬玉瓢。每投药球，病随手辄愈。[12]

此二者均为岭南本地之人，前者攀附葛洪，带有强烈的民间色彩，满足了普通百姓的信仰需要。而后者以“投药治病”丰富了黄野人的善行，又使其形象文士化与道士化，增加了对知识阶层的吸引力。通常认为黄野人形象的设定是与道教神仙“黄初平”相融合的结果。黄初平与岭南地方传说中的罗浮山“黄野人”是否为同一人尚有争论，叶春生认为存在两个黄大仙信仰体系，黄野人是其中之一；陈华文则认为

7.[宋]倪守约：《金华赤松山志》，《正统道藏》（第11册），上海书店，1988年，第70页。
8.[前蜀]杜光庭：《洞天福地岳渎名山记》，《正统道藏》（第11册），上海书店，1988年，第58页。
9.[明]王懋德、陆凤仪纂修：《金华府志》卷二十四，万历六年刊本，成文出版社，1983年，第1743页。
10.黄兆汉：《黄大仙考略》，学生书局，1995年，第97页。
11.[清]黄培芳等：《新会县志》卷二，道光二十一年刊本，成文出版社，1966年，第38页。
12.[清]宋广业：《罗浮山志汇编》卷四，早稻田大学藏刻本，第12、27页。

两者分属不同神话传说系统[13]。无论学界观点如何，在民间流传过程中颇具地方特色的“黄野人”逐渐展现出“神仙”姿态，这一形象在《广东新语》中有充分的描述：

黄野人，相传葛洪弟子，洪仙去，留丹柱石间，野人服之。居罗浮为地行仙，往往与人相遇，或为黄冠，或儒者，或为溪翁、山妇，或牛，或犬，或鸟，或大胡蝶。凡山中所有物，皆能见之。

……

又有见黄野人，冠乌方帽，著靴，往来黄龙、华首之间，见人则大笑反走。一日醉归，以煤书壁上云：“云意不知沧海，春光欲上翠微。人间一堕千岁，犹爱梅花未归。”又有人于石岩间见一无衣人，绀毛覆体，异之。再拜问道，其人了不相顾，但长啸数声，响振林木。有一伛偻者遇之，令于道上俯拾一石以进，及起则腰膂自如。又有樵者，患脚疮不愈，一老人隔溪唤之使前，手削木皮傅之，其疮即愈。又有采笋者，夜宿深谷中，然木以辟云气，一木客就火而蹲，眉目如人，而黄发离披，以薪触之，稍稍退缩，相对寂然无言，至明乃跳跃而去。又有僧于聚霞峰侧，见一人从竹丛中惊出，披发至地，大呼疾奔入涧，视足迹长二尺许，是皆黄野人之所为云。[14]

具有裸身、大足、长啸、善变等特色的岭南民间黄野人施展颇具神仙风范的“医术、点化”，完成了黄大仙于岭南修炼得道、行医施药、拯救百姓的形象特征塑造[15]。岭南黄大仙信仰因香港道教兴盛而最终形成，“赤松黄大仙”名号的使用，也最终完成了“黄野人”与“皇初平”的合而为一。这与其说是民间信仰对于正统神仙的攀附，不如说是在借由正统神仙名号获得合法性后，民间信仰传统地方化演绎与自我传承的策略。

13. 阎江：《岭南黄大仙溯源考——从黄野人到黄大仙》，《岭南文史》2007 年第 1 期。

14.［清］屈大均：《广东新语》卷二十八，中华书局，1985 年，第 729 页。

15. 阎江：《岭南黄大仙考辨——以罗浮山野人传说为中心》，《宗教学研究》2007 年第 1 期。

三、黄大仙信仰的地方化特色

广州黄大仙祠现作为道教宫观，由广州市道教协会管理，其建筑格局和神祀设置等各方面均延续了清末“三坛”的传统，保留了鲜明的岭南文化特色。这些特色包括：首先符合一贯以来的“普济劝善”“有求必应”“三教共尊”的立庙宗旨；其次体现了岭南民间信仰的文化传统；最后则隐约暗示其民间扶乩设坛的传统渊源。

（一）民间信仰的“三教共尊”表达

广州黄大仙祠的建筑布局与传统全真宫观的建筑布局明显不同。传统的全真宫观通常把主殿三清殿建在面南的首位，而其他各殿堂按照其所奉主神的位次依次向后排列；殿堂的高度、规格等级也依次递减；宫观一般有三条平行的轴线：主殿、堂在中间的主轴线，而两边的轴线有两庑等辅助建筑。[16] 而广州历代黄大仙祠均以主殿供奉黄大仙，甚至不设三清殿。

在配祀神祇的选择上，广州黄大仙祠也继承了自普济堂开始形成的“三教共尊”特色。普济堂中曾供奉如来、弥勒、文殊三佛、观音大士、护法神韦驮等佛教神祇。普庆坛祀有城隍、文昌帝君、关公、齐天大圣等民间诸神，甚至受儒家重宗法的观念影响，修建了仙亲殿，供奉黄大仙三代仙亲。[17] 普化坛则更具道教特色一些，正面供奉黄大仙、吕洞宾、魏征，右面戳祠作为安奉各姓羽化道侣先灵之用，但不许外界入祀。[18]

广州黄大仙祠主要配祀的吕洞宾和观音分别是道教、佛教在中国影响最为深远的神祇。吕洞宾在全真道统中被奉为“五祖”之一，尊称“吕祖”。其信仰随着道教传播与文人创作而在民间盛行，成为民间最为熟知的道教神之一，各地名胜附会吕洞宾仙迹者不知其数。而观音女性菩萨的形象是佛教中国化最显著的例证，其以佛教神祇，被纳入道教仙班称为“慈航真人”，却又补充了一个充满儒教之孝道观念的“妙

16. 景安宁：《道教全真派宫观、造像与祖师》，中华书局，2012 年，第 117 页。
17. 陈晨：《岭南黄大仙信仰研究》，中央民族大学 2010 年博士学位论文，第 77 页。
18. 游子安：《香江显迹——啬色园历史与黄大仙信仰》，啬色园出版社，2006 年，第 32 页。

善公主”传说故事，明显表现出三教合流思想在民间的沉淀与传播。并且，黄大仙祠所奉祀的观音，直接以佛教神祇的名号出现，与其他道教宫观所称的“慈航殿”明显不同。

其他配祀的孔圣、财神、关帝、斗姆也同样是在这一主题思想下的选择。孔圣堂的设立可以认为是黄大仙祠最具特色的部分，孔子与道教的关联源于《礼记·曾子问》中孔子先后四次与老子会面的记载[19]，之后的许多文献，如《吕氏春秋》《孔子家语》《史记·老子韩非列传》也都沿用了这些记载。孔子一向奉于孔庙，以曲阜为甚，虽然佛道寺庙设立孔子塑像或刻画像并不鲜见，但独辟殿堂、奉以香烛的现象却十分稀罕。尤其是将孔圣堂称之为“堂”而非“殿”，也可以看作是对儒家崇奉的“不语怪力乱神” 观念的尊重。

斗姆与关帝均同时受佛道两教崇奉。斗姆在道教系统中又称“斗姥”，起源于古时星宿信仰，后来融合了佛教摩利支天形象，出现了如今四首八臂、手中各持法器的形象。而关帝信仰则最能反映“三教合流”在民间的影响，关羽是名副其实的“三教护法”，隋时成为佛教的“护教伽蓝”，宋以后被道教崇奉，成为四大护法元帅之一，万历年间被加封为“三界伏魔大帝神威远镇天尊关圣帝君”，因而被民间扶乩活动作为请降的主要神灵之一，儒家也十分推崇关羽的忠义，尊为“武圣”。相较而言，道教的“关圣帝君”地位更加尊崇，有掌握天兵，护卫四方，统辖阴阳两界，劝善惩恶的职责。[20] 关羽信仰逐步兴盛，不断向各行各业渗透，成为其保护神。并且，在民间信仰中，关羽还兼为武财神。黄大仙祠广场两侧别院的文武财神也正好对称而居，相映成趣。

黄大仙祠内并非一味地堆砌神祇，在其布局中所展现的“三教共尊”原则，也并非思想史意义上的 “三教合流”，而更加接近于以功利为目的，以“灵验”为标准的中国民间多神信仰的具体表达。正如葛兰言所描述的：“所谓“三教合一”的配方不过是表明了对任何教条的起码漠视。中国人并没有分成信仰各自宗教的不同群

19.［清］孙希旦：《礼记集解》，中华书局，1989 年，第 524、545、547、549 页。

20.《太上大圣朗灵上将护国妙经》，《正统道藏》（第 34 册），上海书店，1988 年，第 747 页。

体；依照固有的传统，他们会同时求助于和尚或道士，甚至是士大夫。他们不仅从没有教条化的门户之见，而且当他们有求于宗教专职人士的时候，并不把他们当作那样的人来尊崇。”[21] 尽管这一言论有过激之处，但对于中国民间信仰特点的描述是十分到位的。广州黄大仙祠所供奉的神像，展示的是一种民间崇奉者的视角，是以各神祇普遍流传于民间的形象来塑造的。

（二）神像形态的“地方历史”叙事

广州黄大仙祠最具岭南文化特色的主祀为黄大仙，其神像的造像形态与香港道教的“反哺”关系密切。香港道教的发展很大程度上有赖于清末广东信奉吕祖的扶乩道坛的勃兴，本身就具有十分鲜明的民间社会特征。

香港黄大仙祠——啬色园源于清末扶乩道坛普庆坛。1915 年，梁仁菴携花地黄大仙像来到香港， 1925 年香港黄大仙祠在啬色园竣工。[22] 在广州黄大仙祠复建遭遇资金困难时，香港加拿大置地有限公司给予了大力支持，该公司也凭借重建广州黄大仙祠的成功，击败诸多对手中标成为香港啬色园翻修工程总顾问，两地黄大仙祠的联系也因而更加密切。[23] 啬色园虽然主祀黄大仙，但仍是清末岭南以吕祖扶鸾为特色的道堂运动的代表。在广东境内流行的吕祖道堂是一个来自地方社会各阶层的皈依者组成的自愿性的宗教团体。[24] 清末广东道堂运动，在接二连三的大灾害和政治暴乱所引发的社会疲敝和动荡不安中，赢得了跨地域和跨阶层的支持，从而成为一个具有普遍性的宗教运动，其潮流一直延续到现代香港[25]，深受啬色园影响的黄大仙祠，采用了完全不同于其“金华祖庭”的黄大仙神像表现形态。

金华山黄大仙祖宫所祀黄大仙像，头戴莲花冠，身着红色法衣，左手结印，右

21.（法）葛兰言：《中国人的宗教信仰》，贵州人民出版社，2010 年，第 148 页。
22. 广州黄大仙祠：《骑鹤到南天》，第 127 页。
23. 广州黄大仙祠：《骑鹤到南天》，第 131 页。
24. 黎志添：《广东地方道教研究：道观、道士及科仪》，香港中文大学出版社，2007 年，第 117 页。
25.（日）志贺市子著，宋军译：《香港道教与扶乩信仰：历史与认同》，香港中文大学出版社，2013 年，第 303 页。

手怀抱拂尘（图 3）。该形象明显是以道教“三清祖师”为模板，极力体现庄严的仙家气度。而广州黄大仙祠供奉的黄大仙像则头戴纯阳巾，背倚青松，左手结印竖于胸前，右手持拂尘下拂，更具世俗生活气息，这一形象脱胎于香港啬色园供奉的黄大仙鎏金铜画像。香港的黄大仙祠无论规模大小，大多祀以黄大仙画像。啬色园黄大仙祠中便为鎏金铜画像，在烛光烟火映衬下，金光一片，难以窥见仙家真容，凭添几分神圣的气息（图 4）。而元清阁黄大仙祠则祀彩色画像，相传是 1947 年一次扶乩活动中，黄大仙降箕所授的“自画像”。如今民间广为流传的《黄大仙灵签》也通常以此像为封面。不同的神像造像风格，不仅仅是艺术表现手法的不同，而且是支撑彼此的两种地方化设计理念差异的体现。

（三）“扶乩神坛”的历史痕迹

岭南地区的黄大仙信仰盛行于清代，供奉黄大仙的宫庙坛场的兴建则与士大夫间的扶乩显圣的活动息息相关。“扶乩”又称“扶鸾”，起于唐代，是明清时盛行于士大夫间的一种道教占卜术。实施时由两名乩生执扶住乩架，使乩笔稍悬于乩盘之上，然后焚香念咒请神。神至，则乩笔自动在沙盘上划出文字，或与人唱和诗词，或示人吉凶休咎，或为人开方治病，事毕，神退，乩笔亦停止划动。[26] 扶乩原为道教占卜术，后逐渐演变为一种信仰治疗形式，以扶乩请神的方式为人开方治病。供奉黄大仙的扶鸾堂于清末乱世中出现，并随着黄大仙信仰的影响力扩大而发展，作为当今黄大仙祠前身的三个道坛——普济坛、普庆坛、普化坛均有过“灵验”的扶乩活动。

吕洞宾的信仰随着道教传播与文人创作而在民间盛行，除了作为全真祖师外，也曾是民间扶乩请降的重要神灵。吕祖获得民众信奉的最大原因在于他以慈悲渡世为成道的路径，发愿在济渡众生之后才自己成仙，随时随处与民众接近，也作为以丹药济世救人的神仙受到尊崇[27]。岭南地区吕祖道堂兴盛于晚清民国时期，吕祖道堂多具

26. 胡孚琛主编：《中华道教大辞典》，中国社会科学出版社，1995 年，第 832 页。
27. 游子安：《博济仙方——清末以来岭南地区仙方、善书与吕祖信仰》，《中国科技史杂志》2011 年增刊。

图 3　金华山黄大仙祖宫黄大仙像（图片来源：黄大仙祖庭官网 www.3qing.org/show-163.htm）

图 4　香港啬色园黄大仙祠黄大仙像

有“善社”形式，强调儒家修身精神，以广行善事、刊印善书等作为宗教实践的主题。[28] 作为扶乩道坛的历代黄大仙祠均奉吕祖，这一习惯与历史上的扶乩活动不无关系。

结语

在扶乩道坛基础上建立起来的黄大仙祠保留着显著的民间信仰特色。现在的广州黄大仙祠虽然已经划归道教宫观的范畴，由广州市道教协会管理，祠内各职司的道士也均自称继承全真教龙门派的道统，但在殿堂布局与神像设置上仍然有扶乩道坛的历史痕迹。学界在谈及民间信仰研究时，通常着眼于其与国家权力互动的“标准化”或“正统化”的历史过程。但除此之外，也不应该忽略，民间信仰现象的地方性特质，以及其自身的演绎与传承。

28. 黎志添《广东道教历史要述——以正一派、全真教及吕祖道坛为中心，兼论三者之间的互动关系》，赵卫东主编：《全真道研究》（第 1 辑），齐鲁书社，2011 年，第 124 页。

广州水上居民信仰禁忌文化的研究

谢棣英[*]　郑少霞[*]

【摘要】水上居民文化蕴藏着丰富多样的民俗信仰以及衍生出的禁忌文化，极大地丰富了广府文化的多元性。本文将立足于广州地区，以广州水上居民为研究对象，探析水上居民群体的信仰禁忌文化以及探讨其背后隐藏的深刻的社会原因。

【关键词】水上居民；信仰；禁忌

图 1　西堤边密密麻麻的水上小艇

一、广州水上居民的民俗信仰

（一）水上居民的诞生

水上居民，称为疍民、蛋民、蜑民、蜑蛮、蛮蜒、夷蜒、蜒蛮、水面居民、水居市民、水上人民等，自称为“水上人、龙种、龙户”等，是我国历史上一个独特的水上群体。在历史上，有关疍民群体的活动正史记载较少，但是他们的历史足迹丰富广泛，在明清的方志、地方的稗史、笔记和野乘中依稀可见。在地理分布上，“大约晋朝永嘉以后，以至隋代，疍民在地理上所分布的领域甚广。北到甘肃，

* 谢棣英，原广州市海珠区滨江街道文化站长，广东省省级非物质文化遗产项目咸水歌的代表性传承人、中国民间文艺家协会会员、广东咸水歌研究会副主席等。
* 郑少霞，广东省民间文艺家协会会员，助理研究员，暨南大学旅游管理硕士研究生。

图 2　20 世纪欢送水上居民迁新居

图 3　舞狮热烈欢迎水上居民上岸定居

南到广东，西至四川之西，东至湖北、湖南。”[1] 最早反映岭南疍民的文献大概是北宋《太平寰宇记》：“疍户，县所管，生在江海，居于舟船，随船往来，捕鱼为业。”[2] 中华人民共和国成立后，水上人认为称呼他们为“疍民”是赤裸裸的歧视，广东省政府于 1953 年 7 月发出《关于疍民改称“水上人民”并特殊照顾其政治地位的通知》，取消“疍民”称呼并给予他们特殊的照顾（图 1—图 3）。

虽然散见于这些史籍的有关零星记载，只有一鳞半爪，但是对于后人研究疍民群体文化有着举足轻重的参考价值，本文参考地方文献并通过田野调查的方式，对广州水上居民的信仰禁忌文化作初步研究和探索。

（二）水上居民的民俗信仰

在水上居民的小艇上，祖先牌位与妈祖等神灵并列在一起的，显然有别于汉族群体的祖先崇拜。虽然水上居民所信仰的北帝、妈祖、龙母或是观音等水神，在陆地均建有庙宇，但水上居民无法保证随时都能到陆地上进行祈拜，因此唯有将他们“请”到艇上与祖先并列在一起，方可达到每时每刻能够跪拜的目的。他们认为艇上有水神镇守，其他“妖魔鬼怪”无法入侵，能够阻挡外来的邪物，保佑他们平安。水上居民的信仰包括洪圣大王、天后娘娘、金花娘娘、北帝、观音娘娘、龙母、蛇神以及其他。

1.［晋］常璩著，任乃强校注：《华阳国志校补图注》，上海古籍出版社，1987 年，第 41—42 页。
2.［宋］乐史：《太平寰宇记》，中华书局，2007 年，第 3021 页。

图 4　海珠区土华村洪圣诞

1. 洪圣大王信仰

广利洪圣大王是民间对祝融的称呼，其记载最早见于唐朝韩愈撰《南海神庙碑记》：“考于传记，而南海神次最贵，在东西北三河伯之上，号为祝融”，洪圣大王司辖南海万二千里之极，后被尊为南海之神，祀所为现广州东郊的南海神庙。祝融在广东人的心目中，虽是火神，但更多是水神，屈大均在《广东新语》解释祝融兼司水火而为南海神：“祝融，火帝也。帝于南岳，又帝于南海者。《石氏星经》云：南方赤帝，其精朱鸟，为七宿，司夏，司火，司南岳，司南海，司南方是也。司火而兼司水，盖天地之道。火之本在水，水足于中，而后火生于外。火非水无以为命。水非火无以为性，水与火分而不分，故祝融兼而为水火之帝也。其都南岳，故南岳主峰名祝融，其离宫在扶胥……四海以南为尊，以天之阳在焉。”[3] 其神诞为期三天，从农历二月十一日开始，十三日为正诞（图 4）。

2. 天后信仰

由于江河湖海的风险难以预测，为了祈求航海平安，不少水上居民会在自己的船艇上设立妈祖神像或是神位，并且在船舶启航前先虔诚地拜祭妈祖，祈求保佑一路平安。他们对妈祖的虔诚膜拜超过其他各地的神灵，她是水上居民重要的信奉神祇，是著名的航海守护神。在农历三月二十三日天后诞，水上居民出海作业不论远近都要赶回来烧“头柱香”以及进行隆重庆贺（图 5、图 6）。在《广府文化》中就有详细描述：

妈祖诞期视为大节，郊区有天后庙的均打醮庆贺。以河南沙园一带最为热闹，

3. [清] 屈大均：《广东新语》卷六《神语·南海之帝》，中华书局，1985 年，第 207 页。

图 5　南沙区的天后诞活动现场

图 6　海珠区龙潭村天后诞活动现场

家家请亲友前来观看迎神出会。该处虽无天后庙，却有天后像，每年诞前必求神“问杯”，卜到某街，即将天后像送到某街公所或祠堂中供奉。是日迎神送神，各街均出仪仗、乐手，或舞狮、舞龙，游行于各村之中。各村在村口、祠堂备祭，迎送天后妈祖路过。各家也摆香花祭品，神像经过时燃放爆炮。一连三天演戏酬神，来客也住三天，气氛热烈。[4]

3. 金花娘娘信仰

广州水上居民在生育方面多崇拜金花娘娘，他们认为金花娘娘既能送子送福，还能够催生保生。旧时金花祠，广州城处处有之[5]，如今广州地区仅存西关华贵路观音庙前 5 号金花庙、萝岗玉岩书院金花庙、黄埔区长洲岛的金花庙。在广东地区，土人呼小儿曰“花仔”，男曰“白花”，女曰“红花”[6]，水上居民在金花夫人庙求嗣，有谣：“祈子金花，多得白花，三年两朵，离离成果”。对于水上居民而言，他们更倾向求生女莫生男，林象銮《羊城竹枝词》描述“疍户生涯托水涯，但求生女莫生儿。河南有个金花庙，庙侧桃花子满枝。”金花娘娘的诞辰为农历四月十七日，水上居民会划着小艇从四面八方纷纷前去金花庙拜祭，其中以珠江南岸的金花庙最为热闹。《羊

4. 陈泽泓：《广府文化》，广东省人民出版社，2008 年，第 383 页。
5. 张渠：《粤东闻见录》，广东高等教育出版社，1990 年，第 68 页。
6. 黄佛颐：《广州城坊志》，广东人民出版社，1994 年，第 705—706 页。

城古钞》卷三中记载着“每首夏神诞，报赛者烟花、火炮、百戏骈集，歌舞一声旬月未已焉”。又如叶英华《珠江棹歌》：“金花葵扇及高香，许愿酬神逐队忙。妾久住居鸡鸭窖，嫁郎须近凤凰冈”（图 7）。[7]

图 7　长洲街福聚坊大街 26 号的金花古庙

4. 北帝信仰

水上居民认为北帝是统领水族的道教民间神祇，是海龙王手下专管鱼虾的海神，能够控制水源，治水降火，消灭龟精蟒妖，御灾捍患等，故信奉北帝。《南海县志》载；“粤为炎州，玄帝（北帝）以水济火，补造化之偏，将见泽槁嘘枯，御灾捍患，俱于是乎在。帝所凭依实惟兹庙，是可不一新之，以竦视听而宏福乡也乎！”[8] 北帝司水，水能灭火，再加之岸上的老百姓外出进行日常的货物交换、出行来往等都会以水上居民划动的舟艇为主，当然要防水道风浪的危险，保护生命财产的安全。农历三月初三为北帝的诞期，水上居民会在这一天准备三牲五礼到神像前烧香朝拜（图 8）。

图 8　海珠区黄埔村的北帝诞游行活动

7. 雷梦水：《中华竹枝词（第四册）》，北京古籍出版社，1997 年，第 2878 页。
8.《南海县志 · 金石》（道光），成文出版社，1967 年，第 200 页。

5. 观音信仰

观音，又称观世音、观自在，俗称为观音菩萨、观音娘娘。观音是四大菩萨之一，是阿弥陀佛座下的上首菩萨。在佛教中，观音被奉为大慈大悲、救苦救难、有求必应的菩萨，遇难众生只须诵念其名号，其即前往拯救解难，故名观音。水上居民喜欢观音不仅是因为观音美丽、善良，全知全能，掌管着送子、催生等众生平凡事情，更是由于许多灵验传说的推波助澜，使得人们虔诚地相信观音能够满足他们的“功利主义”宗教心理需求。观音诞期为农历二月十九、六月十九、九月十九等，水上居民在观音诞期烧香拜佛，图个吉利。

6. 蛇神信仰

自古以来，岭南地区由于环境恶劣，森林茂密，毒蛇猖獗，被中原人视为“蛮荒”的瘴疠之地。而生存在江河流域的疍民更是过着穷凶险恶的生活，他们通过崇拜蛇神获得出入平安，凡船舶停泊处的岸边均建有蛇神宫，可说蛇神信仰是疍民最原始最古老的信仰之一。顾炎武在《天下郡国利病书》中记载：“自古以南蛮为蛇种，观其疍家神宫蛇像可见”。明代邝露《赤雅》载：“疍人神宫，画蛇以祭，自云龙种。浮家泛宅，或住水浒，或住水澜，捕鱼而食，不事耕种。”至清末，由于繁杂的水神信仰，疍民的蛇神信仰逐渐式微。现今大多水上居民都不知祖父先辈有蛇神信仰的风俗，但我们可从水上居民的船艇中的祖宗神龛上可发现其崇拜蛇神的余风，如神龛的形状为朱红色的龙殿，殿口有 2 条金龙盘柱，内设祖宗牌位，并在船屋内设神座祀天妃、龙母、金花娘娘、观音等。

7. 龙母信仰

对于漂泊在江河湖海的水上居民来说，“龙母”诞辰是一个非常隆重的日子，家家户户在农历五月初便陆续自愿到庙中捐资办诞。诞期期间，大家必请道工设坛、作法，继而到庙中参拜、上香、祈福。“龙母诞”的来源说法不一，其中最令人信服的是在清道光年间，一位水上居民的妇女在浅海作业时，突然看见一条大鱼退潮时在沙滩上搁浅而死，便捡回家中欲食之，忽然发现鱼又复活，妇女把这件事情告诉邻里街坊，大家都把这条鱼作为“神鱼”供奉。村民焚香祷告后，就将这条神鱼放生。翌日，“龙

图 9　20 世纪初在艇上的传教士

母娘娘”附体于一位水上居民身上，显灵说：我乃四海龙王的母亲，掌管海上的一切，如能建“龙母庙”供奉，并把每年农历五月十六作为贺诞，我可保风平浪静、兴旺发达。”说完后，附身的水上居民便清醒过来，看着众人吃惊的神情，感到一头雾水。众人跪倒，呼叫龙母娘娘显灵。

8. 外来宗教信仰

鸦片战争之后，许多水上居民为了得到庇护而加入天主教、基督教、伊斯兰教等教会。加入教会后的他们可以到教会办的学校去上学，去教会开的诊所看病等。由于陆上居民害怕洋人，不敢对登陆的水上居民加以迫害。相对陆上一般的居民而言，教会对疍民并无太多歧视，至今上岸后的水上居民信奉基督教、天主教等宗教的仍然占据相当的比例。如在广州市海珠区的基立村，曾是基督教徒的天堂，“基立”取自圣经《列王记上》所记载，先知以利亚退隐于基立溪旁，受乌鸦的供养，等待神的指引前往西顿撒勒法。外国传教士在基立村建村，对水上居民开始了他们的异乡传教之路（图 9）。

9. 其他信仰

水上居民遇到生、老、病、死等诸事的时候，都要找声称能与鬼神通灵的“拜神婆”（巫婆）或“拜神仔”（巫师）问个究竟，问个原由和出处，俗称“问米”。如果是逢久病不愈，水上居民习惯找“拜神婆”求茶治病；遇重大事情，如开店做生意或小孩升学等，则请“拜神婆”作祈福求庇佑，也有“年头作福，年尾还神”保佑阖家全年平安的习惯等。如在《请神明》中就展示出水上居民对各路神明的敬仰之情：

一请玉插天上帝，二请慈悲观世音，

三请庙堂兼土地，四来拜请各神明。

二、广州水上居民禁忌行为文化

在大自然面前，水上居民希望通过对这种超自然的祈求、膜拜来获得庇护，从而达到消灾去祸的目的，如此便产生了原始的民俗信仰，不管吉凶都要托诸神灵。他们在生活上会遵守诸多禁忌文化，主要是为了表达对超自然力量的敬畏，期望能够获得神灵的庇护，重塑征服自然的信心。

（一）语言的忌说言辞

1. 语言禁忌

在生活中，水上居民忌说“翻”“沉”“搁”“覆”“退”“横”等字，甚至与之音义相近的字均在避讳之列。如煎鱼或炒菜时忌说“翻”字，要说“顺”；敬酒席忌说“饮干”，要说“饮胜”；“猪肝”“豆腐干”也要改称“猪润”“豆腐润”；“苦瓜”改说“凉瓜”；“空心菜”改称“通菜”；“丝瓜”改称“胜瓜”；“猪血”“鸡血”“鸭血”称为“猪红”“鸡红”“鸭红”；“蛇猫鸡汤”被称“龙虎凤汤”等。这类忌说言辞，甚至还影响了岸上普罗大众的生活语言，至今广州居民用语中还保留大量的痕迹。

2. 命名的禁忌文化

一是经常会带有“水”字或是以水产品命名。在同治《番禺县 · 风俗》讲述，水上居民命名“其女大者曰鱼妹，小曰蚬妹”，再如“水妹”“水娣”“虾妹”“虾女”“细虾”等。

二是多含有“有”“带”，意为“乜嘢都带有”。如“水有”“有水”“有妹”“带水”“水带”等。

三是多含有“金”或“银”字，水上居民希望孩子长大成人后能够过上富足的生活，表达他们对未来美好生活的期盼。如“金娣”“银娣”“金水”等。

四是多含有对生男孩的期盼。水上人多期盼生女儿帮忙干船艇家务活，但是重

图 10　在艇上洗衣物的水上人

图 11　在河涌上的水上人撑艇

男轻女的思想仍然占据上风，因而女儿的名字多取为“招弟”，意为招个弟弟（图 10）。

五是多带有动物的称呼。如“猫仔”“狗仔”“猪仔”“虾仔”等。生存环境恶劣导致水上小孩的存活率较低，名字多为“动物”的称呼，希望孩子们能够粗生粗养，无灾无病，健康成长。以“狗仔”为例，“狗”在粤语发音与“久”同音，意为“长长久久”（图 11）。

（二）生活生产的行为禁忌

1. 艇上行走禁止穿鞋，也不准穿鞋者登艇，因“鞋”音不吉利。

2. 忌搭船时坐在船边将脚悬空吊在船沿。因为在广州话中，“空”与“凶”同音，这被认为是船会驶上沙滩或搁浅的不祥之兆。

3. 忌人从船头经过。水上居民认为人从船头经过多是落水而死的漂浮之尸（俗称“水马”）；忌在船头上“方便”；忌“月头婆”（分娩后未满一个月的产妇）过船或碰到自己的船只；忌男人婚后未满一个月上船出海生产；刚出海的新艇忌直接驶出海，必须在浅海附近来回绕航；如新艇出海，必须叫上另一只艇伴航，否则“有来无回”。

4. 在日常拉网作业时，水上居民忌从网上跨过，否则影响到渔业的收获。

5. 水上居民忌惮捕捉海龟，他们认为海龟是神物。如果意外捕获，也会将其放生，不然就会触怒神灵。

6. 忌吃鱼的眼睛。水上居民认为眼睛是辨别方向避免触礁的保证，鱼眼也被称为“龙目”，所以他们一般都不会吃鱼眼。有的人家会在船头刻画鱼目以保佑避免触礁。

7. 忌见一切反覆之物。水上居民家对反覆之物是较为反感的，他们忌将煮饭的铁锅（鼎）反覆在地上除烟；忌将盆反覆在水面；忌餐具如汤匙、筷子覆翻在汤碗里；忌吃鱼翻而再吃另一半等。

8. 忌救落水者。过去遇人溺水，水上居民常常是袖手旁观，不肯搭救，恐鬼神迁怒而让自己受牵连，变成了“替死鬼”。即便出手救人，水上居民也会把一烧饭炉子抛入水中作“替身”。

三、水上居民民俗信仰文化的影响

（一）水上居民民俗信仰的缘由

1. 祈求神明庇佑平安健康

从民俗信仰心理来看，水上居民信奉神明乃是满足人性与个人生命的需求。过去，由于社会生产力的低下和人们认识能力的局限，水上居民对自然、社会和人类自身的认识相当肤浅，甚至有错误和歪曲。当先人在与自然界的斗争中处于劣势地位时，就幻想自然界背后还有一种比之更强大的神秘力量在控制、操纵。他们常常漂泊在茫茫的江海上，经常要与狂风暴雨搏斗，生死由天定，他们渴望有神明能够拯救他们，同时又怀揣着对丰收的渴望。在希望和恐惧、生存和死亡的落差之间，水上居民只能祈求神明的护佑。为了得到神明的庇佑，他们除了虔诚地供奉之外，还会通过重大祭祀活动阶段性地与神灵沟通交流，进而展示他们最虔诚的信奉（图 12）。

2. 对心灵归属和幸福生活的追求

在大开放的社会环境下，水上居民信奉外来宗教是社会进步，是对归属感的追

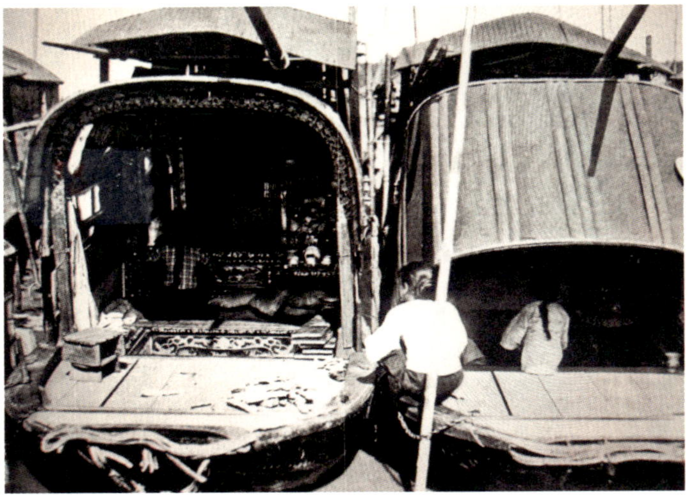

图 12　水上小艇摆放着神龛

求和对美好幸福生活的向往。在大环境背景下，广府文化民系是开放的、务实的、善变的，这与其自然环境条件和历史环境条件有着密切的关系。在自然环境条件下，广州拥有着便利的水路交通，江海交汇，四通八达，有着对外贸易中心的优越地位与开放的经济交流，同时远离政治中心，广州在这开放的环境下对外来文化从容相待，有着一种自觉的拿来主义，外来宗教如伊斯兰教、基督教和天主教等，都是以广州作为桥头堡，渗透到广府文化的各个领域，而水上居民常年漂泊在珠江河流域上，与大海打交道，是最先接触各种外来文化的群体。鸦片战争后，许多水上居民加入天主教、基督教、伊斯兰教等教会。

（二）民俗信仰的积极和消极影响

20 世纪 90 年代，随着政府安置水上居民上岸定居工作的完成，他们的文化习俗如诸多的民俗信仰也被传承下来。从科学的角度来看，水上居民的传统文化习俗大多来源对于大自然的畏惧以及对客观世界的肤浅理解甚至歪曲，带有很强烈的主观性。对水上居民们而言，民俗信仰以及衍生的禁忌习俗在不同性质的社会和不同的历史阶段里均具有一定的作用现实意义。

1. 积极作用

（1）调解人与自然和社会的关系。民俗信仰能够有效地调整人与自然界的关系，使得人们适应自然界，保护自然界，让自然界为人们服务。由于当时社会发展较为缓慢，生产力水平低下，水上居民在江河湖海上常面临着凶险恶劣的水上环境，天灾人祸是家常便饭，他们恐惧、害怕、无力对抗大自然。虽然信奉北帝、天后、妈祖等以及遵循一些禁忌不能完全地消除大自然的威胁，但是对神明心怀崇敬和严格恪守禁忌却能够减少或是免遭难以抵制的祸害，他们获得掌管天地的神秘力量的庇佑。在心理的层面上，水上居民通过对信奉民俗和遵守禁忌摆脱了在社会实践中重重遇挫的被动局面，从而给予饱受现实摧残的水上居民精神的慰藉，获得心灵的抚慰。

（2）有效补偿文化教育缺失。对于大多数的水上居民而言，他们没有四方的学堂，没有文房四宝，没有学富五车的启蒙老师，他们只有一艘流动的小艇，终日漂泊在珠江河流域上。然而水上居民道德品行的塑造并没有因此断层，水上居民群体的禁忌习俗在很大程度上俗弥补了这一缺憾。在水上家庭里，大人们用信仰和禁忌习俗来教育孩子，他们由此逐渐知道自己不应该做什么，什么是不可接触、不可饮食、不可触犯的。孩子遵守相关的禁忌时，其他人给予他们认可和支持，如果做了诋毁神明、对神明不敬、不遵守禁忌的事情，将会遭到责骂和谴责并且被排斥在一些社会活动之外。

（3）调整人与人、人与社会的关系以及维护社会公共秩序的作用。如天后诞或是北帝诞等民俗节日能够将分散在江河流各处的水上居民的心凝聚在一起，他们供奉共同的神明，受到共同的神明庇佑。

2. 消极作用

在漫长的岁月里，水上居民宗教信仰文化在历史的变迁中延续，并深深地根植于水上居民的心中，成为了他们的生活习惯，然而其中也掺杂着不符合现代文明的民俗。如水上居民遇到生、老、病、死等诸事的时候，都要到声称能与鬼神通灵的“拜神婆”处问个究竟，俗称“问米”。若是逢久病不愈，水上居民习惯找“拜神婆”求茶治病；忌救落水者，他们认为落水者皆该死，是水鬼找替身。如果救落水者，将使水鬼无法找到替身而获得转世，水鬼就会迁怒于救者。他们笃信神灵而缺乏科学知识。

这些根植于传统渔业社会的人文风俗，并未随着现代社会的转型而自然升级，而是作为一股习惯力量发挥着复杂的作用，亟待以社会主义核心价值观和现代治理文化予以重塑。

四、结语

出海三分命，上岸低头行。特殊生存环境铸就了水上居民独特的文化习俗。水上居民的信仰是一种多神、杂神的信仰，其信仰上的混乱，实际上是基于现世利益的信仰。虽然伴随着社会文化和经济的变迁，水上居民的传统信仰对象出现了内容、形式和空间等方面的变化，但是多神信仰始终未变。同时水上居民的生活群体里还存在类型多样且带有独特水上韵味的禁忌文化，它以独特的规范性，逐步塑造水上居民别样的历史社会形态。水上居民民俗信仰的产生与演变，深刻反映了水上居民在认识改造自然过程中价值观念与内在族群心理的转变历程。对于水上居民的信仰文化，我们需要客观深入挖掘、客观保护、有针对性地继承和发扬其积极的一面，摒除消极一面。

论民族文化瑰宝之瑶族“耍歌堂”

——以连南八排瑶为例

李威[*]

【摘要】本文论述了连南非物质文化遗产瑶族“耍歌堂”的起源形式和文化内涵，强调“耍歌堂”的保护与传承对强化民族认同、促进民族团结和传播瑶族文化、保护文化多样性以及带动瑶族地区经济发展有着重要意义。在促进保护与传承方面，本文提出加强宣传、投入资金和技术等方面的措施。。

【关键词】连南耍歌堂；瑶族；非物质文化遗产

党的十九大报告强调，要坚定文化自信，推动社会主义文化繁荣兴盛，加强文物保护利用和文化遗产保护传承，提高国家文化软实力。瑶族民俗歌舞“耍歌堂”是传承瑶族文化、民间信仰、艺术和习俗的重要纽带，凭借着其特有的民俗文化魅力，2006年被国务院列为第一批国家级非物质文化遗产，2017年获得“最具民族特色节庆”荣誉。在新时代，在非物质文化遗产视野下做好“耍歌堂”的保护与传承工作具有深远的历史意义和重要的现实意义。

一、瑶族“耍歌堂”的起源形式及文化内涵

连南八排瑶是瑶族盘瑶支系里的一个分支，八排瑶是一个民间艺术丰富多彩的瑶族，素有“能说话就会唱歌，能走路就会跳舞”的美誉。在当今社会的长期发展进

* 李威，广东瑶族博物馆展览宣教股股长，助理馆员。

程和快速的现代化生活中，瑶族产生了丰富多彩的民间艺术形式，“耍歌堂”就是其民俗文化中非常重要的组成部分。

（一）“耍歌堂”的起源

在连南八排瑶地区有这样一个传说：张召二郎是八排瑶族远古的祖先，是一个聪明能干的人，有一次张召二郎去河里捕鱼，不久遇上山洪爆发，河水迅猛暴涨，张召二郎感觉情形不对，就赶紧涉水往对岸游，经过无数漩涡和险滩，九死一生，终于上岸了。一到岸边张召二郎即刻昏睡过去，冥冥当中，灵魂出窍，到处周游，不想遇到了亡妻，喜极而泣，互诉衷肠后，他就跟着亡妻到了阴间地府，认识了亡妻的鬼丈夫。此时，阴间地府正好举办“歌堂”盛会，不论大小鬼，全部都要参加。亡妻就跟张召二郎说：“不如你也去看一看吧，这‘歌堂’人间是没有的，里面有唱有跳，有酒有肉，热闹非凡，‘仰线周’（八排瑶语很好看的意思）。”张召二郎听后欣然同往，但由于是阳人，不能到“歌堂”会场中观看。于是，亡妻的鬼丈夫就带他到房顶瓦面往下看。当听到鬼“歌堂”唱经悦耳动听、看到的鬼舞蹈赏心悦目，张召二郎感觉心旷神怡，如痴如醉，如掉入了蜜糖罐般的幸福，深深地陷入了“歌堂”的情景当中不能自拔。为了听得更清楚和看得更明白，张召二郎要求下到场内，就近体验。亡妻的鬼丈夫就把他藏在腋下，来到了会场当中，张召二郎如愿以偿的把看到的和听到的“歌堂”内容清楚明白地，而且牢牢地记在脑海里。时间一长，阳人的气味被鬼嗅到，顿时会场一片混乱，众鬼扬言要找出阳人并吃掉他。不得已，亡妻和鬼丈夫赶紧偷偷地把张召二郎送回了阳间。张召二郎历经艰辛，终于回到了家。但鬼“歌堂”的盛况仍历历在目，无法忘怀。而且始终认为如果把鬼“歌堂”搬到人间，对增进族人的交流、振奋族人的精神、保持族人的兴旺发达具有重要的作用。从此，他把“歌堂”的宣传作为毕生重要的事务，凭非凡的毅力把所看到的和所听到的鬼“歌堂”内容一一写下来，传授给族人，为推动“耍歌堂”不遗余力，最终完成了八排瑶“挨歌堂”（耍歌堂）的“歌堂”盛会大型法事活动节目。时至今日，庙宇都有张召二郎的神位，每逢“耍歌堂”祀主必祭拜张召二郎，而“耍歌堂”也发展成为集纪念祖先、追忆历史、庆祝丰收、酬神还愿和群众性的娱乐活动等为一体的传统的民族盛会。

瑶族“耍歌堂”是瑶族人民为了祭奠祖先和欢庆丰收的大喜日子，是在农历十月十六举行的最隆重、最盛大的传统节日，具有强烈的瑶族地方特色。传说“五色龙犬”在高王叛乱侵犯之时，帮助平王平息战乱，立下大功，被封为盘王。并与平王的三女儿三公主结为夫妻，后与公主生下六男六女，平王封他为始祖盘古王，六男六女皆为王瑶子孙，并赐予十二姓，相传这就是瑶族十二姓人的来源。瑶族人民将盘古王的雕像供奉在族人庙里，崇奉他为民族始祖。又相传盘古王死于农历十月十六，这个日子又是盘古皇母的诞辰之日，再加上此时节农作物都已收获在仓。因此，瑶族人民在此时祭祀始祖，喜庆收获，祈求来年风调雨顺，人丁兴旺。农历十月十六当天的祭祀仪式分外隆重，瑶族人民从四面八方来到活动场地聚集在一起，采用讴歌跳舞、过州过府等形式来纪念祖先的功德，歌颂祖先的奋斗精神，热闹非凡，这就是后来的“耍歌堂”。连南八排瑶“耍歌堂”活动中，斗歌占用了大多数的时间，斗歌是在“优嗨”歌后才进行的，是由一位德高望重的“歌王”或是老歌手在歌堂坪上唱“优嗨”歌，歌声嘹亮开阔，极富号召力，大家呼应和唱，采用“优嗨”表达赞同之意。斗歌时只有男性参加，女性则静静地在一旁观看，年轻姑娘们抓住这个机会，找寻心中合适的对象。到了傍晚，主要进行男女对歌环节，唱出各自的家庭情况及对彼此的爱慕之情，姑娘们在分散进行的对歌中，与看中了的如意郎君各自谈天说地。

八排瑶“耍歌堂”里还有原生态的乐器演奏和传统的长鼓舞表演。瑶族人民用芒笛、五月箫等演奏乐曲表达感情，跳起长鼓舞、师爷舞、过州舞等，舞步矫健、鼓音动人。老艺人和乐手们则把握住这个良好机会，寻找合适的学徒。同样的，年轻人也可以找到自己崇拜的师傅，拜师学艺，学习“耍歌堂”中的各项技能。活动节日从早上开始进行，夜色来临时燃起篝火，大家饮酒、吃肉，气氛非常热烈。

（二）“耍歌堂”的文化内涵

“耍歌堂”活动涉及文化、宗教、艺术等多个方面。活动中，不管是舞蹈元素、音乐旋律还是宗教环节，都充分体现出瑶族人民团结协作和坚韧不拔的乐观精神，具有丰富的民族文化内涵。

八排瑶“耍歌堂”对于瑶族音乐舞蹈的传承和发展起到了重要作用。活动中对以原生态方式演绎的“优嗨”歌、历史歌、生产歌、爱情歌等各类瑶歌起到了保存、发展的作用；民族乐器五月箫、芒笛、牛角等作为民族艺术的象征，也在“耍歌堂“活动中得以传承下来；具有强烈民族特色和很高艺术价值的长鼓舞、师爷舞、过州舞等，也都在活动中得到传承和发展。尤其是难度大、技艺性强、众人配合的长鼓舞，如果没有“耍歌堂”活动上的交流、斗技和当地文化部门的宣传推广，则难以传承下来。连南八排瑶长鼓舞已经在2007年被列入国家级非物质文化遗产。

瑶族没有本民族的文字，作为传承历史和文化的重要载体——“耍歌堂”就显得格外重要。老艺人们通过歌词叙述本民族的历史、伦理道德等知识，“耍歌堂”活动中，大量的历史传说故事就这样通过口口相述、代代相传保存下来，其内容也得到不断的丰富发展。不同的歌曲也蕴含着不同的寓意，例如《水淹天》和《八排来历歌》叙述了瑶族祖先的起源和迁徙过程中的各种苦难遭遇，反映了排瑶社会的重大历史事件；《甘基王》叙述了排瑶人民反抗封建王朝的压迫统治，是研究瑶族历史的重要参考资料；《四季歌》则通过演唱气候、播种的植物种类和时间等传授生产知识，提供生产指导；吟诵的“瑶经”具有很高的社会学、民俗学、历史学价值，这些歌曲旋律优美、容易记忆、便于传诵。通过这种独特的方式，瑶族人民传授知识、传承民族文化（图1）。

图1　耍歌堂长鼓舞

二、瑶族“耍歌堂”保护与传承的必要性

“耍歌堂”活动具有很特别的历史价值，它集中体现了排瑶的历史变迁、文化艺术和风情习俗，充分反映了瑶族人民乐观向上的性格特点以及对美好生活不懈追求的奋斗人生，具有强烈的民族特色和鲜明的文化传承性。

“耍歌堂”活动同时促进民间艺术创作。“耍歌堂”活动中瑶族人民五彩斑斓的刺绣服饰、精美的纯银头饰以及漂亮的高脚太阳伞等器物，都具有很高的艺术价值。随着社会不断向前发展，物质文化水平的逐步提高，大家对服饰、饰物及使用的道具等进行重新制作或翻新，凝聚了手工艺人的智慧，这些手工艺人多半都是非物质文化遗产传承人，也带动了非遗项目的发展，使得民族特色工艺得到保存、完善和创新。

（一）强化民族认同，促进民族团结

传统活动对于民族的认同价值，是习焉不察、自然而然的。瑶族人民在参加“耍歌堂”活动、在观赏讴歌斗舞，甚至是追忆往昔情景时，不论身处何地，都会让他们体验到作为瑶族子民的一种情怀，都会唤起他们对民族的热爱之心，对祖先的无上崇拜，加深他们对家乡的无限眷恋，在思想、情感、认知、行为等方面强化了瑶族子民的民族认同。

具有自发性和广泛性特点的“耍歌堂”舞蹈，是传承民俗的群体性活动，无论场面多么壮观，参演人员多么宏大，大家都井然有序，踏着整齐的步伐载歌载舞。其舞蹈动作虽然较为单一，但是通过队形的变化、动作的高低起伏，使得整个舞蹈充满层次感，深化了舞蹈的美感。大家通过“耍歌堂”活动聚集在一起，欢乐的歌曲、快乐的舞蹈，无形中加深了大家之间的联系，成为沟通民族感情的纽带，增强了民族凝聚力。

在当今文化多元化的社会背景下，传统文化习俗受到市场经济的强烈冲击，同时在旅游业带来的物质和精神双向价值刺激下，面临机遇和挑战。瑶族人民意识到保护、传承瑶族文化资源的重要性和急迫性，瑶族同胞们更加注重本民族文化的保存、传播与发展。凝聚着瑶族浓厚历史文化、鲜明民族特色的“耍歌堂”活动的广泛开展

必会增强瑶族人民对民族文化的认同感和民族文化的归属感，从而在加强民族团结方面取得显著效果。

（二）传播瑶族文化，保护文化多样性

非物质文化遗产最能体现文化的多样性和独特性。“耍歌堂”活动传诵演绎的民间故事、歌谣等，源自于古老的民族优秀传统文化，体现了瑶族子民的价值观，包含了勤劳善良、尊老爱幼、互帮互助等优良传统作风，与我们构建精神文明的理念是一致的。

作为瑶族文化中的重要组成部分，“耍歌堂”在传播瑶族文化过程中扮演着十分重要的角色。由于没有本民族的文字，瑶族同胞主要靠老艺人们口口相传的方式，讲述本民族的历史渊源、伦理道德等。近年来，“耍歌堂”活动作为民族文化的代表，在持续而广泛的活动开展中得到极大程度的保护传承和发展。

丰富多样的瑶族文化形态，为地方文化建设提供了丰富的素材和资源，对瑶族传统文化去其糟粕，留其精华，加以引导的保护和发展，可以展现民族大团结、大发展的精神面貌，提高民族凝聚力，有利于社会的和谐稳定。

（三）带动瑶族地区经济发展

面对市场经济带来的机遇和挑战，政府部门和群众已经充分认识到“耍歌堂”活动在推动地方经济发展中扮演的重要角色。瑶族地区相对来说环境闭塞、经济发展缓慢，在这样的条件下，“耍歌堂”活动较少受到外界冲击，还保留着原生态的特点，得到了较好的保存。特别是近年来，“连南瑶族文化艺术节暨瑶族盘王节·耍歌堂”活动的连续举办，融合了连南地区的旅游资源，包括人文地理、民族文化等，全面展示了瑶族地区的美好形象。尤其是艺术节的重头戏“耍歌堂”活动，身着盛装的瑶族子民，讴歌跳舞，喜庆丰收，祭祀先祖，秉承着原汁原味原生态的宗旨，传播着最浓郁、最真实的瑶族传统文化，成为连南融入外界的窗口，每年都吸引着数万游客，与当地瑶胞共度佳节，推动了当地旅游事业的发展。连南千年瑶寨也被评为“中国历史

文化名村”，现在是国家 4A 级景区。通过对传统瑶族文化的挖掘保护，连南地区的旅游资源得到开发，旅游形象得到提高，同时极大地促进了连南地区的经济发展。

三、“耍歌堂”保护与传承的思考

社会的快速发展，文化的急剧变迁，工业文明冲击农业文明，现代文化冲击传统文化，都给“耍歌堂”的保护与传承带来了挑战。在充分认识到“耍歌堂”保护与传承必要性的前提下，如何有效保护、传承“耍歌堂”活动，是一个值得研究的课题。

（一）充分重视，加强宣传

非物质文化遗产“耍歌堂”保护的重要性不言而喻，必须要有坚实的法律和政策条款作为保障。《中国人民共和国非物质文化遗产保护法》的颁布，对非物质文化遗产“耍歌堂”是一种立法保护，各相关职能部门也要研究制定倾斜照顾政策和措施，加强立法，赋予“耍歌堂”的重点保护地位，同时对“耍歌堂”的破坏行为加以制约。

加大对“耍歌堂”活动的宣传力度，通过现代媒体手段和国内外旅游推介会等进行宣传，加深大家对“耍歌堂”文化内涵的认识和了解，大范围举办推广活动，唤起大家对非物质文化遗产“耍歌堂”的保护意识，对其保护传承形成自发性、自愿性，让群众参与到民族文化的保护与传承中，这才是真正意义上的保护。

（二）资金投入，技术支持

少数民族地区经济发展比较滞后，开展非物质文化遗产保护工作所需的资金和技术支持都存在一定的困难，各级政府应该设立专项经费用于非物质文化遗产“耍歌堂”的保护传承工作。由政府主导，在分配各种资源时对少数民族非物质文化遗产保护项目给予一定的倾斜照顾；“耍歌堂”具有重要的文化价值和经济价值，是发展民族文化产业的重要资源，可以同时以社会力量为辅助，吸引民间个体力量进行投资。

从文化发展的历史来看，文化是不断传播、变迁的，是动态的，特别是现在随着社会变化的加剧，科学技术的发展，传统文化也在加速变迁。因此我们要及时建立影音、图片的一个大数据库并做到资源共享，注重发现和保护传承人。做好“耍歌堂”传承人队伍的培养；为“耍歌堂”活动提供技术支持，请专家帮助制定保护计划、对熟悉“耍歌堂”的艺人进行专项培训，对非物质文化遗产“耍歌堂”的传承人进行专业的保护工作，推动连南文化的发展。还可以让本地、本民族的骨干力量主动参与到民族文化的传承中，因为他们对本民族文化有着本能的依赖感和认同感，对本民族的热爱是无可替代的。特别是优秀的瑶族代表，他们收集掌握了本民族很多的情况和资料，可以担负起民族文化代言人的重任。

（三）打造瑶族旅游，完善文化建设

保护与传承非物质文化遗产“耍歌堂”，要重视瑶族浓烈的传统民族色彩，利用民族节庆开展活动，形成具有当地民族特色的瑶族文化旅游观光项目，这无疑也是一种建设的好办法。例如连南瑶族自治县连续举办的瑶族文化艺术节暨瑶族“盘王节·耍歌堂”活动，耍歌堂作为其中的重头戏，秉承着原生态的宗旨，吸引了大量游客和国内外媒体，极大地提高了节庆旅游的知名度。

同时在把“耍歌堂”作为旅游业促进当地经济发展的同时，也要注重其传承和发展本民族文化目标和社会目标的重任。“耍歌堂”作为非物质文化遗产有其自身的历史使命和文化价值，在活动上，大家祭祀祖先、喜庆丰收，各项活动、各个环节都集中体现了瑶族的历史、文化、习俗等文化内涵，所以保护和传承具有重要历史价值的非物质文化遗产“耍歌堂”活动显得格外重要。在关注其经济发展价值取向的同时，也要把重心转移到关注其文化建设和体育建设价值取向方面，利用往届活动开展过程中取得的群众基础、经济基础等，及时扩展和完善文化建设和体育建设。连南瑶族“耍歌堂”活动在2013年被评为广东省特色文化品牌，2017年喜获“最具民族特色节庆”荣誉。

（四）融入学校教育，积极培育保护人才

学校教育在对瑶族“耍歌堂”的保护与传承中起着不可估量的推动作用。长期的教育实践证明文化体育活动在成为学校教育内容后，都能得到长足有效的发展，都

图 2　鸣响秋歌

会得到更大范围的继承和发扬。因此，教育机构应该根据本地区的实际情况，因地制宜，合理安排，把瑶族“耍歌堂”内容适当地融入到中小学课程中，利用学校的广阔平台，融入或开设相关的民族特色课程，让文化和体育相结合，让学生从小学习民族特色文化，耳濡目染，成为传统文化的接收者、传播者、保护者。高校也应该支持鼓励学生投入到非物质文化遗产的研究、保护中，让学生参与到采风、调查等活动中去。这将会对民族艺术的研究和发展带来长远影响（图 2）。

举办多种形式的瑶族“耍歌堂”民间艺术活动，让群众广泛参与，培养兴趣，发掘优秀人才。如举办文化培训班，老艺人们以“传、帮、带”的形式，传授艺技，使得非物质文化遗产“耍歌堂”活动能够做到代代相传，促进其保护与传承，让其文化内涵源远流长。

保护非物质文化遗产“耍歌堂”的传承人。作为一种动态的文化遗产，“耍歌堂”活动要得到良好的保存、传承和发展，需要民间艺人代代相传，不懈努力。因此，要给予“耍歌堂”传承人相应的物质奖励和精神激励，帮助他们解决生产、生活中的实际困难，增强艺人保护和传承民族文化的荣誉感和使命感，使他们有能力、有精力更好地继承和发展非物质文化遗产项目。同时，要创造条件并积极鼓励他们通过学校课堂、开展知识讲座等对学生、大众进行非物质文化遗产“耍歌堂”传统知识教育，并通过多种途径培养徒弟，让“耍歌堂”这一非物质文化遗产做到后继有人。

结束语

饱含浓烈民族特色和丰富文化内涵的非物质文化遗产“耍歌堂”，具有重要的文化价值和社会功能，在社会发展、文化变革的过程中，我们不仅要认识到“耍歌堂”在促进民族团结、传播瑶族文化、带动地区经济发展中所起到的重要作用，也要意识到机遇与挑战并存，正视其在当前社会环境下面临的困境、遭受到的经济文化多元化冲击，积极探索保护传承“耍歌堂”的途径，促进“耍歌堂”的发展，使民族文化瑰宝——瑶族“耍歌堂”更具魅力和影响力，在现代多元化背景下大放异彩。

参考文献：

[1] 马建钊、麻国庆、李筱文主编：《排瑶研究论文选集》，广东人民出版社，2013 年。

[2] 玉时阶编：《瑶族文化生态保护研究》，民族出版社，2014 年。

[3] 李筱文：《瑶山起舞——瑶族盘王节与“耍歌堂”》，广东教育出版社，2008 年。

[4] 王文光、龙晓燕、李晓斌：《云南近现代民族发展史纲要》，云南大学出版社，2009 年。

试析传统潮阳剪纸的特色及其民俗意味

南新荣[*]

【摘要】文章通过调研潮汕“妈祖诞”祭祀活动上的潮阳剪纸，来还原潮阳剪纸的应用，再结合广东民间工艺博物馆藏潮阳剪纸来说明潮阳剪纸的特点：不仅做工精美、纹样朴素，而且用途与当地的民俗节日息息相关。尤其是五花八门的“供品花”剪纸更是体现了潮阳剪纸深植于潮汕大地，有着深厚的文化底蕴和民俗传统。文章还据此分析了传统潮阳剪纸的民俗意味和今后的传承发展。

【关键字】潮阳剪纸；供品花；民俗

郭沫若先生曾有诗句“一剪之趣夺神功，美在民间永不朽”赞誉中国民间剪纸艺术。吕胜中先生也说：“剪纸是中国民间艺术中最普遍的，也是作品最多的一种形式，它的生命力很强，能适应不同的文化转型”。而作为我国民间剪纸艺术的一个部分，南方剪纸的一种风格——潮阳剪纸，其艺术特征主要以现实生活中的场景为创作题材，多将当地的民俗民风呈现在造型朴素、色彩艳丽以及寓意吉祥的剪纸图案之中。和粗犷的北方剪纸相比，潮阳剪纸具有纤巧、秀丽，造型生动的风格[1]。正所谓“于灵动中见秀气，朴素中见真美”。

作为一种民俗文化，剪纸艺术自古至今都秉承着“图必有意、意必吉祥”的传统观念。历史上有南北朝时期宗懔的“正月七日为人日，以七种菜为羹。剪彩为人，或镂金薄为人，以贴屏风”[2]；唐李远的“剪綵赠相亲，银钗缀凤真……叶逐金刀出，

* 南新荣，广东民间工艺博物馆文物保护管理部，助理馆员。

1. 叶春生、施爱东主编：《广东民俗大典》，广东高等教育出版社，2005 年，第 386 页。

2. [梁]宗懔撰、[隋]杜公瞻注、姜彦稚辑校：《荆楚岁时记》，中华书局，2018 年，第 23 页。

花随玉指新”；唐李商隐的“镂金作胜传荆俗，翦彩为人起晋风”等等，这些都是关于剪纸应用于民俗活动的历史记载。传统的潮阳剪纸就是民俗剪纸的一种，剪纸艺人们通过一把剪刀将所要描绘的纹样都作以夸张、艺术化的处理，最终以独特的符号呈现在剪纸上，从而传达不同的文化意义与内涵。同时，每个剪纸艺人又将自身的艺术修养、审美情趣和个人感情寄托承载于每一幅剪纸中，从而使剪纸艺术、民俗文化更加丰满。

一、潮阳剪纸的发展现状

关于潮阳剪纸具体的起源时间和发展源头，都还未从相关文献中找到较为明确的记载，但目前所见最早的潮阳剪纸作品据考证为清雍正年间的《蝙蝠》[3]。现普遍认为历史上北方几次战乱导致的人口南迁直接将传统的剪纸技艺也传播到潮汕一带，经过时间的推移，南迁的人民结合自身的生存环境及其文化信仰，将其发展成我们今天所熟知的潮阳剪纸，它不仅保留了中国民俗剪纸的传统意味，更是融入了当地人民生产生活的点滴，成为具有浓烈的岭南滨海特色的剪纸门类。

潮阳剪纸分布于汕头市潮阳区各镇（街道），其中以铜盂、西胪、和平、贵屿等四镇最为活跃（铜盂镇为笔者此次“天后诞”祭祀活动的调研地）。老一辈的剪纸艺人有张佩龙、马凤仙、郭梅源、肖如松等[4]。历经时代的发展和岁月的沉淀，而今培养了一大批潮阳剪纸艺人，尤以中年妇女居多，且他们的创作面较为广泛，使潮阳剪纸的题材更加多元，用途更加丰富。最具代表性的有许遵英、黄少琼、陈彦淑、连少如、郑琼华、连映君等，其中许遵英还被评为国家级非物质文化遗产“潮阳剪纸”的省级传承人。

潮阳于 1997 年成为“广东省民族民间艺术（剪纸）之乡”。2006 年潮阳剪纸被选入首批国家级非物质文化遗产名录。直至今天，潮阳剪纸的发展也逐渐丰富多彩，

3.《沿续千年民间美丽传说 走近潮阳剪纸人家》，新华网广东频道，2006 年 4 月 10 日，http://www.gd.xinhuanet.com/newscenter/2006-04/10/content_6696819.htm。

4. 陈志民、翁木顺：《潮阳民间艺术三瑰宝丛书：潮阳剪纸》，广东人民出版社，2006 年，第 15 页。

题材不再局限于传统的供品花剪纸，甚至和当下的社会环境及政治热点等问题紧密结合，而且作品的尺寸越来越大，图案越来越精美，难度也越来越高。据潮阳文化馆的调查，现潮阳区13个街道都有开展民间剪纸活动的传统，其中铜盂镇成为历史最悠久、举办剪纸活动最活跃的代表。

二、潮阳剪纸的特点及应用

潮阳剪纸本属于民间艺术，每一件作品都具有民间艺术的特性，故可称其为潮阳民间剪纸，潮阳民间剪纸艺术来源于生活，风格特色鲜明，用途多样，题材十分广泛，艺术形象精巧细致、清丽脱俗。不管是花鸟虫鱼、飞禽走兽，还是戏曲人物、市井百姓，只要进入剪纸艺人的视野，便能将其变为艺术作品。相较于邻近地区的佛山剪纸和潮州剪纸，潮阳剪纸以阳剪为主，线条更细腻，图案更朴素，更具民间性和随意性，基本都是民间艺人随性创作，根据脑海里的灵感不用起稿就随性而剪，即使是同一种剪纸，每个艺人创作的都不完全一样，从剪纸作品中就可以见人见物见生活。从题材方面细数潮阳剪纸的类别，似乎与全国其他地方剪纸一样，大致包含花鸟虫鱼、市井百姓、戏曲人物以及民间神话故事传说等几大类。虽然剪纸图样繁多，但从使用途径上基本可归纳为两大类：供品花和礼品花，且多以供品花为主，礼品花比较少见，日常生活中没有明显题材的礼品花，即使是婚庆也是供品花比较多，因为当地习俗中结婚也要拜神祈福，祭祀供品。

装饰供品用的剪纸即为供品花剪纸，它是源于潮汕民俗文化的一种艺术形式，也是我国多样剪纸形式中一种独特的门类。在潮阳乡间，逢春节、“天后诞”、中秋等节日，便在庭院天井陈设供品，供品上贴附各种形似供品的剪纸，各户人家就开始比赛，既比供品之丰富，又比剪纸之精美，这种在供品上贴剪纸的活动潮汕地区称之为“赛大钱”，即“赛桌”。“赛桌”赛的是氛围，也是情结，当地民众将崇信神灵的虔敬心态通过盛大的“赛桌”仪式转换成了热烈而高涨的剪纸艺术热情；同时，民众对节日的期待和重视使得供品种类愈发丰富，而供品的多样性也导致了剪纸题材的丰富性，使潮阳剪纸更加魅力多彩。

供品花剪纸以动植物造型居多，但也包含了潮阳剪纸的各种题材，戏曲人物、市井百姓、民间神话故事传说等都会用于供品上，再以花鸟虫鱼填补空间留白，点缀增色。植物类的以岭南佳果为主，包括香蕉花、柚子花、桃花、荔枝花等，动物类的以牲畜居多，有鸡花、鸭花、猪头花、鹅花、猪肝花等，此外还有突显潮汕沿海地域特色的水族海鲜类，包括鱼花、螃蟹花、龙虾花、鱿鱼花、墨斗花等。

粤俗最喜赛神迎会。凡遇神诞，则举国若狂[5]。这种通过狂欢来表达内心崇敬的方式在潮汕地区尤为明显，每逢重大节日都会呈现琳琅满目的供品，每种供品表面都贴附着各种花样的剪纸：鱼花贴鱼、鸭花贴鸭，猪头花贴猪头，粿花贴红粿桃……丰富多彩的供品花衬托出当地民众的礼仪高雅之处和供品的珍贵之处。这些剪纸以对称的构图、灵活的造型和吉语花纹将各式供品装点得精美而隆重。

传统戏曲人物剪纸多以潮剧片段为原型，将潮剧的人物故事情节与人物服饰扮相运用于剪纸艺术中，如“天姬送子”“韩文公冻雪”“杨宗保与穆桂英”“薛仁贵回窑”等，以最普遍最常见的形式把潮剧在当地民众的生活中散播开来。

三、潮阳剪纸的民俗意味及传承发展

作为传统潮阳剪纸的载体，潮汕当地独特而丰富的民俗活动不仅催生了潮阳剪纸的产生和发展，而且为其注入了生命和活力，使之更具乡土之情和滨海特色。

广东民间工艺博物馆馆藏潮汕剪纸有一千余件（套），其中数百件为传统的潮阳细纹剪纸。经统计分类，这些潮阳剪纸基本是中华人民共和国成立以后的作品，涵盖了以装饰为主的供品花和礼品花两大类，题材涉及戏曲人物、民间故事传说、花鸟虫鱼各个方面，它们主要用于民俗节庆、祭祖等活动中。

有反映戏曲人物的剪纸——“杨宗保与穆桂英”“天姬送子”“狸猫换太子”“王延章撑铁竹竿”“韩文公冻雪”“状元游街”“八宝公主追夫”“芦林会”等等。也有反映民间故事传说的剪纸“不中用偷牵猪”。有反映供品、礼品中常用的植物类装

5. [清] 吴震方：《岭南杂记（上卷）》，中华书局，1985 年，第 6 页。

图 1 红桃粿及桃形花

图 2 猪头及猪头花

饰剪纸桃形花剪纸，凤凰、竹雀、花蓝图剪纸，花鸟图剪纸等。还有反映吉祥寓意的“鲤鱼跃龙门”“双凤朝牡丹”等。

以桃形花为例，它是供品花剪纸的一种，常用来装饰桃粿（潮汕地区的一种传统小吃，象征长寿，也常用来祭祀祈福，因造型和桃子一般，又名“红桃粿”，图 1）。剪纸艺人“花中套花”的剪裁形式，既增加了作品的观赏性，又将潮阳剪纸的精致玲珑展现得淋漓尽致。又如猪头花，用于装饰五牲供品中的猪头，猪头原本丑陋，面目狰狞，但作者将外轮廓剪成长嘴大耳的猪形，又在中间添加“寿”字纹样，再以各色花样填满留白，配合得当，给人一种艺术和谐的美感（图 2）。再如剪纸“不中用偷牵猪”，又叫“牵猪仙”，作品将牵猪仙走街串巷为家家户户母猪配种的忙碌景象刻画得惟妙惟肖。

馆藏潮阳剪纸大师的作品很多，以马凤仙大师的为主，近两年来还不乏许遵英、黄少琼等大师的作品。笔者通过采访了解到，许遵英的剪纸过去主要在传统节日用以祭祀或祝愿祈福，而现在她也会致力于家居装饰和工艺礼品方面，将传统的潮阳剪纸与现代时尚相结合。尽管剪纸的形态变化万千，色彩种类繁多，但是潮阳剪纸的传统和特色是许遵英剪纸一直坚持的。

每年农历三月二十三是“天后诞”，中国许多沿海地区都会为此举办隆重的庆典仪式，汕头市潮阳区铜盂镇胜前乡在农历三月二十三前后也举行了规模盛大的“天后诞”祭拜活动。基于此，笔者进行了为期两天的考察调研，通过考察“天后诞”祭拜活动的规模、程序、祭拜供品及剪纸等工艺品的应用和村民们心理寄托之关系等，发现潮阳剪纸应用于节俗庆典、婚丧嫁娶、祭神拜祖等民俗活动不仅是延续千百年来的传统，而且这种传统也潜移默化地促成了当地民众的一种不自觉跟风剪纸行为。

此次“天后诞”活动，集结了该村的诸多剪纸能手，最为常见的就是妇女，其中还有以许遵英为代表的当地著名剪纸大师。笔者认为，剪纸艺人以妇女为主，主要有两点原因：一是农村妇女流动性小且时间充裕，她们除了务农基本都在家里，剪纸技艺传播快且稳定；二是农村妇女是当地民俗节日的重要支持者和信众，她们文化水平不高且没有工作，受传统思维影响较深，她们爱好剪纸，想用剪纸装点重大节日，因而自身也乐于剪纸。在许遵英的指导下，剪纸艺人们聚集在胜前乡祠堂，以各种“供品花”纹样为模板，开始了忙碌的剪纸创作（图 3）。观察发现这些供品花剪纸包括三大类，即粿品花、斋菜花和五牲花（图 4），涵盖了动植物剪纸的方方面面。采访中得知供品花剪纸技艺得以传承和发展不仅因为它是潮阳剪纸的一大特色、重要题材，更因为它是当地民众的心理寄托，当地人通过亲手剪纸来表达对妈祖的敬畏和尊重，也通过剪出来的供品花来传达他们最虔诚最朴素的心灵愿望。所谓靠山吃山、靠海吃海，潮阳一带民众滨海而居，自然崇敬妈祖，更希望用供品花装点的供品为大家带来万事顺遂、幸福安康的美好生活。

图 3　剪纸艺人们集中在祠堂完成“天后诞”活动的供品花

在这里，剪纸没有好坏美丑，只要用心去剪，诚意奉上，就是最美好最珍贵的。因为用于“天后诞”等民俗活动的剪纸已经不再是简单的装饰和审美，任何艺术与技巧的讲究都会让位于实用功能，所以这些

图 4　五牲花、粿品团花、斋菜花

剪纸所呈现出来的情感与力量才是最真实的存在。正如徐艺乙教授所言，“手工艺必须要有实用功能，欣赏的工艺美术品不是主流的手工艺。[6]”这也许就是潮阳剪纸能在时代潮流的更迭变换中走到今天的原因，正所谓当地的民俗节日就是潮阳剪纸一条活态的传承链。

在潮阳的各种民俗活动中，通常都要用到三牲、五畜、五果及各式粿类等作为供品（此次“天后诞”三牲五畜为鸡、鸭、鹅、猪、羊、鱼、虾、蟹，五果为苹果、香蕉、橘子、橙子、梨，粿类为红桃粿、酵粿、甜粿等），因供品的多样性致使供品花剪纸所呈现的题材内容和表现形式也异彩纷呈。“天后诞”只是所有民俗活动中最具代表性的一个，正是因为有了这些大型的民间庆典活动，才激发了潮阳民俗剪纸的发展和进步。此次考察，笔者有幸见识了当地民众强烈而单纯的精神追求，又目睹了潮阳剪纸作为岭南沿海地区剪纸的地域特色和活态生存。

和其他传统手工艺一样，潮阳剪纸也主要靠家族和社会传承两个渠道。近年来，虽然学习剪纸技艺的人越来越多，但青少年学习任务重且流动性大，而且当地老人因固有思想的束缚认为剪纸没有出息，不会带来经济收入，只是用来打发闲余时间，所

6. 徐艺乙：《手工艺，创造中国人的新生活方式》，《中华手工》，2018 年 Z1 期。

以剪纸队伍很少有年轻力量，主力军还是当地农村妇女。另一方面剪纸大师、传承人较少，较多民众临时聚集剪纸只是出于对节日庆典的重视和期待，为了“赛桌”，只想尽其所能展现各式供品花的精巧细致，而剪纸背后的文化却鲜为人知，“重技艺、轻文化”是包括潮阳剪纸在内所有传统手工艺传承所面临的通病。因此，潮阳剪纸需要进一步发展，就得从认知上提升人们对传统的认识，而不仅仅是单纯的剪，更要了解剪纸背后的文化底蕴和历史渊源。包括剪纸大师在内的剪纸艺人、爱好者都要共学共做，甚至让所有参与剪纸的人都能产生社会共鸣。作为潮阳剪纸传承人，许遵英通过开设培训班，从当地民众最熟悉的民俗节日入手，以编写剪纸教材、口传身教等方式带领学员从文化和技艺两方面来学习潮阳剪纸。传承者对剪纸技艺的传承，也是对剪纸文化的传播。此外，艺术当随时代，剪纸艺人们还应尽可能地在自身能力允许的情况下创作作品，在与时俱进，体现时代特征的同时又能发扬传统文化之魅力，使潮阳剪纸伴随生活的发展而逐渐变化，这才是潮阳剪纸等传统手工艺能够源远流长之根本。而且还应鼓励剪纸艺人积极探索新的文化实践方式，一方面将剪纸转化成衍生品，打造自己的品牌，另一方面也要应对现代化技术的冲击，平衡两者之间的关系，在保留传统、坚持自己风格的基础上进行创新。通过采访了解到，包括许遵英在内的诸多潮阳剪纸艺人都积极与博物馆合作举办展览，与学校合作亲自教课传授剪纸技艺，这样既扩充了潮阳剪纸队伍，又把剪纸文化传播到全国各地。

李泽厚先生有言：“离开形式（自然形体）固然没有美，只有形式（自然形体）也不成其为美”[7]。千百年来潮阳剪纸被喜爱并加以利用，甚至成为人们庆祝民俗节日的重要角色，不仅仅是因为其形式化美感的疏朗柔和，更重要的是潜藏在一张张剪纸背后那个完美的寓意。潮阳剪纸美在线条的流畅疏朗，美在当地剪纸艺人自发聚集一起剪纸的趣味，美在每一张剪纸在生活中，特别是在民俗节日中的重大意义。如此美好而特别的潮阳剪纸更期政府部门、民间组织以及所有剪纸艺人共同努力来保护和传承下去。

---

7. 李泽厚：《美的历程》，天津社会科学院出版社，2001 年，第 37 页。

广作新生代提升需求分析

董帅*

【摘要】当前，工业化和现代化进程加速，广作传统工艺在社会转型中面临传承危机。如何帮助传承人群提高传承能力、增强传承后劲，尤其是发掘新生代传承人群的传承潜力，已成为传统工艺振兴的关键所在。本文以广作新生代传承人群为研究对象，通过实地调研和问卷调研等方式，了解其对广作传统工艺的认知、对振兴广作的新尝试，探究其在文化内核、设计、市场、技艺等方面的提升需求，从而帮助其提升传承素养，摆脱传承困境。

【关键词】广作新生代；传承；提升

一、广作新生代的释义及概念缘起

广作，即广式传统手作，主要指在广州地区流传的传统工艺美术相关的非遗项目。“广作”概念，最初指广式硬木家具这一流派。根据故宫博物院所藏《钦定总管内务府现行则例》，乾隆年间清宫造办处就已单独设立“广木作”，由粤海关、广东巡抚遴选优秀的木匠组成，为皇宫制作各种家具；同时，牙作和珐琅作中也有许多广东匠人。加之广州作为重要的对外通商口岸，广绣、广彩、外销扇等皆成为海上丝绸之路的大宗外销产品。在适应外销和进贡宫廷的双重因素下，广作逐渐成为在传统工艺行内具有鲜明地域特点的工艺流派，与京作、苏作齐名。

随着近年来传统工艺振兴战略的推进、工艺美术行业的“抱团取暖”和政府对本地传统工艺的品牌塑造热潮，“地域名+作”成为传统工艺品牌命名的一个重要选择。如“苏作”近年来由苏州市吴中区政府以及苏州当地高校、企业、社会团体等共同提

* 董帅，广州市文化馆（广州市非物质文化遗产保护中心）馆员。

倡为文化品牌，除了传统概念上的苏作家具外，还涵盖了核雕、玉雕、刺绣、缂丝等诸多苏州传统工艺美术；“京作”的概念，也被用来代指“燕京八绝”等北京传统工艺；另一个比较有代表性的是“密作”，虽传统上无此提法，但哈密市政府作为传统工艺工作站的先行者，在哈密刺绣成功经验的基础上，将“密作”作为哈密人彰显工匠精神的优质产品的区域公用品牌，除了当地传统工艺外还包含了蜜瓜、古枣等土产。

值此大背景下，“广作”这一传统意义上代指广式家具的称呼，近年来在广州市非遗保护中心和传承人群的推动下，以及广东民间工艺博物馆、广州博物馆等单位不约而同的宣传下，正被构建为全市传统工艺美术的一个公用品牌。广作现包括广绣、广州牙雕、广州灰塑、广州榄雕、广州玉雕、广彩、广式硬木家具制作技艺、广州珐琅制作技艺、岭南盆景等具有鲜明广式特色的非遗项目。

新生代，即新一代的非遗传承人群，主要指80后，乃至90后稳定从事广作传统工艺（一般限定为从艺3年以上）的青年传承人才。“新生代传承人”的提法，在近年来的许多媒体报道中已不鲜见，因而大众并不陌生。相比与此相类的“传二代”“非二代”等说法，这一提法更为妥帖，毕竟青年传承人群很少是“二代”，绝大多数已经是第三代以上。

至于广作新生代，全名应该是“广作传统工艺的新生代传承人群”，为了便捷、统一并在今后有更好的传播度，因而采用“广作新生代”一词。

二、广作新生代眼中的广作现状[1]

项兆伦指出：“正确认识非遗，是正确有效地保护、传承和发展非遗的前提。”各界对广作现状的看法，一定程度上决定了广作的发展前路。当然，基于主体的不同，

1. 为深入探究广作的传承道路，广州市非遗保护中心于2018年4月起，展开了“广作传统工艺传承人群传承实践能力提升需求研究”课题，经长达数月的问卷调查、实地访谈和集中座谈会等形式，于8月结项并出具调研报告；在此基础上，于2018年9月起开展“广作新生代提升季”的专题培训活动，于2019年6月开展“广作新生代清华创意设计工作营”，此二届培训班均对广作新生代中有较强提升自身素养意愿的人群展开培训，期间也收集到不少素材。本部分及其后的三、四两部分的论据主要来源于此。

对广作现状的认识可能有所不同：政府视角中基于“振兴传统工艺”“弘扬工匠精神”等国家政策，更多将当前视为广作振兴的战略机遇期；许多媒体将传统工艺现状解读为濒临失传、后继无人；设计、旅游和文化娱乐界则将传统工艺当成充满挖掘潜力的“新大陆”；至于老一辈传承人眼中，传统工艺则多成为虽利润微薄却仍需坚守的差事……那么，新生代传承人群是怎样看待广作的呢？

第一，新生代多认为广作有传承危机并在振兴。在由广作传承人群填写的问卷调查中[2]，针对“您认为广作传统工艺的现状（单选）”一问，有49%认为“经历过低谷，现正在积极振兴”；有30%认为“面临传承危机，主要靠国家、政府的保护”，有21%认为“濒临消亡，从业人员和市场需求锐减”，无一选择“处于鼎盛时间”“存续状态良好，从业者众多”或“其他”。由此可见，新生代并非过于乐观，过于悲观者也较少，而是意识到在面临传承危机的同时也正积极振兴着。

第二，新生代多认为广作的精髓是在承载岭南文化底蕴、展现手工技艺的基础上有新颖设计。问卷调查中，针对“您认为好的广作传统工艺作品最应该（至多选三项）”一问，有80%认为“承载深厚的岭南传统文化底蕴”，分别有60%认为“展现精湛的手工技艺”和“尝试新颖的设计造型”，分别有30%认为“具有良好的实用功能性”和“具有观赏性和收藏价值”，有25%认为“采用真材实料制作”，有15%认为“保持传统的经典形制”。综上，可以看出几点耐人寻味之处：一是大家对岭南文化有共鸣；二是多数人认为创新很重要，这与广作在历史上中西合璧、兼收并蓄、创新多变的流派特质是相吻合的；三是部分人认为广作的用途多元，实用和观赏需并重，这反映了新生代对于社会转型中广作用途的再思考；四是“真材实料”和“传统的经典形制”并非大家优先考虑的要素，这很可能与新生代追求创新的倾向有关。问卷另一个问题“您认为应怎样看待传统工艺传承与创新的关系”，有80%的人认为“在继承传统技法和文化内涵的基础上可以创新”，也印证此点。

第三，新生代多认为品牌化和以质取胜的策略是振兴广作的最佳路径，融入文

2. 共75份有效问卷，其中94%的问卷填写者为40岁以下。

化旅游和公众体验则是重要拓展。问卷调查中，针对“您认为广作传统工艺最有效的出路是（至多选三项）”一问，有70%选择“注册商标，品牌化，市场化运营”，65%选择“以质取胜，产品优于同类竞品”，45%选择“针对大众的教学、体验活动”，40%选择“嫁接到文化旅游项目，以展演带动产品销售”，30%选择“提高圈层人脉，找寻精准群体”，25%选择“打造高端奢侈工艺品牌”，15%选择“坚持走生活日用品之路”。这说明，提升品牌和质量是新生代最为推荐的振兴要素，而针对大众的体验和文化旅游亦较有必要[3]；此外，认为提高圈层人脉、打造高端品牌的要比认为“坚持走生活日用品之路”的多，也说明了新生代更为注重的是高端而非低端市场，这与广作在历史上的定位是相契合的[4]。

第四，新生代多认为广作目前较欠缺“对广作传统工艺本身的理解和认同”、创新设计、营销渠道和知识产权保障。这与前述第二、第三点的论点基本相符。问卷调查中，针对“您觉得广作传统工艺行业目前最欠缺的是（至多选三项）”一问，有65% 选择“广作传统工艺领域里的知识、文化、思想的理解和认同”，分别有 45% 选择“与时俱进的设计理念和产品创新思路”“多元化的营销渠道”“良好的知识产权保障”；其他选项，如“传播、亮相、包装、推广的机会”“来自政府的大力扶持”“网络和智能设备等新高新技术的运用”“实际制作过程中的技巧”“有序的市场规范”分别占 30%、25%、20%、10% 和 10%。这说明，新生代认为广作当前有很多欠缺之处，而最为欠缺的还是“对自身传统的理解和认同”；与老一辈传承人不同的是，新生代对“政府的扶持”并无重点关注，也并不对“高新技术的运用”特别重视，反而更重视营销、设计和知识产权等，能内发性地推动自身行业发展的要素。

三、广作新生代对广作的传承新实践

作为广作传承的新一代主体，新生代基于其对广作的认识，正采取一系列实践，对广作展开不同于老一辈的传承路。

3. 这与近年来文旅结合的国家政策和政府的各式非遗活化行为都有关系。
4. 广作在历史上就大多是精工细作，走宫廷和外销的道路。

第一，新生代热衷学习，提升自我手艺及作品品质。他们中有不少人已参与过广州美院、广州大学等高校组织的传统工艺研培班，丰富了知识储备；对于广州市非遗保护中心组织的讲座和培训活动，也呈现较大兴趣，如 2018 广作新生代提升季、2019 广作新生代清华创意设计工作营就分别吸引到 30 多位新生代报名。

第二，新生代开始自主抱团取暖，通过注册商标等方式，进行品牌化、市场化的运营。以非遗二代为主的“广府汇”是最突出的案例，他们自发、自筹资金组成广州广府汇文化传播有限公司，自成立以来专注于产品开发、平台创建和“非遗玩家”项目的筹建。

第三，新生代注重在设计造型、材质组合上创新，拓展传统广作的当代用途。如广绣新生代梁晓曼致力于广绣与软装高端定制的跨界融合，广州珐琅制作技艺新生代杨承燊设计出珐琅表盘手表和台灯，广州榄雕新生代曾宪鹏制成榄雕首饰，广州戏服制作技艺新生代何凤婷创作出 Q 版粤剧挂饰、水钻狮头等。

第四，新生代以多种活化形式在年轻人中推广非遗，逐渐成为非遗传播的新主体。他们积极开展“进校园”、非遗体验课、非遗夏令营等活动，让非遗更贴近年轻人的生活。不少新生代已经开发出商业化的、个性化的定制课程，如杨承燊开设的珐琅首饰制作 6 日课程（各位学员可自画图纸，发挥创意完成独一无二的专属珐琅饰品）、曾宪鹏研发的广州榄雕小挂件体验课等（配套了小刻刀、待雕刻的半成品等材料包），都在体验式传播形式上进行了有效开拓。

第五，新生代作为伴随着网络成长起来的一代，不断探索依托新媒体进行线上推广运营。如钉金绣裙褂制作技艺新生代唐志茹开设了淘宝店、微店、抖音短视频和直播，目前抖音已更新 100 余个短视频；广绣新生代谭靖榆业余时间在 yy 直播担任主播，教授网友刺绣和绘画，直播热度一般从几千到 80 万不等。

四、广作新生代的提升需求分析

广作新生代的传承实践能力，很大程度上决定了广作的未来。他们不仅在实践中开启着广作的新传承，也期待自身能力有着新提升。

首先，在能力提升的意愿度方面，绝大多数新生代有着较强烈的提升意愿。针对新生代群体普遍发放的问卷调查显示，有 85% 的新生代乐意参加各种研培班；另一份针对参与“广作新生代清华创意设计工作营”项目的 20 位学员的问卷显示，对该次工作营表示“非常满意”和“满意”选项者达 100%。

其次，在对自身能力提升需求方面，许多新生代认为，自己较缺乏“市场开拓能力”（在问卷中选此选项者占 60%）、“文化艺术修养”（在问卷中选此选项者占 40%）和“创新、设计能力”（在问卷中选此选项者占 40%）。

具体到非遗项目和个人而言，提升需求各有不同，笔者试总结如下：

第一，许多新生代希望对传统文化有进一步理解。如来自广州绣品工艺厂的刘秋丽、刘旭霞，都希望加深对历史文化和岭南文化的了解；广式家具新生代刘伟振希望了解更多关于传统建筑或传统文化的相关知识；钉金绣裙褂新生代邓启荣希望学习岭南文化通识；广式红木宫灯新生代卢碧瑶则希望学习传统文化国学常识。当前，国家强调“文化自信”，就是要让人对自身文化价值有充分肯定和积极践行，新生代对传统文化知识的渴求，正是对文化自信的生动实践。

第二，许多新生代希望夯实美术基础能力。广作，是传统“工艺 + 美术”，既需要有手工技艺的精湛，又需要有美的呈现。新生代大都并非美术专业出身，只因为对审美、绘画等有自身诉求。如手工打金新生代张彩虹和麦钧皓都希望提高画图与审美水平，广州玉雕新生代欧天文和叶滨均希望加强美术基础培训，广绣新生代刘旭霞希望加强美术基本功等。

第三，许多新生代希望提升设计能力。在传统基础上创新设计，是新生代们较为一致的理念，但其大多并非设计专业出身，因而对设计能力的提高有所期待。如广式家具新生代杨耀辉提出“希望能够提升自己的设计能力，设计出既符合广式硬木家具榫卯工艺，又适合现代审美观的作品”，广彩新生代周承杰希望在造型设计上有所提升，广彩新生代刘圣悦希望学习关于纹样设计的课程，手工打金新生代麦钧皓希望提升设计意识等。

第四，许多新生代希望加强跨界交流及同行交流。随着交通和信息技术的发展，传统工艺的流动性愈来愈强，地域、行业、领域之间的相互借鉴和经验吸收，也成为新生代提升自我的一条道路。如广彩新生代周承杰希望“不同地域间的作品进行交流，了解使用不同的制作方法的瓷器”，钉金绣裙褂新生代唐志茹希望“外出跟北方的服装设计师多加交流”，广式家具新生代刘伟振希望“多领域之间相互交流，设计理念跨界融合”，广州戏服新生代何凤婷希望“获取不同领域的产品开发案例，设计文创衍生品”，古琴斫制新生代刘笔华则希望“观摩故宫博物院藏老琴并拜访北京古琴专家”，岭南盆景新生代蔡佳遇表示“目前较局限于岭南作品和部分网络作品，希望得到日本或者国内盆景大师对盆景艺术的传授和指导”，等。

第五，许多新生代希望了解当代人的需求。如广彩新生代刘圣悦希望了解当代审美趋向，手工打金新生代张彩虹希望了解潮流文化和当代人的审美，广州戏服新生代何凤婷希望学习用新媒体方式把传统项目更好地带到现代人们生活中，打铜技艺新生代宋敏权则希望学习“如何生动地用口才阐述传统的审美观念和中华传统铜器的文化，吸引更多年轻人尝试和延续这门手工艺”。

第六，许多新生代希望学习营销知识。岭南盆景新生代姚建兴提出：“瑞玲盆景重在出口，希望在运输方式、包装方式上有所提升，并提升展销等营销技能”，钉金绣裙褂新生代唐志茹希望“学习新型的市场营销手段，如借鉴苏州的非遗营销模式”，广式家具新生代胡宏焰则希望“针对目前家具市场的环境，系统性地学习先进的经营策略”等。

综上可见，广作新生代没有躺在祖辈们的功劳簿上，也没对祖传老手艺嗤之以鼻，而是渴望提升自己的能力。他们基于自己的成长经历和所传承项目的发展现状，对自己的待提升之处有着较明晰的认识和定位。今后，面对这群求知如渴的青年传承力量，如何提升他们的传承实践能力，如何帮助他们成为卓越的非遗传承人，将成为我们非遗保护工作者的一项重要任务。

五、在传承人群研培语境下，如何促进广作新生代提升

根据联合国教科文组织《保护非物质文化遗产公约》的界定，“保护”指确保非物质文化遗产生命力的各种措施，包括这种遗产各个方面的确认、立档、研究、保

存、保护、宣传、弘扬、传承（特别是通过正规和非正规教育）和振兴。其中，与新生代能力提升相对应的，主要是通过正规和非正规教育的传承。正规教育目前主要由教育部门负责，因而非遗保护主管部门主要通过非正规教育来开展新生代提升工作。

自2015年起，文化部（今文化与旅游部）、教育部启动了“中国非遗传承人群研修研习培训计划”，至2018年全国已有80余所高校举办研修、研习、培训390余期，培训学员1.8万人次，部分省、自治区、直辖市开展本地区研培，全国参与人数达到5.6万人次。传承人群研修研习培训工作已成为新时代我国非遗保护的一大特色和亮点。

那么在此语境下，如何基于广作特质和广作新生代的需求进行有针对性地提升工作呢？在笔者看来，对广作新生代的培养绝非临时拼凑的集合，也不是一次两次功利性的短期培养，而是在中华优秀传统文化创造性转化和创新性发展理念以及传统工艺振兴战略下，建立长效培养机制的实践。

首先，应当针对新生代亟待提升的薄弱之处进行重点培训，比如对传统文化理解能力、市场开拓能力、创意设计能力、知识产权保护能力等展开有针对性地培训。

其次，应当基于广作的特质进行因地制宜的培训，比如对怎样深度阐释广府文化、怎样延续中西合璧的审美、如何运用岭南特色图案纹样、如何融入当代广式生活情景等专题进行个性化培训，而非普及式美术教育。

再次，应当实现展、研、销一体，以展促研、以研促销，全方位提升新生代能力。比如在2019年6月广作新生代清华创意设计工作营的基础上，历时5个月的主题创作，11月的结业成果展上展出了婚房、茶室、琴室3个广式生活主题空间共40余件新生代作品，展览开幕当天还与三七互娱签约了“新活力”游戏周边衍生开发项目，引导新生代在“广作+游戏”方面的进一步提升，从而实现着“研培→展览→市场→进一步研培”的完整闭环实践。

最后，对于新生代的提升培养工作，不仅是对其自身能力的提升，对整个广作行业、对广式生活美学、对公众的非遗认知度和美誉度、对广州市“老城市新活力”，都应当是有所助益的。因而，在研培之后要实现“反哺”——新生代们学以致用，进工作室、进社区、进校园、进商圈、入驻线上平台等，从而将新生代提升成果运用于更多领域、惠及更多人群，更鲜活地塑造起“广作”文化品牌。

惠州宾兴馆碑记补考

——从碑记内容看清末惠州宾兴科举

钟雪平[*]

【摘要】惠州宾兴馆是古代科举制度下的产物，自清道光八年（1828）建成至光绪三十一年（1905）清政府下诏停止科举，前后为科举服务了近80年，见证了清代科举制度的繁荣与衰败。在广东省内，目前发现并保存完好，且直接与古代科举制度有关的建筑，惠州归善宾兴馆算是规模较大的一座，特别是馆内保存完好的四通石碑，为后人解读宾兴馆的由来和用途等提供了珍贵的实物及文字资料，可称镇馆之宝。宾兴馆在资助学子应试、培养人才、振兴文教等方面功不可没，对当今的教育发展及构建和谐社会均有所借鉴和启示。2015年，宾兴馆古建筑由广东省人民政府公布为省级文物保护单位。本文仅以馆内现存四通碑记为例，从其碑文内容来看清末惠州宾兴科举。

【关键词】宾兴馆；碑记；宾兴；科举

一、宾兴馆及古代宾兴

宾兴馆位于惠州环城西路金带南街三巷10号，建筑坐北向南，面积约2600平方米，馆前有广场。主体建筑分三路，中路建筑面阔三间，深三进，相对独立；两侧横屋以青云巷相隔为东西厢房，采用庭院式布局，并建二层魁星阁一座，东西各设一小拱门通前广场；建筑内设庭院错落有致，别具一格，为博古脊、小青瓦、木结构青水砖墙，硬山顶。宾兴馆运用中国古建筑传统的手工艺做法，灰塑、壁画、木雕、砖雕

* 钟雪平，惠州市博物馆副馆长，副研究馆员。

等构造精巧，融合了广府、客家等建筑元素，同时也兼具了自身的特色。尤为难得的是，该中路建筑室内墙壁上镶嵌着四通清代石碑，分别是清道光八年（1828）的《宾兴馆碑记》《宾兴馆条约》和同治二年（1863）二月、宣统三年（1911）五月碑记。据《宾兴馆碑记》记载，宾兴馆始建于清道光六年丙戌岁，时由各乡绅士踊跃乐捐，是冬买得府城塘尾街馆地一所，丁亥之仲兴建半载后因故停工，戊子年夏复工，冬十一月竣工。《宾兴馆碑记》前言又说："我归邑各乡绅士，议置宾兴馆租贷生息，为士子进身……文风振而士气伸，皆于是乎在矣"。由此可知，宾兴馆是一座由归善各乡绅士集资，专门为资助县中士子参加科举考试，以文教兴邦而建。

为何起名"宾兴馆"？馆内的《宾兴馆条约》序言即说："馆额宾兴，以饮宾兴之费而名，所以励士子而兴文教也。"旧时地方官仿古乡饮酒礼，设宴招待应举之士，谓之宾兴。故名宾兴馆。然"宾兴"一词，始见《周礼·地官·大司徒》"以乡三物教万民而宾兴之"，后世将支持应试、入学、登科的机构称作宾兴。而厦门大学毛晓阳博士在其《清代宾兴礼考述》一文中却认为，在中国古代，"宾兴"一词的含义远非如此简单，尤其在清代，"宾兴"使用较广的含义之一，是指府、州县送别科举生员的一种科举典礼。他还认为，传统中国向来号称"礼教"之国，"宾兴礼"作为一种科举礼仪，也属于"礼教"的范畴。这从台湾成文出版社影印版《中国方志丛书》所录110种地方志有关"宾兴"词条的分析中可以看出，这些方志都载有"宾兴礼"，总体分类看，"宾兴礼"在这些方志中被归入的篇章门类主要有两类，即"典礼志"和"学校志"，其中归入"典礼志"的最多，共有78种，归入"学校志"的次之，共有28种，可见二者分别属于"礼"和"教"的范畴。

而"宾兴"之意，诸多学者已有阐述，惠州吴定球老师在其《惠州归善宾兴馆的文化解读》中亦有详细介绍，并认为惠州宾兴馆的倡建者不是一个人而是一个群体。在江西邓爱红教授的《清代江西新建县宾兴会述略》一文中也有相关论述，他认为：在我国教育发展史上，除了地方官学、书院、文会、宗祠、义庄对士人实行助学、助考外，尚有宾兴会之设置。宾兴会是清代出现的一种民间助学、助考组织，拥有许多不同称谓，如宾兴馆、宾兴会馆、宾兴局、宾兴公局、宾兴文会、同善会等等。惠州清代道光年间所建的宾兴馆也是其中一个助学组织的典型。华南农业大学杨品优博士在其《清代江西宾兴组织探析》中认为，清嘉庆、道光朝时期，为资助士子参加岁科考、乡试、会试、诸贡朝考等，各地兴起了众多的科举会社组织，一般称为“宾兴组织”。宾兴组织与宗族、书院、官学等不同，它是专门为资助科举士子而创建的科举会组织。士绅捐资种类多，有捐田产、租谷，有直接捐银钱、房屋店产等。为各级士子的考试提供资费，宾兴组织往往不是直接用官府公项、写捐等，而是用这些资产之增值部分来资助士子，一般来说，宾兴资产的增值方式主要有置产收租、发典生息两种。据此看来，惠州亦有宾兴组织，并由各县士绅倡导设立，如建于清道光年间的惠州宾兴馆，馆内其中一方《宾兴馆碑记》亦明确记载，其由各乡绅士议置宾兴馆租贷生息，为士子进身赏典，这完全符合宾兴组织的功能。另查阅本地官方府志等资料，也有一种由地方官方主导，有关宾兴礼仪而举行的“乡饮酒礼”记载，其目的在于宣扬尊长尚贤的道德伦理观念，如清光绪《惠州府志》卷九经政学校“乡饮酒礼”有载。

我们再从《中国方志丛书》所录110种地方志中对“宾兴礼”的称谓及具体内容来看，各地方志稍有差异，其中直接称为“宾兴”的地方志有71种，称为“宾兴礼”的有28种，另有22种地方志中的宾兴礼是指所有科举送别典礼以及为中式者举办的庆祝宴会，有10种地方志则认为宾兴礼包括乡、会试两个级别的送别典礼，而大部分地方志记载“宾兴礼”是指府、州县地方官为参加乡试的科举生员举行的送别典礼。查阅现行惠州地方府志及其他文献资料，有文献记载的惠州古代“宾兴礼”最早见于清雍正《归善县志》卷之二事纪：三月“复行宾兴礼”。此礼久废不行，知县孙能宽因恩科“置酒筵，造月门，架云路于县堂，金花鼓吹，大举宾兴，极一时之盛”。而清光绪《（山西）榆社县志》卷七“典礼志”对宾兴礼主要内容的描述则较为详细。宾兴：“每乡科试前，择吉延科举生员贡监，设宴县堂。架登瀛桥，结彩棚，插桂枝。诸生公服至，知县率僚属迎于堂檐下，行礼毕，就席。知县主席，僚属席东向，诸生席西向。酒三行，演剧。诸生起，揖别。”过登瀛桥，折桂花一枝，从仪门出。鼓乐前导，知县率僚属出龙门坊，送至南门外，楫别。武场亦如此。由此可见，宾兴是清代一种重要的科举活动，在清代后期对每一个参加过科举考试的士子或都产生过深刻影响。

二、宾兴馆碑刻蕴含的历史信息

清道光八年（1828）《宾兴馆碑记》镶嵌在宾兴馆中路一进天井旁建筑墙体上，碑高125厘米，宽62厘米，碑文楷书竖排，目前可辨认约155字（不含捐款名单），名单包含总理首事6名及副理首事36名，后面罗列的捐银芳名录，凡捐肆拾两银以上，可见录者有庠生、贡生、生员、监生84人，都留有芳名，以垂永久。其内容在惠州吴定球老师撰写的《惠州归善宾兴馆的文化解读》已有详细介绍，主要说明了宾兴馆的由来、用途以及该馆的管理班子成员和有关历史背景等。除此之外，这块碑记里也包含了古代士子考取功名前的称谓，如庠生、生员是秀才向官署呈文时的自称（明清时期州县学称“邑庠”，所以秀才也叫“邑庠生”或“茂才”）；贡生是科举时代挑选府、州、县生员中成绩或资格优异者，升入京师国子监读书的士子（清代贡生，别称“明经”）；又监生是国子监的学生，这里的监、贡生已是国家人才，自清顺治四年（1647）起，贡生考取后可以于次年廷试，廷试合格便可以录用为七品小京官和知县，与今天的公务员录用的面试有些相似。而从碑记所列的总理首事、副理首事及捐银人员名单，可见当时的宾兴馆已实行公开透明、开放的原则，其经营管理也是有组织、有管理制度的。

清道光八年（1828）《宾兴馆条约》碑记，镶嵌在宾兴馆中路二进中厅建筑墙体上，碑高118厘米，宽68厘米，碑文楷书竖排，共刻1300多字，分为《序》跟《条约》两部分。此《序》内容，如同一篇极富鼓动性、情文并茂的“启”，也就是相当于写给科举生员的公开信，其行文严谨，又富有激情，读来顿觉豪气荡胸，铿锵有力，能够激发士子赴考的勇气，唤起其科举兴家的希望。如：凡我同人，日兴乡里，父老子弟，讲明其义。身先而倡率之，士习端，而民心以厚，民心厚而文教自兴……致君泽民，忠莫大焉。另所立《条约》有八条，主要包括：“孝第必先敦也”“国课宜早完也”“法宜谨守也”“衙门宜杜迹也”“争讼宜和解也”“科费宜饮助也”“奖赏宜区别也”“办理宜秉公也”，其中有六条内容是关于扣除科费的规定。

同治二年（1863）二月碑记，镶嵌在宾兴馆中路二进中厅建筑墙体上，碑高38厘米，宽33厘米，碑文楷书竖排，共刻132字。说明本会出息太少，赏典、祀典、宾兴俱无从给发，乡会试，宾兴、京费概暂停止，举人只领京费六次及规定每年办祭品的银两，另说明圣后概免饮福，惟有赏花红银照旧章发给等有关约定。

清宣统三年（1911）五月碑记，镶嵌在宾兴馆中路二进中厅建筑墙体上，碑高38厘米，宽28厘米，内文楷书竖排，共刻87字。碑文大意为会内出息不敷，凡前行赏典，概暂停止，另规定神饮福者具体费用等其他约定。

另外，惠州归善宾兴馆碑记还包含了其他历史信息：

（一）经费来源：从《宾兴馆碑记》所记载芳名及条约第六条“今议捐签银两置业生息”中可以看出，宾兴馆的经费收入主要有两项，一是捐款，二是息钱。宾兴馆接受各绅士捐资，从碑记上看，都为参加过科举的生员、监生等，另从条约所列“董理将所出息预定省费银贰佰员，交岁科两考馆中子弟，府县学等子弟最高名者各一人，同领带省发放”等内容，也可见资助学子的费用来源于出租利息。

（二）经费开支：宾兴馆的经费支出有以下几项，一是助学助考费，即发给馆中子弟及府县学等子弟的岁科、正科费用，如条约规定至京费，每举人会试给盘费伍拾员，至乡会试盘费，则不论题银多寡，皆一体给予。二是奖赏，规定进学补廪每份赏花红银肆员；恩、拔、岁、副、优每份赏红花银贰员；中举者每份赏花红银肆员，中进士者每份赏花红银捌员；点词林侍卫者赏花红拾贰员。三是给四位总理首事的资费，如条约规定四人（即总理首事四人）每人另给鞋银肆员劳酬。四是举办活动费用，如同治六年碑规定每年办祭品银壹拾两，清宣统三年碑记规定神饮福者每名给以鞋金银贰毫。

（三）管理经营：《宾兴馆条约》碑记中，几乎八条都是关于宾兴馆经营管理方面的制度。一是前者所说有关扣除科费的具体说明，共有六项，二是科费资助的规定，列出了士子领取资助的要求，如务要领出藩司文书路照，先交首事验明，将会试原卷交首事验明，始得给领。三是关于奖赏及本身的管理，如签建立业，公举总副经管，嗣后历年生息及行赏各公事，不能不择人办理。又规定通计人数多寡贴出知单，照依银数匀派，不得侵蚀。其余所有事项都需由宾兴馆众绅士商议后而定，这从同治及宣统两块碑记落款可知。

（四）宾兴礼仪：有关古代惠州宾兴科举的礼仪，惠州知府程含章所撰写的《宾兴示》有比较详细的文字记载，明确了宾兴礼举办的时间、地点及参加人员，现场布置、礼节等内容，真实反映了这一段历史。馆内清同治二年（1863）及宣统三年（1911）两通碑记，记载了本会出息太少，赏典、祀典、宾兴俱无从给发，乡会试、宾兴、京费概暂停止等且由于会内出息不敷，凡前行赏典，概暂停止，另规定神饮福者具体费用等其他约定。从以上宾兴馆保留的碑刻文字内容，可看出科举的赏典、祭祀典礼等费用由于馆内出息太少，导致一些活动停办，暗示该宾兴礼随着科举的消亡而宣告结束。碑记文字也是这段历史的补充。

（五）持续助学：从宾兴馆保留的四通石碑内容，可以看出惠州清代捐资助考的义举，其中清道光八年（1828）的两通碑记，见证了惠州清代科举制度鼎盛的历史，这一盛况维持到宾兴馆建成之后的三十年左右，到35年后的同治二年（1863）三月，宾兴馆组织管理者另刻碑记一通，从内容上看，由于馆内出息太少，宾兴馆明显有些难于发放有些科举费用，却仍然保持运作，而此时清王朝开始衰败，科举制度也随之显露出衰败之势，这种局面又过了足足42年，直到科举制度废除。而在科举制度废除6年后的宣统三年（1911）五月，宾兴馆内又另勒石碑一通，从碑记的内容中我们虽然看到了宾兴馆运作费用已入不敷出，难于维持，但欣慰的是，宾兴馆并没有伴随着科举制度的消失而消亡，而让我们看到了宾兴作为一种社会公益组织，其捐资助学的活动仍在延续，宾兴馆作为地方助学教育的实体，依然发挥它应有的作用。

由此可见，当时宾兴馆的条例及规定均以立约刻碑的方式公布以众，馆内现存的四通碑记内容，亦说明其管理是特别严格的，宾兴馆总（副）理首事各司其事、职责分明。正是由于这种严密的组织和经营管理模式，才保证了古代这种助学、助考活动顺利进行，甚至在清光绪三十一年朝廷宣布废除科举考试后，到清宣统年间，或到民国年间，宾兴馆仍一直维持运作，使得该馆得以存在并维持了近100年，成为有章可循、名副其实的一种社会助学组织。

《清史稿 · 选举制》对清代科举的评价是："慎重科名，严防弊案，立法之周，得人之盛，远轶前代"。可见清代科举制度的完善及其缜密程度已达到中国科举史上的最高峰。而对宾兴礼的评价，毛晓阳博士的《清代宾兴礼考述》一文认为：清代宾兴礼的产生与广泛传播，正说明了科举制度在清代国家各个层面的全面成熟，也表明传统科举社会在清代达到了空前的繁盛与稳定。这从惠州宾兴馆内的碑刻内容亦可反映出来，因此，宾兴馆及馆内现存的四通石碑，为后人研究清代宾兴及科举提供了史料依据，是非常珍贵而重要的实物资料。

三、宾兴馆的作用及科举制废除

宾兴馆作为与古代科举制度配套的一种民间助学、助考组织，其实质和官学、官办书院施行的助学制度一样，目的都在于让士子安心读书，解除贫寒子弟的后顾之忧，为应试者提供便利和资助。据有关学者测算，当时举子们赴京往返一次的费用每人约需120两，而朝廷给予的补助最多不超过30两，多数考生的应试经费仍需靠自己来解决，正如宾兴馆条例碑记第六条所说：士子有志观光，每多阻于盘费。如清代光绪末年四川合川（现为重庆）有个叫丁治棠的举人用日记的形式，记录了他前往北京参加会试的全过程，往返一共用了八个月时间，经受了晕船、生病的折磨，还付出了相当高昂的差旅费。古时考生赴考时不仅收入全无，又要准备如车马费、旅店费、饮食、盘缠，再加上需准备购买一些考试用的脂烛水炭、衣席等，因此，一般人家，实难筹措有关费用供考生科举。而明清两代，从南京沿运河至京城是3个月，从南京至广州大约也是3个月。因此，如果走运河路线，这在古代，从惠州到广州再到京城大约也要半年多时间，期间费用可想而知。家庭条件一般的考生，除了自筹和官助费用，也依赖民间资助，因此，惠州宾兴馆的出现，无疑是一种最重要的助学、助考组织形式，它对科举资助进行相关规定，给应试者提供免费或者廉价食宿，尽可能地资助应试士子，给以一定的路费、奖赏等，来帮助考生解决科考中的困难，实现士子们步入仕途、光宗耀祖的梦想。

宾兴馆的建成，也促进了清代惠州府属人文蔚起的局面，据查阅《惠州府志》《惠州市志》等有关史料，同时参考2016年惠州市政协编《惠州名人列传》的“惠州历代进士表”可知，清代惠州府共有文进士15人（不含龙门）。这其中在宾兴馆建成之前的200年间考取进士为9人，而该馆建成后的70多年间，高中进士者达6人，按比例较之前有大幅增加，这也可从侧面反映出宾兴之举大大促进和激发了士子求学、寻求考取功名的欲望和决心。因此，宾兴馆建成后，除开展科举公益、激励士子外，对振兴地方文教、培育人才均有贡献，对传统的科考也有巨大的推动作用。

宾兴馆所折射出来的古代科举制度，是一份巨大而沉重的历史文化遗产，作为科举时期的见证文物，它的历史价值与文化意义极为重要，其建筑遗产保存了古代真实的环境特征，无论是建筑遗存、文字实物资料、科举习俗等，都具备较高规格的文物真实性与完整性，真实反映了古代科举制度情况，让广大市民能实地了解古代科举的那些人、那些事。而作为科举文化遗产，科举制及其衍生的科举文化也具有丰富的内涵，有效保护与合理利用科举文化遗产，也是当代义不容辞的历史责任。随着时代的发展，并伴随着历史的进程，关于科举制度的废除，何忠礼教授在其《二十世纪的中国科举制度史研究》一文中认为，日益加深的民族危机是科举制度废除的基本原因，其次，广泛兴办的新式学堂是科举制度寿终的直接原因，再次，日趋没落的书院制度加速了科举制度的废止，最后是社会心理的变迁，促成了科举制度的消亡。而由李兵教授执笔，杨学为、乔丽娟主编的《图说清代科举》一书却认为，以八股文为主要考试文体的科举制度的弊端逐渐显露，科举取士已经无法满足社会对实用人才的需求，清政府不得已宣布废除科举。

四、结束语

无论古代科举制度怎样，惠州宾兴馆所幸在科举制度彻底废除后，其建筑仍保留完好，至今已有190多年历史，特别是馆内保存完好的四通碑记，文字清晰，内容丰富，真实地记录着这一段历史，显得极为珍贵。宾兴馆在为古代科举服务的这段历史时期，也正是清代经济衰退、民众疾苦，历史转折的关键时刻。清政府从“守其常而不知其变”到面对鸦片流毒和英军入侵、太平天国起义、英法联军之役，再到“洋务新政”、戊戌变法及八国联军占领北京，最后各地反清武装起义此起彼伏，民主革命思潮在全国广泛传播，清王朝濒于覆灭的边缘。至此，宾兴馆的作用与功能也走到了历史尽头，渐渐失去了它原有的作用与价值，但它所折射出来的历史信息，对当代教育无疑有很好的借鉴作用。

近年，惠州市委、市政府出资按原貌修复了惠州宾兴馆，惠州文化部门将其开辟为以古代科举制度历史为主题的相关陈列馆，拟将科举文化与旅游产业结合起来，做到既能增长社会大众的传统文化教育，又能实现科举文化遗产的经济功能，让文化遗产保护工作和经济发展实现双赢，并在当前历史条件下成为经济可持续发展的宝贵资源。

（本文曾发表于《惠州日报》2019 年 1 月 29 日文化版）

参考文献：

[1] 杨学为、乔丽娟主编、李兵执笔：《图说清代科举》，天津人民出版社，2016 年。

[2] 毛晓阳：《清代宾兴礼考述》，《清史研究》2007 年第 3 期。

[3] 李才栋、邓爱红：《漫说“宾兴”》，刘海峰、张亚群主编：《科举制度的终结与科举学的兴起》，华中师范大学出版社，2006 年。

[4] 冯用军：《科举申遗的若干重大问题研究》，《中国考试》2017 年第 9 期。

[5] 邓爱红：《清代江西新建县宾兴会述略》，《南昌航空大学学报（社会科学版）》2008 年第 4 期。

[6] 张亚群：《论科举文化遗产》，《厦门大学学报（哲学社会科学版）》2006 年第 2 期。

[7] 熊昌锟：《清代桂东地区宾兴文化圈述论》，《广西地方志》2010 年第 4 期。

2019·深圳

民俗与旅游

陌生的价值

——流动与舌尖上的文化体认[1]

邓启耀*

【摘要】流动是现代社会的常态。无论是北漂南下打工，还是跨省跨国旅游、移民，都会遇到陌生人，经历陌生事，体验陌生感。其中，衣食住行是不同文化最为外显的事项，也是民俗旅游最能让人切身体验的内容。在吃饭穿衣习俗的差异背后，是文化传统、价值观念和社会形态的差异。通过“吃百家饭”，认识这种差异，体味“陌生”的价值，有助于我们对不同的生态环境、生计模式和文化传统的了解，实感地而不仅仅是理性地认知不同传统带来的中国文化和世界文化的多样性。

【关键词】流动；食物；文化多样性；文化体认

人在陌生的环境中，会产生一种不安全感。但是，作为社会的人，不可能永远窝在熟悉的家里，窝在父母温暖安全的怀抱中。求学、就业，都不能只在家里就可以搞定。特别在全球化时代，频繁的流动不可避免；而跨省跨国的旅游，现在也成为常态。体会陌生的、异样的风俗，在一种不知道的情况下感受文化的多样性，这是人走出井底、认知世界的一个很重要的方面。我们要抛开那种好像离开了父母，离开了熟悉的环境就感到不安的心理，更要警惕自我封闭、排斥异己的民族主义。年轻人走入社会，走向世界，一定会离开自己的父母，也一定会离开像学校这种比较安全的港湾，

---

* 邓启耀，广东省民俗文化研究会副会长，中山大学荣休教授，广州美术学院特聘教授。

1. 本文系国家社科基金艺术学重大项目“多民族艺术交融与中华民族认同研究”（20ZD27）的阶段性成果。本文整理自作者为公众和学生的讲稿，全文分衣食住行四个部分，限于篇幅，仅选取其中谈饮食的部分；同时，为了照顾非专业听众，也尽可能多举实例，少谈理论，敬请谅解。

走向一个相对不确定的陌生环境。

我们生存的这个世界，生态和文化多种多样，不同文化和环境导致人们不同的价值判断。也许在你这里认为是很值钱的东西，在另外的文化环境中一文不值；也许你这儿认为是根本没有什么特别的东西，但在别的文化环境中却备受重视。所以，不同的生态环境孕育了不同的生计模式，不同的生计模式培养了不同的文化传统，不同的传统带来中国文化和世界文化的多样性。

做民俗学、人类学有一个好处，就是你可以去没去过的地方，吃没有吃过的东西，见没有见过的人和事。下面我们就从最基本的说起，如何在衣、食、住、行这样一些最日常的事物中，体会“陌生”的异样价值，感知文化的多样性。

人对世界的认知，不是从高深的大道理开始，而是从切身的、切肤的地方开始，从口腹的感觉和身体的冷暖开始。我们的话题，就从穿衣吃饭讲起。

一

人离开家，最直接的挑战就是吃。没有了妈妈做的饭菜，没有了熟悉的家乡口味。所谓适应环境，最先就得学会吃。南方人到北方不能还顿顿找米饭，中国人去外国也得适应“难吃的”西餐。

前些年引起较大社会反响的文化专题片《舌尖上的中国》（中央电视台摄制），以视觉方式，提出一些颇有人类学、民俗学意味的问题：烹饪包括自然和文化两个方面，前者为消化，后者则从食谱一直到餐桌礼仪。消化是对已做过文化处理的物质再做自然精制。食谱是对自然物质的文化精制，餐桌礼仪在食物配制规则上再加上食用礼仪，因此是二级文化精制。

在他们拍摄第二季的时候，负责少数民族饮食部分的导演费墉明先生邀我加盟，做这一集的民俗顾问。他问，类似上面那样的理性梳理，在用于将边地食物文化概括为“生态美食”的感性判断基础上，如何进一步给出一些扼要的理性概括？

我给他们讲了一个云南傣族老太太的故事：

有一次，我的朋友，在云南西双版纳傣族自治州，看到一位傣族老太太摘了一

图 1　傣族用餐礼仪：年轻人围着餐桌，一边舞蹈，一边撒米，以米落到聚餐者杯碗中为吉。云南江城，2009 年

图 2　傣味之一。云南江城，2009 年

些又小又丑的蔬果带回家。他尝过这些东西，番茄很酸，苦瓜很苦，茄子小得像鸡蛋。他问："咪涛（大妈），您为什么不引进一点新品种，产量高，味道也好？"老太太反问他："你认为街上卖的那些好看的菜好吃吗？酸茄不酸，苦瓜不苦，茄子没有茄子的味，这样的东西你们认为好吃？"我的朋友豁然醒悟：原来老人家使用的是另一种标准。这种标准并不承认大街上流行食品的优势。原汁原味，是她的标准，跟我们不同。所以，我理解的"生态食物"应该是一种更加接近或复归自然的文化。

我以为，文化与自然不一定截然两分。文化，一般而言是人从自然中分离出来的一种人为的成果，也可以是主动复归或化合于自然中的一种形态。比如，如果说转基因食物是现代"文化"的极致，它充分表现了人改造和操控"自然"的野心和能力的话，那么，生态食物则是传统文化的代表，它们离自然不远，较多保持着自然的原生态，加工较为初级。这种"落后"，一方面与边地科技能力的水平相当，另一方面也和文化的选择相关（图 1、图 2）。

我们曾经因为嫌弃传统生态食物的产量和模样而欢呼“新品种”的诞生，为了增产、提纯和纳“粹”（“科学”的说法叫“优良品种”），科学家做了大量“文化精制”的工作，我们的舌尖也参与了淘汰“劣等”品种的纳“粹”大军，并不知不觉试图扮演造物主角色，搞优胜劣汰，改天换地，直至亲历众多非优良品种的灭绝。

但是，我们的舌头和身体毕竟是亿万年与自然相互作用的产物，当我们发现饲料鸡不如走地鸡香，一个省的几千种稻种都被“优选”得只剩下十来种由单一渠道批发，必须依赖化肥农药才能存活的种子的时候，麻烦已经到来。

生态食物，不仅在生物多样性上具有意义，在文化多样性上也具有意义。所以，我们需要关注一下边地的、少数民族的另外一种“文化粗制”。尽管用先进技术培育和精加工的食品，对于我们这些别无选择的城里人来说，已经习惯，但是，如果我们走出去，见识一下、品尝一下山野里那些已经变陌生了的东西，才会知道另外的好。

有一次我和一些老广谈吃，广州人说“吃在广州”，顺德人补充“吃在广州，味在顺德”。我说：“这是没吃过好东西的人讲的。”老广们炸了，纷纷指出什么什么粤菜美味。我说：“我就是顺德人。你们吃过好东西我都吃过，我吃过的好东西你们不一定吃过。”说出几样，有的还有图为证，他们果然没听说过。

不可否认，粤菜的确也是名菜之一。不过，中国传统菜系的分类，无论是 8 大菜系还是 14 大菜系，几乎都以汉文化为中心。所以就像谈中华文化同时要谈多民族文化一样，中国菜系必然也应该加上少数民族菜系。

我第一次离家吃到陌生的饭菜，是在中缅边境傣族村寨当知青的时候。最初，在傣家饭桌上闻到酸笋的味道就想吐。几年后却迷上了傣家的酸笋：酸笋煮鸡、酸笋煮鱼，觉得爽口极了。

说实话，到现在为止，我还没有吃到过一种比傣族“咚巴夫”更美味的东西。每年打谷子的时候，傣族人懒得使力，就把谷子堆在一个平地上，吆喝一些牛在上面走，牛踩脱粒，叫“踩谷子”。这时候，踩谷子的牛必然边走边偷吃谷子，吃多了要拉屎。我们的事就是盯着牛，牛一翘尾巴，就像董存瑞炸碉堡那样，冲上去，一边跑，一边抓起一把草来，赶在牛拉出屎之前，像塞炸药包一样把它塞到牛屁股那里。它噼里啪啦弄出一堆，我们就得站在牛屁股后为它接屎。接好，连草带屎扔到场子外面去，避免牛粪弄到谷子里。牛粪大多是稀的，你得忍住，就算溅到脸上，你也得忍住。当然，牛粪是相对比较干净的东西，傣族大妈经常拾回牛粪，用手捏成饼贴在自家竹篱上，晒干了做燃料。踩谷子的人很闲，主要的活都是牛干的。人闲下来做什么呢？弄吃的。傣族乡亲让我们看着牛，其他人出去找野菜，河沟里捕来挑手鱼，各种香菜煮在一锅，真是太好吃了，鲜美无比。

二

云南有个民谣："酸摆夷，甜汉人，苦傈僳，辣阿佤，臭崩龙。"这个民谣，讲的是不同民族不同的口味："酸摆夷"，"摆夷"是傣族的旧称，傣味偏酸，傣族的很多东西是酸的；"甜汉人"，汉族的口味偏甜，以至于我们到西藏，连藏族为汉族游客开的酥油茶馆，也卖甜酥油茶，而正宗的酥油茶是咸的；"苦傈僳"的苦，不是那种不能忍受的苦。比如一种小竹笋，苦凉苦凉的，用蘸水蘸着生吃，很爽口；"辣阿佤"，佤族喜欢辣，什么都要过一下辣椒，所以辣椒蘸水，一餐都不能缺；"臭崩龙"，"崩龙"是德昂族旧称，"臭"，不是我们通常所说的臭，指的是德昂族饮食

图 3　佤族过新米节聚餐，准备调料。云南西盟，1998 年

图 4　德昂族新娘在婆家展示腌制酸菜的本领。云南潞西，1993 年

图 5　剁生。云南江城，2009 年

图 6　鸡蛋炒臭菜（其实很香）。云南江城，2009 年

习俗偏好发酵食品。其实应该说“臭汉人”更有道理，因为汉人的臭豆腐、臭皮蛋，特别是北京人的臭腐乳，那真是臭名远扬（图 3、图 4）。

傣味总的来说可概括为几个字：酸、辣、香。另外，吃生、吃甜、吃苦也别有风味。

傣族人每餐无酸不欢，酸笋、酸鱼、酸肉、酸腌菜、酸菜应有尽有，酸料多取自山野，如羊奶子果、酸角、柠檬、生芒果等，酸而不同味，酸出丰富的层次；辣可谓吃辣之王，象鼻辣、小米辣等辣得痛快；傣味善用香料，香茅草烤鱼的香、香竹筒烧饭的香、缅芫荽春烤花生的香、香椿炒鸡蛋的香，香出好几种感觉；甜，西瓜、香瓜本来就甜，还要放上白糖吃；生更生得恐怖，鱼生、猪肉生、牛肉生等都吃，还有一种生菜取自牛胃——杀牛前，把一种野生香菜洗净喂牛，待它消化得差不多时，杀牛取胃，把胃中物连同胃液一起和各种配料相拌，以米线、猪肝片等混合，即是待客的上品之肴。这道菜叫“刹撇”，味苦凉，一般人不敢吃。现在一些傣味餐厅也有这种东西，当然，它已经不再经过牛的消化，而是用人来加工，模仿牛胃加工到一半的那种做法。傣族、白族等民族喜欢吃新鲜生肉，加上佐料，他们叫做“剁生”。这次寒假我带学生去傣族地区做调查，给他们的一个规则就是不许贪嘴吃剁生。因为傣族招待贵宾的时候，往往会上一盘剁生，非常鲜美，我吃过，但是不敢多吃，因为弄不好里面就有寄生虫之类的。所以我们给学生的规则是，再好吃也不要吃，你知道有那么回事就行了（图5、图6）。

图 7 傣族用软木树截断挖空做的饭甑，米饭放里面不会馊。云南江城，2009 年

图 8 在街边摆摊出售竹筒饭的傣族大嫂。云南潞西，2016 年

傣味菜的制作有很多种，蒸、炒、煮、烧、腌，还有蘸水。蘸水，说起来我们印象很深，我们当知青的时候，经常没菜吃，有时候穷到了一个鸭蛋做一脸盆汤，蛋花基本捞不出来。连鸭蛋都没有的时候，我们就到外面草地上找些香菜，在地上找的香菜，他们叫做“缅芫荽”，加上一些辣椒、花生和葱，做成蘸碟，用它下饭。他们的竹筒饭也很好，砍来新鲜的香竹，放进水和米，用芭蕉叶封口，放到柴火里烧。竹筒烧焦，饭就熟了。饭被竹子里面的膜包住，一节一节取出，味道特别清香，竹子的清香。他们的这种饭甑也是用一种软木树截断挖空做的，用它蒸饭。那个地方天很热，但米饭放里面不会馊，这也是很奇怪的一个事。到中大后，我跟研究生上课，上到饮食习俗时，就会带一些傣族的牛肉干巴、藏族的牛肉干巴、摩梭人的苏里玛酒，还有河南的香辣花生来，大家边吃边上课。下课的时候，有些同学不胜酒力，脸都是通红的（图7、图8）。

少数民族风味饮食与他们所处自然环境和文化背景密切相关。随着生产技术的发展和对食物知识的增加，各民族摸索出了运用水濡、火烹、烧烤、曝晒、烟熏、风干、发酵等手段加工食料的技术，形成风味各异的饮食文化。

1. 野味

采集与狩猎，过去是许多民族谋生的基本方式，现在也是一种重要的辅助性饮食。在思茅、版纳的各民族中有这样一条谚语：一动就是肉，一绿就是菜。

图 9 “山中打猎，见者有份”的传统猎俗，甚至沿袭到日常习俗中。在基诺族村寨，“一家杀猪，全寨帮吃”的风俗，仍或多或少地存在着；鸡、猪等家禽家畜，由于放养，“家”性偏少而“野”性偏多，以致到宰杀时，得由一些精壮男子满山追捕，人喊狗吠，阵状颇似围猎。云南西双版纳，1993 年

图 10 北方的蒙古族，元末落籍云南后，口味也南方化了。雨水季节，上山采菌子，丰富餐桌的野味。云南通海，1991 年

动物类野味，各民族嗜食种类极多，所谓“天上飞的除了飞机，地上走的除了汽车，四条腿的除了凳子，都可以吃”。当然，由于宗教信仰及民俗禁忌等原因，不同民族也有不同的食物禁忌，比如有的民族不吃鱼，认为鱼不会说话，到了阴间连诉苦都不会，吃它们是罪过；有的民族在妇女怀孕时，忌吃许多东西，如长得难看的、体臭的、有缺陷的动物（图9、图10）。

随着野生动物保护意识的增强，特别是最近的瘟疫流行，许多动物已在禁止捕猎之列，各民族的饮食习惯也有了些调整，餐桌上野生动物的种类大大减少了。

当然，有一些特色菜肴，直到现在，依然保留着，例如，白、彝等族的炸夹虫、傣族的炸花蜘蛛、竹虫，以及很多民族都嗜吃的炸蜂蛹、蚕蛹等。

植物类野菜种类特多，特别是在森林较多的地方，山林民族丰富的植物学和药物学知识，令人叹服。例如，菌类较著名的有干巴菌、鸡棕、松茸、青头菌、牛肝菌、谷熟菌、北风菌、鸡油菌等，花类有黄花菜、刺梨花、槐花、树花、蜜蜂花、羊奶花、山韭花、杜鹃花、饭勺花、兰菜花、桢桐、绿苞山姜、九翅豆蔻、多蕊蛇菰、白花羊蹄甲、仙人掌花、多毛姜花等数百种，或煮或炒或烧，风味独特，还有不同的药疗功效。至于许多植物的根、茎、叶、果，更是数不胜数（图11、图12）。

独龙人有条古训：山上出什么就吃什么。在独龙语中有数百种野菜、野菌和可食用的野生植物的根和茎的名称，仅野生芋头就有十多种。冬天采集葛根，取其淀粉长期保存；五六月间采新鲜野百合、竹笋、义赢、厄楠、达布秋等等，掺在葛根或小米中煮了吃。五至七月间，山间野菜是他们重要的食物补充。

傣族菜谱中，江里的青苔，沟边的香菜、臭菜、苦凉菜，棕榈树上棕包花和许许多多不知名的野菜都是盘中餐。这些野菜既是美味，在炎热的江边谷地还是清凉去毒的药物。

2. 各民族的特殊食品

在怒江，不论是在怒族还是在傈僳族村寨中做客，都可以领略到人们的热情好客。有远方客人到来，不论是哪一个民族，认识与否，都要热情留宿，美食招待。咕嘟酒是待客的美酒，用包谷经发酵后，再在坛里密封数日而成。饮时加入适量的温开

图 11　新鲜蕨菜。云南江城，2009 年

图 12　小竹笋。云南江城，2009 年

水、蜂蜜、糖、再放入漆油或者酥油，香淳无比。待客的佳肴还有荞米簸簸饭、琵琶肉和厦拉、巩拉。厦拉和巩拉是用酒焖的肉和酒焖蛋。先在铁锅中放入漆油或者其他油脂，待锅烧烫放入鸡肉（猪肉、羊肉、牛肉）或鸡蛋，退火后，注入烈酒，焖煮数分钟。“厦辣”和“巩辣”醇嫩清香，具有驱风健胃、滋补强身的功用，是怒族傈僳族十分喜好的佳肴。

最有怒江风格的是石板粑粑，贡山有一种石板，质细腻，面平滑，火烧不裂，人们把石片做成圆型“煎锅”用来煎烤粑粑，用这种石板煎烤出来的粑粑不放油，可不粘不糊，香酥薄脆，别具风味。

在云南各民族中，还有各式各样独特的食物，如永宁摩梭人的“烤干鱼”，景颇族“春菜”、“麂血饭团”，独龙族竹筒酒、西双版纳勐海名茶“南糯白毫”、德宏遮放米、文山八宝米、彝白两族“粑肉饵丝”、洱源白族酸肝和糯米血肠、景谷象牙芒果、瑞丽无眼菠萝、树菠萝、大理雪梨；武定鸡、佤族水酒、彝族乳饼、白族乳扇；丽江纳西族窨酒、琵琶肉；傣族烤鱼、青苔菜、“毫咯素”、傣族香茅草烧鸡、竹筒饭、回族风干牛肉、墨江哈尼族油炸蜂子、墨江麻糖、通海豆末糖等。在大理，我们在白族民间可以找更多的美味可口的食品。街边的凉粉饵块、喜洲粑粑、粑肉饵丝、鹤庆盘腿、猪肝胙、剑川吹肝、弥渡卷蹄、凤羽酸肝、永平鹅、螺丝酱、洱源乳扇、邓川牛奶等等，还有大理著名的雕梅和炖梅，那是姑娘们出嫁时需要显示的重要手艺之一。吃的习俗与百姓生活更有着千丝万缕的联系，几乎伴随着人的一生。结婚要给女家送“送母席”；生孩子要送米酒汤圆、“鸡米酒”；祝寿要请“寿面”；除夕吃猪头尾，祭灶吃麦芽糖；大年初一吃素茶，正月十午吃元宵，二月初八吃“槟槟糖”，立夏吃“松麦饭团”，五月端午吃泡糕喝药酒，栽秧节吃锛片肉和洗脚豆，七月祭祖末摆八大碗，九月九喝登高菊花酒，冬至要块块肉和节节鱼。在大理有谚语说：“当家不可不节省，待客不可不认真。”吃在白族中已不仅仅是果腹，更重要的是联络亲情，这些丰富多彩的食谱和食俗在民间吃出了传统，吃出了文化，吃出了艺术。最为人熟知的莫过于三道茶了，白族三道茶头苦、二甜、三回味，既是茶本身的滋味，也具有民间的人生哲理，就像大本曲《敬茶歌》里唱的“苍山茶绿洱水清，先

图 13　纳西族人家，锅里煮的是腊肉，火塘里烤着土豆，几杯小酒，几个老倌。云南丽江，2006 年

图 14　白族小吃。云南大理，2015 年

图 15　白族小吃。云南大理，2015 年

图 16　油炸蜂蛹。云南，1998 年

图 17　油炸竹虫。来自网络

图 18　夜市上的招牌菜：油炸知了、蚂蚱和蜂蛹。河南开封，2017 年

吃苦来后享福，创业多艰辛”（图13、图14、图15）。

还有虫子。我第一次吃虫，也是在傣族地区。

那天，“宰竜”（大哥）带我去砍竹子，编竹笼，用来装石头防洪。吃晌午的时候到了，宰竜从屁箩里拿出我们的午饭，打开芭蕉叶，米饭上有一团酸腌菜。他飞快用竹枝削好两双筷子，刚要开张，转念一想，说：“等等，加个菜。”提把刀，在周边竹丛里找了一圈，找到一棵有虫眼的新竹，几刀砍断。他很快用干竹叶竹枝燃起一堆火，然后把那截有虫眼的竹子破开。竹筒里有差不多小半筒一寸长、肉乎乎的白色虫子，像蛆一样蠕动。宰竜把半截竹筒放在火上烧，不一会，那些虫子冒出油来，滋滋作响。微微发黄时，宰竜说“好了”，用手指夹了一条扔进嘴里，津津有味地嚼着。看我狐疑不定的样子，说：“吃啊！你看见了，干净的。”我闭上眼尝了一条，可以感觉到咬破那虫时体液顺齿流的状态。不过，味道倒是不错，有股浓郁的奶油香味和奇怪的鲜味。“有点盐就更好了！”宰竜说。我稍迟疑，一转眼他就把虫子全部扫光。

这种虫子，当地人叫“竹蛆”。多年后成了傣味餐中的一道名菜，改名为“竹虫”，为的是雅一点。曾听人说有些地方的人会吃“肉芽子”，也就是让肉生蛆，然后拍打到簸箕里，吃那些蛆。之前不信，这下信了。但竹蛆和肉芽子性质不一样，竹蛆封闭地生长在嫩竹里，吃素，没有那种让人产生不良联想的吃相和长相。后来知道，傣族会吃的虫，还有蜂蛹、蚂蚱、蝉、蛐蛐、花蜘蛛、蚂蚁蛋、屎壳郎幼虫等。傣族的昆虫食谱，我尝过的除了竹虫，还有岩蜂、土蜂的蜂蛹，油炸；蚂蚁蛋，凉拌。我曾跟着宰竜去掏岩蜂，喝了半碗蜜，醉得难受。油炸的蜂蛹，异香扑鼻，高蛋白，是下酒好菜，但也不能多吃，吃多上火。还有一些好吃的虫，只听说，不敢试：夏天的蝉除去翅膀、足和内脏，一半炒熟，一半生的，混合剁成酱，再放入佐料，最后加两个番茄用文火烧煨在其中，据说也是一种佳肴。屎壳郎幼虫俗名牛屎虫，肥大如大拇指，与鸡蛋同煎食，据说治小儿蛊毒有奇效。大蛐蛐是西双版纳等地一种个体极大的大蟋蟀，加佐料制成蛐蛐酱而食，味道鲜美，为待客第一佳品，油煎食用其味比油炸花生米还要香。有的地方还吃花蜘蛛，除去脚，用油炸，然后夹在糯米饭中吃，据说味道毫不逊色于烧肉。有朋友拍过一张照片，一个傣族姑娘手拿一竹盒去装

图 19　油炸水蜈蚣。云南漾濞，1998 年

图 20　油炸水蜈蚣。云南漾濞，1998 年

除了脚的花蜘蛛，喜滋滋地回家做饭（图16、图17、图18）。

不过，称得上恐怖的虫子，是我们在滇西吃的“水夹子”。它们基本就是蜈蚣的长相：多节、多脚、头有大夹夹，身长两寸许，只是整个粗壮许多，像是没有减过肥的蜈蚣，又叫水蜈蚣。我是和徐冶去考察云南漾濞岩画的时候，被当地彝族朋友请吃的。这盘菜一上来，我们的眼珠子就差不多掉下来了。问：“有毒吗？”朋友说：“有。不过油炸以后，这毒就消失了。”为了让我们放心，他们先夹了一条放进嘴里，然后听见脆响，我猜是蜈蚣的大夹夹被更大的夹夹咬碎了。徐冶也夹起一条肥版的蜈蚣，趁他还没有放进嘴巴的时候，我赶紧拿相机拍了一张照片。朋友坏笑：“这东西很补肾的，你们多吃一些。”（图19、图20）。

其实，虫子在《周礼》《礼记》等官方礼仪文件中，都有过专业人士“醢人”把蚂蚁蛋做成“醢”，供“天子馈食”“人君燕食”，或作为“祭礼”供品的记载。可见虫子也可以成为君王和诸神的特供食品。虫子与时俱进进入都市餐厅的宴席，不知始于什么时代。西南边城昆明的知青餐馆，大约是八九十年代开起来的，开在翠湖边上，生意好得不得了，来吃的大都是呼朋唤友来叙旧的老知青。竹虫和蜂蛹，是必点的菜肴。最近去中原内地考察，朋友带去河南开封夜市吃特色，油炸蚂蚱、蜂蛹和蝉，都是招牌菜。我试吃了，很肉感。

我是随着二十一世纪的到来而“回”到祖籍地广东的。“吃在广州”，依然是这个中国东部沿海名城的名言。很多餐馆以海鲜为主，讲究“生猛”。客人来了，即领到水养玻璃柜那里，现点现做。常有用大盆装的龙虱（俗称水蟑螂）、沙虫之类，和海鲜放一起，看去有些吓人。据说广东人吃虫，历史更为悠久。龙虱很像好莱坞恐怖片中金字塔里那些吃人的黑色甲虫。事实上，它们的确属于肉食性昆虫，凶猛贪食。不仅吃小鱼小虾小虫蝌蚪，连体积比自己大几倍的鱼类、蛙类也会去攻击捕食，猎物一旦被咬伤，附近的龙虱闻到血腥就会一拥而上。

但更厉害的捕食者是人。传说龙虱有滋阴补肾等功效，常吃龙虱对降低胆固醇，防治高血压、肥胖症、肾炎等有良好效果，所以在广州等地，龙虱成为一道经典的菜。

我一直不明白这种看去恶心的虫子，怎么可以堂而皇之地登堂入室，成为都市酒楼的一道名菜，并由此串连起一个产业链。直到有一天，我也被请吃了。

一盘黑色蟑螂，转到了我的跟前。吃还是不吃，这是个问题。一桌的人都看定了我：你祖籍不是广东的吗？你不是做人类学的吗？在那一瞬间，从这些虫子上，我突然想起自己的族群或准族群身份——广东人和傣族，似乎与百越族群，有些古老的关系。而吃虫，似乎也成了人类学家的准考证。

好吧，为了人类学，为了共同的祖先，无论他是真实的还是虚幻的，都只好拼

图 21　广东的龙虱（水蟑螂），150 元一斤

图 22　沙虫。广州海鲜市场，2017 年

啦！我夹起一只黑乎乎、油亮亮的水蟑螂，用纸巾遮住嘴，龇着牙咬下去，尽量避免口腔的其他部位接触这家伙（图21、图22）。

我咬下去，声音和感觉，像极了踩蟑螂。有汁液喷射到纸巾上。我不由自主发了一个呕，趁搽嘴，顺势把那虫尸吐在纸巾上，包起来放下。然后，客客气气，把这盘具有文化认同意义的“菜”，转给别人。

美国人类学家弗兰兹·博厄斯在谈及文明和野蛮差异的时候，十分明确地说：“我们从不吃毛虫。”[2]我不知道他所指的范围是否包括没毛的虫。如果包括的话，我有点为这位大名鼎鼎的人类学家感到遗憾。其实，吃虫，是人类学田野生活的一部分，文化体验的一部分，甚至是文化的一部分。

3. 酒与酒俗

酒，在云南少数民族中，恐怕是消耗最大的一种“饮料”了。云南少数民族素有豪饮之风，平时多有以酒当饭者。如有客至，主人必以酒相待，不喝干他端来的三大碗，他就与你没话可说。到了节日佳会，更是“醉饱歌舞”，酒气四溢。有的民族，逢年过节，还有“抢客”之俗。他们认为，谁家客人多，谁的人缘好。“抢”得客来，必以好酒好肉相待。

酒有不同的酿法，也有不同的喝法。傈僳、独龙等族唇口相依的“同心酒”，彝族一杯轮喝的“转转酒”，克木人用无数麦杆同吸一罐的“杆杆酒”等，都是团结一心的传统象征方式。怒江中最常饮用的酒是杵酒。没有杵酒，傈僳人家就没有歌声。唱到高兴时，就喝起了同心酒。人们相互搂着，脸贴脸，嘴逗拢嘴，同喝一碗酒，以不漏一滴为佳。历史上，傈僳人如在土地、山林、婚事问题上发生争吵，双方在官司断定后，都要拿出杵酒大家一齐喝，并举杯唱道：同在一天下，同住一地上，从今天起呵，让仇随河去让恨随水漂。傈僳人说，喝过同心酒，那感情是永远难忘的（图23）。

---

2. 弗兰兹·博厄斯著，项龙、王星译：《原始人的心智》，国际文化出版公司，1989年，第117页。

图 23　傈僳族喝同心酒。云南怒江，2010 年

若到藏民家做客，清醇的青梨酒、鲜甜的酸奶以及浓郁芳香的酥油茶是好客的主人待客的佳肴。酸奶象雪山一样晶莹洁白，中甸的青稞酒，是以高原主粮青稞为原料，尤以龟山泉水酿造的中心镇青稞酒为上乘，色青，味醇，喷香四溢，不浓不烈。酥油茶用中甸出产的木碗装着，从热腾腾铜壶里倒出来，在火塘边的羊毛毯上盘腿坐着慢慢品味，那温情比高原的太阳还温暖。

敬天敬地，敬族人，在一般节祭活动中，酒必不可少。哈尼族的“十月年”，称“年首扎勒特”，多以农历十月的第一个属龙为岁首。“十月年”里，最有特色的是各寨举行的街心酒宴“姿八夺”。哈尼族“姿八夺”意为“互相轮流喝酒”，是一次以酒为中心维系族人的大型聚会活动。哈尼族的“街心酒宴”男人入座女人歌舞助兴，克木人的“骂格勒儿”祭中的“乐宴”，则反过来是女人入座男人歌舞助兴了。“骂格勒儿”祭是西双版纳克木人最隆重的节日，是在每年秋收结束后（公历十二月底），由世袭供奉克木氏族祖先的家户作主祭人。氏族全体成员盛装携礼到祭主家公祭。祭祀共三天，头天由巫师唱古歌，称“追源”；第二天由长老叙业绩，称“颂功”；第三天举行聚餐酒宴，称“共庆”。酒宴席地而设，赴宴者以女坐男立定位。妇女们席地而坐，手击铜鼓铓锣等，边击边唱边进餐。男人则手舞木刀，踏节而舞。

直到红日西沉，乐宴才告结束。

节日里敬人的是酒，祭会中敬祖神的也是酒。无论祭天地日月、山神水鬼，还是祭祖灵社神、耕牧渔猎诸神，酒是万不可少的。以酒为祭的仪典数不胜数，最多的，恐怕是农事祭祀了。哈尼族的“三月喝秧酒节”即为一种。

农历三月，看到秧苗长出五片叶，哈尼族要选一个属猪的过节。为什么要属猪的日子呢？据说古时祖先看到在猪滚塘的稀泥里，谷苗长得最饱满，才学会了开水田。节日里，各家在秧田的排水口处摆上米酒、米饭和蛋、肉等祭品，饭要用七里香花的汁液染黄，以祈秧苗长出金黄的谷粒。各家家长对秧田致祷词。

祭完，举家再设酒宴欢庆。节后，才可栽秧。

到了农历八月，连天的梯田泛起一片“杨梅色”的时候，奕车人另一酒的节日——“卡奴抽扎”（喝新谷酒节）又来到了。八月上旬，各家在选好的吉日中午，由家长割回一把即将成熟、颗大粒多的谷穗，用稻叶捆扎，倒挂在堂屋右方后山墙上，请家神保护。随后，勒下谷粒百十粒，有的炸成谷花，有的放进酒瓶泡酒。当天午餐杀鸡宴客，共喝新谷酒。席间，主人将泡有新谷的米酒斟给客人喝，客人庄重地举杯吟唱酒歌，祝粮食堆成山，米酒喝不完。全家老小也举杯相祝，连吃奶的婴孩，也要在小嘴上抹几滴酒。据说，新谷酒可使全家终年无病无痛，幸福安宁。这顿饭以吃得撑饱为好，人们相信，喝新谷酒节吃得饱，秋收新谷上场时，仓里还会剩有吃不完的陈粮。

云南的少数民族，除了有许多以酒为庆为祭的年节祭会，还有以酒为名的节日。普米族农历四月五日的“苏里玛节”，就是地道的“酒的节日”。苏里玛酒是宁蒗一带普米、纳西等民族特有的家酿粮食酒，用新麦酿就，色微黄，味清醇，度数低，类似啤酒，是当地民族节祭喜庆活动的必备之物。普米族专为此酒设节，可见珍爱之甚。苏里玛节这天，普米人家纷纷打开酒坛，取出苏里玛酒，尝酒庆节。除了各家开怀畅饮，还广赠亲友尝新，喝百家酒，看谁家的手艺高，酿得甘醇，酿得醉人。酒酣兴来，老人们聚拢一起，边饮酒边唱“酿酒歌”“吃酒歌”等调子，摆古道今，互示祝贺（图24）。

图 24　普米族家庭烤酒。云南宁蒗，2001 年

4. 节日食俗

云南很多民族都要过尝新节。一般而言，尝新节多在收获之后。不过，由于云南素有“立体气候”特点，“十里不同天”，各民族所居海拔、物产等又有所不同，所以，尝新节的日期、形式和内容亦各有特色。

尝新节有小春尝新与大春尝新之分。

巍山彝族小春尝新的“沙户比”节在农历4月中，小麦成熟后的一天。“沙户比”为彝语，意为“小春尝新节”。这天，家家用麦面和糖、米舂糍粑，蘸蜂蜜献祖，带糍粑回娘家，请老人和亲友尝新，庆贺丰收。大春尝新的“咱吓戏节”在农历十月，意为“秋后尝新饭”。收来新谷，炒成谷米，叫来亲友儿女，祭祖，敬老人，老人祝祷，希望收成一年比一年好。有的地方，或将新收的谷穗放在门上和灶门上，或将新米饭舂成各种花样的饵块，染色送亲友。

苗族尝新节也分两次，头次叫“吃秧包卯”，是在开秧门后第50天的“卯”日。再过50天，谷子开始成熟的一个卯日，又过“吃新米卯”。相传，这两次节日

图 25　白族本主节祭食。云南大理，2010 年

是为了纪念祖先为苗族找到谷种的事迹。节日里，人们要举行盛大的斗牛、斗雀、跳芦笙、跳铜鼓等活动，还要用一大碗饭喂狗，因为传说谷种是狗带来的。

其他民族也有各种形式的尝新节，如普米族收获季节的尝新节，要祭祖、敬狗、尝新米，拉祜族8月属猴日的尝新节，也有祭祖、敬狗、煮新米的内容；纳西族8月24日和9月的尝新节要煮新旧掺合的米，表示新旧相接，承前启后，岁岁丰收，其中，祭祖、敬狗亦是主要内容之一。过尝新节不能杀鸡，据说鸡只会一边刨一边啄，人吃了鸡，就会像鸡一样只知道吃，不知道存。红河哈尼族的新米节在七八月间，勐海哈尼族的收谷节则在9月，绿春、新平等地的哈尼族在这一季也有不同类型的尝新节或具有尝新性质的节日，大都有吃新米、祭谷王、舂粑粑、设宴敬老等内容。白族8月中旬的尝新节要祭祖唱调尝新米，景颇族8月属龙日的新米节要献地鬼、尝新米，阿昌族的吃新谷节在8月15日，基诺族的尝新祭在谷熟的属龙属虎日，苗族8月15日的吃新节除祭祖，还要祭天神和林神，瑶族8月的尝新节则加祭谷娘，壮、傣、布依、水、德昂、布朗等民族亦都有尝新节或新米节，节日里除吃新米，还要举行祭谷魂、对歌等活动。

除了尝新节专为“吃”而设，各民族的其他节日，还有风味各异的种种食俗。

其中，较有特色的，有端午节的吃大蒜、喝雄黄酒、包粽子，腊八节的“腊八粥”或“五味粥”，冬至节的汤圆，中秋节的月饼，重阳节的茱萸酒和重阳糕，彝族收荞祭的炸荞花、剽羊节的羊肉席，纳西族立夏节吃“臭水”（矿泉水），哈尼族三月年、布谷鸟节煮红蛋、染黄饭，捉虫节舂蚂蚱吃，白族葛根会吃葛根，壮、水、布依等族三月三等节日的五色糯米饭，佤族拉木鼓节的鸡肉烂饭等等。

农历八月第一二个属龙日，是红河一带哈尼族的新米节。“龙”这个音，在哈尼语中有“多起来”“增添”的意思。节期三天，头天背回新谷、杀鸡买肉，把各种瓜豆蔬菜统统拿来尝新。另外，还要做一碗鲜竹笋，象征粮食产量像新竹一样节节冒尖。第三天早上做糯米粑粑祭天，祈求日月永照人间。新米节还要祭奠为人类寻找五谷种子及各种财富的始祖塔婆和她的儿子欧罗。

冬天农闲，农业民族讲究因时顺气，天人对应。冬天属阴，处于“藏”“养”阶段，其节也多与此相关。

云南少数民族过冬至节家家舂糍粑，蘸蜂蜜，人祖同食，有的甚至将糍粑做成簸箕大，象征暖阳高照，来年圆顺（图25）。

异味的食物，是旅游者进入异乡的检测仪，也是人类学家、民俗学家进入他者世界的通行证，甚至成为他们进行学术研究的基础原料。美国人类学家哈里斯在他的书《好吃：食物与文化之谜》[3]中谈到了一些有意思的观点，他认为吃的背后有很多值得深究的文化和现象的东西，比如不同的民族不吃或吃某种东西，这背后都有一些文化和其他的东西。而著名结构主义人类学家列维—斯特劳斯更是在他的煌煌巨著中，有好几部都以食物为主题，展开对文化结构的整体而细微的探讨。[4]

（本文中的照片如无说明均为作者本人所拍摄）

---

3. 相关论点参见（美）马文•哈里斯著，叶舒宪、户晓辉译：《好吃：食物与文化之谜》，山东画报出版社，2001年。
4. （法）克洛德•列维—斯特劳斯著，周昌忠译：《神话学：生食和熟食》，中国人民大学出版社，2007年；克洛德.列维—斯特劳斯著，周昌忠译：《神话学：从蜂蜜到烟灰》，中国人民大学出版社，2007年；克洛德•列维—斯特劳斯著，周昌忠译：《神话学：餐桌礼仪的起源》，中国人民大学出版社，2007年。

从传统仪式到现代表演

——民俗旅游赋能乡村全面振兴的路径

江金波[*]

【摘要】在中国乡村全面振兴背景下，民俗旅游得以空前繁荣。本文以民俗事象所归属的生活形态为依据，将民俗分为三大类八小类，分析各类民俗与旅游业的关联。深入剖析民俗旅游特征，立足时代背景和中国乡村全面振兴战略需求，系统论述民俗旅游赋能乡村全面振兴的五大路径及其具体方式。发现民俗旅游赋能乡村振兴路径主要包括民俗景观化和民俗剧场化对乡村旅游产业的振兴；通过非遗传承人的示范引领和社区广泛参与促进乡村人才振兴；民俗文化发掘与传统仪式的选择性复兴推动的文化振兴；通过自然生态和文化生态改进助推乡村生态振兴以及激活各类社会及经济组织带来的全面组织振兴。

【关键词】民俗旅游；仪式；表演；赋能；路径

一、民俗旅游

1. 民俗

民俗（folk customs）是社会学和文化学重要的基础概念。对其概念进行界定的文献汗牛充栋。本文采取钟敬文（1998）的解释，认为民俗是人民大众参与创造、享用和传承的生活文化，它既包括农村民俗，也包括城镇和都市民俗；既包括古代民俗，也包括新产生的民俗事项；既包括口语传承的民间文学，也包括以物质形式和行为、心理等形式传承的物质、精神及社会组织等民俗。该定义界定了民俗的大众性、广域性（农村和城市）以及其形式的多样性。由此，可以简单理解为民俗就是在特定

---

[*] 江金波，华南理工大学经济与贸易学院副院长、教授、博士生导师。

区域由特定群体历史积淀所形成的群体内模式化的生活文化。因此，民俗学（Folklore）一般被解释为有关“民众”(folk) 的“知识”(lore)（William Thomas，1846）。由于选题的需要，本文着重讨论乡村范围的民俗。

为了便于研究，需要对民俗进行分类。乌丙安（1985）在其《中国民俗学》一书中，将民俗分为四大类别，即经济的民俗、社会的民俗、信仰的民俗、游艺的民俗。本文根据现行一般做法，即以民俗事象所归属的生活形态为依据，将民俗分为三大类八小类，其各类均与旅游业产生一定的关联。例如物质民俗中的生产民俗，与旅游业的关联表现为提供游客各类物质生产过程、环境观光及参与体验，而社会生活民俗中的岁时节日民俗，则为传统节庆提供游客群体性参与体验（表 1）。

表 1 民俗分类及其与旅游发展的关系

三大类	八小类	与旅游业的关联
物质生活民俗	生产民俗（农业、渔业、采掘、捕猎、养殖等物质资料的初级生产方面）	提供游客各类物质生产过程及环境观光及参与体验
	工商业民俗（手工业、服务业和商贸诸业等物质资料的加工服务方面）	展示加工服务过程及游客参与体验
	生活民俗（衣、食、住、行等物质消费方面）	生活要素及族群空间展示或参与活动
社会生活民俗	社会组织民俗（家族、村落、社区、社团等组织方面）	族群社会化的展示体验
	岁时节日民俗（节期与活动所代表的时间框架）	传统节庆提供游客群体性参与体验
	人生礼俗（诞生、生日、成年、婚姻、丧葬等人生历程方面）	人生仪式化的展示及体验
精神生活民俗	游艺民俗（游戏、竞技、社火等娱乐方面）	提供游客民间娱乐体验
	民俗观念（诸神崇拜、传说、故事、谚语等所代表的民间精神世界）	提供游客对旅游目的地文化深层理解

2. 民俗旅游

民俗旅游是一种以民俗为主要对象，即旅游客体是民俗风情，具有民族或地方特色的文化旅游。作为文化旅游的重要方式，民俗旅游实质是民俗文化和旅游融合而产生的新业态。不同于自然旅游、产业领域等其他旅游业态，民俗旅游表现出如下突出特色。

旅游核心吸引物的民俗性。旅游吸引物是引发旅游现象的核心对象。对于民俗旅游而言，其核心吸引物正是地方性的特色民俗现象。如民间手工艺编织技艺对游客参与的吸引；生活民俗中的地方风味，往往构成旅游餐饮的重要因素等。

深受民众态度的影响。民俗旅游是主客互动的重要场景之一，这是因为民俗旅游首先依赖于所在地民众的文化演绎，其次才是民俗主人与外来游客的互动。因此，民众的介入程度及其态度深刻影响民俗旅游的质量。主要表现为一方面民众积极参与有助于活跃民俗旅游氛围，增进游客对民俗大众性的理解；另一方面是民众的广泛参与也能提高更多民俗旅游吸引物，从而丰富游客活动。

旅游功能的综合性强。由于旅游吸引物的发展原因以及游客消费需求多样性，民俗旅游不仅带来民俗文化的复兴（彭兆荣，2004），而且带来当地餐饮、民宿、农产品及其加工等的繁荣。

一如民俗的丰富多样性，民俗旅游类型也十分丰富。但是，依据其所提供的旅游产品性质差异，可分为观览型、参与型、休闲型和运动型（苘茂兰、王峥，2007）。这种划分方法，较好体现了不同民俗的旅游功能，同时为其开发路径分析研判提供了一个基础知识体系。

二、民俗旅游兴起的时代背景

1. 经济发展奠定良好物质基础

中国改革开放四十年积累了丰富的物质财富。我国成为世界第二大经济体，2018 年 GDP 为 90.03 万亿人民币，折算成美元大概 13.6 万亿美元左右，占全球 GDP 总量的 15.9%。广东省 2018 年 GDP 达 9.73 万亿元，超过澳大利亚和西班牙。

2018 年全国 31 省市区人均可支配收入 28228 元，比上年增长 8.7%。扣除价格因素，实际增长 6.5%。其中，上海、北京 2018 年居民人均可支配收入首次突破 6 万元大关。同年，广东省的人均可支配收入 35810 元，位居全国第六。

2. 国家文化复兴战略

2017 年 1 月，中共中央办公厅、国务院办公厅印发《关于实施中华优秀传统文化传承发展工程的意见》。其中，提出的总目标是到 2025 年，中华优秀传统文化传承发展体系基本形成，研究阐发、教育普及、保护传承、创新发展、传播交流等方面协同推进并取得重要成果，具有中国特色、中国风格、中国气派的文化产品更加丰富，文化自觉和文化自信显著增强，国家文化软实力的根基更为坚实，中华文化的国际影响力明显提升。明确七大重点任务。其中包括“实施中国传统村落保护工程；规划建设一批国家文化公园；推进地名文化遗产保护；实施非物质文化遗产传承发展工程；实施传统工艺振兴计划；大力推广和规范使用国家通用语言文字，保护传承方言文化；开展少数民族特色文化保护工作”（第 3 保护传承文化遗产）以及“加强对中华诗词、音乐舞蹈、书法绘画、曲艺杂技和历史文化纪录片、动画片、出版物等的扶持。实施戏曲振兴工程，做好戏曲‘像音像’工作，挖掘整理优秀传统剧目，推进数字化保存和传播。实施网络文艺创作传播计划，推动网络文学、网络音乐、网络剧、微电影等传承发展中华优秀传统文化”（第 5 融入生产生活）。

全面复兴传统文化，将传统文化作为独特战略资源的国家发展战略为推动民俗旅游发展注入强大动力。

3. 地方话语权意识的增强

在经济发展良好背景下，伴随美丽中国建设步伐，尤其是美丽乡村建设的逐步建成，并出于吸引投资，打造良好营商环境等考虑，乡村各地文化建设的自觉性显著提升，带动了物质生产空间和精神文化空间的双向动力提升，地方话语权意识也得以极大增强。

4. 全域旅游业与乡村振兴的实践需要

2017 年政府工作报告，提出“要完善旅游设施和服务，大力发展乡村、休闲、全域旅游”。从此，中国进入“全域旅游”时代。全域旅游，是指在一定区域内，以旅游业为优势产业，通过对区域内经济社会资源尤其是旅游资源、相关产业、生态环境、公共服务、体制机制、政策法规、文明素质等进行全方位、系统化的优化提升，实现区域资源有机整合、产业融合发展、社会共建共享，以旅游业带动和促进经济社会协调发展的一种新的区域协调发展理念和模式。

党的十九大报告提出实施乡村振兴战略的“二十字”方针，即“产业兴旺、生态宜居、乡风文明、治理有效、生活富裕”。乡村振兴是乡村的全面振兴，包括产业振兴、人才振兴、文化振兴、生态振兴、组织振兴（习近平，2018）。其中，乡村的文化振兴必然立足民俗文化，并通过文化产业化，带动产业振兴。

显然，全域旅游和乡村全面振兴作为国家战略，其伟大实践对于民俗旅游发展具有深远影响。

三、民俗旅游开发赋能乡村振兴的主要路径

乡村全面振兴所包含的五大内容，构成一个内在的逻辑系统。即组织振兴是保障，生态振兴是基础，产业振兴是主体，人才振兴是关键，文化振兴是灵魂。而民俗是文化的重要部分，民俗旅游又是乡村产业发展的潜力所在。因此，民俗旅游开发必须实施与乡村振兴的高度契合，其路径应从乡村全面振兴高度进行建构。

1. 民俗旅游成为乡村文旅产业主体（赋能产业振兴的路径）

一般通过传统民俗的恢复、整饰化再现、活动性参与等路径，推动民俗旅游促进关联产业振兴。

（1）民俗作为特色旅游吸引物得到全方位开发

当下的中国，传统民俗的恢复，不只是为了特定的节庆，很大程度上是文化旅游发展的需要。如浙江衢州滚花龙成为面向游客的日常表演节目；在广东的世界文化遗产所在地的开平碉楼区域，田间常可以见到稻草人赶稻草牛的特色景观，增强了碉楼乡土环境对游客的吸引力。甚至于城市化不久的城区，如广州市天河区也通过兴办珠村乞巧节，将其传统七夕民俗作为区域特色吸引物予以开发利用。

（2）民俗载体的整饰与景观化再现

传统民俗景观的整饰如茂名冼太庙，在新时代以来得到极快修复或重建，同时夯实冼太夫人民俗内容，为冼太文化旅游提供了重要的载体。

民俗景观化再现，则往往通过景观小品、标识性景观、民俗博物馆等途径以达到民俗具象化、展示观光、拓展其旅游业运用空间等效果。如猪年大地景观、客天下围屋宾馆、某某民俗博物馆、民俗景观雕塑等。

（3）民俗活动的游客参与体验

民俗活动是民俗旅游吸引物中最富有体验性的一类，也是最能体现生活气息和精神魅力的一类。民俗活动广泛渗入旅游的六大要素中。如划龙舟比赛以其竞技性提高了游客的参与体验感和娱乐性。现代休闲劳动体验如插秧或采摘，则以独特的劳动成果吸引游客参与。

（4）民俗经济的崛起

民俗旅游成为乡村文旅产业主体，赋能产业振兴最为突出的直接表现是，在上述基础上，民俗经济的崛起。如民俗旅游工艺品、民俗剧场（表演）、民宿等的因应而生。其中，民俗旅游工艺品各地差异很大，一般以传统的手工艺品为主，文创产品逐步增多。在民俗旅游基础上，还可实现与现代影视产业、体育产业的深度融合（周荣光，2018），推动更为广泛的产业联动。

2. 民俗旅游带动非遗传承人才建设（助推人才振兴）

民俗旅游推动非遗传承人建设，其主要的路径如下。

（1）非遗传承人的示范引领

主要来自非遗传承人的精湛技艺及其旅游市场的良好反馈。非遗传承人的精湛技艺自身就是一种民俗景观，而其借助非遗工艺品产生的旅游经济效益，对周边的其他村民有较强的示范引领作用。

（2）社区参与带动传承团队

除了做法的示范引领，社区的主动作为也是民俗旅游助推非遗传承人建设的重要而又规模化的路径。社区组织的社区工艺作坊、工艺大师培训班等发挥了这种社区参与带动传承团队的功能。

3. 民俗旅游推动乡村文化全面繁荣（文化振兴路径）

其具体路径包括民俗文化发掘与传统仪式的选择性复兴、对乡风民约的带动以及助推村民综合素质提升等。

（1）民俗文化发掘与传统仪式的选择性复兴

民俗文化发掘，如修编族谱、土法香油作坊的恢复等。传统仪式的复兴，如祭黄帝陵大典、都江堰防水大典仪式、开鱼节仪式等。必须指出的是，这些仪式是有选择性复兴的。一般以历史文本为参照，以再现重要历史人物、事件等为主导，并广泛吸取了现代休闲文化要素，试图达到主客共享的目标。与此同时，其仪式感不再局限于民间的自发行为，更多呈现为民间需求下的有政府组织参与的专项活动。

（2）对乡风民约的带动

民俗旅游中的部分示范者的好客之道及其旅游经济发展对其他民众的带动，进而带动乡风民约的传承或改造。其途径是多样的，如通过茶道表演传达好客精神，通过民族舞蹈欢迎仪式展示民族独特的价值观念和理想追求等。

（3）助推村民综合素质提升

民俗旅游是借助民俗事象而引致的旅游现象。尽管民俗是跨时代的活态文化传承，但是旅游活动则是现代的文化和商业活动。因此，旅游活动对旅游目的地的影响可能是积极的，也可能是消极的（Smith，1989）。放大其积极影响，正是民俗旅游的价值所在。民俗旅游发展可以增进商业文明意识，提高对本土文化的认知，促进普通话甚至英语语言能力提高等，进而带动村民综合素质的提升。

4. 民俗旅游赋能生态振兴的路径

主要通过以下途径现实：

（1）生态环境整体建设

近年来，各级政府投入大量资金改善农村基础设施和生态环境。从而，奠定了民俗旅游发展的良好硬件条件和生态环境。而民俗旅游发展通过增强造血功能可以更好维护生态环境的整体建设。

（2）农业旅游项目与农业生态改进

民俗旅游发展过程中，必须以三农为基础，以农业旅游项目融入其中，以丰富民俗旅游的内涵，为此民俗旅游可带动农业生态环境的改进。将耕地变园区，将劳动变娱乐，实现农产品绿色生态化，实现农业文明与民俗旅游的良性循环。

（3）和谐文化生态体系构建

文化生态是区域生态的重要组成部分，其与自然生态互为促进。民俗旅游着眼游客需求多样性，可促进多元民族文化并行发掘发展，克服大民族主义，有利于构建区域民族文化生态的整体和谐。

5. 民俗旅游助力乡村组织振兴路径

乡村组织振兴既包括其原有组织活力和效力的提升，也包括各类相关组织的完善。民俗旅游发展的需要，不仅充实了乡村文化站的工作内容，而且培植了特色市场组织。如“秧歌队”，它既是群众自娱自乐的文化组织，也是民俗旅游的文化机构，被称为“小微民俗社团”。民俗旅游的嵌入，能有效激活乡村文化站活动，如举办传承人公益教育、乡村篆刻培训等。为了推动乡村旅游发展，积极发挥退休村干部各方面的协调作用，有的乡村成立共建共享共治的“三共”委员会，是组织创新的探索。围绕民俗旅游发展的相关企业市场化组织如手工编织社、产业合作社等，更是迅速增加。

有学者认为，乡村振兴背景下乡村旅游的路径选择，关键是要把实施乡村振兴战略与推进乡村旅游提升发展、解决制约乡村旅游发展的瓶颈问题有机结合起来，具体包括构建以产业融合为主导的产业体系、完善以政策创新为核心的支撑体系、优化以利益分享机制为重点的治理体系等（银元，李晓琴，2018）。这是十分有见地的。但本文从乡村全面振兴五大领域入手，采取嵌入性研究方法，结合民俗旅游具体切入点，当更有利于民俗旅游赋能乡村全面振兴的实施。

综上，民俗旅游赋能乡村振兴五大路径，完全契合国家倡导的乡村全面振兴五大领域，形成对乡村全面振兴五大领域的主要支撑（图 1）。

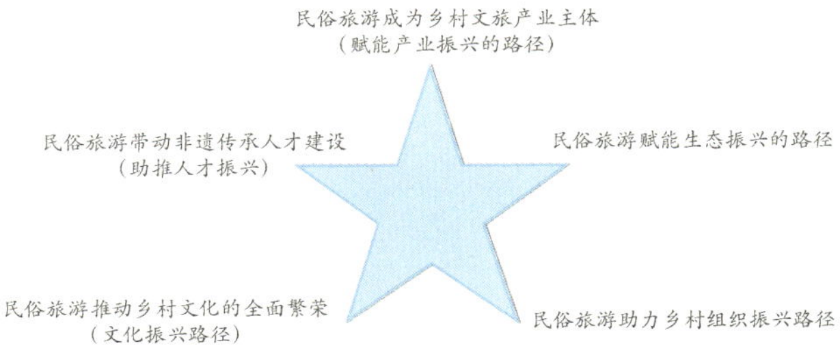

图 1　民俗旅游赋能乡村振兴五大路径

四、结论与讨论

1. 结论

伴随民俗自身成为时尚，民俗旅游也成为一种社会时尚。但时尚的趋同是否淡化民俗的地域性？从民俗旅游的实践看，无论是现有民俗旅游吸引物（民俗旅游事项），还是规划中的大量民俗旅游系列项目，无不充分反映民俗旅游对乡村振兴的强大而系统的支撑。

民俗旅游赋能乡村振兴路径主要包括民俗景观化和民俗剧场化对乡村旅游产业的振兴，通过非遗传承人的示范引领和社区广泛参与促进乡村人才振兴，民俗文化发掘与传统仪式的选择性复兴推动的文化振兴，通过自然生态和文化生态改进助推乡村生态振兴以及激活各类社会及经济组织带来的全面组织振兴。

2. 讨论

对于乡村振兴而言，除了积极的正面作用之外，民俗旅游开发也有其负面消极性。如商业欺诈、民俗表演原真性质疑、伪劣民俗的泛起等。只有正确引导，趋利避害，民俗旅游才能更好赋能乡村全面振兴。

参考文献：

[1] 钟敬文：《民俗学概论》，上海文艺出版社，1998年。

[2] 乌丙安：《中国民俗学》，辽宁大学出版社，1985年。

[3] 彭兆荣：《旅游人类学》，民族出版社，2004年。

[4] （美）瓦伦 ·L.史密斯：《东道主与游客——旅游人类学研究》，云南大学出版社，2002年。

[5] 习近平：《习近平要求乡村实现“五个振兴”》，人民网：http://politics.people.com.cn/n1/2018/0716/c1001-30149097.html。

[6] 苘茂兰、王峥：《国内民俗旅游研究综述》，《郑州经济管理干部学院学报》2007年第4期。

[7] 银元、李晓琴：《乡村振兴战略背景下乡村旅游的发展逻辑与路径选择》，《国家行政学院学报》2018年第5期。

[8] 周荣光：《乡村旅游是精准扶贫的有效途径》，《中国旅游报》2018年10月26日。

广府民系饮食民俗文化及其源流和特色

罗雨林*

【摘要】饮食文化是解决人类生存和发展基本需要的一种造物文化。任何一种饮食文化的形成和发展，都不仅与该方水土养育的民系食客的口味调配和主观需求相关，而且与厨师、点心师的辛劳和智慧相连，更是与当时当地域的气候条件和自然环境密不可分。地处珠三角一带的广府民系饮食文化是以操广府语的群体为中心而形成的历代相传、不断创新的一种饮食文化，是岭南饮食文化的代表和最主要的食系，其主要地域是珠江三角洲、粤中粤西一些县市及广西一部分地区。它是中华民族烹饪文化的重要组成部分。它以其广泛的取材，善于博采众长，花色品种多而著称中外，其独特风味享誉四海。广府民系饮食文化博大精深，内容丰富，特色鲜明。

【关键词】广府民系；饮食；民俗；源流；特色

一、广府食品文化的历史源流和内容、特色

食品是人类利用大自然生长或人工栽培、饲养的植物、动物等食物资源，经过厨师制作加工而成的。它是人类维持日常生活，赖以生存和发展的最基本要素。食品文化是由历代从事厨艺者根据食者口味等需求而烹制的菜肴食品等构成的，是“人化”的创造成果。

广府原始初民的饮食生活，是狩鸟兽于森林，捞鱼、虾、鳖于江海，或采野果、掘植物根于原野，过着“饥即求食，饱而弃余，茹毛饮血而衣皮革”的生活。后来由于氏族制度的发展，人口的增加，分布地域的扩大，仅靠自然恩惠和采集渔猎过活已不可能。先民们利用在采集实践中掌握的某些植物生长规律，发现在一定的气候、水

---

* 罗雨林，文博专业研究员。

分和土地条件下，其种子会发芽、生长、开花、结果。于是便开始了栽培植物，开辟了新的食源，这就出现了原始的农业。恩格斯认为农业是整个古代的决定性的生产部门。农业的产生和发展，使广府先民摆脱了采集、狩猎经济中所受自然条件的限制，为人们提供了比较稳定而丰富的食物来源，改善了生活，也促进了烹饪技术的提高，加上陶器的发明和陶制炊具的改进，先民就可以将草木之实、鸟兽之肉进行烹制，创造和不断改进各式各样的美味佳肴和主副食品。

1. 创造了世界上最早以稻米等五谷杂粮为主食的食品文化

据目前所知，广东是世界上最早开始将野生稻变为人工栽培稻的地区之一。英德牛栏洞出土有距今约 12000 年前的人工栽培的非籼非粳水稻硅质体。[1] 曲江马坝石峡遗址也出土有 4000 多到 5000 年前新石器时代晚期的栽培水稻遗迹。[2] 同时还先后出土有当时广泛应用于与稻作农业有关的石锄、石磨、石铲、石杵和耘田器等。说明在广府民系地区，稻米已开始作为食物的补充。经过漫长岁月的实践，提高了稻米产量，才开始长达数千年以稻米为主食的生活。西汉南越国时期，他们除将稻米煮成干饭或粥（稠的叫粥，稀的称酏）外，还懂得将米磨成粉，加工成面条状（称为汤饼）食用。东汉时稻米产量提高，一年两熟。东汉杨孚《南裔异物志》称“夏冬又熟，农田一岁再种”。当时已摸索出以稻米为主食的多种食法。唐代已懂得烹制荷叶饭。宋代还创制糯米饭和裹蒸粽。明清至民国时期，人们已创制出更多的稻米食品，积累了丰富经验，取得了辉煌成就；培育了许多良种米，如封建时代作贡物的增城香米，有“米中碧玉”之称的丝苗米和珍稀的黑糯米等。与米有关的食品数不胜数。仅是以米煮粥，其粥品的食法就十分多，常配上各种原材料煮成各式粥品。即使白粥，也要以腐竹、白果（即银杏）等配料用油盐捞一捞，然后用武火烧开，用文火熬至水米交融起胶，像牛奶一样，称“明火白粥”。这种粥洁白香滑，加上各种肉食切片生滚，更觉鲜味

1.《国内外专家研讨英德牛栏洞出土非籼非粳水稻硅质体证实广东 12000 年前种水稻》，《广州日报》1999 年 12 月 13 日。

2. 杨式挺：《谈谈石峡发现的栽培稻遗迹》，《岭南文物考古论集》，广东省地图出版社，1998 年，第 63 页。

可口。与明代状元伦文叙故事有关创制的“及第粥”“三元及第粥”和水上人家在广州荔枝湾艇上创制并叫卖的“艇仔粥”等，都适合南方天气炎热的气候，人们劳作后喜欢吃些稀粥，以调养胃口，清热去湿，或作早餐的饮食习惯需要。当时流行卖粥歌云：“艇仔粥，艇仔粥，爽口鲜香唔使焗。一毫几分有一碗，好味食到耳仔郁。”至于用糯米、占米磨成粉，烹制成的各种食法的小食品则更多。这里不一一列举。

2. 创新以猪牛和各种家禽等烹制的佐食（副食）

这种食品文化起源于先民为保存新鲜肉食的需要而开始的动物驯养。在长期驯养过程中，他们把易驯服、长得快、长得大的猪、牛、羊等和鸡鹅鸭等各种牲畜、禽鸟好品种保存下来，繁殖其后代。这就产生了广府地区的原始畜牧业。从考古发掘的材料和文献记载可知，广府地区至迟在西汉南越国时期，已饲养猪、牛、羊三畜及鸡、鹅、鸭三禽。《汉书 · 地理志》记载，粤地“亡马与虎，民有五畜，山多麖麖”。五畜即为牛、羊、豕、鸡、犬。南越王墓中出土大量动物遗骸，人工饲养禽畜有黄牛、家猪、山羊、家鸡等。广州南越国时期的墓中，也发现铜器或陶器中装有鸡骨和其他家畜的骸骨。而且还出土盐、姜和花椒等调味品。盐是调味品的“主味”，有了它，以猪等动物肉类烹制的食品才能丰富多彩。经过 2000 多年的实践，厨师们创制出许多风味独特的佳肴。

猪肉类名菜有：

“金牌烤乳猪”，据说有 1400 年历史，古人曾以“色如琥珀，又类真金，入口则消，状若凌雪，含浆膏润，特异非凡”，大加赞誉。新中国成立后大同酒家推出此菜，获国家“金鼎奖”。

“麻皮乳猪”，广州酒家名菜，1988 年获“金鼎奖”。

“化皮乳猪”，陶陶居名菜，香港名厨陈荣创制。

“芝麻皮乳猪”，泮溪酒家八大名菜之一。

“白云猪手”和“佛山得心斋酿扎猪蹄”。

“宫保肉丁”，宫保者，袁世凯别称也。

“帝赐肉”，吴川县名菜，宋朝该县进士吴颐仿照御厨特制的这道菜，相传至今。

“广宁古水烧猪”。

“广宁酿文笋”。

鸡鹅鸭类名菜有：

“西南文昌鸡”，“南国厨王”钟权首创。

“广州文昌鸡”，名厨梁瑞创制。

“脆皮鸡”，大同酒家名菜。

“江南百花鸡”，文园酒家名厨罗泉创制。

“太爷鸡”，清末新会知县周桂生创制，后为六国饭店高价收购而成招牌菜。

“化州沙司鸡”，又名屋角鸡，清道光年间，巡检司段玉成曾开“百鸡宴”，有雅士食后留下“万珍皆作贱，贪箸沙司鸡”名句。

“园林香液鸡”，泮溪酒家名菜。

“金华玉树鸡”，北园酒家名菜。

“白切鸡”。

“啫啫鸡”，梁孟记所创。

“柱侯鸡”，三百年前佛山三品楼厨师梁柱侯创制。

“蚝油鸭脚”，北园酒家名厨黎和创制，为该店十大名菜之一。

“花雕鸡”，北园酒家名厨黎和创制，为该店十大名菜之一。

“茅台鸡”，广州酒家名厨黄瑞创制。

“清平鸡”，清平饭店厨师王源创制，获广东十大名鸡称号。

“金陵片皮大鸭”。

“万栈烧鹅”。

“至尊烧鹅”，香港名师主制。

“莲华嘉积鸭”，莲香楼名菜。

“四会三杯鸡”，制法特别，入口甘香。

"高要水坑炒鹅㗎"。[3]

3. 创造以鱼等河鲜、海鲜类烹制的佐食（副食）

这是南方与北方饮食文化一个显明分野的地方。"盖越人美蠃蚌，而简太宰"。"东南之人食水产"。"食水产者，龟、蚌、蛤、螺以为珍珠，不觉其腥臊也"。西北之人则多食羊而少食鱼。对这类食物从认识其食性到烹制成佳肴，广府先民都可说是先行者。以吃鱼为例，广府俗语有云："宁可三日无肉，不可一餐无鱼。"李调元《粤东笔记》云"粤东善为脍，有宴会必以鱼生为敬。"这种吃鱼生的习俗可以追溯到原始社会广府先民——南越族人生吃鱼等动物的时代。后来不断传承、发展，至唐代不但吃"鱼生"，还吃"虾生""水母生"。明末清初屈大均《广东新语》还对当时如何烹制鱼生、选什么鱼作主料最佳、如何食法和选用什么佐料等，记述甚详。尽管它有不卫生之处，但至今珠三角等地区人们依然还保持着这种食法的习俗。而且还创制了多种吃鱼的美味佳肴。民间有谓："第一仓，第二芒，第三马鲛郎。"（均指海鱼）。又曰："大（雄）鱼头，鲩鱼尾，鲢鱼之腹甘且旨"（指淡水鱼）。流传至今并有所发展创新的食鱼名菜，主要有：

清蒸海、河、塘鲜鱼。

"瓦罉煀鲤鱼""瓦罉煀水鱼"，泮溪酒家八大名菜之一。

"煎封鱼"。

干或湿煎虾碌。

"大良煎虾饼"。

"窝贴明虾"。

"五柳鲩鱼"。

"火腩焖大鳝"，此菜来源于杭州西湖钱塘门外宋五嫂创制的鱼羹。

"窝贴鲈鱼"。

"吉列虾球"。

---

3. 以上材料引自广州市工商业联合会、广州市政协文史资料研究委员会、广州市饮食服务公司合编：《食在广州史话》，《广州文史资料》第41辑，广东人民出版社，1990年。

“香麻虾球”。

“蒜子鱼”。

“生焖鱼”。

“松子鱼”，为北园特级厨师黎和借鉴京沪名菜《松鼠鱼》创制而成。

“煎酿焗明虾”，大同酒家名菜。

“60 元大裙翅”，大三元酒家“翅王”吴銮创制，在众多翅菜中独占鳌头。

“香糟鲈鱼球”，广州西关贵联升酒楼名菜，名厨钟棠创制。

“满坛香”，北园酒家十大名菜之首，特一级厨师黎和创制。

“红烧鲍片”，南园酒家邱生师傅创制。

“白灼响螺片”，南园酒家邱生师傅创制。

“蟹黄大翅”“玻璃虾仁”，为文园酒家招牌名菜，主制师傅先后为罗泉（妥当泉）、黑面牛和钟林。[4]

4. 创造以果蔬为主烹制的佐食

这一文化的历史渊源同样久远。当时人们在栽培种植五谷主粮的同时，也开始进行野菜、野果的人工栽培，开辟植物性的佐食食源。南越国时期，先民们已可种植荔枝、橄榄、柑桔、桃、李、甜瓜、木瓜、黄瓜、葫芦、梅、杨梅、酸枣、仁面、笋、柚等果蔬作生食，蔬菜煮熟食。当时肉羹中还配合笋、芋、豆等素菜。其中荔枝是名贵水果、岭南佳果，赵佗曾把它献给汉高祖。汉武帝破南越国，建扶荔宫，就曾将那里的奇花异木、菖蒲百本、山姜十本、龙眼、荔枝、槟榔、橄榄、千岁子、柑桔等百余本种植在宫内。五代南汉末刘鋹曾在广州荔枝湾处建昌华苑，大摆“红云（荔枝）宴”，与妃子、群臣饮宴。当时荔枝是朝廷内宫饭桌上供奉、饮宴的名贵果品食馔。阮元曾写诗曰：“新歌初谱荔枝香，岂独杨妃带笑尝。应是殿前高力士，最将风味念家乡。”

4. 材料分别引自广州市工商业联合会、广州市政协文史资料研究委员会、广州市饮食服务公司合编：《食在广州史话》，《广州文史资料》第 41 辑，广东人民出版社，1990 年；庄汉城、黎丽甜编著：《广东菜烹调技法》，广东科技出版社，1995 年；许衡：《粤菜存真》，广州市东山区饮食管理部印，1963 年。

以后随着历史的延伸，广府地区的果蔬品种越来越多，数不胜数，以之烹制的菜也五花八门，成为每天饭桌上不可或缺的佳肴。主要名菜如：

“泮溪茭笋皇”，泮溪酒家八大名菜之一。

“八宝冬瓜盅”，泮溪酒家八大名菜之一。

“鼎湖上素”，西园酒家名菜，为厨师八卦田创制。

5. 创造名点小食文化（包括风味小吃）

广府先民在解决主食、佐食（副食）基础之上，为适应多方面的生活需求，又创制出丰富多样的名点、风味小吃等小食文化。

名点和风味小吃主要有：

“薄皮鲜虾饺”，创自广州河南五凤乡一个家庭式小茶楼，后精进成名点。

“娥姐粉果”，广州西关某官僚家女厨师娥姐始创。

“糯米鸡”“灌汤饺”，金轮酒家点心名师禤东陵改进制成。

“银记肠粉”，以白如雪，薄如纸，薄韧香滑著称，为解放初吴银创制。

“星期羹点”。

各式月饼。

“龙凤礼饼”。

“肇庆裹蒸粽”，为茶点之王。

“佛山盲公饼”“九层糕”，盲公饼起自嘉庆年间，为盲人何声朗创制。

“状元糕”，明朝南海状元伦文叙创。

“新塘鱼包”。

“电城鱼炸”。

“珠海濑锅边”。

“恩平濑粉”。

“西樵大饼”。

“咸煎饼”，以广州龙津中路德昌茶楼谭祖 1938 年创制的最出名。

“油炸鬼”。

“顺德伦教糕”。

“广州池记云吞面”。

“干蒸烧卖”。

“叉烧包”“荔浦秋芋角”。

“琵琶虾扇”“鸳鸯千层酥”“月中丹桂盏”“玉液叉烧包”，北园酒家精美点心，特级点心师陈勋创制。

“菠萝雪花杯”“西瓜奶冻”“碧绿莲香”“岭南佳荔”，为北园酒家创制的岭南时果美点。

“绿茵白兔饺”“像生雪梨果”“鹌鹑千层酥”“蜂巢蛋黄角”“生炸灌汤包”“晶莹明虾脯”“泮塘马蹄糕”“清香叶角”，泮溪酒家点心大师罗坤创制，为闻名遐迩的八大名点。

“煎堆”，以南海九江和龙江的最出名。

“老鼠扒泥”“糯米糖丸”“糖不甩”“孖仔”，东莞名小吃。

“珠三角煎鲮鱼饼”“煎鱼骨”。

“广州仁信双皮奶”，创于1939年，位于第十甫。

“广州开记绿豆沙”，位于龙津东路，店主叶健开创制。

“伍湛记及第粥”，民国时广州著名小食。

“欧成记上汤鲜虾云吞面”，创于1940年，为香港打面师陈成、拌馅师何荫创制。

“顺记椰子雪糕”，20世纪20年代吕顺首创。

“沙湾双皮奶”。[5]

二、烹饪技艺的内容、特色

烹饪技艺是历代将天然食物烹调制作成美味食品的技术经验结晶，是饮食文化成就高低的最具体、最直接的体现。广府烹饪技艺历史悠久，技艺高超，文化内涵丰富、

5. 以上材料引自广州市工商业联合会、广州市政协文史资料研究委员会、广州市饮食服务公司合编：《食在广州史话》，《广州文史资料》第41辑，广东人民出版社，1990年，第557页。

深厚。它立足岭南大地，博采众长，融会京都风味、姑苏名菜、扬州炒卖和西餐之特长，学习移植和加以改造，融会贯通，自成一格，在中国各大菜系中脱颖而出，扬名海内外。它发展出炒、煎、炸、焖、扣、煀、焗、泡、灼、扒、浸、烩、川、滚、煨、炖、煲、蒸等20种烹调方法。其中炒又分拉油炒、软炒和熟炒。泡法又分油泡和汤泡法。对凉菜还有烧、卤、熏、冻等的烹调法。对各种材料的味性特质选用何种烹调方法，用什么火候，用火时间的长短掌握，都积累了十分丰富的经验。其次，广府烹饪技艺还包括原材料的识别和选用，切配刀工的要求，斜刀、平刀、企刀等各种刀法的运用，以及根据原材料种类和用途的不同，而要求刀章的灵活变化。烹饪前如此严密、细致的分工要求，这在其他菜系的烹调技艺中是十分少见的。例如，虽同是称“片”，由于原材料制法和火候要求的不同，刀章厚薄大小要求大有差异。同是家禽，鸡片宜厚些，鹅片宜薄些，鸭片则宜更薄些。螺片用于白灼的，则比用于炒的要厚些。

广府饮食文化烹饪技艺方面表现出下列几个鲜明特色：

1. 在选料上的特殊要求

要求熟悉烹饪原料的来源和性能等物性情况和时令配合，并要能鉴别各种原材料的各部位的优劣，才能为烹饪技艺实施达到最佳效果，打下良好基础。

2. 在调味上要达到调和而百味生

这是广府饮食文化烹饪技艺的关键。常言道“五味调和百味香”。“调”就是调味，是使菜肴达到“色、香、味”俱全的重要环节。没有调味，就没有烹饪技艺。五味调和关键在“调和”二字上，调和而百味生。调味的前提是识味，烹饪之事，调味虽有术，而识味亦不容易。只有识味，能辨“五滋”（香、脆、松、肥、浓）、“六味”（酸、甜、苦、辣、鲜、咸），才能调好味。其次还要上菜时芡头要准，芡色运用也很讲究，才能保证菜肴质量。对用汤水作汁的要求也很讲究。广府菜不论炒菜、川汤或滚、煨、清炖，都用熬汤的汤水作汁，使食品馥郁芬芳，调起菜肴的滋味，达到好的口感效果。

3. 在火候的掌握上要做到灵活运用

火候是烹调技艺中的核心。所谓“烹”，就是加温，把原来生物原料，变成为熟的食品。在加温过程中，掌握火候运用最为重要。火候运用要恰到好处。这是衡量烹饪技艺高低的主要尺度。即使原料再好，刀工再细，配料再精，调料再全，烹调时掌握不好火候，也仍然烹不出色、香、味俱佳的菜肴来。如“清蒸鲩鱼”这道菜，就十分讲究用火。蒸得太久，就会太熟，鲜嫩的肉质受到破坏；蒸得不够时间或火不够猛，又蒸不熟。所以一定要蒸到九成九熟，送到餐桌就刚好 100% 熟，肉质才能鲜嫩可口。又如熬汤时，汤滚后，就要求火力不能猛，否则就会使汤混浊。又例如南园酒家最负时誉的名菜“红烧鲍片”，在烹制涨发时完全依靠适当的火候来掌握，使其焓度恰到好处。如果稍有不慎，就会前功尽弃。

4. 讲究上粉、上浆和造型

对一些以油传热，使物料由生变熟的食物，如需油炸、油泡、煎酿、窝贴等的食品由于一般在镬里的时间较长，加上油多而热，如果肉料不先上粉或上浆，而直接烹调，就容易使肉料表面焦黑而内不熟，或者是里熟而物料的整体收缩，甚至会变成干、老、韧或失去原来的鲜味。所以，一般泡、炒、炸、滚、蒸的某些肉料，都需要上粉或上浆。造型是美化菜肴的一种艺术，它通过手工拼砌、整理，做出各种花式花样，使食品的形态更为美观别致。菜肴造型可有千变万化，如同绘图画画一样，多是凭手上工夫，发挥智慧，别出心裁。

三、广府民系饮食文化的风格特色

1. 积淀深厚，技艺精湛

积淀深厚一是来自源远流长的本土文化的历史积淀，二是来自“集技术于南北、贯通于中西，共冶一炉”的文化积淀。

广府饮食文化自大约 13 万年前起步，技艺得到代代传承和发展。累积的各种经验等知识结晶，虽经人为和自然的种种因素的制约和淘汰，幸存者仍能不断积淀下来留给下一代，这是历史发展的规律，也是历史留给我们的宝贵财富。我们今天保留和发展着的一整套精湛的烹调技艺、一道道饮誉中外的名菜佳肴，都真实地记录着广府先民代代不懈探索、取得成果的历史印记和珍贵信息。粤菜今天常用的煲、炖、扣、烩、滚、炒、泡、焖、扒、炸、煎、焗、煀、浸、灼等精湛的烹调技艺、重视掌握火候及如何在烹制时根据不同食品的物性而选用不同火候、不同时间等的经验，都可以追溯到很久远的年代。

岭南饮食文化在漫长的历史长河中，随着中原移民的到来，以及中外文化、经济等的交流，而不断融合着中原和国外先进饮食文化的宝贵经验。从秦汉至清代，派来治粤的王公贵族和南贬的官吏，都带来了北方各地的饮食文化。随官南迁而来的不少官厨高手，把全国各地名肴美食的烹制技艺，直接介绍给广府人民，使广府烹调技术得到提高。南宋时期，大批中原士族南迁，中原烹饪技术也随之流入广府地区，从而促进和融合了广府烹调技艺，转变为广府特有的菜系。宋末皇室南逃，把中原饮食习俗一直带到琼海，所以广东菜系至今还保留着许多古代中原食法。东晋以降，大量外洋人士进入中国，进入岭南广府地区，亦不断传来外洋文化，包括饮食文化。广府饮食文化亦融会了外国饮食文化积淀。粤菜就是这样不断积淀着来自中原各地的文化精华和国外的经验，在两千多年历史的沧桑变化与发展中，烹食求鲜，海河鲜、鸟兽蛇虫入馔的独特地方风味亦随之逐步形成。近代以后北方与外国菜直接落户岭南，尤其是广州。如集三种北方风味于一家的华北饭店、天津馆、一条龙、川味馆等，以及经济餐馆等，对岭南饮食文化的发展作出了贡献。

2. 选料广博奇杂，鸟兽蛇虫均可入馔

岭南地处五岭以南，气候温和，物产丰富。仅广州“其植物则郁然以馨，其动物则粲然以文”，“水陆之产、珍物奇宝，非他郡所及。”粤菜充分利用这些丰富物产，不管是天上飞的，地下爬的，水中游的，飞禽走兽、山珍海味、野果山菜，皆可入肴，鹧鸪、乳鸽、鹌鹑、禾花雀、果子狸、豹狸、眼镜蛇、金环蛇、过树榕、田鼠、芒鼠、禾虫，以及猫、狗等，选料达数千种。各地菜系所用的家禽、鱼虾固然都上了餐桌；与内地菜系不同的猫、狗、蛇、禾花雀、田鼠、禾虫、蚕蛹、各种飞禽野味，也纳入了烹饪材料之列。“炒田螺”“开煲狗肉”“蛇羹”等，更是粤菜中最有代表性的菜谱。广东的蛇馔已有近 50 种。广宁民间烹制的食虫就有许多种，有笋虫、草狗（蝼蛄）、捂面仔（蜻蜓幼虫）、黄蜂蛆、滑螺、濑尿霖（龙虱）等。在顺德、南海，炒蚕蛹是人们爱吃的菜。电白炸、炒、蒸、煲蚝（牡蛎），还有鲜蚬煮粥、清蒸螺蚌，吃鱼生等，都是外地菜肴少见的。蔬菜、水果一类，品种之多，为北方各省望尘莫及。

珠江三角洲纵横密集的河网，再加上濒临浩瀚南海，出产许多珍味海鲜。边鱼、鲈鱼、鲟鱼、桂鱼、鳜鱼、石斑、明虾（对虾）、龙脷、海蟹、海螺，被列为粤菜优先选用的、名噪岭南的十大海河鲜。深圳、珠海的鲜蚝，是有着漫长历史的传统“南食”。从唐刘恂《岭表录异》介绍岭南食蚝的方法“大者腌为炙，小者炒食”，到现今烹制的“脆炸酥蚝”“姜葱焗鲜蚝”，蚝食品系列早已成为广东菜谱所载、远近闻名的名菜。

3. 因材巧施艺，色香味形佳

广府饮食文化烹调制作方法多样，厨师们在烹制食品菜肴时，不是脱离原材料实际胡乱使用烹饪技术，而是根据原材料的性能、物质来源、优劣和营养价值等实际情况，灵活选用适合该种原料性能的烹饪方法，充分发掘或保持该原材料的优点，使烹调出来的菜肴达到鲜、嫩、滑、爽等最佳效果，尤其在烹制山珍海味类时特别注意。鱼翅中尾翅肉多翅少，次于脊翅和翼翅，只适宜于红烧。所以同是鱼翅，烹调方法是不能一样的。要当好粤菜烹饪厨师，首先要很好掌握和识别原材料的性能质地。要想烹制好鱼翅这道菜肴，就要懂得鱼翅有裙翅、脊翅、骨翅、青翅、翼、尾翅和勾翅等，裙翅又分为沙裙、黄沙裙、珠沙裙、牙栋勾、牙栋脊。西沙裙翅产于印度，翅身软滑，是裙翅中最佳者。厨师就需要根据它们各自不同的特性巧施厨艺。还要根据原料形态，使用不同刀工以及配菜来进行造型设计，使主菜和配菜适当配合，构成一个完整的、协调的形态，并将各种材料的色香味相互融合，相互补充，达到色香味形俱佳的理想效果。又如各种不同的原料有不同的性能，有的是韧性，有的是脆性，有的是软性等，各种不同的性能在烹调过程中所发生的变化也各有不同。即使是一种原料，有些因季节的变化而改变了它的质量，肥美时期和产卵时期各不相同。例如“春边”“秋鲤”“夏三泥”，是粤菜中最适时肥美的时令菜。过了这一季节，就质老味差，烹调方法应适时改变。还有些体积较大的原料，如猪、羊、鸡、鸭等，身体上各个部位的肌肉性质不相同，烹调方法也不一样。嫩的适宜于泡、炒；老的适宜于煲、炖、焖，不能混用。粤菜厨师就能根据这些情况巧用厨艺，达到色香味形俱佳的效果。

4. 广采博纳，风味独特，实惠与审美和谐统一

广府饮食文化在它形成发展的历史长河中，善于以本地饮食文化为基础，立足本地自然环境、气候等条件，广采博纳，兼容并包，吸取国内其他菜系和西餐菜的精华，不断充实发展自己。从汉至宋，它不断吸收南下移民带来的北方菜系的精华，并根据当地实际和原材料的不同，有的予以移植，有的直接融会、吸取，改进自己原有的烹调方法。

到明清时期，广州成为对外通商四口岸之一乃至唯一口岸，大大加速了南北和中外烹调文化的交流和发展，当时南北风味大交流，京都风味、姑苏风味、扬州炒卖与广东菜各地方风味特色烹调技术相互影响和渗透，厨师们以地方特色为基础，大量吸收了外域食法，使粤菜得到迅猛发展，并逐渐形成自己的风味特色。粤菜在闽、台、桂诸省占有自己阵地，在北京等各大城市也相继出现“广东菜馆”或南味餐馆。

晚清以后，广州不仅是清政府南陲军事要塞，而且是南大门政治、经济、文化中心，工商业繁荣、交通发达、商旅往来频繁、官绅筵宴不断，这些都大大刺激了饮食业的兴旺。以粤菜风味为主的南北风味酒楼、茶楼大量涌现。除酒家、茶楼、茶室、饭店、西餐馆、茶厅、冰室、小食品八个自然行业外，还有“大肴馆”（又称包办馆），以接待官宦政客、上门包办筵席为主要业务。西餐以英式为主，味尚清淡，精制烧乳鸽、焗蟹盖、葡国鸡等名菜吸引顾客，打入广州。独具一格的潮汕风味店亦纷纷占领羊城市场，特聘潮州名厨精制潮州菜式和美点，如“冷脆烧雁鸡”“咸酸菜鹅肠”等，吸引人们品尝。北方风味直接落户广州，如聚丰园酒家（经营姑苏食品）、老乡亲、贵联升、南阳堂、一品升等，以及淮阳风味的四时春、京津风味的天津馆和一条龙、上海风味的稻香村、河南风味的北味香和奇香园、四川风味的川味馆、湘味的湖南馆、山东风味的五味斋等。还有集京津、淮扬、川菜三种风味菜式于一堂的华北饭店。众多酒家菜馆分别派出多批广东名厨名点心师到京津、淮扬、四川学习取经，也请各地名厨名点师来广州表演烹调技艺，互相切磋、交流。

从晚清至 20 世纪 50 年代这一百多年的历史中，广州地区饮食业的兴盛，酒楼之众多，为中国首屈一指。“西关尤财货之地。肉林酒海，无寒暑、无昼夜。”酒楼的兴盛，技术的交流，使粤菜等岭南饮食文化更有机会直接广采博纳中国各地菜系、各种风味的饮食文化精华，或中西合璧，掺入若干西餐成分，为我所用，把粤菜烹饪技艺推向一个新的高峰。

总起来说，广府饮食文化以其烹饪技艺精妙，菜式多样，调味讲究，原材料来源广泛，味道鲜美，色、香、味、形和谐统一，以及厅堂、餐具、菜式等的配套和谐，饮誉海内外。这是岭南饮食文化一个显著的风格特色。实惠与审美结合，口腹之欲与和谐美感统一，这是广府人世代追求的至高饮食文化境界。自古以来，和谐一直是人们追求的最高目标。它既是一种最高的伦理准则，也是一种最高的美学境界。实惠与审美相结合的饮食造物文化，从生食到熟食，从熟食到烹调出好味道，盛载食物的食具从简单原始的粗陶到精美的瓷器，至今已达到较为完美的结合。品尝着岭南各地民系的特色菜肴，那一道道色香味形俱佳的珍馔和盛装它的精美食具，从口腹到内心都会发出无限的快慰，犹如欣赏着美妙的乐章，不仅满足了口腹之欲，而且还带来一种和谐的美感。能令知音者、知味者心向往之，其乐无穷。

参考文献：

[1] ［西汉］桓宽著，陈桐生译注：《盐铁论》，中华书局，2015 年。

[2] ［晋］张华：《博物志 · 五方人民》，影写连江叶氏本，士礼居重雕。

[3] ［清］李调元辑：《粤东笔记》，清嘉庆五年文畲堂梓行刊本。

[4] ［西汉］刘歆著、［东晋］葛洪辑录，周天游校注：《西京杂记》，三秦出版社，2006 年。

[5] 罗雨林主编：《荔湾风采》，荔湾区政协文史委编：《荔湾文史》第 4 辑，广东人民出版社，1996 年。

[6]《广州府志 · 物产篇》，清乾隆二十四年张嗣衍修 63 卷本刻本。

[7] ［清］温训：《记西关火》，［清］吴道镕等编：《广东文徵》，广东人民出版社，2018 年。

历史民俗学方法下的社会组织民俗研究

——以狮山树本善堂的起源问题为例

李旭滨[*]

【摘要】社会组织民俗是传统民俗文化的重要组成部分。通过对现存的传统社会组织民俗资源的发掘和整理，可为国家文化建设和地方社会治理提供具有参考意义的民俗研究案例。文章以狮山树本善堂田野调查报告为基础，采用历史民俗学方法梳理树本善堂的起源问题及其与当时社会历史环境的关系，分析树本善堂的创设动因与社会意义。潜移默化的区域认同感是民众产生组织联结、创设树本善堂的深层动因。树本善堂以稳定的组织制度形式满足了传统地方社会面对灾害时寻求救济互助的现实需求，适应了民众期盼保障的天然情感需要，以民众的信任为基础，在宗族村落层面上不断强化“狮山良凿围七十二乡”的区域观念与认同感。

【关键词】社会组织民俗；狮山树本善堂；社会历史环境

民俗文化是世界上广泛流传的各种民间民众风俗习惯、生活文化等民俗事象的总和，可以概括为物质和精神两方面的文化模式或行为规范。在优秀传统文化日益受到重视的当代中国，如何更具创新性地转化和发展传统民俗文化是国家文化建设的重要目标之一，也是新时期民俗学学科建设的重要方向[1]。事实上，中国民俗学者采用

* 李旭滨，佛山市祖庙博物馆馆员。

1. 董晓萍：《新时期民俗学研究与国家文化建设的基本问题》，朝戈金、董晓萍、萧放编：《民俗学与新时期国家文化建设》，中国社会科学出版社，2013 年，第 52 页。

民俗主义研究视角对国内相关民俗文化事象的研究也取得了一定的成绩。[2] 然而，不论是固守以"更地道或真正、原生态的民俗"[3] 为研究方向，抑或尝试运用民俗主义研究视角探讨当代中国社会有关民俗事象，目前国内民俗研究却都鲜少对以"社会"作为对象的社会组织民俗的发生契机、构造原理、行动逻辑、变迁历程做出深入的研究实践。[4]"社会组织民俗是人们在特定条件下结成的社会关系的惯制，内容既包括由血缘、地缘、业缘、神缘、物缘等组合成的人际关系，也包括民间社会制度，如习惯法、人生礼仪、家法族规、乡规民约等。"[5] 中国民俗中的"社会组织"是中国传统社会内官方机构体系以外具有稳定的活动关系、通过约定俗成的规矩整合而成的民众共同体，如宗族、村落、行业组织、民间信仰组织和帮会等。中国社会组织民俗是官方组织之外维持社会秩序、调节人际关系、增进人间情感有效且有力的手段之一。[6] 经过 20 世纪 50 年代的社会主义改造，过去在不同社会层面发挥整合功能的传统组织民俗逐渐发生变化，或式微，或转型，或消逝。而华南地区普遍存续、蓬勃发展的地方宗族组织已成为延续至今的社会组织民俗内的一个独特现象。

深受历史人类学传统影响的"华南学派"在华南宗族社会的研究实践方面耕耘已久、成果卓然。虽然其最终目的是以宗族社会个案揭示社会历史变迁场景下国家对小社会的影响及其彼此互动过程，解释社会史研究所关心的民众活动的历史问题，但

---

2. 关于民俗主义概念的内涵，此处参考周星在上述文章中对民俗主义现象的罗列分类，及对民俗主义研究视角的思考，笔者认为创造性地转化、创新性地发展民俗传统文化显然是一种民俗主义现象。周星：《民俗主义在当代中国》，周星、王霄冰编：《现代民俗学的视野与方向：民俗主义·本真性·公共民俗学·日常生活》，商务印书馆，2018 年，第 514 页。

3. 周星：《民俗主义在当代中国》，周星、王霄冰编：《现代民俗学的视野与方向：民俗主义·本真性·公共民俗学·日常生活》，商务印书馆，2018 年，第 514 页。

4. 彭伟文：《社会的民俗、历史民俗学与社会史——社会组织民俗研究课题与方法浅议》，《民间文化论坛》2018 年第 3 期。

5. 柯玲编：《中国民俗文化》，北京大学出版社，2017 年，第 219 页。

6. 柯玲编：《中国民俗文化》，北京大学出版社，2017 年，第 230 页。

在方法论上与20世纪初顾颉刚在妙峰山香会调查中所使用方法却如出一辙。[7]社会史与民俗学对同样的研究资料的价值侧重和取舍会有不同，即使共享相似的研究方法，但彼此对研究问题的纵向探讨显然各具倾向。当前，在国家对创造性地转化、创新性地发展优秀传统文化十分重视的背景下，民俗研究应加强对现存的传统社会组织民俗资源的发掘和整理，就其发展及应用实践展开研究，以期实现传统社会组织民俗的当代活化，为国家文化建设和地方社会治理提供具有参考意义的民俗研究实践案例。

本文以笔者于2012年在广东省佛山市完成的狮山树本善堂田野调查报告为基础，尝试以历史民俗学方法[8]梳理树本善堂的起源问题及其与当时社会历史环境的关系，分析作为社会组织民俗的树本善堂的创设动因与社会意义，以期为社会组织民俗研究提供一个历史民俗学的分析样本。

一、狮山的树本善堂

（一）树本善堂之今昔与狮山七十二乡

树本善堂，全称“狮山树本善堂”，是一家始创于清光绪十四年（1888）的狮山地区民间慈善互助机构，一直以来贯彻“赠医施药、扶贫助弱、修桥建路、兴办学校、造福乡梓”的朴素宗旨，致力于为狮山地区民众在扶贫救济、医疗教育及交通改善等方面提供慈善服务。

如今，树本善堂虽历经130余年的社会变迁与曲折发展，仍然活跃在新时期的狮山地方社会治理与慈善救济事业中，发挥着不可忽略的积极作用，如“赠医施药”方面，善堂创设初期设立坐堂医生和中药房为民众义诊，如今则多次投入巨资，支持

7. 彭伟文在梳理日本民俗学的“社会的民俗”研究方法论的发展历程时，指出自柳田国男以来的日本历史民俗学不论是视角上还是方法上，与新史学中的社会史研究都有着相当高度的一致性，同时指出20世纪初中国民俗学创立之初，顾颉刚从事妙香山香会调查时所使用的方法与社会史研究也具有相似的学术取向，可惜未得到有效继承。彭伟文：《社会的民俗、历史民俗学与社会史——社会组织民俗研究课题与方法浅议》，《民间文化论坛》2018年3期。

8. 萧放：《历史民俗学的研究范畴与研究方法》，朝戈金、董晓萍、萧放编：《民俗学与新时期国家文化建设》，中国社会科学出版社，2013年，第175—177页。

狮山医疗事业的建设与发展。截至2008年，保守估计善堂捐资已超过人民币150多万元。又如“兴办学校”，过去善堂聘请坐堂儒生为乡民教授善书、宣读圣谕，使乡人获得读书识字的宝贵机会；如今善堂积极兴办现代教育，推动狮山地区教育事业发展。仅以狮山中学为例，在1984年至1997年，13年间善堂对该校捐助、投资累计已高达人民币300多万元。

再如“扶贫助弱”方面，自1998年丹灶特大水灾起，善堂对狮山地区扶贫工作的关注，对弱势群体的救助不断加强。近年来由扶贫基金、狮山地区事务委员会与香港树本善堂有限公司组成管理方，每年进行定额专款捐助的扶持，救助困难家庭和孤寡老人的生活；同时还联合本地的官方慈善组织，设立扶贫助学金，救助品学兼优的贫困家庭学生，从而使善堂慈善服务的覆盖面变得更广，深得狮山当地民众的赞许和支持，对狮山慈善事业的发展有着重要意义。至于“修桥建路”方面，历史上善堂虽然也曾捐建码头、购置轮船设立轮渡和筑桥修路等，但由于中华人民共和国成立后路桥水利建设已纳入国家主导的基础建设范围内，民间组织自行筹资兴建大型路桥工程的行为减少。然而，树本善堂仍尽一切努力，为狮山基础建设多做贡献，如20世纪90年代，善堂便曾捐资6万港元兴建狮西大桥，资助狮山窦的水利维修工程。树本善堂是目前所知广东省内实施善举时间最长的善堂组织之一，更是传统社会组织民俗活化应用的少数鲜活案例。

130多年来，树本善堂慈善服务的内容和形式随着时代发展一直在积极改善、不断进步，唯独致力于服务狮山地区民众的承诺未曾改变，这一点对传统意义上的“狮山良凿围七十二乡”民众而言感触尤为明显。

根据现存的清光绪十四年（1888）《南海县正堂示》碑和光绪十五年（1889）《良凿围创设树本善堂碑记》等历史碑刻文献的记载[9]，历史上的树本善堂由南海县官员、地方宗族乡绅和海外侨胞合力创办与运营，创设之初即申明以救助狮山良凿围七十二乡的民众为服务宗旨。所谓“狮山良凿围七十二乡”，是指历史上受狮山地区堤围良

9. 南海县衙：《南海县正堂示》，狮北银岗圩树本善堂，南海县衙立，1888年；何生葵：《良凿围创设树本善堂碑记》，狮北银岗圩树本善堂，绅董三百零八人等立，1889年。

凿围所保护的七十多个乡村，根据《良凿围七十二乡村碑记》和《树本善堂村隶属碑记》可知，具体指以下村庄：黄鼎，陈徐边，走马营，蔡边，天罗背，狮岭，横坑，岗头，山下，桥头，大路墟，大珠江，董㓐，西竺，三江乡，小良坑，洞田，宗屋头，上坑，华平，乌泥坑，小榄尾，胜堂庙，陈边，黄边，南坑，旧小榄，近江，袁边，孔坑，银江墟，天湖，敏洲塘，坑田，坑尾头，沙甫，良濠，葛里，大江社，湖塘口，莲子塘，江坳，范庠，莲塘，南岗头，白藤，紫竹岗，江美，陈洞，小文洞，庙下，西田，大涡，墟边，长贤，牛路下，罗洞，油柞，北山，邹边，小榄墟，杨坳，塱下，华涌，黄洞，大涡塘，双桥市，窣尾，洞神堂，黄边，上尾，横溪。[10]

时至今天，田野采访中所接触到的善堂老人和相关事务工作者都清楚告知笔者，为狮山七十二乡民众提供救助、慈善服务是树本善堂一直以来的承诺。目前善堂已明确救助服务对象为今天狮山镇范围内有需要的民众，但笔者在调查中仍感受到，善堂慈善服务特别关注狮山七十二乡民众的需求，这似乎是善堂管理者对善堂传统的一种传承和坚守。

（二）善堂的起源问题

从社区组织习俗的含义来看，树本善堂属于跨村落的区域性联合体，其筹办公共救助、慈善事务方面的历史活动形成了一系列的传统习俗，是狮山地方民俗史上不可忽略的重要社会组织。时至今日，善堂创设之时所订立的承诺，在其当下慈善服务中仍然保持着与狮山七十二乡长久、紧密的联系，其原因应从树本善堂的创设历史着手梳理。不过，除了一些口述资料，关于善堂的起源及其与狮山地方社会的关系，历史文献一直语焉不详。虽然《良凿围创设树本善堂碑记》中记载了捐建善堂的 308 位绅董，并介绍了广州爱育善堂与树本善堂创设的关系，能稍见善堂创设的端倪，但

10. 佚名：《良凿围七十二乡村碑记》，狮北银岗圩树本善堂，狮山树本善堂立，1996 年；佚名：《树本善堂村隶属碑记》，狮北银岗圩，狮山树本善堂立，原碑无注明时间。按照目前狮山镇的行政区域，狮山七十二乡的范围主要包括辖下西区社会管理处下的小塘社区与狮山地区多个行政村的广泛区域，最远的乡村包括现属三水区的董㓐村。

仍无法为善堂组织的建立提供充分的背景。兹拟借鉴梁其姿对明清慈善组织发展的社会史研究成果，大致梳理晚清社会的历史环境。

清代中叶以后，社会商品经济快速发展，社会阶层秩序和礼教传统逐渐发生改变；与此同时，国家层面的社会救助机构在管理体制上日益僵化，恶劣的腐败事件层出不穷。地方士大夫阶层开始以参与组织地方民间慈善机构的方式，做出重建社会秩序的努力。[11] 19 世纪中期，太平军所引发的战乱波及了大半个中国，进一步加剧了地方传统社会阶层秩序的崩溃，而深受战争冲击的国家救助机构体系，已经无法有力应对长期战乱及自然灾害带来的社会救助需求。绅商、官员等传统地方社会精英开始积极参与筹办民间慈善机构，地方民间慈善机构如雨后春笋般迅速发展起来。

创设于晚清时期的树本善堂，与上述历史背景有关，因此本文充分结合历史文献和口述记录，将树本善堂的创设事件回溯至当时的历史环境，试从地方水利建设、地缘区域整合的角度考察树本善堂的地缘性特征，从晚清广东绅商阶层与民间公共事务、慈善风气的关系分析其对善堂建立的推动作用，进而分析其创设动因与社会意义。

二、树本善堂的起源及其社会历史环境

（一）防洪联盟：围董会与良凿围七十二乡

树本善堂所在的狮山乡，地处珠江三角洲流域的西部边缘，清代时隶属于南海县三江司、黄鼎司的管辖区域[12]。其西、北部沿着西南涌至官窑与西江、北江汇聚的三水区接壤，东部自北往南分别与松岗、罗村相邻，西南部与南部则与丹灶、南庄隔江相望。整个地区大部分为山地丘陵地带，北部和东南部丘陵的地势较高，西部和西南部交错分布着平原和低矮丘陵，临近北江东南支流的附近区域水网密布，西部、北部和中部区域贯穿着狮山涌、坑田涌等多条水道，行商载客的舟艇川流不息。自宋代以来，水土肥沃的环境吸引了大量南迁的宗族在这里聚族而居，繁衍生息。然而，狮

11. 梁其姿：《施善与教化——明清的慈善组织》，河北教育出版社，2001 年，第 314—318 页。

12. 佛山市南海区狮山镇地方志编纂委员会编：《南海市狮山街道志》，佛山狮山镇地方志编纂委员会印，2007 年，第 51 页。

山地区自北至南的大片平原、低矮丘陵、山谷土地三面临水，直接与西江、北江汇聚的三江口、北江东南流河道、西南涌和芦苞涌相邻，所以自明清以来屡遭水患侵害，狮山民众经常面临着洪涝灾害的威胁，苦不堪言。为此，修筑堤围、扶危救灾历来是狮山民众最为关注和重视的公共事务。

事实上，树本善堂创设与狮山地区防洪抗灾历史存在着紧密联系。据《良凿围创设树本善堂碑记》记载，在树本善堂建立前的数年，地方乡贤已捐资建立了一所名为“流芳本堂”的民间慈善机构，这是树本善堂的前身。当时人们“借金堤永固设局倡办”流芳本堂，所谓“金堤永固”是一所设立于狮山西部大路圩的公共议事堂，与良凿围修复工程及“围董会”的成立存在千丝万缕的联系，是树本善堂形成地缘性特征的滥觞。

良凿围始建于明代后期，位于北江东南支流之东岸，从现时的狮山窦口向北延伸6000多米，捍卫着狮山地区134顷良田和大片人口、居所的安全，是地方上最为重要的一条防洪堤围。[13] 但随着明清社会商品经济的快速发展，岭南地区的土地资源开发加速，北江上游的水土流失情况不断恶化，河道淤塞的速度不断加快，至清道光年间，历经洪波冲击，低矮的良凿围早已不堪使用，重修工程迫在眉睫。1848年，经黄鼎村士绅张业南的倡议，人们集合了狮山地区约70多个宗族村落的财力与人力一同修复良凿围，工程历时两年完成。事后，人们遂将这些村落统称为“良凿围七十二乡”或“狮山七十二乡”。[14] 为做好良凿围的维护工作，确保区域内水利安全，1850年良凿围重修后，以张业南为首成立的围董会，按各村人数多少，划分堤段管理。为便于管理，围董会还在狮岭大路圩（岗圩）西面建了一座议事堂，堂名为“金堤永固”。[15] 自此，围董会成为狮山士绅管理和维护当地防洪水利设施的民间决策机构，直至民国时期对

13. 赵绍祺、杨智维修编：《珠江三角洲堤围水利与农业发展史》，广东人民出版社，2011年，第111页。
14. 佛山市南海区狮山镇宣传文体办编印：《仰望树本善堂——狮山树本善堂史实和相关传说》，内部资料，2012年，第57页。
15. 佛山市南海区狮山镇地方志编纂委员会编印：《南海市小塘镇志》，狮山镇地方志编纂委员会，2008年，第493页。

狮山的公共水利事务仍拥有很大的话语权。[16] 以共同管理公共水利事务为目标而建立的围董会，成为联结良凿围七十二乡的重要媒介，有力地促进了狮山地区各宗族的紧密联系。我们有理由相信，当地社会通过地方组织推动公共工程建设的同时，亦进一步推动了该区域的人文整合，使“狮山”这一地名具有了涵盖地域更广、认受性更强的特殊意义。

因此，不难理解基于围董会议事堂“金堤永固”而建立起来的流芳本堂及日后的树本善堂，自然而然地树立了救助良凿围七十二乡贫病乡民的初衷。当时南海县官府出示的晓谕清楚反映了当时筹建士绅对良凿围境内现状的认识，“窃以作育不分城市，而施济当及乡闾。绅等世居治下师山良凿围，合围七十余乡，人稠地广，良莠固自不齐，壤僻村穷，疾病恒难延治……练等情关梓里，不忍颠危。念切时艰，弥殷拯救”[17]。

虽然尚无文献证明善堂机构与围董会之间存在隶属关系，但从此后的碑刻资料和善堂发展来看，树本善堂显然习惯性地使用了“狮山良凿围七十二乡”的区域概念。本文认为，1850 年良凿围修堤事件、围董会的成立，对“狮山良凿围七十二乡”社会的区域认同感和地缘整合发挥了不可忽视的重要作用，并成为日后树本善堂建立与发展的社会基础；因为从创设之时，树本善堂将慈善救助服务的对象人群限定为良凿围七十二乡的民众，说明这一鲜明的地缘性特征早已成熟。

（二）“爱育善风”：广州绅商社团与树本善堂的创设

19 世纪中叶以来，得益于对外贸易的繁荣，广东地区的商品经济日益发达。作为粤省枢垣，广州城是广东政治、经济和文化的中心，汇聚了大批从事商业活动的行商和外国商贾，人口密集且流动性大。密集的人口引发了更为复杂的社会管理和社会控制问题，涉及城市治安、卫生、防火和社会救济等方面。与过去国家管理和宗族单

16. 杨方泉：《塘村纠纷：一个南方村落的土地、宗族与社会》，中国社会科学出版社，2006 年，第 80—81 页。

17. 南海县衙：《南海县正堂示》，狮北银岗圩树本善堂，南海县衙立，1888 年。

位、宗教团体所面对的问题不同，这些问题都属于城市的社会公共事务。面对迅速膨胀的城市规模和日益复杂化的城市社会，官府的控制能力显然远远不足。[18] 相对于人口流动缓慢、公共空间简单的农村地区，在处理公共事务问题上，广州城需要更多民间力量参与。

凭借长期经营商业贸易活动，大量积累财富并壮大起来的广东商人，当时大多聚居在广州城内。他们不仅是商人，往往还是士绅阶层的一员，与地方官府关系密切，拥有显贵的社会身份。[19] 广东商人群体是当时最有能力参与广州城公共事务管理的民间力量。

同治四年（1865），太平军在南京覆败以后，残余力量转移到闽粤一带，故广东战事仍持续了几年，以致粤东难民四散，省城人心不稳。或为了维护平稳有序的经营环境，或为提升自身声望，获得官府奖励，又或真心发愿为善，粤商们开始主动倡议地方乡绅、官员共同筹办各种类型的公共服务社团，并利用自身雄厚的财力支持社团活动，积极参与城市社会管理，协助处理公共事务。[20] 这些绅商社团主要从事社会慈善事业，在清末民初著称一时的广州“九善堂”便诞生于这一时期。

一时间，广东各地设立善堂蔚然成风。据统计，自 19 世纪末至 20 世纪初，仅广州城内便先后创办了 15 所善堂机构。[21] 佛山地方志记录了当时广东的善堂情况：“粤省善堂林立，甲于他省。”[22] 时人评述：“今日之办慈善事业者，已成社会之一般趋势矣。”[23] 这些绅商社团极其有力地推动了晚清至民国时期广东地区的慈善事业发展，

---

18. 杨万秀、钟卓安主编：《广州简史》，广东人民出版社，1996 年，第 328 页。

19. 基于对大量善堂善会资料的考证，梁其姿认为：“18 世纪许多商业较为发达的地区，地方上大家族的社会策略，不再单一投注于商业或科举，而多是两者兼重，所以务商而成功者必鼓励其子弟走上仕途，而士绅家庭中也通常不乏务商之成员。这在经济发展突出的江南地区，更是如此，士绅、大商、富室之间的界限并不明显，他们都是都市社会中的精英分子，也是地方‘善人’的主要成员。”梁其姿：《施善与教化——明清慈善组织》，河北教育出版社，2001 年，第 161—162 页。

20. 刘文霞：《清代粤商对弱势群体的关注》，暨南大学 2005 年硕士学位论文，第 10—14 页。

21. 杨万秀、钟卓安主编：《广州简史》，广东人民出版社，1996 年，第 332 页。

22. 冼宝干纂：《民国佛山忠义乡志》，岳麓书社，2017 年，第 229 页。

23.《南海冯骥才年序》，全粤社会调查处编印：《全粤社会实录初编》，全粤社会调查处，1910 年。转引自黄艳：《试论广州善堂的发展：1871—1937》，暨南大学 2001 年硕士学位论文，第 3 页。

而且渐渐形成了广州城内以绅商社团为主的公共舆论力量，产生左右区域公共事务决策的巨大影响力。回顾树本善堂创设的过程我们不难发现，广州城绅商社团领导下的善堂组织对树本善堂的创立、运作机制产生了相当重要的影响。

根据前文所述，狮山乡贤早期筹办的“流芳本堂”资金紧张，实际上借“金堤永固”围董会的议事堂实施慈善救助。操办了一年，理事们“心强力弱，几废半途”，“幸同人殚精毕虑，辗转维持，善举赖以不替”[24]。光绪十三年（1887），幸得“金山梓友乐捐善项，万员有奇”[25]，在海外乡亲的大笔捐款支持下，流芳本堂的堂所才终于有了着落。是年，善堂遂选址银岗圩动工兴建堂屋，并将流芳本堂改名为树本善堂，取其树立根本之意。树本善堂又获得了良凿围七十二乡殷实宗族大户、海外谋生的同乡梓友、广东各地务商乡人和本地经营商号的善长仁翁，以及周边善堂善社的大力捐助。[26] 最终，树本善堂大屋在光绪十四年（1888）成功落成。

从《良凿围创设树本善堂碑记》所载的 308 位本地绅董及资助善堂人员名单可以看出，建立树本善堂显然已成为当时狮山地区的一件重要公共事件，成功吸引了本地人士和海内外狮山乡人的关注。可以说，树本善堂的创办自始至终完全是出于民间力量的自觉行动，地方官府除了表示积极支持的态度外，并无过多干涉。据存世的善堂碑刻反映，广州爱育善堂对树本善堂的建立有着直接推动作用：“吾粤自有爱育善堂，善风四起。而堂内诸同志，遂于光绪十二年丙戌岁实力劝捐，延师宣讲，社号流芳本堂之设此，盖其权舆焉。”[27]“今幸签有微赀，仍须随时再劝，以期资籍日增，善源日广；略仿爱育之章，建立树本善堂一所。”[28]

《良凿围创设树本善堂碑记》是为纪念 1889 年善堂大屋竣工而题写镌刻的，碑刻上清楚记载，在光绪十二年（1886），流芳本堂的设立，源于爱育善堂成员为之奔走，

24. 何生葵：《良凿围创设树本善堂碑记》，狮北银岗圩树本善堂，绅董三百零八人等立，1889 年。
25. 何生葵：《良凿围创设树本善堂碑记》，狮北银岗圩树本善堂，绅董三百零八人等立，1889 年。
26. 佚名：《光绪十二年至光绪十四年历年进支数》，狮北银岗圩树本善堂，树本善堂立，原碑无注明时间。
27. 何生葵：《良凿围创设树本善堂碑记》，狮北银岗圩树本善堂，绅董三百零八人等立，1889 年。
28. 南海县衙：《南海县正堂示》，狮北银岗圩树本善堂，南海县衙立，1888 年。

并且募集捐款、延请儒生坐堂宣讲。流芳本堂正是树本善堂的前身。《南海县正堂示》碑是 1888 年南海县知县张琥为树本善堂创设一事而专门刊宪的官方文件，碑刻提到，树本善堂日常运作的章程是参考、仿照爱育善堂章程制定的。由此观之，爱育善堂对于树本善堂的创设可谓有借鉴之功。[29]

在九善堂之中，爱育善堂位居首位，被时人称为“省垣第一善堂”。《良凿围创设树本善堂碑记》中“吾粤自有爱育善堂，善风四起”一语正是时人对爱育善堂领慈善风气之先的中肯评价。事实上，在广东善堂、善会发展史上，爱育善堂的创立具有里程碑式的意义，这不仅是因为爱育善堂创立最早（1871），更因为广东地区民间大规模倡办善堂源于爱育善堂[30]，其完善的管理制度确实促成了广东各地效仿创办慈善机构，对广东慈善事业的发展具有深远的影响力，树本善堂恰是这段历史的见证。以爱育善堂当时备受尊崇的社会地位，爱育善堂成员亲自指导、支持创办树本善堂，本身便极具社会意义。因此，树本善堂能够获得众多海内外民众支持，广东绅商阶层影响下的晚清慈善机构的推动作用不能忽略。

结语

从 1850 年良凿围修堤时提出的“狮山良凿围七十余乡”概念起，在口述资料、碑刻文献中，我们注意到，“狮山良凿围七十余乡”从提出之初尚无定数[31]，到日渐被赋予更多的乡土共情，形成“七十二乡”之观念，反映了狮山地方社会的区域认同感在不断丰富这一观念的情感内涵。在树本善堂创设之前的数十年里，伴随着围绕良凿围而发生的各种公共事件都可能在经年累月以后，使这种观念及情感在官方机构、

29. 何生葵：《良凿围创设树本善堂碑记》，狮北银岗圩树本善堂，绅董三百零八人等立，1889 年；南海县衙：《南海县正堂示》，狮北银岗圩树本善堂，南海县衙立，1888 年。

30. 龙建军：《近代华南地区慈善事业研究》，湖南师范大学 2011 年硕士学位论文，第 27 页。

31. 南海区狮山镇宣传文体办曾委托小塘方志办工作人员对有关树本善堂及狮山地区的口述故事进行采集和整理，其中《董㘵纳入良凿围之缘由》和《请给我一份责任》等口述故事反映了良凿围七十二乡的初始组成并未包括三水地界的村落，且民国时期也发生过村落数量增长的事实。佛山市南海区狮山镇宣传文体办编印：《仰望树本善堂——狮山树本善堂史实和相关传说》，内部资料，2012 年，第 57—65 页。

七十二乡士绅及乡里民众的日常认知里不断得到强化，进而彻底浸润到人们的地方性知识里，成为一种身份认同。

秉持这种情感与身份认同的民众一旦共同面对一场危及集体利益之重大公共事件，更容易倾向以此身份实现紧密的社会组织联结。因此，修堤、救济等公共事件只是民俗事象的发生契机，早已潜移默化的区域认同感才是民众产生组织联结的深层动因，这便是狮山树本善堂得以成功创设的根本因缘，也是树本善堂信守承诺、运营至今的重要原因。

因此，审视狮山树本善堂作为社会组织民俗的社会意义，它不仅是以组织制度的形式满足了传统地方社会面对灾害时寻求救济互助的现实需求，适应了民众期盼保障的情感需要，同时又建立在民众对组织机构的长久信任之上，至少在宗族村落层面上不断强化“狮山良凿围七十二乡”这一区域观念与认同感。此后，树本善堂的规模日渐壮大，这两种作用的良性循环最终形成了相互促进的积极局面，在某种意义上说，树本善堂促使近代狮山地方社会实现了一定程度的地域整合。

水上运动与民俗旅游资源整合开发路径探索

——以中山市“非遗”项目为例

黄金湖*

【摘要】广东省中山市至今仍保存着从明清时起便广泛流传的以舟、艇等水上交通设备为工具进行竞技娱乐或表演祇神的水上运动或民间习俗等古老传统，其中不少为“非遗”项目。它们主要盛行于该市北部片区、中心城区和部分低沙田地区，随着现代节庆赛事等的介入，成为影响越来越大的地方文化盛事。本文从民俗事象、节庆赛事、旅游景点三个方面梳理了该市“非遗”项目中水上运动与民俗旅游资源整合的基础，客观分析其存在问题，就全市“非遗项目”中的水上运动与民俗旅游资源整合开发提出了六大开发原则并探索具体实施路径。

【关键词】水上运动；“非遗”项目；民俗旅游；资源整合；开发路径

一、中山市“非遗”项目中的水上运动与民俗文化资源

位于珠江三角洲中部偏南的西、北江下游出海处的广东省中山市在距今5000多年前的新石器时代，曾是珠江口伶仃洋上的一个岛屿，其时已有古越族人在该地渔猎、生活。到了近现代，地处伶仃洋出海口咸淡水交汇处的中山，依然是河网密布、水网交错，从其下辖的各镇区流传下来的对北帝、洪圣王等司水神祇的信仰，以及以舟、艇等水上交通设备为工具进行竞技娱乐或表演祀神的水上运动或民间习俗可以看到，历史上客观的地理环境和物质条件对当地生活生产方式的影响。该地流传的水上运动经过在岁月长河中人类文明的礼化，逐渐凸显着本土特色，并沉淀为地域文化的组成部分。当地有不少的水上运动已成功申遗，被列入省、市级非物质文化遗产项目名录。

中山市现有涵盖民俗、传统舞蹈、传统音乐、传统技艺、传统体育及游艺与杂技、

* 黄金湖，中山市黄圃镇宣传文化服务中心办公室主任，中山市群众文化馆馆员，三级作家。

传统美术六大种类在内的各级非物质文化遗产共 39 项（该数据统计截至 2019 年，下同），其中民俗类最多，共有 12 项，接近总数的三分之一；传统技艺次之，共有 9 项；传统体育及游艺与杂技则以一项之差居第三，共有 8 项，约占总数的五分之一。在民俗种类中，水上运动有关的有两项（黄圃赛龙舟习俗、长洲扒仙艇习俗）；而在传统体育及游艺与杂技中，水上运动则有 6 项，分别是南头五人飞艇赛、东凤五人飞艇赛、石岐赛龙舟、小榄赛龙艇、阜沙单人农艇赛、民众扒禾桶。

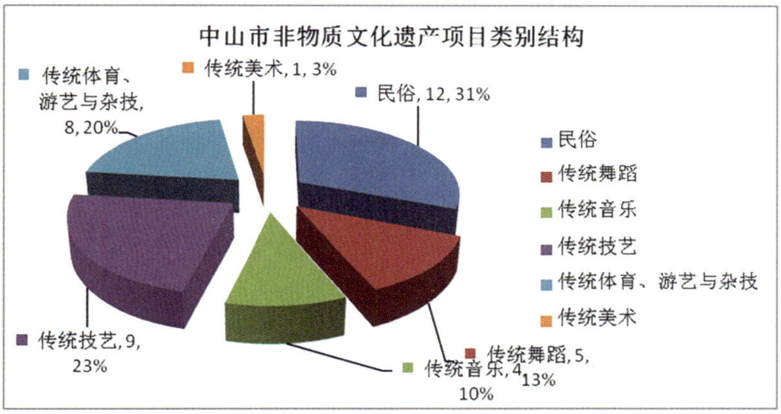

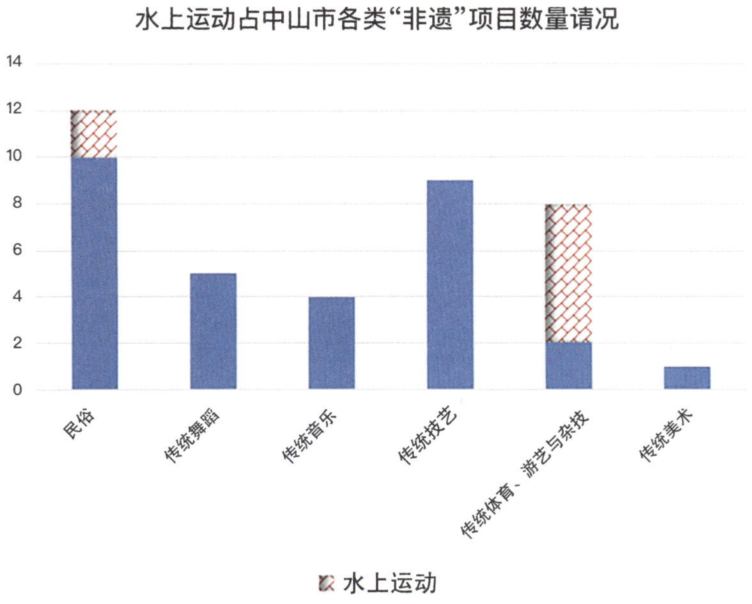

分布于中山市“非遗”项目中的民俗、传统体育及游艺与杂技两大种类的水上运动共计 8 项，接近全市现有“非遗”项目总量的五分之一，足见其流行的广泛性。另外，稳占“非遗”项目总量绝对优势的是民俗类，也足见当地的民俗文化源流悠远、灿烂多姿、绚丽丰富。

中山市“非遗”项目中的水上运动一览表（按确认年份先后排列）

序号	级别	项目名称	项目类别	所在地区	起源年代	确认年份
1	省级	石岐赛龙舟	传统体育、游艺与杂技	石岐区	明嘉靖	
2	省级	小榄赛龙艇	传统体育、游艺与杂技	小榄镇	明清时期	2012
3	省级	东凤五人飞艇赛	传统体育、游艺与杂技	东凤镇	清代	2012
4	省级	南头五人飞艇赛	传统体育、游艺与杂技	南头镇	清末	2012
5	省级	黄圃赛龙舟习俗	民俗	黄圃镇	清嘉庆	2013
6	市级	阜沙单人农艇赛	传统体育、游艺与杂技	阜沙镇	清末民初	2012
7	市级	长洲扒仙艇习俗	民俗	西区	清代	2016
8	市级	民众扒禾桶	传统体育、游艺与杂技	民众镇		2018

从上表我们可以看到，中山市“非遗”项目中的水上运动源于明，盛于清。从 2012 年开始，石岐赛龙舟等水上运动被确认为“非遗”项目。现有作为“非遗”项目的水上运动被列入名录绝大多数也是集中在 2012 年当年，均作为传统体育、游艺与杂技类别成功申遗。其实，石岐赛龙舟、小榄赛龙艇的起源都是源于以粽祀神、辟邪迎祥的民俗心理；东凤的五人飞艇赛和阜沙单人农艇赛在工具形制上虽然与传统的龙舟相去甚远，但从其起龙（验艇[1]）、放龙、吃龙舟饭、收龙等传统仪式上来看，仍然承袭或糅合了古老的端阳民俗和龙舟文化；南头的五人飞艇赛则是当地群众祭祀“孔明诞”的一种传统活动，反映了先贤崇拜的民俗心理；民众扒禾桶既是农耕文明

1. 阜沙单人农艇赛的赛前规程称“验艇”。

的一种投射，也是生产民俗的一种镜像。可见，它们均具有强烈的民俗色彩和完整的民俗本体、俗民群体，都不同程度地反映了包括经济民俗、社会民俗和精神民俗在内的民俗文化事象，但并不作为民俗的项目类别去“申遗”，兴许这便是为当地民俗文化工作者或文旅界所忽略的在地民俗旅游资源，同时也是一个亟待深入解读、发掘其民俗文化内涵，并在当前文旅融合的语境下，进一步探索其开发路径的课题。

二、中山市“非遗”项目中的水上运动概况及评述

明代嘉靖《香山县志》始记：“端午为粽祀神或采画龙舟，水中竞渡”，可见端午节“赛龙舟”的习俗在中山乃至整个香山地区历史悠久。

（一）石岐赛龙舟

清同治《香山县志》又记：“五月端阳以粽祀神（各乡皆五月以粽祀神较邑城尤盛）。龙舟竞渡，画船彩色”，并载“龙舟竞渡盛行”。可见，作为“邑城”的今石岐区，赛龙舟这一传统民俗文化活动“尤盛”，其中尤以紧邻河涌的张溪、南下、基边、员峰、西厂、上基、大墩、岐头、厚兴等最为盛行。石岐的龙舟以员峰牛根、员峰长龙、基边康龙、张溪祖庙、南下城南武侯庙，以及民国时期建造的大墩北龙、上基康龙等为代表，年代最久远的至今已有500多年历史。

2008年，石岐区凭借全市休闲商业中心和文化展示中心的优势，首创将传统端午赛龙舟融进休闲旅游文化节，并坚持每年向市民推出一场融合传统文化、节日文化、旅游文化、商业文化的文化盛宴——中山（石岐）休闲旅游文化节，展示石岐作为中山城市原点、文化之根的历史底蕴，擦亮石岐历史文化和现代休闲文化名片。2012年，“石岐赛龙舟”率先成功申遗；2017年，位于岐江边的龙舟文化主题公园建成。石岐赛龙舟是目前中山“非遗”中文旅融合最为成功的项目之一。

（二）小榄赛龙艇

小榄镇早在明清时期已有赛龙艇之俗，随着赛龙艇的娱乐性与竞技性增强，到

了清乾隆年间，小榄赛龙艇的社会功能已从最初的满足辟邪迎祥的民俗心理需求转变为民间娱乐的盛会。活动多在夏秋季农闲时节或神诞庙会时举办，此项习俗传承至今。传统的小榄龙艇分三桡（三人）、五桡（五人）、十三桡（十三人）等几种，艇身轻巧窄小，重在竞划速、比耐力。“十三桡艇”因艇身较长而不适合如今小榄镇内河道竞赛，在近数十年间已没有举行赛事。“三桡艇”因竞争不够激烈，只在社区坊间偶作小型娱乐比赛。而近百年来，小榄龙赛艇规模最大、竞争最激烈、观众最多的是赛“五桡艇”。

竞赛规模有“区内赛”与“埠际赛”两种，“区内赛”通常规模较小，一般只限区内的龙艇参加；“埠际赛”则任何地方的龙艇都可参赛，通常参赛的龙艇多达百艘以上。赛艇期间，全镇还伴有丰富的民俗活动举行。近年由于小榄镇内水环境日渐改善，如今，每逢夏秋季节，小榄赛龙艇活动蓬勃开展、赛事频繁，成了凝聚民心、促人奋进、联谊内外、推动公益的民俗盛事。

（三）东凤五人飞艇赛

东凤五人飞艇诞生于清代，是当地人民承习了我国古老的龙舟传统文化，根据自己所掌握的劳作和生活技能而沿袭的一项以庆祝秋收为主题的传统活动，赛程长达数十公里，比赛时间在三四小时以上，表现了水乡百姓坚强的意志力、坚韧的耐力和力争上游的拼博精神。

东凤镇位于珠江三角洲南部，鸡鸦水道与小榄水道环绕全镇。历史上，东凤镇是典型的桑基鱼塘经济作物区和水稻种植地区，村民无论是运载农具、秧苗、稻谷、桑叶、肥料或是贩运鱼获、购买生活用品，甚至是探亲访友、婚姻嫁娶等，都是以舟代步。划艇是当地村民最基本的生活技能和劳动技能。及至清末，属于冲积地带的东凤，人口逐渐稠密，人们在秋收过后举行划艇比赛，以庆祝一年的收成。

东凤五人飞艇赛由起龙、放龙、比赛、夺标、领奖、吃龙舟饭、收龙等多个环节组成。每次比赛都有数十只艇参加。赛艇的奖品有奖金、高标（布匹）、金猪、米酒、罗伞等。领到奖品后，获奖者将奖品拖回村中祭祀土地社头等，然后与村中父老吃龙舟饭庆贺，席间有唱大戏等文娱活动助兴。这一传统活动，从清末诞生至今一直得到活态传承。至今东凤镇每年都举行大型的五人飞艇大赛，通常由当地商会冠名赞助，从中也可折射出作为“中国小家电产业基地”的东凤镇民营经济的活跃度。而每年赞助款项的多寡也成了折射当地当年经济情况的晴雨表。

（四）南头五人飞艇赛

南头五人飞艇赛是当地百姓将对“孔明诞”的祭祀与当地的生活劳动技能相结合而创造的一项传统活动，每逢秋收之后举行比赛，具有珠江三角洲水乡传统的典型特色。

南头镇地处珠江三角洲南部水网地带，人们生活、劳动都离不开农艇。及至清末，当地百姓在秋收过后的农闲时节用农艇进行比赛以庆丰收，由于该项活动源自当地百姓最熟悉的生活和劳动技能，人们对赛艇的规则等非常熟悉，群众参与程度高，是一项为当地群众所喜闻乐见的传统体育竞技项目。

每年的农历八月廿四是南头当地百姓信奉的“孔明诞”。“孔明诞”前后，南头当地村民举行赛艇和唱神功戏等，以祭祀孔明和庆祝秋收。村民从寺庙或艇棚中起出赛艇，经过一番祭祀和翻新后，待到赛艇当天，到开阔的鸡鸦水道集中“放头”，然后开始正式比赛，村民聚集在鸡鸦水道两旁观看，为选手呐喊助威。经过 40 多公里 3 个多小时的比赛，赛出“夺标”者及其优胜名次，发给烧猪、罗伞、高标、米酒等奖品，当晚，各参加赛艇的队伍回到村后，与父老乡亲一起吃“龙舟饭”庆功，并请来戏班唱戏庆祝。据老艺人回忆，20 世纪 30 年代，南头的财源社内已收藏有五人飞艇赛的奖杯、奖牌，当年的现龙社、穗龙围等社坊的赛艇较为有名。

（五）黄圃赛龙舟习俗

据史料记载，清朝嘉庆年间，黄圃镇的五古坊一带已经开始有龙舟大赛，当时，“水面扒龙船，岸上游飘色”是黄圃镇的一大民俗盛景。赛龙舟仪式繁复，有起龙、旺龙、训练、竞渡、游龙、食龙舟饭等多种仪式，程序讲究。

黄圃赛龙舟分为文船和武船两种，文船用于巡游表演，武船用于竞渡比赛。武船竞赛是环绕黄圃的马新联围水道一圈，全长20多公里，历时约两个小时。文船游瑞龙表演是指武船竞渡后，龙头换成可左右扯动的文龙头，船体插满色彩艳丽的罗伞、高标、彩旗，配置大锣大鼓、八音吹奏手。且船上供奉神楼，船尾站立旗手挥舞七星大旗，在阵阵鞭炮声、鼓乐声中在河面往返游弋，岸上观众欢声助庆，更引得善男信女下河洗龙舟水，祈求消灾去病。此时，岸上又迎来装扮精巧飘逸的三坊飘色巡游队伍，构成一幅“水面扒龙船，岸上游飘色”的民间欢乐画景。

过去赛龙船当晚，黄圃全镇各村坊筵开几百席，老少齐食龙舟饭。现在黄圃赛龙舟习俗在端午期间仍有保留，但仅限于村际间的竞渡而规模较小；黄圃龙舟文化节在政府的主导下，选在国庆或秋分举办，参赛代表队除了本市各镇区，还有来自港澳及市外湾区城市的参赛队伍。龙舟文化节期间举办曲艺晚会、摄影展览等多个系列的文化活动。

（六）阜沙单人农艇赛

阜沙单人农艇（俗名“蛤仔艇”）赛诞生于清末民初，是当地百姓承习了我国古老的赛龙舟传统文化，根据自己所掌握的劳动和生活技能而沿习的一项以庆祝某一节日或盛事为主题的传统体育活动。

阜沙镇是典型的沙田水乡，河网交错，大部份河道浅窄，20世纪30年代开始有人定制单人农艇，主要用以夜间划行于河涌之上，借助灯光和鱼叉等工具在河涌捞鱼和岸边抓捕田鼠、水律蛇等。单人农艇由于重量较轻，外出劳作运输方便，可步行肩扛或用自行车载。单人农艇在划行时如遇河道阻塞或需变换划行河道，可靠岸后用手或肩扛起艇只轻松绕过障碍变换到另一河涌中划行；如遇雨天，又可充当雨具，可将艇只用肩斜扛即可挡风挡雨。这种“定制”式的单人农艇非常方便，是水乡人民在生产生活中的劳动智慧产物。阜沙镇单人农艇赛在秋收农闲前举行比赛，以庆祝一年的好运气和好收成。单人农艇赛以公开赛为主，一般奖励前8名，另设“追龙”1名。获奖者领到奖金、金猪（烧乳猪）、米酒等奖品后，将奖品扛回村中拜过土地社祠，然后全家与村中邻居、父老或亲朋好友吃龙舟饭庆贺，席间常有唱咸水歌等文娱活动助兴。这一传统体育活动，至今一直得到活态传承。

（七）长洲扒仙艇习俗

据《长洲村志》载，过去长洲常遭海盗滋扰，村中邑民多有习武防御之俗，建村后，就有龙图腾崇拜，特殊的地理环境和民间信仰为扒仙艇等民俗活动提供了实践环境。根据笔者在承接长洲扒仙艇申遗项目时做的田野调查和对黄德九老人做的访谈，其父黄锐超生于 1896 年，在黄德九约三四岁时便离世，孩提时的黄德九常听祖辈说起父亲扒仙艇的娱乐喜好和仙艇的来历：有年端午赛龙舟沉船致选手全部罹难，这个极不吉利的灾难性事件让村中族人认为长洲不适宜赛龙舟，遂留下不赛龙舟的祖训。后来为了继续端午节的祀神活动，恢复了赛事，并寄意当年罹难的亲人是升了仙的美好祝愿，故比赛用船不称龙舟称仙艇，且船只的用材、外形也有了相应的变化：用木质轻的杉木而不再用木质重的坤甸制作，外形方面去掉了龙头、龙尾，成了现在看到的两头尖、船身狭长的造型。可见，长洲扒仙艇的民俗除了是沿袭端午龙舟的传统习俗外，还多了纪念长洲龙舟比赛历史上罹难的亲人，告慰先人之灵的内涵以及祈求国泰民安、风调雨顺、大吉大利的民俗心理。

西区 2011 年起开始举办每年一度的醉龙[2]文化节，西区先后组织专业人士编排了既保留了其原生态语汇，又融入了表演艺术和美学元素的醉龙舞，并分室内表演和户外表演两个版本，使得当地的醉龙舞成为慈善万人行、上海世博会、各种文化节、各地非遗展演等市内外新旧民俗展演和文化节庆的常邀节目；拍摄的大型人文纪录片《醉龙》曾在央视纪录片频道 CCTV9 播出，进一步扩大了醉龙文化节的知名度。于 2016 年成功申遗的长洲扒仙艇习俗，被纳入了醉龙文化节的常规文化项目之一，正依托已成影响力的醉龙文化节，进一步广为外人所知。

2. 醉龙舞作为传统舞蹈，2006 年被列为省级第一批非物质文化遗产项目名录，2008 年被列为国家级非物质文化遗产项目名录。

（八）民众扒禾桶

民众扒禾桶，是中山市民众镇及其周边地区流传、源于沙田地区人们生产生活的一项具有悠久历史的水乡传统活动。随着明代珠三角地区的进一步开发，当地群众开始在沙田地区筑围垦耕，加上得天独厚的咸淡水交汇的地理条件，水产资源丰富，人们以水稻耕作和水产采集繁殖为生。农闲之余，熟习水性的本地居民，开始使用木盆在水面上游弋作乐。后来，随着生产方式的改变和生产工具的发展，人们开始使用禾桶，并开始扒禾桶作乐。长此以往，扒禾桶的体育活动在当地日渐兴盛。

民众镇最初的扒禾桶，没有严格的时间、场地、规则、动作等限制，人们将禾桶放进水稻田边的河涌、池塘中，跪于桶中，以手作桨在水面自由划行。为了增加活动趣味，后来人们加入了竞技成分，民众扒禾桶的流程和规则逐渐丰富。人们在农闲之余开展扒禾桶比赛，一般以池塘或河涌作为比赛场地，以浮标将场地划分成 3 条长 50 米的赛道。参赛者在比赛期间，需要按照扒禾桶的规范动作，在禾桶中取蹲姿或跪姿，配合身体重心保持平衡，双手执木桨在禾桶外划水前行。

民众扒禾桶这项传统体育活动，拥有悠久的历史文化背景，承载着中山市民众镇及周边低沙田地区独特的水乡文化内涵，是研究珠三角早期低沙田地区开发和水乡群众生产生活的重要样本。

三、中山市“非遗”项目中的水上运动与民俗旅游资源整合基础

尽管中山市“非遗”项目中的水上运动以“传统体育、游艺与杂技”类型申遗居多（共有 6 项目），但它们其实均具有不同程度的民俗特征和民俗行为，因此下文从民俗的视角切入，不再拘泥于是纯粹的“民俗”类型“非遗”项目还是“传统体育、游艺与杂技”类型“非遗”项目。

从已被列入“非遗”项目名录的石岐赛龙舟、小榄赛龙艇、东凤五人飞艇赛、南头五人飞艇赛、黄圃赛龙舟习俗、阜沙单人农艇赛、长洲扒仙艇习俗、民众扒禾桶 8 种水上运动看，民俗事象相似、流传地点相近，在规程仪式及社会功能方面大同小异，但又有着细微的差别足以构成当地特色和形成本身的辨识度，总体上均保留了农耕文

明和水乡传统的典型地域文化，并且部分地区如石岐、黄圃、西区将水上运动这一民俗事象融入现代节庆活动，其中石岐区还建成了主题景点公园等发扬和传承民俗文化的物质载体、展示阵地及公共空间，为民俗文化嫁接商业文化作出了探索，为文旅融合及新民俗的形成奠定了基础。与此同时，貌似分散于全市不同镇区的 8 个“非遗”项目也具备了整合的基础。下面笔者从民俗事象、节庆赛事、旅游景点三方面着手梳理。

（一）民俗事象

这里的民俗事象“包括经济民俗、社会民俗、精神民俗三大类。经济民俗包括传统村落居民为满足基本生产生活需求而衍生的物质生产民俗、交通运输民俗和消费民俗；社会民俗包括村落民众在人际交往过程中产生的家族民俗、岁时节庆民俗、人生仪礼民俗、游艺民俗等；信仰民俗则是村落民众在长期的历史发展中逐渐产生的神灵崇拜观念、行为习惯和相应的仪式制度”[3]。中山市“非遗”项目中的 8 种水上运动的民俗本体体量庞杂、内涵丰富，承袭着农耕文明的物质生产民俗、水乡传统的交通运输民俗等经济民俗，端午的岁时节庆民俗、舟楫竞技的游艺民俗等社会民俗和先贤崇拜、祭祀酬神等信仰民俗。

1. 流传地点连片

中山市水上运动“非遗”项目主要分布在北部片区的阜沙、黄圃、南头、东凤、小榄，中心片区的石岐、西区次之，东部片区的民众最次。从下图可见，北部片区五镇，是中山市水上运动“非遗”项目的最为集中地。这些均是水上运动与民俗旅游资源整合中的“地利”优势，将大大降低资源流转之间的物流成本，同时，集中的片区、丰富的节点、短暂的距离等等这些利好因素也必将为旅游线路拓展带来便利。

2. 时间适当错位

相似的地形地貌、相邻的水域资源等物质条件决定了该片区的农事生产规律接近，所以北部五镇和低沙田地区的民众镇的水上运动大多盛行于夏秋两季的农闲时。

---

3. 郭晋媛：《山西传统村落旅游开发动力机制研究——基于民俗学视角》，《技术经济与管理研究》2019 年第 2 期。

而位于城区的石岐赛龙舟、长洲扒仙艇则更多在端午期间举行，恰好与其余 6 镇形成时间上的错位，这又是水上运动和民俗旅游资源整合的“天时”所在。

3. 社会功能相近

中山市“非遗”项目中的各种水上运动在社会功能方面虽然各有凸显，但总体而言主要有以下三种之一或兼而有之：一是先贤崇拜、纪念祭祀的信仰需求，二是辟邪迎祥、趋吉避凶的祈愿需求，三是休闲娱乐、竞技游艺的社交需求。相似的社会功能和民俗心理增强了不同区域群众之间的人文情感认同，是资源整合“人和”的前提。

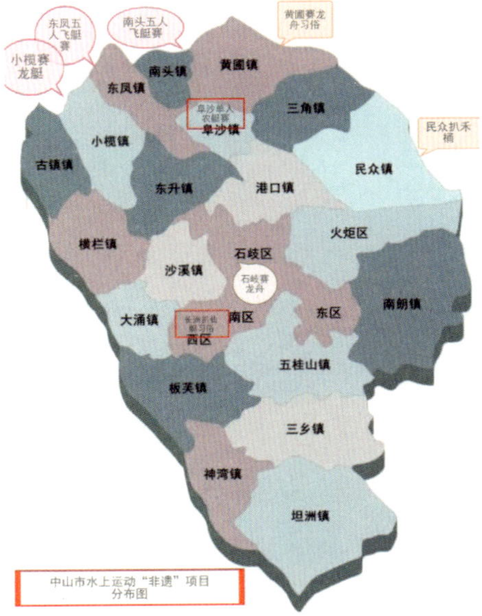

中山市水上运动“非遗”项目分布图

（二）节庆赛事

1. 中山（石岐）休闲旅游文化节暨粤港澳大湾区龙舟邀请赛

中山市先后举办（分别由相应镇区主办）了中山（石岐）休闲旅游文化节、西区醉龙文化节、黄圃龙舟文化节等。其中，中山（石岐）休闲旅游文化节历史最悠久，从 2008 年创办起至今已连续举办了 12 届，其通常在五一小长假前夕举行开幕式，以龙舟赛、烟花汇演等大型活动吸引各方游客，期间联合网络平台、手机客户端、商家发行衣、食、住、行、玩、乐、购等方面的各种优惠券和让利信息，引导游客在地消费、娱乐；并通过让游客参与诚信单位评选活动，引导游客对消费品质的反馈、监督，进一步强化了旅客的互动性。这也是中山市目前综合性最强、受众面最广的旅游文化节。2018 年起，龙舟邀请赛从中山（石岐）休闲旅游文化节中独立而出，石岐区开始策划主办辐射范围遍及粤港澳大湾区的龙舟文化节，至今已成功举办两届。这也是龙舟文化在当地影响力越来越大的结果。

2. 西区醉龙文化节

西区醉龙文化节通常涵盖四月初八浴佛节、五一小长假、端午节等传统节日和国家法定节假日，在人流密集的商圈购物广场搭建主舞台和观众席，以醉龙舞、醒狮等传统民俗艺术表演作为重头戏，举行隆重的开幕式。举办完开幕式后的舞台仍然保留，几乎每天都有不同的文娱节目上演，直至文化节结束才被拆除。醉龙文化节期间，会举行扒仙艇竞赛、美食节、猜灯谜等活动，以及推广醉龙文化如醉龙宴品鉴、醉龙酒品评等等。近年来亦搭上“互联网 +”的潮流快车，通过微信公众号、手机客户端的“抢红包”活动而吸引更多的游客和市民参与。

3. 黄圃龙舟文化节

黄圃镇 2018 年起举办龙舟文化节，复原了“水面扒龙船，岸上游飘色”的传统民俗，激活了海外乡亲和当地群众的记忆认同，反响良好。其依据每年的侧重点不同，实行每年一节、循环办节，依次推出龙舟文化节、飘色文化节、体育文化节（镇运动会）。该镇的各类文化节都是选择在秋季举办，通常覆盖中秋、国庆长假。

上述与水上运动“非遗”项目有关的三大节庆活动通常历时一个多月，都是由镇区政府组织、策划，故每年的具体时间都会注意覆盖五一小长假、端午小长假、中秋小长假、国庆黄金周等特定的节假日。民俗表演艺术或传统体育比赛通常严格地遵循固定的时间、固定的场所和路线，但由于现代舞台对外展示和消费节点促成的需要，文化节庆里所呈现的传统“非遗”项目的民俗艺术已是“改良版”。譬如：传统的农历五月初五赛龙舟可能会因主办单位的安排及全局统筹而改在 5 月 1 日、10 月 1 日举行或安排在端午小长假的前夕，传统的醉龙舞则是沿所辖的旧街老巷（通常是旧城区的核心范围）边走边舞式的巡游。俗民们遵循每届文化节的规定，在当届所策划安排好的时间、空间去进行表演或比赛。但在相应的传统节日，俗民们还是会进行传统的民俗活动，这些均可视为一种民俗自觉，只是受新兴节庆活动的冲击和影响，规模日渐式微。

（三）旅游景点

1. 石岐龙舟文化主题公园

石岐龙舟文化主题公园坐落于中山市岐江河环境整治工程二期其中一分段，其西面为张溪古河口公园，东面为东明桥公园一、二期，南面毗邻青溪路和东兴路，岐江河在其北面流过。公园全长约 1840 米，经过康华大桥和东明大桥两座桥，总面积约为 30713 平方米。于 2017 年 5 月投入使用，内设红、白为主色调的双层钢结构龙舟看台加拉幕建筑，长约 160 米，首层为观赏和活动廊架功能，二层为台阶式看台设计，顶棚设计为波浪形状以供观赏。平台采用左右对称设计，每边设座位 225 个，可容纳 450 人同时观赏龙舟赛事。每年的休闲旅游文化节开幕式暨龙舟赛就在东明桥与康华桥之间的岐江河水域范围举行，市民和游客在园内可以感受到锣鼓轰鸣、龙舟竞渡的盛况。

根据“一河两岸”二期整治的整体规划理念，龙舟文化主题公园作为重要的景观节点，景观结构共分为市民段、文化段和竞技段三个分段。公园景观设计采用中山民间传统的龙舟文化元素，创造了多个特色的景观艺术节点，充分彰显中山厚重的历史文化积淀：如争渡廊以中山龙舟形态为主体，廊架顶为红色船桨框架，如龙舟停靠在岐江河边；东边靠近东明桥端的九根龙柱和西面靠近康华桥的仙舟竞渡、千帆迸发、龙舟壁等特色雕塑以彰显出“激流勇进，奋发向前”的赛龙夺锦精神。由于公园位于岐江南岸社区生活圈分段，平日里，公园依托该段内的住宅小区等，打造适宜社区生活、健身活动、聚会休闲等的滨水空间： 在康华桥的设计上还因地制宜，充分利用基地现状地形地貌，增设健身广场，配以各种健身器材和休闲坐凳等，营造全民健身的运动氛围；在绿化设计配置方面，保留原有滨水带内桃花心木和榕树、柳树等大乔木，增加美丽异木棉、鸡蛋花、四季桂、红继木、红车等乔灌木，并通过绿化堆坡、地形整理、文化景墙和雕塑、景石的布置，形成密林草坪的林荫休闲空间。

2. 长洲黄氏大宗祠

长洲黄氏大宗祠位于中山市西区长洲社区西大街 8 号，始建于明万历年间，分别于清代、1930 年和 1998 年重修。祠堂坐北向南，平面呈长方形，三间三进带两侧厢房，砖木结构，总面阔 24.46 米，总进深 65.37 米，总面积约 1633 平方米。硬山顶，灰塑博古脊，蚝壳外墙，麻石脚。头门前廊设花岗岩石台，次间前檐下采用木梁驼峰承托密集的如意木斗栱，外檐板木雕人物、花鸟等图案，屋脊饰瑞兽灰塑。二进为斗栱抬梁木架构，前廊次间施琉璃花窗，后廊金柱间设雕花隔扇。三进为穿斗与抬梁混合式木架构，中后部设木雕神龛。三进间夹两天井，两侧设有雨廊，廊顶女儿墙饰瑞兽、花鸟等灰塑。二、三进左右两侧建有厢房，二进左厢房曾是乡绅聚会的地方，右厢房曾用作烟洲学校第三分校。祠堂内的隔扇木雕、灰塑、砖雕装饰精美，均保存完好。1939 年，中共中山一区区委会曾在祠内举办抗日游击干部训练班。黄氏大宗祠整体建筑和主体构架保留了明、清两代的建筑风格，富有岭南建筑特别是珠江三角洲地区民间祠堂建筑的特色。该祠堂于 1990 年被公布为中山市文物保护单位，2008 年公布为广东省文物保护单位。[4]

现时祠堂常年展出宗族源流，黄冷观[5]、黄祖芬[6]、黄胜[7]、黄苗子[8]等家族名人的史迹和长洲醉龙舞、长洲扒仙艇习俗由来等丰富详实的历史资料，还陈列醉龙舞的道具木制龙头、现存年代最久远的古仙艇（一艘）等，该祠堂还是“国家级非物质文化（中

---

4. 参见中山市文化广电旅游局官网（http://www.zs.gov.cn/wgxj/rwzs/view/index.action?did=4379&id=388567），2019 年 11 月 13 日。

5. 黄冷观（1883—1938），讳显成，字君达，别字仲弢，号冷观。广东香山县长洲乡人（现为中山市西区长洲村）。同盟会员、报业家、小说家。早年加入同盟会追随孙中山进行革命活动，辛亥革命成功后不愿从政，以教育、新闻为终生职业。辗转粤港两地办报，曾任《大光报》主编，培养了黄燕清、吴灞陵、何筱僊等一大批报业人才。其父黄屺香乃粤林大儒，以经史、词章之学而著称。

6. 黄祖芬（1907—1992），报业家和小说家黄冷观长子，在香港办学多年，培养了大批爱国进步人士及社会栋梁，香港特别行政区首任行政长官董建华、律政司司长梁爱诗、中央联络处中方代表郑伟荣等均是出自其所办的香港中华中学。其关心家乡文化教育事业，捐资扩建家乡的烟洲小学，又将自己的 5000 多册私人藏书赠送给中山市图书馆，中山市图书馆特设黄祖芬藏书室收藏纪念。

7. 黄胜 (1824—1902)，香港知名商人。曾被丁日昌聘为上海同文馆教员，1862 年与王韬合办中华印务总局，1863 到香港创办华人第一家中文报纸《循环日报》；其子黄永商经人介绍结识孙中山，支持民主革命加入兴中会，以“乾亨行”作为掩护，成立香港兴中会总机关办事处。

8. 黄苗子（1913—2012），当代知名漫画家、美术史家、美术评论家、书法家、作家。早年就读于香港中华中学，8 岁师从邓尔雅先生学书法。先后任《新民报》副总经理、贸促会展览部副主任、人民美术出版社编辑。曾担任过中国美术家协会理事、中国书法家协会常务理事、全国文联委员，第五、六、七届政协全国委员会委员。

山长洲醉龙）传承基地”，是地方历史文化的活课室。由于历史上的长洲人才辈出且地处城区而广受媒体关注，中山日报报业集团不时组织读者团、小记者团等到访黄氏大宗祠，相约当地俗民或非遗传承人在祠内就地即兴表演单人醉龙舞以飨读者，以及一并游览同在长洲村内的烟洲书院[9]，感受烟雨长洲和百年古书院的魅力。

3. 鳌山古迹群及海蚀遗址地质公园

黄圃镇地处中山最北部，是中山市唯一一个国家级历史文化名镇。镇内人文景观众多，其中数鳌山村最为集中：三十六级古石径道、宋代古码头遗址、古祠堂群、古青砖屋群、北极古殿、社学庙及北约观音大庙等均坐落在鳌山村。2012 年，鳌山村成功申报为广东省第三批古村落。该镇拥有广东沿海迄今为止所发现规模最大、也是广东为数不多的保存最完整的海蚀遗址（占地 2500 亩，连绵长达 300 米），有着非常独特的科学价值和美学价值。据地质学家考证，此海蚀地形主要形成于晚全新世之前海侵时的古珠江口海湾中岛屿时期（距今约 7000—2000 年），见证了黄圃沧海桑田的变迁。由于长时期的风化，岩层产生裂隙和剥落，形成了玉泉洞、穿狗径、鼻管石、蟾蜍石、滴水岩等形态各异的山体奇观。2015 年，海蚀遗址获批建设省级地质公园，可望打造为集休闲娱乐、修身养性及农林科普教育于一身的创新型现代化生态风景旅游区。[10]

综上，从民俗事象、节庆赛事、旅游景点三个方面来看，中山市“非遗”项目中的水上运动都具备了与民俗旅游资源进行充分整合的基础：“非遗”项目中的水上运动，盛行地点相邻、民心相连、人情相通、风俗相似，而在节庆赛事和旅游景点上，刚好具备时间节点和空间节点的错位，既避免了重叠，又具备扩展连线延伸的基础条件。

---

9. 建于清同治十二年（1873），由乡绅黄虞臣等创建。该书院坐北向南，三进三间布局，面积540平方米。硬山式顶建筑，前进和后进为砖木结构，二进为抬梁式木结构。前进二进间天井中间有廊，中座后座间天井两边有廊，均为卷棚顶。光绪三十二年（1906），该书院先后改名为“烟洲高等”“初等”“两等”“第一简易小学”等学校，在第一次国内革命战争时期及抗日战争时期，工农革命军和抗先队等共产党人曾在该院举办识字班、学习班等。

10. 参见中山市黄圃镇官网（http://www.zs.gov.cn/hpz/zjhp/view/index.action?did=3352&id=351515），2019 年 11 月 13 日。

四、中山当地水上运动与民俗旅游开发路径探索

尽管我们看到了中山市“非遗”项目中的水上运动与民俗旅游资源整合的基础，但在探索其开发路径的过程中仍然要客观分析，正视其问题所在。

（一）存在问题

1. 投入成本高、筹备周期长

中山市“非遗”项目中的水上运动需要耗费大量的人力、物力、财力和时间，需要统筹协调安保、医疗、应急、交通、海事、消防等多个部门和多方面事宜，和其他的民间艺术巡游活动、大型民俗风情剧排演等一样，具有投入成本高、筹备周期长的特点，而且大多数是由政府宣传文化部门的在职人员在日常行政事务中兼顾组织策划，其有别于专门的旅游经营或体育管理方面的公司：一是历时较长，通常因要层层审批、上会、修改方案而前后需要耗时 3 个月到半年的筹备时间不等；二是因考虑到维护、保管和放置场地的原因，赛前准备的排练艇通常不采用一次性投入直接购买的方式，而是租赁方式（相较而言，后者成本更为昂贵）；三是目前除石岐区有固定的看台外，其余地区的赛事都是采用临时搭建的看台且每年只是用一次（一个上午），利用率尤其是循环利用率不高但搭建费用却不菲。外加部分村、社区或镇区临时聘用教练的费用和运动员的训练补贴等等，这些都拉高了龙舟赛的时间成本和硬件成本。

2. 受场地及专业技能制约大

中山市“非遗”项目中的水上运动需要在水域上进行，且部分水域在平日的航行会受到来自市政部门的管制，每年当地政府组织策划作为节庆活动的水上运动则须在规定的时间和指定的水域进行，而不是常规性地在某一时段或固定地点持续进行，而且观赏的地点是在户外——水域沿岸，这就受到了时间和场地空间的双重制约。另外，其对安全救生、踩踏救治应急、人群迅速撤离疏散和划艇专业技能等方面都有极高的要求，这同时也是一种制约。

3. 完整的旅游产业链条欠缺

一方面，中山市由于土地存量小，景点分散且体量小，缺乏大型的综合景区，

无法吸引外地游客留宿过夜，使得中山的旅游市场长期以来无法在中珠游或中珠澳游的团体旅游线路中分得一杯羹：通常是住在珠海、购在澳门，最能催生消费、提高旅游业收入的两项均与中山无缘。哪怕是有为一睹伟人故里风采的散客自驾游前来游览孙中山故居等星级景点，但最终住宿也会因自驾的便利性而被分流到近在咫尺的珠海。

另一方面，中山市“非遗”项目中的水上运动虽然尝试与旅游业进行“联姻嫁接”，如石岐区就借助龙舟赛举办每年一度的休闲旅游文化节，西区醉龙舞也尝试推出醉龙宴、醉龙酒以及舞台版和户外版两种版本的醉龙舞，但其余地区的水上运动仅停留在就赛事搞赛事，缺乏完整的旅游产业链条。而石岐区的休闲旅游文化节的内涵还不够丰富，其实还是停留在搞消费节的层面，但受电商冲击，传统的商家让利、由实体店发行优惠券的做法正在经受着市场的考验；西区的醉龙文化节虽然有意识地推出衍生产品，但因缺乏统一的包装宣传和专业的品牌策划尚没有做大做强。其他的 IP 授权模式或创新创意思维，更是空白。

（二）开发原则

1. 注重体验与保障安全相结合原则

无论是作为“非遗”项目，还是作为一种水上运动，要与观众产生互动和共鸣，最直接的方式就是让“旁观者”变“实践者”，在安保设施齐全、保障安全能力足够的情况下，到舟艇上实地体验，将游客群体的身份暂时调整为俗民群体[11]的身份认同，凸显民俗的传承性和扩布性的特征，让游客身临其境地去感受活动乐趣和技艺妙处。这有助于吸引越来越庞大的群体参与到“非遗”项目的水上运动当中，激发他们的兴趣，从而扩大“非遗”项目中水上运动的影响力，采取注重体验与保障安全相结合原则，为开发体验式或休闲运动型的旅游项目奠定群众基础。

2. 遵循原生与适度创新相结合原则

前文已提及由于要迎合政府策划的文化节等活动，中山“非遗”项目中的水上

11. 两个以上、不论什么样的关系和方式组成的、具有共同认同和分享的民俗文化传统的民众团体，或叫俗民群体。

运动并未能完全做到在传统节日举行，但在传统节日仍有由当地俗民自发举行的小规模竞渡。若一味地求新求异会让民俗中的维系功能丧失，从而也丧失了民俗旅游的社会意义和文化价值。这就要求我们在探索中山当地水上运动与民俗旅游资源开发路径时，要采取遵循原生与适度创新相结合原则，既尊重和保护现存民俗的原生态，又要适当地采取创新手段，运用掌握好民俗的稳定性和变异性的规律，对旅游市场、旅游产品进行开发。

3. 组团发展与错峰开展相结合原则

从民俗学的视角看，中山市“非遗”项目中的水上运动尽管分布于不同的镇区，但具有普同性，都彰显着维系、调节、审美等社会功能，可实行“城区片区”与“北部片区”的组团发展，而且从前文所述可知，两个片区的水上运动在时间上刚好错开，形成夏秋两季的活动峰期。这种组团发展与错峰开展相结合的原则，可以实现资源共享、避免重复建设，从而统筹全局地对水上运动与民俗旅游资源进行有效整合和科学开发。值得注意的是，这里的“组团”应当包括两个层面：一是外部空间片区的联合，二是内部资源要素的整合。

4. 社会公益与市场经营相结合原则

民俗中的教化功能、规范功能决定了对水上运动与民俗旅游资源整合的公益属性，但单纯注重公益投入未必就能使得民俗活动广为传续，在娱乐日益多元化的今天也让年轻一代无暇体味到民俗传统活动的乐趣和情感认同，这些也是各类“非遗”项目尤其是在沿海发达地区出现传承人青黄不接、后继乏力甚至断层告急状况的原因之一。因此，可尝试采取社会公益与市场经营相结合原则，让活化石般的“非遗”民俗可以通过市场化去焕发新姿，历久常青。

5. 增进内涵与产业培育相结合原则

前文也论述到在整合开发的过程中存在完整产业链条欠缺的问题，这就要求中山市“非遗”项目中的水上运动需要进一步发掘民俗文化，采取增进内涵与产业培育相结合原则，为产品设计意念、开发提供文化底蕴和历史故事，助力上下游产业链条的延伸和产业生态圈的培育。

6. 拓展外延与多元搭配相结合原则

应结合中山市原有的“一镇一品”工业旅游基础，发散性地扩大和拓展民俗旅游业的外延，并利用老字号商铺、现代商圈、当代品牌、城市综合体、地方美食、传统小吃、特色手工、技艺绝活等，将各个景点有机地串联成线，进行包括文化研学、信仰仪式体验、现代文明采风以及商贸采购、美食尝鲜、手工定制、农业观光等内容的各类旅游路线的精心策划、多元搭配、整体输出。

（三）实施路径

根据中山市“非遗”项目中的水上运动与民俗旅游资源整合的基础和原则，提出实施路径的建议对策如下。

1. 政府牵头，全局统筹，适时易角

由文化广电旅游局等对口职能部门牵头，充分调研全市现有资源及整合的可行性，以打造人文湾区高地的全局视野，统筹协调教体、海事、水利等相关部门，搭建架构：一是成立民俗文旅方面的研究机构，培育熟悉本土市情、具有情感维系的自主科研团队，在解决本土研究人员“留得下、待得久”的问题的同时，要坚持以“请进来、送出去”的方式提升团队的科研素质和综合实力。二是成立针对“非遗”项目的水上运动协会，集合教练及运动员资源，为产业化后的整体输出储备梯队。三是探讨通过合作办学等方式，在中山体校开设“非遗”水上运动课程或专业。四是鼓励有条件的中小学在体育课、第二课堂兴趣班或市青少年宫开展相关的水上运动教学、水上运动体验、水上运动夏令营等，加强“非遗”项目的传承力量。五是甄选、引进市场开发实力强和运行管理经验佳的大型文体公司或文旅公司，共同出台产业发展规划并稳步推进、落到实处。让专业的机构干专业的事，而且是有规划、有步骤地做事。并且要适时“易角”，真正地做到“政府搭台，企业唱戏”，不能像以往那样政府“搭台”，但依然是由政府“登台唱戏”。地方政府也要随之调整角色，从“主办方”变换为“协调者”，服务企业，辅助文旅产业的发展，让其以社会效益和税收收益来反哺政府。具体可先以石岐区为试点，将龙舟文化主题公园的看台承包或出租给企业经营，也可探索采取对其先行免租扶持，或免费供其使用，但看台座椅每年的维护与保洁费用由企业承担等多种灵活的合作方式。还可考虑合作开发沿江风情的休闲户外餐饮进行统一招租，利用新媒体、流量经济，包装打造一批契合当前消费群体需求偏好的文化网红店等，适时打造龙舟文化特色小镇。

2. 市场介入，内部激活，焕发新生

市场运作的介入首先是资本的介入，通过招才选资、直接引进、众筹或公共私营合作制等模式，遴选优质资本介入对水上运动与民俗旅游资源的整合开发。通过俱乐部经营模式、开办培训班及购买服务的形式承包、承办、承接政府节庆活动、教育系统的教学或中小学的第二课堂或青少年宫、妇女儿童活动中心兴趣班等，大规模推广水上运动教育教学，通过内部激活兴趣，培育市场需求。除了上述政府购买服务的盈利模式，企业还应利用好自身的办训、办赛的专业平台和操盘团队，统筹所有资源，在固有的水域场所，错峰错时地推出不同的文旅产品以提升资源的循环利用率、节约成本、实现增收：一是通过推出自有的培训产品激发在地体验消费；二是对现有的节庆赛事进行升级、提质、增效、创收，通过策划举办或引进全国乃至世界有影响力的赛事，或邀请明星进行水上运动表演，售卖门票以及包括门票信封封底，看台横幅、门额、座椅靠背，宣传官网、公众号、订阅号等在内的平面、现场、线上、线下等全域广告位、冠名权进行盈利。其中预留一定份额的广告位用于对民俗文化进行宣传，并通过基金会运作赞助、支持民俗传承公益项目，既让文旅产业自成气候，又让“非遗”民俗传统在市场氛围中得以焕发新生。

3. 学界助力，多方参与，产业运营

一是当地高校应面向修读会展、营销、广告、传播等专业学生开设相应的文化节庆策划营销、民俗体育运动俱乐部管理、民俗学概论等方面的专业课程或选修课程，并在当地的相应企业设立实习基地，在理论和实操两个层面培养人才，助力民俗文旅产业发展。二是高校或科研机构的教授、专家学者要投入对民俗文旅产业的课题研究，长远规划和动态监测相结合，及时为企业排忧解难、指点迷津，为产业把正航向，政府部门对此类课题应给予倾斜扶持。三是动用高校、科研机构和协会的力量，通过引进名师工作室或举办设计新秀竞赛选拔文创产品、文创项目设计方案，集合力量开发民俗文化的衍生文创产品、文创项目，由企业负责投产或争取风投，全面延伸产业链条，实行产学研一体化发展。四是引导当代艺术收藏界对民俗文化、民俗工艺的认识、认可和关注、鉴赏，并与电视台、拍卖行及知名网站、网红平台、抖音团队等合作打造线上线下的全方位的产品运营。

4. 三体联动，以点带面，文旅融合

通过参加旅游会展集中向外推介、依托“互联网 + 旅游”的宣传推广平台、与外地旅行社组织策划“让利团”“研学团”促销等多种方式，引导旅游主体（旅游者）、客体（旅游产品）、介体（旅游业和贯穿在其中的旅游活动）三体之间的有效链接、动态循环、良性流转，聚力“非遗”项目中的水上运动和民俗文化资源整合开发的支点，以点带面地促进文旅融合。

参考文献：

[1] 钟敬文：《民俗学概论》，上海文艺出版社，2009 年。

[2] 中山市人民政府西区办事处：《中山市西区文化保育与传承》，《财富》2015 年第 4 期。

[3] 李铭霞：《黄圃历史文化》，珠海出版社，2010 年。

[4] 中山市长洲社区居民委员会、后山社区居民委员会编：《长洲村志》，2006 年。

[5] 中山市黄圃镇人民政府编：《黄圃志》，1997 年。

[6] 郭晋媛：《山西传统村落旅游开发动力机制研究——基于民俗学视角》，《技术经济与管理研究》2019 年第 2 期。

[7] 黄金湖：《长洲仙艇民俗初探》，《芒种（下半月）》2017 年第 5 期。

[8] 黄金湖：《长洲仙艇民俗刍议》，《中山社会科学》2017 年第 4 期。

[9] 黄金湖：《中山名人文化资源开发利用研究新探》《中山市名人文化资源研究和利用专场论文汇编》，2018 年 11 月 17 日。

[10] 中山市非物质文化遗产保护中心官网（http://www.zssfeiyi.com）。

[11] 中山市文化广电旅游局官网（http://www.zs.gov.cn）。

[12] 中山市黄圃镇人民政府官网（http://www.zs.gov.cn）。

城市演剧与文化认同：以粤剧南派艺术 1950—1960 年代表演实践为中心的考察

甘政* 廖恒*

【摘要】粤剧南派艺术作为流传于华南地区的重要戏曲形态，在广西获得了较好的传承发展。聚焦于粤剧南派艺术在广西南宁地区的城市演剧，可以观察其形态的演变和文化认同的形成。1950 年代到 1960 年代，粤剧南派艺术在南宁城市演剧实践中，通过经典剧目的大量排演，唱腔和排场的熟练运用，形成了艺术共同体和戏剧发展的内在动力，推动了粤剧南派艺术和地方戏的共同发展。大湾区人文艺术的建设，可以从多元化的艺术资源中获得启发。

【关键词】粤剧南派艺术；表演；共同体；认同

粤剧南派艺术是粤剧艺术的重要流派。从粤剧发展史看，1920 年代粤剧改革之后逐步形成今日之表现形式，强调唱功以及演员个人表演技艺，且可以加入新的艺术元素，比如地方音乐或流行曲。由于城市观众审美的转变，注重唱功的粤剧在两广地区拥有大量的戏迷，并且成为粤剧在城市演出的主流。尽管如此，广西南宁、梧州、北海、钦州等地区依旧保留了部分传统的唱腔、程式与排场艺术，在业内被称为粤剧南派表演艺术，成为粤剧艺术遗产中的重要内容。粤剧南派表演艺术与本地戏班表演实践相互影响，共同推动了粤剧艺术的多元发展。学术界从戏剧艺术本体思路研究粤剧南派表演艺术已有一定的积累，本文则侧重从演员舞台实践和剧目排演的角度，关注粤剧南派传统如何在舞台艺术和文化认同上获得发展的源动力，逐步推动粤剧南派

* 甘政，南宁师范大学旅游与文化学院讲师。
* 廖恒，复旦大学国际关系与公共事务学院本科生。

艺术不断发展变迁，呈现出今日别具一格的艺术风貌。文章立足于 1955 年到 1965 年《广西日报》《南宁日报》等报刊资料以及南宁粤剧团艺人的口述资料，运用文献资料和口述史研究方法展开研究，从历时与共时的角度，在城市舞台这一特定历史时空中探索粤剧南派表演艺术传承至今的驱动力。

城市演剧有别于乡村演剧。城市演剧更具商业性和娱乐性，而具有某些祭祀功能的剧目如《祭白虎》《贺寿》等，在城市演剧中很少面向观众，更多是戏班自己开台例戏。戏班更关注于演出民众喜闻乐见的剧目。把握好城市戏班与观众的实践与审美精神变迁，可为粤剧南派艺术史研究和大湾区人文建设提供有益的参考。

一、粤剧改革之前的城市演出实践

粤剧演剧实践发轫于清代，不少广东戏班就沿着水路或者从下四府进入广西表演。此时的演剧实践，主要以粤剧南派与本地戏班为主，形成了相互呼应的局面。如开台例戏《六国封相》。据《坦园日记 · 郴游日记》记载，梧州府河岸有演戏，是“粤东天乐部，随麓兄往观，缚蓆为台，灯光如海，演《六国封相》，登台者百余人，金碧辉煌，花团锦簇，唯土音是操，啁杂莫辨”。廉州府“募广州班来演戏三昼夜，凡三百余金，今夕始开台，演《六国封相》，闻出场者将及百人，其热闹不减梧州。”这些材料描述了当时的广东班在广西地区的活动情况。从材料可看出，广东班班制人员数量较多，能有百余人同时登台，且舞台服饰道具丰富多样，舞台语音具有特色。

早期粤剧的演剧实践，和本地戏班也有密切联系，广东班和地方班子的演出常有交流。《坦园日记》提到，杨寿恩也观看了北流本地班子的演出。清同治七年，南宁地区全新凤、寿新凤、台新凤、乐尧天等四大本地班开始占据优势位置，这是本地班演出的一个高潮。到了清末民初，广东班进入广西演出的情况增多。日高升、优天影志士班等名班相继来到梧州演出。梧州志士班优者胜也在民国七年进入南宁演出。[1]

1. 参见中国戏曲志编辑委员会：《中国戏曲志 · 广西卷》，中国 ISBN 中心出版社，1995 年，第 84 页。

广东班和地方班在城市舞台的演剧实践，符合当时戏迷的生活娱乐方式，从某种程度上推进了粤剧古腔以及诸多舞台艺术的传承。根据粤剧老艺人回忆，由于唱腔、舞台表演程式等方面多有交流，粤剧古腔和地方班的表演方式互相借鉴和融合。通过众多班社在城市演剧的多元化实践，粤剧南派艺术在粤剧改革之前形成了良好的艺术生命力，为今后的舞台实践打下了基础。

二、1950 年代：粤剧南派艺术在广西的演出策略与实践

二战之后的粤剧，特别在 1950 年到 1960 年代，与邕剧、桂剧等地方剧种形成了市场拉锯的局面，尤其是与同根生的兄弟剧种邕剧。之所以把这两个地方剧种相提并论，很大一部分因素是因为二者之间的紧密关系，对此学术界有过邕剧和粤剧关系的探讨。当然也为此事有过争论。但我们把目光放到戏曲发展史历史长河中观察这二者，不难发现这其实是皮黄唱腔在华南地区的日常实践。争论二者孰先孰后和起源问题，无疑和“本真性”观念有着重要关系。局限于这些地方剧种文字资料的不足，笔者自 2012 年开始搜集整理，把田野调查中散见于各地的报刊杂志、个人自传体式回忆以及音像资料结合起来，可以一窥粤剧南派表演艺术及相关剧种的演出策略与实践。

首先来看在南宁的本地班邕剧的情况。邕剧大约在 1955 年到 1962 年之间形成了一个演出的小高潮，并且势头可以匹敌红极一时的粤剧。据当年邕剧观众的回忆，他们小时候常常为邕剧的武打场面和充满地方风味的唱词所吸引。笔者根据《南宁日报》《广西日报》等报刊杂志，以及邕剧艺人、邕剧观众的回忆，整理了 1952 年到 1966 年邕剧常演剧目。如下所示：

表 1 1950—1960 年代邕剧剧目演出实践

年份	演出剧目
1955	《碧血花》《西河会妻》《平贵别窑》《六郎罪子》
1956	《碧血花》《白玉堂义救颜春敏》《钗头凤》《闯王进京》《大闹武科场》《刁蛮公主》
1957	《宝玉逃禅》《背解红罗》《崔庄嫁玉郎》《春残燕子归》《重回鸳鸯扣》《晨妻暮嫂》《大闹广昌隆》
1958	《碧血花》《错送鸳鸯被》《大闹淮安府》《窦娥冤》

年份	演出剧目
1959	《百鸟衣》《平贵别窑》《包公智斩鲁齐郎》《茶瓶计》《错送鸳鸯被》
1960	《错送鸳鸯被》《蔡文姬》《吹萧凤凰来》《东海最前线》
1961	《百鸟衣》《茶瓶计》《钗头凤》
1962	《白蛇传》《八姐游春》《碧蓉探监》《茶瓶计》
1963	《拜月记》《白蛇传》《碧蓉探监》《茶瓶计》《钗头凤》

我们再接着对比这个时间段的粤剧演出情况。

表 2 1950—1960 年代粤剧南派艺术演出实践

年份	常演剧目
1955	《伍员出昭关》《奏香莲》《酒楼会友》《崔子弑齐》《樊梨花》《西河会妻》《五台会兄》
1956	《樊梨花》《西河会妻》《五台会兄》
1957	《十五贯》《孙悟空三打白骨精》《孙悟空大闹女儿国》《孙悟空大战十八罗汉》《火烧红莲寺》《包公铡判官》
1958	《云中落绣鞋》《孙悟空大战红孩儿》《钟无艳》《背解红罗》
1959	《百鸟衣》《闹严府》《云中落绣鞋》《雪仲怨》《杨八姐搬兵》《血溅雁门关》《黄花山》《巧云下书》《连环计》《三滴血》
1960	《拉郎配》《白蛇传》《女驸马》《刘三姐》《恩仇记》《杨八姐取金刀》
1961	《孙悟空三打白骨精》《夜审郭槐》《满江红》《玉镯记》
1962	《雪仲怨》《梁山伯与祝英台》《刘三姐》

从上述分析演出策略和实践来看，粤剧南派艺术在广西城市的演出，在 1933 年之后逐步和邕剧分野，这和其审美情趣有很大关系。邕剧在舞台演出方面，舞台语言融入了本地土话、壮话等，舞台表演形式和粤剧南派艺术有一定的区别，根据笔者田野调查显示，在南宁市老城区即中山路、共和路一带，民众对邕剧的兴趣较大，其审美更偏向视觉性。而粤剧依旧保留了过山班的部分演出形式和内容，在舞台语言和排场上与邕剧同城竞争，在市场上受众面更广。唱腔、音乐和排场错位竞争，这也是粤

剧南派表演艺术与本地班竞争的思路。尽管目前还没找到二者内部竞争思想和动机的文字材料，但是从戏曲本体来看，二者在市场上有一定的区别，粤剧南派表演艺术剧目、唱腔等更能满足普通市民的观赏需求。

三、粤剧南派艺术与文化认同

关于粤剧对地方社会的发展，学术界有较多的论述，本文不再重复。笔者认为，粤剧南派艺术作为粤文化的重要组成部分，虽然随着粤剧的发展变化而不断产生新的审美形式，比如粤剧舞台剧、剧目改编、新编剧目等。但无论怎么变化，粤剧本身的开放性和包容性毋容置疑。从 20 世纪初开始，粤剧在广西一带，如南宁、梧州等，就有和本地班交流，且互相学习。从比较戏剧学的角度来谈这一问题，粤剧南派艺术可以说是西江流域一带城乡演出较多的艺术形态，是地方戏高度发展的结果。在1950 年代到 1960 年代的演剧实践中，粤剧南派艺术主体逐步形成了自己的艺术性格。

（一）艺术主体传承内在动力

从艺术本体和文化主体来看，早期粤剧南派艺术的演员通过提纲戏、排场戏等形式，完成了传统剧目和演出方式的传承，譬如《西河会妻》《五台会兄》等，这类经典剧目一直传承至今。尽管在 1950 年代，广西都市娱乐方式并不发达，但粤剧南派表演艺术、邕剧、桂剧等地方剧种的剧目搬演，数量之多，次数之频繁，已足以使这些艺术形式得以真正的内化和延续。

从艺术美学的角度看，粤剧南派表演艺术更加强调舞台视觉效果，如《西河会妻》。该剧直接继承了南派脚色与武功，尤其是小武和散发旦。在排场方面，“会妻”“乱府”“大过山”“收状”“打闭门”“乱公堂”“校场比武”等也继承下来，并成为当下的常用排场。南宁各大粤剧团将这些艺术传统加以研习，形成了提纲戏的传统，并且保持了视觉上的极强观赏性。在 1950 年代南宁市粤剧市场中，提纲戏和排场戏表演往往成为观众喜欢的视觉场景。

从艺术主体实践者即演员这方面来看，比如会妻排场，需要演员熟练掌握散发、抢背等舞台技艺。这促使演员在平时需要保持一定的训练量和表演实践的次数。日常表演实践和身体实践将这一艺术内化，也即形成体化记忆。演员自身的学习切磋和协商交流，维持了这一艺术的思维审美模式，形成了这一舞台艺术的特定内在动力。南宁粤剧团青衣L女士表示："我进粤剧团的时候，老师就开始有意识地把粤剧南派艺术的表演体系传授给我们，目的是在粤剧演出时更有地方特点。因为粤剧不是南宁的地方戏，在声音这方面，我们比不过广东。"这也从客观上让演员主动地选择南派艺术作为安身立命之手段。

（二）粤剧南派艺术共同体形成与文化惯性

城市演剧的特点在于流动性：戏班的流动与人员的流动。在1950年代到1960年代，各大戏班和剧团向自负盈亏和体制化过渡。主要体现在1950年前后，商业演出数量较多，分为日场与夜场。这关系到戏班演员的生计问题。粤剧南派的大部分艺人为职业演员，需要一定数量的演出维持自身经济状况。因此在剧目排演的选择时，必须有所考虑。从上述资料看，当时南宁市几大主流粤剧团大多喜欢排演老剧目，其中不乏大排场的部分剧目。经过舞台实践与市场的磨砺，粤剧南派演员形成了自己的演出路数，极具观赏性，因此也容易获得市场认可。

由于在唱腔、排场上的独特性和集体性，并且通过口传心授的方式继承，粤剧南派表演艺人逐步形成实践共同体。我们将目光放到1930年代到1960年代，可以看到当时邕剧和粤剧南派艺术在某些时候可以互相搭台演出，这从实践上影响到南宁粤剧团和邕剧团的发展。南宁市邕剧团解散之后，很多演员十几年后进入了粤剧团工作。到2010年，随着非物质文化遗产保护工作的推进，南宁粤剧和邕剧艺人重新在一个团队里工作，形成"一团两牌"[2]，这是比较个性的戏剧发展路线，既能演邕剧，又能演出粤剧南派艺术。这种在艺术上的无缝结合，是艺术共同体的追求。粤剧南派艺术文化主体的惯性与可持续性，成为粤剧与邕剧传承发展的内生力量。这也是从

2. 即粤剧团和邕剧团。

1930年代至今不曾断绝的艺术表演惯性。

粤剧南派艺术文化惯性的形成，根据笔者2012年到2016年的田野调查资料，基于粤剧南派表演艺术技艺活化传承保护，南宁市粤剧团排演了多场大型粤剧与邕剧如《西河会妻》《三进士》[3]《目连救母》等。叠罗汉、会妻等表演程式与排场得到集中排练，这些实践唤醒演员的艺术自觉。如排场戏之《大过山》，它在粤剧南派艺术中会用到，同时也影响了兄弟剧种邕剧老戏的排场。因此，粤剧南派艺术实践共同体实际上是与当地社会文化、地方剧种互动出来的一种戏剧传承路径。

（三）文化体验与文化扩展

宋俊华指出，传统戏曲在体验中兴起、衰落和复兴。传承和保护的核心是保戏剧的生命力。[4]在长期的实践中，粤剧南派表演艺术通过城市演剧和乡村演剧多种路径，保留和推动了观众的观剧体验，形成特定的演剧空间。

在粤剧南派艺术表演实践历史中，乡野和城市演剧是两个重要维度。乡村演剧生命力较强，梧州、北海、合浦、钦州等地较为流行，南宁周边乡镇也有粤剧南派的演剧活动。其中仪式剧具有很强的戏剧本真体验，其配合时令，有春班和秋班的演剧实践。相关部门也常通过乡镇文化站加以扶持，保障民间戏剧团体的发展空间。至于城市演剧，其演出体验和观剧体验也强调其真实性，此外还有娱乐性。在1950年代之后，粤剧南派艺术在南宁拥有较好的演出空间，能够保证日场与夜场的持续演出，如同日常生活的一部分，因此观众认可度极高。根据笔者的田野调查显示，1950年代之后的粤剧南派艺术，观众对其印象最深的是夜场的演出，还有各种舞台艺术的独特性。这种体验形成文化习惯，城市艺术发展空间逐步建立。从粤剧发展的历史和趋势来看，粤剧文化要不断地丰富和拓展自身的意义体系。粤剧南派艺术获得市场认可，也是适应时代文化发展的表现。

3.《三进士》为邕剧老戏，与粤剧南派艺术亦有艺术上的相近之处。《西河会妻》为粤剧、邕剧共有剧目。区别在于邕剧的《西河会妻》唱中州韵。两者保留着会妻等多个经典排场。

4. 宋俊华：《回归体验：传统戏剧发展的新趋势》，《人民论坛》2018年第27期。

结语与讨论：面向大湾区的粤剧南派艺术

1950年代到1960年代粤剧南派表演艺术在城市的演剧实践表明，一个地方剧种生长、成熟与传承，需要艺人、社团、观众的理解和认同。在物质生活并不是很丰裕的年代，戏曲一直是伴随着民众的日常生活而存在，是一种具有仪式性、娱乐性和体验性的娱乐方式，而不仅仅是纯粹的精英艺术。尽管我们城市生活发生了很大的变化，但是文化遗产、日常生活与地区发展联系日益紧密。全球化的进程带来文化交流的便捷，更促进了文化变迁和涵化。粤剧艺术在发展变迁中，早期的过山班、下四府粤剧和广西地方戏互相交流、互相促进，形成粤剧多元发展的局面。《粤港澳大湾区发展规划纲要》提出，要弘扬粤剧等岭南文化，彰显独特魅力。在这样的背景下，粤剧南派艺术亦可作独具特色的，具有极强观赏性的文化艺术体裁，为大湾区文化建设提供多元化的人文元素。因此，研究粤剧南派艺术，是艺术史和人文建设的应有之义。

参考文献：

[1] 中国戏曲志编辑委员会编写：《中国戏曲志·广西卷》，中国ISBN中心出版社，1995年。

[2] 南宁市文化局戏曲志编辑委员会：《南宁戏曲志》，1987年。

[3] 中国戏曲志广西卷编辑部：《广西地方戏曲史料汇编》，1985年。

[4] 赵岚：《邕剧》，北京科学技术出版社，2012年。

[5] 陈非侬口述，伍荣仲、陈泽蕾重编：《粤剧六十年》，香港中文大学出版社，2007年。

[6] 赖伯疆、黄镜明：《粤剧史》，中国戏剧出版社，1988年。

[7] 陈守仁：《香港粤剧导论》，香港中文大学粤剧研究计划，1999年。

[8] 洪珏：《"戏棚官话的"语言分析和文化解读》，《南宁职业技术学院学报》2009年第3期。

[9] 洪琪、洪珏：《浅析邕剧排场戏》，《南宁职业技术学院学报》2011年第5期。

历史街区“微改造”启示

吴翠明[*]

【摘要】本文以广州永庆坊和深圳观澜墟两个历史街区的旧改项目为例，通过回顾其改造的历史，探讨了其对全国各地历史街区的保护与活化的借鉴作用和示范意义，并分析了二者之间的异同及原因。

【关键词】历史街区；微改造；保护；活化；运营

2018年10月24日下午，习近平总书记在广州考察，第一站去了有百年历史的荔湾区西关历史文化街区永庆坊。习近平沿街察看旧城改造、历史文化建筑修缮保护情况。在视察期间，他发表了重要讲话："城市规划和建设要高度重视历史文化保护，不急功近利，不大拆大建。要突出地方特色，注重人居环境改善，更多采用微改造这种'绣花'功夫，注重文明传承、文化延续，让城市留下记忆，让人们记住乡愁。"这段话，对城市的文化传承工作提出了具体要求，指引了城市发展的文明之路，堪称远见卓识。

广州过去流传着"东山少爷，西关小姐"的说法，代表着权贵的东山与财富的西关，是广州历史文化的缩影。永庆坊位于百年老街恩宁路，这一带原是西关老城区，文物古迹遍布，后进行旧城改造，在保留了老广州西关韵味的同时，又注入现代商业艺术。

回顾一下广州永庆坊的"微改造"历史，也许对散布在全国各个城市里的那些曾经兴盛繁荣，如今面临社区衰落、居住环境恶劣、建筑破败等问题的历史街区的保护和利用，具有积极、宝贵的借鉴意义。

---

* 吴翠明，深圳博物馆历史文化研究部副主任，副研究馆员。

永庆坊所在的恩宁路曾是广州市危房旧房最集中的区域之一。2006年，恩宁路连片危房进入政府集中改造决策视野。2014年，恩宁路被《广州历史文化名城保护规划》确定为历史文化街区。

2016年2月17日，广州市荔湾区政府启动了旧城微改造项目，采用BOT（建设—经营—转让）模式公开招商。最终，万科中标永庆坊（恩宁路一期）旧城改造项目，引入众创办公、青年公寓、教育营地、特色商业四大核心产业，对片区近8000平方米进行“微改造”。微改造采取了“政府主导，企业承办，居民参与”的模式，遵循“修旧如旧，建新如故；交通梳理，肌理抽疏；文保专修，资源活化”的原则来实现政府、社区居民和企业的“三方共赢”。由荔湾区政府提出规划并公开招商，万科负责改造、建设和运营，运营期15年，期满后交回政府。

从2016年2月始，万科在建筑良莠不齐、产权情况复杂、居民心态各不一样的状况下，将永庆坊每栋建筑单独编号，逐栋考察，并对位置、建筑风貌、立面完整性、结构状况等统一评分，总计调研测绘59栋房屋，占片区内总数的72%，完整建档，真实记录从现状到修缮保护的全过程，最后提出能平衡传统风貌和当代社区精神的多元化改造方案。

改造前，永庆坊既有历史价值甚高的古建筑，也有新建的简易楼房、私搭乱建的构筑物、长期空置破败的房屋。在全面摸底排查和测绘调研的基础上，永庆坊的“微改造”项目针对街区内不同性质建筑，制定了五种改建方案：第一类，修缮修复；第二类，保留外立面风格风情、内部整改；第三类，危房或已坍塌，需要复建；第四类，整改外立面，保留结构；第五类，农民房，改造立面，保留结构。

房屋修葺按照“修旧如旧，建新和谐”的思想，保护岭南建筑整体特色，保留岭南传统民居的空间肌理；保持原有建筑的外轮廓不变，对其建筑立面进行更新、保护与修饰；对结构进行替换、加固、加强。对永庆片区内现存两处文物保护建筑，项目团队邀请具备专业资质的公司、单位进行测量测绘，修缮设计；对结构进行加强加固；沿袭传统工艺，修复瓦屋面、青砖墙、红砖墙、灰雕、彩塑等传统元素，再现建筑传统风貌。对片区内交通、公共空间、基础设施、公共服务设施，排查消除隐患，进行全面优化和升级。

永庆坊“微改造”项目于2016年9月30日竣工并试营业，项目导入以文化创意产业为首的若干新产业，以产业激活西关老城。重生后的永庆坊在建筑设计、空间布局和经营模式上，更倾向于实现“体验式”的要求；融入表演、曲艺、茶艺、咖啡、茶点等体验式文化旅游商业，更注重消费者的参与、体验和感受。永庆坊很多店面一楼以展示和销售产品为主，二楼则是制作工场体验区。永庆坊用废弃的瓦铺成地板、做成流水墙，使得街区艺术化，突出设计感，同时又体现了历史感和时尚感的和谐统一。

改造后的永庆坊有许多特色文化创意店铺，如岁月邮局、活版印刷体验馆、怀旧咖啡馆、传统手信店等，还保留了李小龙祖居和銮舆堂（前身为“德和堂”，为粤剧界八和会馆旗下八分堂之一）两处历史建筑，免费向公众开放。如今永庆坊成为广州市新兴的旅游热点，游客络绎不绝，年轻人尤其喜欢到此一游，俨然视其为网红打卡点。总之，永庆坊已经成为代表老广州文化的一张新名片。

永庆坊的“微改造”实践是没有先例的，它的成功意义更多在于探索了一条新路，这个项目样本对全国各地的城市历史街区的旧改和活化，具有一定借鉴作用和示范意义。

首先是政策和经验上的创新，以政府为主导，先行先试探索了BOT（建设—经营—转让）模式，第一次把市场资金引入到历史建筑活化中来，将征收的公房委托给企业修缮、运营。过去很多地方政府缺乏动力去推进历史街区或者古建筑群的改造，原因很复杂，主要有建设资金投入大，后续运营成本高，文物保护单位改造条条框框多，改造后的经济回报率低，多数情况下需要政府兜底，结果往往是牺牲了经济效益来保全社会效益，“叫好不叫座”，更糟糕的是“吃力不讨好”。永庆坊微改造项目的积极意义在于，通过市场来解决资金问题，通过出让一定年限的经营权来置换企业的建设投入和运营投入，而企业为了盈利，必须考虑项目的经济效益和可持续发展，他们在项目的商业价值评估和市场化运营上往往比政府部门更专业，企业负责“叫座”，而政府管理部门和专业职能部门进行监管和把关，负责“叫好”，这样才能达到经济效益和社会效益的双赢，而历史街区的活化唯有达到双重效益才能实现可持续发展。

其次是有选择性地进行“留”与“拆”的改造，最高诚意地尊重了历史，延续了文脉，最大限度地保护了文物资源，最大程度地活化、利用了历史建筑。城市更新过程中，并不是所有旧建筑都需保留或拆除重建，保留大部分有意义的建筑，一些残败的旧建筑可拆除重建，有效利用土地资源，引入现代产业，盘活土地效益。历史街区改造最容易引起争议的就是“留”和“拆”的问题，很多旧改项目完成后容易被诟病的，尤其容易引起文物专家和文化学者批评的，是“拆了真古董，建了假古董”，这也是政府主管部门在历史街区旧改问题上如履薄冰的原因之一。永庆坊微改造项目请专业机构进行设计，他们在尊重科学和客观规律的前提下，在广泛征求文物专家和居民业主意见的基础上，对街区建筑进行了全面的排查和详细的测绘调研，以此为基础，根据不同建筑的类型和特点，创造性地提出来五种改建方案，在永庆坊微改造设计上成功体现了传统风貌和当代社区精神的平衡。

再次是在街区功能定位上，在招商运营的取向上，体现了历史传承，把握住了时代脉搏，尤其是赢得了消费主力军年轻人的青睐。过去的很多历史街区和古建筑群的旧改活化项目，往往是以主题公园、收费景区的形式出现，盈利模式主要是收取门票加景区内二次消费，商业价值仅仅体现在旅游业，一旦某种类型的主题旅游被游客抛弃，这个项目就难以为继。永庆坊由于有先天优势，地处广州老城区繁华地段，毗邻著名商业步行街上下九，所以在功能定位上，在招商运营上，它更多侧重于商业开发，以特色文创商铺来带动消费和旅游业。它一方面延续了街区历史上的商业文化特色，另一方面又精准把握了新时代的消费文化品位，在宣传推广上也做得很成功，吸引了大批年轻消费者，还受到有猎奇心理的外地游客、进行文化寻根的本地游客等群体的青睐。

最后是在街区的设计品位上，以公共艺术营造社区文化，通过艺术连接旅游、地方以及民众的力量，让艺术使社区建设更有温度，更有情趣。永庆坊微改造项目的设计艺术以破立重生的表现形式，重塑了街区的公共艺术形象，表现人与历史、人与自然和谐相处，把城市的美、城市生活的乐趣完美演绎出来，很好地体现了“城市让生活更美好”，同时也带来了客流量，复兴了当地的经济。

和永庆坊类似的历史街区，存世量巨大，广泛散落分布在中国各大城乡。在深圳的观澜河畔，也保留了一处历史悠久的老街，她是深圳历史上目前仅存的“四大名墟”之一——观澜墟。观澜老街由观澜大街、卖布街、新东街、东门街、西门街、南门街、龙岗顶街、立新巷等十几条街道、巷道所组成。现存炮楼十二座、商铺一百多间、民居数百栋，总面积达两万六千平方米。古墟市有许多清代中期到民国时期的精美建筑，老街内有商铺、酒楼、民居，还有不同时期建造的形式各异的炮楼。街区的建筑主要以清末民国间的商铺区、民居区为主体，至今保持着岭南古墟市繁盛时期的布局和风格。

历史上的观澜墟是惠（阳）东（莞）宝（安）地区的商贸集散地，是连结香港与宝安、惠阳、粤北乃至内地的商品进出口的中转站，素有“小香港”之称。墟日设在农历每旬的一、四、七。这里物产丰富，各类产品应有尽有，日用的糖油产品，观澜的特产沙梨、柿子、菠萝，周边的海鲜等等在这里都可以找到。观澜墟的全盛时期，茶楼、客栈、当铺、商家鳞次栉比。其中的卖布街是清末民国时期的布匹集散地，当时布店各有分工，有卖洋布的洋市，卖土布的布店，也专做碎布生意的小店。卖布街一般从早上 8 时开始做生意，到下午 4 时 30 分才收档，是当时远近开放时间最长的墟市。

观澜老街是深圳市现存最完整的古墟市，建筑群的整体价值非常高，既有前店后炮楼的商铺，又有骑楼与木阁楼中西合璧的建筑，还有仿巴洛克式的西洋建筑，浓缩了深圳近代客家、广府及西式建筑融合的历史，具有较高的欣赏和研究价值。这一建筑群落真实完整地体现了深圳近代社会、经济、文化等方面的发展情况以及风土人情，蕴涵了丰富的历史信息，被称为“深圳近代民俗文化第一街”。观澜老街的发现和旧改活化之路，也是经历了漫长而艰难的过程。

2005 年，深圳市宝安区开展不可移动文物普查，观澜老街引起外界关注。受世界银行委托，西班牙世界历史文化遗产保护专家拉斐尔先生和玛丽亚女士，随同深圳市文物考古专家考察观澜古碉楼群，他们惊喜地发现了观澜老街。老街日渐破败、蓬头垢面，但难掩昔日芳华。两位西班牙专家认为，古碉楼群有较高的历史价值、科学价值和艺术价值，而从经济发展史的角度看，观澜老街具有更高的文物价值。他们建议当地政府将这片老街区整体保护起来，充分开发和利用这一“历史文化瑰宝”。第三位西班牙专家艾米尔先生随后也来到观澜老街，他在实地调研后指出，观澜老街使人想起欧洲中古时期的蜿蜒古镇，其完整性及区域商业中心功能，使它非常值得修复，可以继续赋予其商铺的功能，经营手工艺品或恢复为从前的布街，这样不仅保护文化遗产，同时继续商业活动带来经济利益，有利于将来的持续维护。

深圳的文物专家接受了西班牙同行的意见，开始重新审视观澜老街的历史价值和存在意义。吴增德、黄崇岳、任志录、赖德劭、张健等深圳文物考古界的权威人士先后赴观澜老街调研。2006 年观澜老街被列为“不可移动文物保护点”，深圳市文物考古鉴定所出具鉴定报告，指出观澜墟历史建筑群既有重要的文物价值，又有文化类型上的丰富多样性和较突出的地域特征，是罕见的完整保留至今的岭南墟市建筑群落，值得保护。然而由于经费和权属等问题，有关观澜古墟的保护性开发工作一直停滞不前，因年久失修，陆续出现了破损、倒塌情况。

2016 年起，“观澜古墟——贵湖塘老围项目”工作组成立，将观澜街道辖区内两处比邻而居的古建筑群落“观澜古墟”和“贵湖塘老围”捆绑在一起，围绕保护性开发不断进行探索：一方面到浙江特色小镇、佛山岭南新天地等地考察学习，汲取经验；另一方面邀请商业地产、古建筑、旅行社等多方面的专业人士与观澜古墟本地居民一起召开座谈会，群策群力。

2017 年 1 月，本着“文物保护为主，开发为辅”的原则，观澜街道办在全市率先引入政府主导修缮、企业开发运营的“DOT”模式（设计优化—运营—移交），对辖区内观澜古墟与贵湖塘老围两处古建筑群实施保护性开发。同年，深圳市规划国土委龙华管理局开展该片区城市规划和城市设计研究编制工作，《观澜古墟—贵湖塘老围周边城市设计》方案出台，让观澜古墟—贵湖塘老围的保护修缮工作加快了步伐。

这一项目由政府部门出资，按照文物修缮的原则，开展古建筑抢救性修缮工程，重现文物历史风貌，并委托专业机构编制保护性开发规划及商业定位报告，确立以文化建设为主、保留原有特色的运营方向。同时，引入社会资本运营，为文物保护工作“造血”，参与古建筑修缮、市政管网建设、片区风貌提升等工程的设计工作，并在项目建成后负责协议期限内的招商、运营、管理工作，最大化地实现文物保护与文化发展“两条腿”走路。

2017 年 7 月底 8 月初，由龙华区委宣传部、区文化体育局、区财政局、新澜居委经济发展公司、桂花股份合作公司和观澜街道办共同组成定标委员会，根据评审专家的《评审报告》，投票产生观澜古墟—贵湖塘老围项目的运营商为深圳羽翎投资发展有限公司，运营期限 10 年，观澜古墟—贵湖塘老围“大管家”终于出炉。未来 10 年，各方将通力合作，以“DOT”模式把观澜古墟—贵湖塘老围打造成深圳本土文化新地标，使之成为龙华区城市发展的新名片。

2019 年 3 月，《观澜古墟保护性开发工程》向社会公开招标。10 月，《观澜古墟保护性开发工程（重新招标）》开标，广州市房屋开发建设有限公司中标。11 月，施工方进场。观澜古墟的重生让人拭目以待。

广州永庆坊和深圳观澜墟这两个例子在全国很有代表性，它们有很多相似之处，基本属于同一历史时期的建筑群，都曾地处商业旺区，非常繁华，是地域性的经济文化中心，都在中华人民共和国成立后尤其是改革开放后，随着经济中心偏移、街区老化、功能落后、房屋年久失修、原业主和经营者陆续搬离等原因，日渐衰败，逐步退出历史舞台。它们所处的城市广州和深圳，是全国四大一线城市之二，城市文明高度发达，在传统地域文化属性上又同属岭南文化圈，建筑风貌、商业文化都非常接近。它们在旧改上走的路，也是既有相似之处，也有各自特色。

两个旧改项目相比，总体而言，永庆坊的微改造项目中，市场参与度似乎更高一点，这点主要体现在资金来源上，永庆坊旧改的建设资金和运营成本基本上都交给了市场、交给了企业；观澜墟的旧改项目，政府主导性更明显，建设资金主要来自于财政，而将运营交给了市场和企业。

从功能定位和开发力度来看，永庆坊的活化更偏重商业价值和文创产业开发，它的改造力度较小，属于“绣花功夫”的“微改造”；观澜墟的改造更偏重于古建筑本身的保护性开发，而功能定位则跟所处的整个大片区联动起来，成为观澜“一环一弧一带”整体城市规划的一部分（即围绕观澜河景观带、樟坑径河水街和老街公园慢行带，共同构成活力环；观澜古墟、游客中心、贵湖塘老围和社区文化中心串联成文化弧；沿观澜大道和轨道 4 号线的用地作为 TOD 发展带），它的改造力度更大。

这些差异，可能跟二者的历史遗产和地理位置的差异有关，永庆坊所处的地段，一直是广州市的商业中心、老城区的核心地带，商业价值比较高，文化底蕴比较厚重，可以继承的文化遗产和可以发掘的文创资源也比较多；观澜墟是过去深圳宝安的一个乡镇墟市，由于处于城市的边缘，地理位置没有市中心那么优越，商业价值有待提升，但其古建筑群规模比较大，而且保存相对完整，所以政府更重视其文物价值，至于在功能定位、市场活化方面，需要跟周边整个大环境进行资源整合和深度挖掘，才能达到全面活化及可持续发展的目的。

历史街区的保护与活化的探索之路，随着时代的发展，人们的认识也在不断变化，因时而异，因地而异，因人而异，但有些通则是不变的，那就是尊重历史，尊重科学，保护为前提，活化及可持续发展为目的，政府、市场、地方、居民、专家学者等多方共同努力，才能真正实现文明传承、文化延续，突显地方特色，改善人居环境，让城市留下记忆，让人们记住乡愁。

参考文献：

[1] 赵安然、李春花：《广州“绣花”见功夫推进历史建筑保护和社区微改造》，《南方都市报》2018 年 10 月 28 日。

[2] 罗艾桦、贺林平：《老西关正青春（解码·文物保护利用）》，《人民日报》2018 年 11 月 2 日。

[3] 《永庆坊微改造的背后》，“增城规划与测绘”微信公众号（广州市增城区城乡规划与测绘地理信息研究院官微），2019 年 1 月 4 日。

[4] 《回顾：设计探索，从永庆坊看珠三角城市微改造》，“广图创意设计馆”微信公众号（广州图书馆创意设计馆官微），2019 年 1 月 5 日（该文章为 2018 年 12 月 15 日竖梁社联合创始人、永庆坊主创设计师宋刚，在广州图书馆创意设计馆进行珠三角城市微改造设计探索主题分享会的书面整理内容）。

[5] 周强、荆淮桥：《做一粒“益生菌”——广州永庆坊复兴记》，新华网，2019 年 5 月 16 日。

[6] 深圳市龙华区人民政府：《观澜河畔将崛起深圳本土文化新地标》，深圳政府在线，2017 年 9 月 20 日。

[7] 吴永奎：《观澜街道：“观澜古墟——贵湖塘老围”项目演绎古迹开发共赢模式》，《南方日报》2018 年 4 月 12 日。

[8] 杨维易、何丽平：《寻访龙华古村落：观澜古墟——贵湖塘的现在进行时》，深圳新闻网，2019 年 1 月 8 日。

[9] 《观澜古墟保护性开发工程》，深圳政府在线，2019 年 3 月 18 日。

[10] 《观澜古墟保护性开发工程监理》，深圳政府在线，2019 年 4 月 17 日。

[11] 《观澜古墟保护性开发工程（重新招标）》，深圳市公共资源交易平台，2019 年 10 月 28 日。

顺德“世界美食之都”品牌升级路径研究

周书云*

【摘要】2014年联合国授予顺德“世界美食之都”称号，确立了顺德美食世界级品牌，为顺德建设世界级美食旅游目的地奠定了坚实基础。经过四年多建设，顺德“世界美食之都”品牌在取得成效的同时，也暴露出一些问题。在调查与访谈的基础上，笔者梳理了顺德“世界美食之都”品牌升级存在的知名度、内涵、产品、宣传、文化、传承等问题；针对问题，从顺德美食食客、企业、政府等多角度出发，探寻顺德“世界美食之都”品牌升级路径，更好发挥“世界美食之都”品牌效用，助力美食旅游，同时为其他城市的美食产业发展提供参考。

【关键词】顺德；“世界美食之都”；品牌升级；问题；路径

品牌是个性、是特色，是无形资产，是城市竞争的重要武器。2014年，经过严格评审，顺德被联合国教科文组织授予“世界美食之都”称号，目前全球仅八个城市获评，这标志着顺德美食世界级品牌的确立，意味着顺德发展美食旅游、建设世界级美食旅游目的地有了坚实的基础。顺德政府与民众都非常重视世界美食之都品牌荣誉，都在想办法擦亮世界美食之都品牌。这些年来，顺德“世界美食之都”品牌建设在取得成效的同时，暴露出一些问题。在调查与访谈基础上，本文围绕品牌内涵与形式，梳理了顺德“世界美食之都”品牌升级存在的问题，并多角度探寻顺德“世界美食之都”品牌升级路径，以便更好发挥“世界美食之都”的品牌效用，助力美食旅游，同时为其他城市的美食产业发展提供借鉴。

---

* 周书云，顺德职业技术学院副教授。

一、顺德“世界美食之都”品牌升级存在的问题

1. 顺德美食知名度：中国有名，世界不够

知名度是品牌传播的基础。目前，顺德美食知名度有限，对顺德居民、来过顺德者、游客进行调查，70% 以上的被调查者知道顺德入选“世界美食之都” 这回事，但都表示顺德美食在广东省或全国一部分地区有名，在世界范围内知名度有限。

中国美食文化博大精深，源远流长，消费者可供选择的美食多。就如菜系，顺德菜只属全国众多菜系中的广东三大粤菜之一广府菜。即使粤菜相对有名气，“食在广州”国人多知，但“厨出凤城”（凤城，顺德旧称）知晓人不多。广州与顺德美食相比，出于方便，游客一般会选择省会城市广州品尝；虽然顺德离广州很近。

“世界美食之都”品牌入选意味着顺德拥有世界级美食旅游目的地的建设基础，但知名度有限的现实，影响“世界美食之都”品牌效用的发挥。即使顺德美食在全国各地拥有知名度，顺德也还离世界范围的知名度存在一定距离。

2. 顺德美食内涵：民众不清，别人不明

笔者访谈过顺德土著居民及顺德外来游客，顺德美食的核心是什么、特色是什么、美食文化有哪些、名厨名店名菜有哪些、去哪里品味美味，顺德土著居民说不清楚，外来游客更无从知晓。这些，都影响世界美食品牌的可持续发展。

究其实，顺德美食内涵足，五味周全，六艺领鲜，饮和食德，顺其自然，从食材、口味、厨艺到文化、哲学上都有表现，常用鱼、米、奶、禽、花五种作为食材，具有清、嫩、爽、滑、真五种口味，蒸、炒、脍、灼、焗、酿六种技艺独特。“一鱼百味”、伦教糕、陈村粉、龙江煎堆以及数不胜数的粥品、丰富的牛奶菜点，凤城四杯鸡、彭公鹅、八宝鸭、精美的花菜、花宴等，都属顺德美食代表作。尽管 2016 年初，顺德在政府的领导下，对顺德美食内涵进行了上述归纳，但广大民众还是知之甚少，说不清道不明，一言以“好吃”概括。

3. 顺德美食产品：各自为政，渗透不够

顺德美食产品，面临商业化挑战。商家可能会因为越来越多人来顺德、过分追求利润而降低传统美食水准。原本人工制作的东西渐渐用机器完成，或者偷工减料，或者缩短制作时间，或者降低服务质量；使传统美食美味变味，游客不能真正了解地道顺德美食，达不到世界美食品牌应有的美誉度。

顺德美食产品开发的力度不够。顺德美食市场还不够完善，美食产业链不够完整，美食开发形式较为单一，美食客源以本地人为主，有较高知名度的餐饮店不够。顺德美食资源优势明显，但是政府及餐饮店、旅行社、景区，没有将餐饮亮点、特色、当地民俗、制作工艺充分展现出来，没能更深一步挖掘顺德美食魅力和人文特色，导致资源优势不能充分转化为产品优势和经济优势。

顺德美食产品缺乏详细的指引。顺德镇与镇之间都有不同美食，但政府指引不够，游客来了只知道食什么，而不知道在哪食，美食符号不够鲜明。《寻味顺德》节目播出后，顺德部分旅行社推出了顺德美食线路，游客反应热烈。但是美食线路不够丰富，多数旅行社没有推出自己的特色路线。美食产业各自为政，缺乏统筹、整合、规划、指导，跨界深度融合措施不够。顺德美食发展，视野还不够开阔，世界美食品牌的幅射力未能充分发挥。

4. 顺德美食推广：故事缺失，途径不够

顺德美食缺少品牌形象。品牌形象是指消费者基于能接触到的品牌信息，经过自己的选择与加工，在大脑中形成的有关品牌的印象总和。顺德美食形象建构存在问题，缺乏整体形象的标识、策划、宣传主题等，这妨碍美食更大作用的发挥。形象的传播是长期的系统工程，它由一次次主题统一、目标连贯、形象彰显的活动来实现。单“食在广州，厨出凤城”“世界美食之都”“中国粤菜之源”等宣传语推介，远远不够。

顺德美食缺少品牌故事。品牌故事以生动形象的形式吸引食客，厨师、食客都可成为美食故事的主角。放眼距离顺德2000多公里外的成都，美国第一夫人来吃火锅，

德国总理默克尔学做川菜，都为食客津津乐道，增加美食内涵。而顺德很多驰名小吃，故事挖掘不够。

顺德美食品牌推广途径不够。通过网上查找顺德旅行社发现，顺德美食旅游线路少且产品单一，主要推介游客自行前往餐厅品尝为主，缺少对美食制作工艺、文化底蕴的宣传。游客尝过之后只知道味好而不知文化、营养等。

此外，顺德在美食宣传氛围创设、“互联网 +”等新媒体传播方式的利用上存在不足，品牌宣传力有待提升。

5. 顺德美食文化：藏在深闺，研究不足

任何品牌都需要文化支撑，没有文化内涵的品牌只是昙花一现。要打造一个世界美食旅游地，一定要有充足的旅游资源和文化内涵。品牌升级，更需要挖掘更深广的文化，采用多种形式传播。官方、民间都认识到品牌的价值，都在积极努力利用美食发展美食品牌，但研究重点都偏重市场利用或舆论推广。外界对顺德美食制作技艺已经认可，但顺德菜之所以成为粤菜发源地，因为它有文化底蕴，只有追根溯源，才能使顺德美食有血有肉，演绎顺德菜的精髓。

顺德作为世界级美食品牌，食客对它的要求与期待，除了获得功能性的需要，还有着更高更深的非功能性诉求，比如蕴含在美食产品中的审美、饮食环境的别致、饮食氛围的创设等，这些都可以归结于对文化的诉求。虽然，顺德政府意识到研究美食文化的重要性，做了一些工作，如顺德区旅游局牵头成立顺德美食文化研究项目组，就顺德美食推介形成了一个初步的研究成果，但远远不够。

顺德美食，美食文化研究不足。目前所见顺德美食文献，主要有《顺德菜精选》等十余本；美食研究者，主要有廖锡祥老师，他寻访顺德厨师，搜集顺德传统美食工艺，撰写《顺德原生美食》，编辑出版《顺德美食名录整理》《美食的格调——顺德品味餐厅》《珠三角特色菜》《顺德菜精选》《美味顺德》等。顺德美食文献搜集与整理严重不足，对当代厨师、饮食店、饮食产品、厨艺等的跟踪与记载不够，对美食在学理上的探讨和提升乃至文化上的反思有很多工作可做，呼唤更多的研究者研究顺德美食。

作为市场经济的产物，顺德美食蓬勃发展；但作为一种文化研究的对象，顺德美食才刚刚起步。

6. 顺德美食传承：忧虑在心，力不从心

在顺德传统美食技艺中，大多面临断代危机，越来越少人了解和学习传统美食做法，不少顺德传统美食做法将要流失。

顺德美食品牌最重要的就是顺德厨师，但顺德厨师现状跟不上“世界美食之都”发展步伐。一是厨师队伍文化水平相对比较低；另外顺德厨师太低调，外出交流、学习机会少；本土厨师在青黄不接隐忧中又遭挖角之痛。顺德美食传统手工小吃面临工艺失传的困境。大良金榜牛乳手工传承人李梅欢怀疑自己是最后一代金榜牛乳传人了，包括自己子女在内没有年轻人愿意接手这门传统手艺[3]。

二、顺德“世界美食之都”品牌升级路径

品牌升级可从美食品牌内涵与形式表现等角度出发，从品牌定位升级、品牌形象（品牌名称和品牌标识）升级、营销策略升级、管理创新等范畴入手，通过政府、企业、行业团体、游客等美食生产者与消费者来进行。消费者是品牌升级的引导者，消费者根据时代等变化而缓慢变化；生产者是品牌升级的执行者，根据消费者对品牌升级的需求而采取针对性措施[1]。顺德美食品牌升级的主要措施有：

1. 站在世界角度辨美食：找准定位，挖掘内涵，突出特色

品牌定位是品牌升级的前提与基础。阿尔·里斯和杰克·特劳特认为，定位就是在预期客户的头脑里给自己的产品确定一个位置。他强调了定位要从产品开始[2]。

---

1. Wentzel D. The effect of employee behavior on brand personality impressions and brand attitudes. *Journal of the Academy of Marketing Science*, 2009, 37(3): 359-374。

2. 马瑞华：《城市品牌与城市竞争力机制研究》，山东大学 2007 年博士学位论文，第 147 页。

品牌定位包含六个要素，即目标消费者、消费者心理、竞争性框架、利益点、理由、品牌个性。从世界角度审视顺德美食，能提升顺德世界美食品牌建设的广度与深度。美食不同于一般产品，空间上它是与民众息息相关、使用人群最多、最易传播的产品；时间上它是历代都需要的生活必需品。一方水土养一方人，美食的个性突出表现在美食具有地域性。

对顺德美食进行品牌定位，首先要从顺德美食特点出发。顺德菜在粤菜中独树一帜，以“清、鲜、爽、嫩、滑、真”为特色，“五滋”（香、松、脆、肥、浓）、“六味”（酸、甜、苦、咸、辣、鲜）俱佳，金牌菜、特色菜一百多道；除此之外，顺德点心则以制作精细、外形雅致、松脆可口为特色入选“中华名小食”。顺德菜能够与其他菜系区别出来的最大特征，就是当今中餐追求的“养”——健康和营养。川菜以麻辣味见长，扬州菜以刀工征服食客，中餐中以追求健康和营养为首要特色的，莫过于顺德菜。

顺德菜亲民色彩浓厚。顺德全民皆厨，妙在家常菜。顺德是鱼米之乡，本土食材丰富，在精烹细饪风气的熏陶下，大多数顺德人都会在家里“煮几味”，不少菜式都是从个人家庭走向大众。社会物质财富积累到一定程度，食肆酒家增多，村里红白筵席都由乡村厨师包办，如此一来，众多如今熟悉的菜式在那时候的频繁交流中逐渐浮现在大众眼前。

顺德美食品牌定位，需要突出文化内涵。品牌最持久的含义应该是它的价值、文化和个性，它们确定了品牌的基础和核心，是最不容易被竞争品牌所模仿，且受时间的影响非常小，是最终获得消费者忠诚的基础。顺德美食文化的挖掘，能够提升美食产品厚度，更好提高顺德美食知名度与美誉度。美食文化，可从名人典故、食俗传说、趣味故事等等入手。例如顺德的毋米粥就有典故。饮用粥水滋补身体自19世纪初期在顺德兴起，到19世纪中后期，当地民妇欧阳氏在日常生活中摸索出粥水的制作工艺，传给了两个女儿欧阳焕松和欧阳焕燕。这对姐妹十余岁成为了自梳女，远赴新加坡谋生。因为那个时候在主人家干活，自梳女要有一技之长才能生存。粥水因其养胃、营养及清淡的口味，获得了雇主的认可。这种粥开始通过自梳女传播开去，逐渐成名并日益改良，就成了毋米粥。

食俗是顺德美食文化的重要组成部分，围餐是顺德食俗特色之一，它与祠堂和清明节相关。最早是用来举行祭祖活动的祠堂每逢清明就要举行宴会，于是出现了围餐。之后，嫁娶、生子、大寿大多都会在祠堂进行，都会摆围餐，就算是现在酒楼林立的时代还是会有人到祠堂摆围餐。围餐文化催生了各村里的围餐厨师，村内舆论不停逼使厨师功夫扎实。

突出美食文化内涵措施多。如推广“老字号”传统美食品牌，做好名店、名品、名厨、名食材等的搜集、整理、拍摄等工作，做好美食民间故事、传说、习俗的搜集与整理工作[3]，从非物质文化遗产角度将传统特色美食及习俗进行非遗的整理与申报。法国大餐、韩国泡菜、日本和食已成功入选世界非物质文化遗产名录，中国正在申报饮食类世界非遗，顺德可借此东风，找出有特色的产品，如双皮奶等，进行打造。这些，都需要政府、企业、专家学者的热情与重视，为品牌升级扬帆助力。

结合顺德美食特点及美食文化，笔者将顺德美食品牌定位为：营养、文化、绿色与爱。日本和食强调的是“增进健康”，抓住了当代世界的热点问题。顺德美食强调营养、文化、绿色与爱，抓住了民众共同的心理诉求。深究这些顺德个性，能深化顺德美食品牌升级的内涵。

2. 站在游客角度品美食：营造全方位、立体式体验

立体式开发顺德美食，不仅要使游客品尝地道顺德美食，还应该注重文化传承，和食客互动，不仅可以尝到（尝味道），能看到（制作原料工序等），还要能学到（美食知识），能听到（传说，故事，趣闻），这样既能提高食客乐趣，寓教于乐，吸引更多食客前来，还能更好地宣传传承顺德美食。物质生活发达，民众吃饭不仅仅吃味道，还要求吃服务、吃环境、吃心情、吃文化。对食品加工，不仅为了果腹和养生，还要求体现文化和艺术。在食客消费过程中，需要重视就餐环境的布置、菜品的文化

3. 周书云、方微：《佛山美食旅游开发现状、存在问题及对策》，《顺德职业技术学院学报》2014 第 4 期。

展现，全面领略名菜的沿革演变、烹制原理、营养价值等。

多方面开发美食资源。顺德美食较为分散，很多外地朋友慕名而来却找不到觅食之处，需要建造食客集中体验与消费的美食场地，如小吃一条街、美食风情街等。需要顺德各镇街都有美食地图，大概标出哪些地方有较为集中的食肆，特色菜是什么，做成一本美食旅游小册子，放到清晖园等一些旅游景点，方便外来的朋友觅食。

将美食融入健康、绿色生活中。随着人们生活水平的提高，越来越多的人追求生活质量，开始注重饮食的健康与绿色生活。例如大良的“毋米粥”，作为顺德甚至岭南美食文化的重要代表，其清新典雅、营养健康的饮食风格越来越受人们喜爱。据《随息居饮食谱》中记载：粥有益气、健脾、养胃、清肺、润滑五脏、促进消化、除废排毒等多种功效。毋米粥，已不再单纯作为一种粥品进入人们餐桌，而是作为一种传承的粥文化，一种健康的饮食观念深入食客心里。此外，食客也追求优雅、卫生、风格各异的美食就餐环境。

推进顺德美食标准化。标准化是顺德菜进一步向外推广，尤其是向海外推广的必由之路。由于缺乏标准化生产，食品质量不稳定是困扰中式餐饮的难题。加强菜式标准化建设，出台餐饮业发展规划和促进政策，承接美食文化的国际交流活动，建设顺德美食博物馆及顺德美食体验中心，让顺德美食文化根植乡土，走向国际。

3. 站在企业角度拓美食：创新美食，整合产业，跨界融合

加大力度创新顺德美食，这是食客的需求与意愿，也是当今社会美食发展竞争的需要。在调查外来游客对“如何提升顺德美食之都品牌”时，80% 的人都支持创新。创新不仅表现在烹饪菜式方面，还表现在创立美食文化品牌，及时推广美食产品，加大宣传美食力度等方面。

观念创新，如私房菜对外营业、接受订制、厨师上门服务。美食企业兼容并收各地各国美食，及时更新美食产品。原材料创新，突出原材料的地方性特色，创制药理功效与营养平衡的健康菜点，突出安全、环保、健康三大理念，创制绿色新食材类菜品。可食用的花卉、桑叶等入菜，创新花卉主题餐饮，如菊花蛇、桑叶宴。打造独特的美食宴饮风尚，推出迎龙宴、龙舟饭、特色花宴、祠堂宴、马姐私房宴。技艺创新，推出桑拿鱼、鸡、火焰蛾；中西风味结合，如改良的西餐厅、素菜馆。

保护创新成果。品牌与专利相关，由于饮食行业的复杂性，企业开发创新成果易于被人模仿和利用，所以要有法律意识，商标先行，专利先行。如桑拿系列，不知道哪位大师创造、哪家餐馆先行，一出来，周边地区甚至全国地区都流行。这样直接损害了自己利益，做得不好还影响了技艺声誉。这方面企业做得很不够，能够务实埋头钻研厨艺，但保护不了自己的劳动成果。

集群供应链组织创新。以美食为主体，打造“美食+”模式，将第一、二、三产业融合发展。横向上联合餐饮企业，形成合力，走向世界。纵向上联合餐饮上下游产业，形成产业链，如厨具、产品原料。产业集群，使觅食有地、觅食有方、觅食有带，拓展产业链，以世界美食之都品牌为引领，整合顺德旅游资源，推广“水乡文化美食游、工业美食游、休闲购物美食游”等系列产品。精心设计美食旅游线路。将美食与休闲相结合设计路线，以满足不同游客的需求。顺德的美食资源和美景都是相辅相成的，很多传统美食甚至就隐藏在古村，或者景点附近。如大良清晖园旁边，就是卖双皮奶的民信老铺和李禧记崩砂；有着“小周庄”之称的逢简水乡，里面的水乡人家就做传统顺德美食。所以可以根据美景与美食，精心设计旅游线路。容桂工业美食游项目推出后，共有60多家知名旅行社前来考察工业游路线，实地走访容桂知名企业万和新电气、容声电气等，并参观容桂树生桥等著名景点，而途中自然少不了品尝顺德美食。

美食旅游的形式可以多种多样，根据不同季节、不同人群以及风俗来推出特色美食旅游线路。除了推出传统的品尝美食之外，还可以根据需求推出养生美食游等；根据名人效应与美食相结合，推出名人美食游。现在多半是家庭出游比较多，还可以推出家庭游。设计的时候要根据美食文化特色、景区接待服务、旅游交通以及最重要的饮食安全等因素综合考虑。例如惠州港中旅设计的顺德美食一日游就是将景点、美食、当地企业三者联合起来，效果不错。

4. 站在政府角度销美食：做好战略，搭建平台，搞好营销

深入调研，做好美食发展战略。政府支持直接影响着区域品牌形成发展的方向、速度及模式。政府通过制度创新、提供公共服务、优化资源配置和加强市场监管等，为品牌形成搭建基础平台，营造良好建设环境。主要要通过管理机制、激励机制、创新机制、互动机制、延伸机制等共同推动实现。世界美食之都是品牌，是荣誉，也是责任。品牌发展战略是一项系统性工程，包括品牌定位、品牌延伸、品牌创新、品牌传播和品牌维护等内容。世界美食，走向世界，得到世界的认可，这要求顺德美食无论是产品还是包装和营销，都要走国际化道路，要有高瞻的眼光和开阔的心胸去发展美食。在全球化的今天，地方特色尤其重要，需要突出顺德味道。顺德美食战略定位于特色鲜明的世界美食。品牌延伸，则围绕美食进行产业链的延伸，以美食带动厨具、原材料、旅游、休闲、商品等的生产与销售。顺德政府近年来委托顺德上游国际旅行社推出的美食工业游，深受游客欢迎，是成功的美食品牌延伸。品牌需要与时俱进，需要维护与升级。只有政府才有能力与资源，从全局从整体出发，制定美食发展战略，指引企业前进。2015年初，顺德公布“世界美食之都”三年建设方案。方案提出围绕“美食之都”世界级品牌，凭借联合国教科文组织国际交流平台，从打造粤菜创新研发基地、策划美食节庆活动、开展国际美食文化交流等举措，力促美食与上下游相关产业链接，与顺德传统优势产业创新融合、与城市品牌深入结合，实现城市价值整体提升。

支持美食硬件建设。顺德可以借鉴成都美食做法，规划、培育一批特色突出、文化浓郁、风格迥异的特色美食街。成都将宽窄巷子、锦里等著名旅游景点，与特色美食街区融合，形成兼备艺术与文化的建筑群落，将文化与美食完美结合，成为餐饮行业集群化的重要载体，成为城市旅游元素，既满足市民及游客就餐、休闲、游览的需求，又提升了城市形象。顺德虽有凤城食都等美食品尝集中区，但不够亲民，外地游客难以找到；特色小吃展示不够，不方便游客购买；与旅游景点结合不够，美食品尝区未能成为一道景点。建立顺德世界美食文化体验中心，汇聚世界美食文化，打造顺德饮食文化大观园，集美食的生产经营、美食文化展示、互动、美食 DIY 于一体，将粤剧、武术、香云纱、龙舟说唱等顺德地方文化元素融入其环境建设和服务中，立体式展现顺德饮食文化。打造特色美食商品，将顺德特色美食加工成便于游客携带的旅游商品，方便游客购买馈赠亲友。

重视美食软件建设。虽然历年顺德与企业联手推出美食节，以及《寻味顺德》节目和系列丛书，吸引了全国乃至世界的美食爱好者，但是发展美食旅游的措施太少，基础配套设施应继续加强。应该向成都借鉴成功的经验，例如2016美食之都成都火锅文化月的活动就提出“飞到成都吃火锅”的口号，通过成都手绘地图，火锅微电影，特色美食明信片等等活动吸引游客到成都，旅游吃火锅取得了巨大成功，成为美食旅游学习的一个榜样。

做好美食品牌形象标识工作。品牌形象包括理念识别、行为识别和视觉形象识别三部分。美食品牌形象标识工作内容多，具体包括内外部调研、品牌标识的设计及品牌精神理念、品牌包装及广告推广等。品牌形象视觉识别系统包括标志设计、色彩设计、标志性代表物等。美食形象是顺德美食宣传与推广的基础，根据顺德人文精神来定，可从顺德美食的营养、健康、名厨、菜品文化、中西合璧菜品特色等入手。可以“世界美食，顺德品味”作为顺德美食形象的定位及基础，制定美食宣传口号、宣传标识等作为美食形象表现的手段与媒介，进行“世界美食之都”整体形象的策划与打造。

制定美食宣传口号。征集美食营销口号，分别征集并制定能代表顺德整体美食特色、代表各乡镇及各名菜名店的宣传语。虽然政府也在网上征集顺德的美食文化宣传口号，但是不够有特点，不够与本地相结合。例如成都在2016年提出的“吃成都火锅，做成都人”“飞到成都吃火锅”已成为成都美食对外的新招牌，都是不错的例子。顺德不仅要有总的宣传美食的口号，各乡镇还要根据自身美食优势设计相应美食口号，如大良“厨师之地、鳗鱼故乡”。

进行形象设计，树立美食营销统一标识。形象设计包括品牌名称设计、品牌标志设计和品牌理念设计。顺德竞聘高水平专业策划团队，从视觉识别系统、行为识别系统、理念识别系统三方面，设计顺德美食整体形象塑造与传播的标识logo，应用于整个顺德美食产业营销。

采用多种方式进行顺德美食形象宣传。如举办美食节、打造凤城美食街、输出大厨、打造美食产业链（设计、推广美食旅游产品，与三产融合）、全媒体宣传、举办论坛和赛事（民间、官方赛事、世界赛事）、顺德美食进学校、培养传承人才（申报非遗项目、扶持私房菜）、定制美食标准。

加大美食活动营销力度。全媒体营销美食，“线上”与“线下”结合，充分发挥网络、电台、报刊、户外宣传广告的大众性、重复性与表现力，着力强化网络、电视、活动营销等主导促销手段，进行多方式多渠道营销，以本地整体形象在国家级、省级等传统媒介与新媒体上做宣传。积极利用网络宣传，建设顺德美食网站。通过微博微信宣传，还可以通过微电影拍摄顺德美景、美食，以及发布一些趣味统计数据来激发游客对美食的兴趣，例如什么星座的人吃原味双皮奶的多。此外，还可以借助广大电视媒体和当红电视栏目来宣传，例如《舌尖上的中国》《寻味顺德》这些爆红的节目宣传过后，均安蒸猪、大良的牛展面食店的“煲仔饭”以及厨师都一炮而红，许多人慕名前去一探究竟。《寻味顺德》在央视热播，顺德美食的魅力再次得到释放和展现，制造了新一代顺德“网红”，推动了顺德美食品鉴游产品热卖。政府要有意识地把顺德美食的宣传持续地做下去，不要一个季度或一段时间之后，国人的热度和印象慢慢淡化。

全线营销。将美食宣传与美食旅游路线的推出紧密结合起来。政府不要将其职责仅仅定位在美食节的单纯举办上，而应政府、旅行社、餐饮业等多位一体及时跟进，将美食节所带来的宣传效应及时注入到美食旅游产业的发展壮大上。比如，进行手绘美食导游图的制作比赛。手绘明信片等具有纪念价值的物品宣传，可以让游客在逛美景时还能吃到美食，了解到饮食文化的内涵，以及各个特色餐饮的名店、名品，增加了经济效益，打造出知名的特色品牌，同时可以让更多的外地游客了解传播顺德的美食文化。以国际化视野进行全媒体顺德美食营销。启动美食国际营销战略，推动粤菜成品、半成品、原料的出口以及美食经营、劳务技术的输出，促进顺德粤菜产业的发展。

全民营销。全民皆厨是顺德的特色，作为顺德人，多学多做美食，用行动宣传美食。顺德人热情好客，可以通过家常菜式作铺垫，引出顺德菜的特点，从而向外来游客介绍顺德美味。顺德区有很多龙头企业，例如碧桂园、美的集团等，赞助和支持美食节开展。鼓励企业在外地投资开办顺德的特产店和美食店。

活动营销。继续办好美食节庆活动，美食不仅“引进来”，更要“走出去”，以组团的形式到省外、国外去宣传，将本地的美食节办到外地去，以提升本地美食的美誉度；同时应多举办厨师比赛、美食研讨会、发动美食非物质文化遗产评选、扶植名店名街等活动。将美食节作为重要载体，融入顺德文化、产业、城市相关主题，把美食节打造成国内外展示顺德城市综合发展环境、推动整体持续发展的平台。根据节庆或者季节，开办特色美食宣传展，吸引媒体注意。通过比赛选出“最受欢迎小吃”“十大风味名菜”等等。

文化营销。《舌尖上的中国》宣传片深受世人欢迎，不在于它的技巧、原材料有多丰盛，而在于揭示食物背后的文化。营销时挖掘文化，挖掘反映在食物背后的顺德人的务实、创新、包容等精神，《味道顺德》选取典型餐饮，呈现了一个个鲜活的顺德大厨及家厨的精神风貌。叶中平曾在顺德的一个政府会议上，建议政府和顺德的餐饮行业考虑拍一个《大长今》式的挖掘顺德菜历史的电视剧，因为顺德菜的内涵很丰富，要花很多时间制作，包括材料的准备、种植、养殖，政府有义务做好保育工作，并把传统菜式固封下来，它不仅仅是炒菜那么简单，背后隐含了很多故事和文化，把背后的故事和文化内涵挖掘出来，这对打响顺德菜的品牌，甚至是顺德的品牌，也意义深远。顺德评选出10大名菜及示范店，政府可以倾斜宣传，集聚力量推广名菜标准，让名店走向全国各地乃至全世界。

服务营销。政府搭建信息平台，做好餐饮企业的服务工作。在大数据时代，信息就是生命力。政府建立区域经济网络信息系统，为“世界美食之都”品牌的宣传推广和信息交流提供咨询服务。可定期将当地餐饮产业发展供需状况、成本、价格和工资水平以及各种税赋额度等化为相关的经济参数，及时提供给相关企业，以引导企业健康经营与发展。其次，企业提高自身高效服务意识，促进品牌提升。[4]

顺德经济发达，地理位置优越，特色明显，美食资源丰富，历史悠久，有一定

4. 唐贤衡：《“食在广州”：品牌提升与政府支持》，《经济论坛》2015第8期。

配套设施和美食品牌基础，有多个餐饮美食名镇，有大量的名厨、名店、名品。餐饮人才培养系统完善，顺德世界美食之都品牌，使每个顺德人感到自豪。以“特色化、国际化、系列化”为顺德美食升级目标，利用顺德美食品种多样、名厨众多、美食产业发达等条件，结合顺德人文精神及产业特色，加大营销投入，采用多样化多渠道营销，在顺德区政府、旅行社、酒店、当地媒体、景区、餐饮企业等联合下，跨界融合，积极宣传，塑造富有顺德特色的世界美食之都整体形象，构建“世界美食之都旅游目的地”，进行顺德美食品牌的升级，一定能将顺德的美食做大做强，成为顺德一张精致的城市名片，从而使“世界美食之都”品牌产生更大的效用。

参考文献：

[1] 周书云、张嘉欣：《顺德“世界美食之都”品牌认知调查》，《旅游规划与设计》2019 第 2 期。

[2] 《顺德美食为什么博大精深，看完这条微信你就知道了！》，搜狐网 2016 年 5 月 24 日，《珠江商报》（http://www.sohu.com/a/77012668_355824）。

[3] 陈飞龙、郑俊彬：《金榜牛乳老店，无奈的坚守》，《南方都市报》2015 年 11 月 13 日。

[4] 《太艮堡毋米粥饮标准化“头啖汤”，顺德美食“走出去”更精彩》，《珠江商报》2019 年 6 月 18 日。

“岭南第一台”的古今辉映

——佛山祖庙万福台的文旅融合之路

黄韵诗*

【摘要】佛山祖庙万福台的历史文化意涵丰富，350多年来，它从一座祀神而建的岭南古戏台，到成为岭南杰构和粤剧审戏台，再到现如今的粤剧主题场域，它于方寸间演绎万千人生，高歌里响彻紫霄宫殿，在历史中见证着岭南戏曲的发展变迁、佛山古镇的沧海桑田和百姓生活的酸甜苦辣。时至今日，佛山市祖庙博物馆深挖万福台的历史与文化，通过一系列相关的、可持续的民俗活动、戏曲展演和古建维护，将这一无形的、静态的民俗文化形式，成功转变为有形的、动态的非遗展示模式，从而实现“文旅融合”的典范。

【关键词】万福台；酬神演戏；岭南杰构；审戏台；文旅融合

近年来，我国旅游业发展迅猛，据国家统计局数据，2017年国内旅游市场旅游人数高达50亿人次，并呈逐年增长趋势，2018年全国旅游业对GDP的综合贡献为9.94万亿元（国家文化和旅游部数据）。目前，我国已步入大众旅游的时代，旅游甚至已成为百姓生活常态。尤其是民俗文化旅游，依托地区独特的人文、历史资源发展起来的一种旅游新形态，更呈现出一派欣欣向荣的发展态势。

佛山祖庙万福台正是民俗与旅游融合的优秀典范，350多年来，它将“岭南第一台”的文化意义赋予到神功戏、岭南杰构、粤剧审戏台等各种具象化的符号建构上，再将此文化符号转移到神诞节日的酬神戏演出、粤剧名伶的专场展演和节假日的民间

---

* 黄韵诗，佛山市祖庙博物馆馆藏研究部主任，馆员。

私伙局粤剧表演等合适的载体之上，借由古戏台和表演者的传播使岭南戏曲文化的符号意义大众化、民俗化。通俗而言，就是讲一个好故事，让民众形成对“万福台”的集体记忆和文化认同；同时，让岭南的戏曲精髓粤剧，变得具有可参观性，不仅“有说头”，还要“有看头”，这也是对 Dicks 提出的“文化可参观性”的最好诠释。下文将从佛山祖庙万福台的民俗文化意涵出发，探讨其从无形的、静态的民俗文化形式，如何转变为有形的、动态的非遗展示模式，从而实现“文旅融合”的典范。

一、祀神而建，共演鱼龙曼戏

“越人尚鬼，而佛山为甚”[1]。明清时期，佛山已是珠三角著名的佛道教及民间信仰盛行的岭南巨镇，乡人礼祀神鬼也较之其他地方多。据民国《佛山忠义乡志》卷八的祠祀志一、二的相关记载，全镇有各种神庙寺观 189 座，家祠 376 座，里社 79 座，厉坛 4 座，坊表 16 座，节孝坊 32 座等，根据当时全镇面积均摊分布，毫不夸张地说，每平方公里佛山的土地上，就有近百座神庙宗祠。有如此多的祠庙和神佛，迎神赛社、喜庆宴集等活动几乎天天都有，与之相配的祭祀娱神的“酬神戏”演出，更是从不缺席。从早期用竹木搭砌的临时戏棚，到清代演戏大盛时所兴建的固定戏台，都是当地民众期望通过戏曲演出，来祈求福祉、报答功绩之用（图 1）。

佛山本土固定戏台的搭建，始于明末清初，盛于乾嘉年间，多由一些大家巨户的家祠神庙和各省的商行会馆所倡建。据 20 世纪佛山的百岁老人们回忆，在清末民初，佛山的戏台至少还有 30 多座；到 20 世纪 20 年代，佛山有迹可寻的砖木戏台仍存祖庙万福台、国公庙、华光庙、三界庙、舍人庙、江西会馆（万寿宫）、楚南会馆、福建会馆、涌边公园等，其中尤以祖庙万福台最为完整考究、也最富丽堂皇。

万福台是佛山乃至岭南地区最早的固定戏台，于清顺治年间兴建，台高 2.07 米，已远远高出坐在看台观戏的民众视线。但此台高却与灵应祠的高度持平，两者遥相呼应。台上演戏，北帝与众神观戏，万福台的修建最初就是为了演戏以酬谢北帝神恩。

1. [清] 陈炎宗：《佛山忠义乡志》卷六《乡俗》。

尤其是三月三北帝诞日，九月九的北帝崇升日，万福台的酬神戏演出，都是“会中执事者，动以千计”来筹。不仅绅衿耆老、信俗子弟，就是佛山的普罗大众都投入到这阖镇的盛事之中，“灯厂歌棚，共演鱼龙之曼戏，莫不仰神威之显赫而报太平之乐事者也”。不仅在神诞节日，还有年前岁尾，万福台也是酬神戏不断：一年开春之时，演戏敬享北帝，祈求五谷丰登；岁尾收成之季，每当“十月晚谷毕收，乡田皆两熟，谷美亦甲他处”之时，佛山乡民也是“各演剧以酧北帝，万福台中，鲜不歌舞之日矣！”由此可见，辛劳一年的佛镇百姓，在“岁晚务闲，力作休息之际，醵金赛神，群聚饮福或演戏酬报，以为一年勤劳，值此闲暇，恣意行乐耳。”[2] 祀神而建的万福台，成为人神沟通的神圣场所；台上所演之戏曲，在被民众赋予敬神礼神的涵义后，成为人类与超自然力量进行沟通的重要方式，人们通过万福台演戏，感恩北帝，在敬神酬神的同时，也起到娱己娱人的重要作用（图 2）。

图 1　晚清绘画：广府地区红船戏班在当地神功戏演出的盛大场面

如今，万福台的酬神戏演出仍在延续，每逢新春佳节、北帝神诞日、初一、十五等，都有酬神戏上演。每年新春行祖庙、北帝诞、春秋谕祭等大型民俗活动的开场大戏都必在万福台上演，这是官民并祀、共同酬神的悠久历史和传统；此外，广东人的初一、十五都是致祭家神先祖的日子，民众也会来祖庙拜北帝，这与佛山先民一直“目灵应

2.《论禁戏》，《申报》影印本，第 11 册，上海书店，1983 年。

图 2　晚清绘画：庙宇神诞赛会中神功戏演出的精彩场景

祠（祖庙）为祖堂”，并将北帝视作“于天神为最尊”“以神为大父母”的传统密切相关，因而此时的万福台亦上演戏曲酬神。

近年来，万福台神诞节日的戏曲演出和传统上演的酬神例戏有了很大的改变。以往的酬神例戏并不多，仅有《玉皇登殿》《六国大封相》《香花山大贺寿》《天官贺寿》《天妃送子》等几部，而且这些例戏都是酬神、敬神、祈福、纳吉的吉庆戏，一般是没有情节和故事的，仅为神诞节日才出演。现如今的万福台演出，在传统的基础上，不断融入人民、贴近生活，都会以广大民众喜闻乐见且通俗易懂的粤剧经典选段演出为主。根据近三年（2017—2019）以来的统计（表 1），祖庙万福台的神诞节日演出，以《花田错会》《狄青闯三关》《七月七日长生殿》《女驸马》《梦会太湖》为最热，在 2017 年的 126 场演出中，上演了 70 场次，而在 2018 年的 143 场中更是上演了 83 场次，毫不夸张地说，每个月不同的粤剧团都会轮番上演这些经典粤剧剧目；其次则是《打金枝》《华山救母》《凤阁恩仇未了情》等最为常见。

表 1　2017—2019 年祖庙万福台演出剧目

	2017 年	2018 年	2019 年（截至 10 月）
粤剧演出总场次	126	143	109
花田错会	16	19	16
七月七日长生殿	16	16	19
狄青闯三关	16	21	13
女驸马	12	11	9
梦会太湖	10	16	13

	2017年	2018年	2019年（截至10月）
凤阁恩仇未了情	10	15	8
打金枝	10	12	13
华山救母	12	3	10
花好月圆	7	11	21

通过这些万福台神诞节日常演的粤剧曲目，可以看出，具有情节故事，乃至充满激烈矛盾冲突，同时又饱含美好向上内容的粤剧曲目最受民众欢迎。基于此，万福台的神诞节日演出在传统例戏的基础上，不断改良，不断融入当下，让万福台的酬神例戏走出困囿，不再局限于信众，而是面向更为广阔的市民和游客。现当代民众对万福台的期待，也不仅仅是酬神，他们更希望通过万福台的粤剧戏曲演出，表达求福佑、保平安、祈丰收、逐灾祸的愿望，同时也满足了游客祈愿求福、趋吉避凶的心理诉求。

二、卷蓬飞檐，构筑岭南杰构

清顺治十五年（1658），佛山古镇的乡民在他们认为最神圣、最权威的佛山祖庙营建戏台，取名“华封台”，作演戏之用，清康熙二十三年（1684）华封台改名为“万福台”。据戏台建成时1658年的《华封台会碑》所记，该戏台由当时赐进士第中宪大夫（文职正四品官员），领皇帝诰命（钦命）在佛山祖庙前选地，并整饬建盖而成；戏台竣工后所立石碑则由岭南道布政使司右参议（省级行政长官）陈赟亲自题撰。帝皇钦命官员在神庙敕建戏台，是皇家和朝廷对神祇褒嘉的最高规格之表现。

帝皇敕命钦建的万福台，其建筑体例和形制，均属上乘之作，堪称岭南古戏台的建筑典范。大戏上演时，万福台可谓雕梁古栋溢华光，粤韵袅袅绕紫霄；就算静静伫立，看着这座岭南杰构，也是一种享受。如今的万福台，不仅仅是一个听戏唱戏的地方，也成为了对历史和对古建痴迷的爱好者的天堂，对于年轻一代也是网红打卡圣地，还有新婚佳人也钟情选择祖庙、万福台作为其重要时刻的拍照纪念地，因此围绕万福台还举办过大型的传统婚礼，备受推崇。上述种种都与万福台的特色古建密不可分。

万福台作为祖庙古建群最南端的第一座建筑，其与灵应牌坊及东西两侧回廊，组成第一进院落，构筑出一个相对独立的演戏看戏的空间。戏台纳入神庙的整体结构，从而让戏台与灵应祠遥相对应、南北关照，整个祖庙古建群的中轴线建筑也得以完整呼应，可谓“奏雅宣和称杰构、镂金错彩成奇观”。这座岭南古戏台，自建成以来，其修复与维护，也从未停止（表 2），有确切记载的就达 8 次，均遵循着“尊重历史、修旧如旧”的基本原则，完整保留其原有风格，让万福台到今日还能成为华南地区保存最为完整、最富丽堂皇的古戏台。

表 2　万福台修缮情况

修缮次数	修缮年代	修缮内容	修缮佐证
1	清康熙二十三年（1684）	大修灵应祠，改华丰台为万福台。	《修灵应祠记》
2	清乾隆二十七年（1762）	门外有绰楔，则藻泽之；绰楔前为歌舞台，则恢拓之。	《重修南海佛山灵应祠碑记》
3	清光绪二十五年（1899）	全面修缮	戏台建筑现存实物年代落款印证
4	民国九年（1920）	万福台前亭	民国《佛山忠义乡志》卷十一乡事志
5	1957 年	万福台廊庑及加砌戏台下部通花砖墙	广东省人民政府发文且拨款
6	1958 年	万福台金木雕修缮，全部重新贴上金箔。	广东省人民政府发文且拨款
7	1970—1972 年	全面粉饰维修	《祖庙资料汇编》
8	2007—2010 年	百年修缮，主要修复前后台主梁架、柱枋、檩条等，修复瓦面，加固墙体。	《佛山祖庙修缮报告》

举目望去，整座戏台呈方形，为木石结构。戏台顶部是歇山卷棚顶，无正脊、无斗拱，此构造更为轻巧伶俐，适合于戏台建筑。其四檐飞翘如翼，金漆木雕花檐板横跨古戏台，长达 13 米，雕饰精巧、富丽堂皇，檐下四角悬钟，檐脊饰有灰塑瑞兽，寓意吉祥。整座戏台如凤凰展翅，又似俊鸟争飞，显示出生机勃勃的气势。台高 2.07 米，台宽 12.88 米，总进深 12.3 米，其中前台进深 5.32 米，后台进深 6.98 米。前台有 68.5 平米的宽大表演场地，在此三百多年来演绎着万千人生、悲欢离合；前后台分隔的木雕屏风中留空四门："出将""入相"供演员上下场，"蹈和""履仁"供乐工和杂务人员进出。后台更有 84 平米的宽敞空间，由两根顶柱和一组金漆木雕凤凰挂落分割成两个相对独立的场域，挂落前方为戏曲演员化妆穿衣之所，挂落后方的天地，自成一格，是祭祀祖师爷的神坛之地，这种后台装配木雕挂落以区分人神空间的设计，在其他戏台中都鲜有发现。

万福台整体为三面观戏，前台由六根带石柱础的圆木柱支撑，每根支柱上部均有金漆木雕花板作为装饰，前后台分隔的镂空雕花贴金木雕屏风，更是祖庙古建群中规模最大的木雕精品，制作于清光绪二十五年祖庙大修之时，共计有四组六幅。木雕正中上部是壁龛式多层镂空设计，其内为"福禄寿三星拱照"，两旁有麒麟瑞兽和日月神相对拱卫，此组木雕向内深入 70 厘米，使得整个大型屏风隔板，有了形式变化，不至于平板一件，也更为利于凸显此件作品的错落有致和鬼斧神工；木雕正中下部为"曹操大宴铜雀台"的故事，文武百官共庆铜雀台落成，场面恢弘，戏剧味浓。环绕"铜雀台"，上书"万福台"三个篆书大字，两边附有木刻篆书楹联"传来往事留金鉴，谱出高歌彻紫霄"，画龙点睛，把整个戏台概括得惟妙惟肖，恰如其分。东西两组木雕，分别为"铁拐李炼丹""伏虎罗汉"和"曹国舅学道""降龙罗汉"，均为两两相对、互相呼应。整个木雕隔屏，融汇了儒释道和民间诸神，可见佛山祖庙是一个民间信仰的殿堂，没有浓厚的单一宗教的排他性，更多展现出来的是其兼容并蓄、美美与共的特征，从戏台建筑中就可见一斑（图 3、图 4）。

图 3　万福台局部图

图 4　万福台全景（2003 年）

三、听戏审戏，“岭南第一台”

万福台自兴建以来，就见证着岭南的戏曲演出从兴起到发展再到兴盛的历史进程。清初，佛山已是天下“四聚”之一，素有“北则京师，南则佛山，东则苏州，西则汉口”的美誉。清康熙年间，“四方商贾之至粤者，率以佛山为归…… 舸舶之停泊者，鳞砌而蚁附……屋宇森覆，弥望莫极……阛阓层列，百货山积……往来驿络，骈踵摩肩”。因此，万福台竣工石碑的第一句就是佛山乃“粤一大都会也”，在这个四方杂陈的岭南巨镇，戏曲的兴盛自然跟随各地商人而不断带入。在粤剧还未正式出现之前，于万福台上演的应是各地杂剧，尤以江西、江浙、山陕等地的戏曲演出为主，这也为后来粤剧形成融合昆曲、戈阳腔、秦腔梆子等提供了早期的基础和积淀。由于万福台为帝皇敕建，其地位不言而喻，因此各地戏曲演出，都期望在此登台，并呈现出他们曲艺的最高水平，一则敬神，二则竞技。沿袭这一传统，万福台作为“审戏台”有了最初的源流。

直到清末民初，佛山的演戏活动已十分繁盛。民国初年，佛山戏班“最多时达 30 个班子，巡回演出于各县城镇”[3]；20 世纪二三十年代，佛山仍有凤和鸣、振玉华、凤来升等 20 多个戏班，民间戏班频频奔赴各处戏棚、戏台演出。而在古镇佛山最具地位和规模的万福台，自然成为此时期佛山戏曲演绎的中心，因此围绕万福台上演的各种演戏活动，也最为频密。粤剧戏班从走街串巷在喜庆宴集或迎神赛社等场所进行

3. 陈卓莹：《试探广东曲艺源流》，《广州文史资料》1979 年第 17 期，第 181 页。

流动演出，到奔赴广佛等大城镇的固定戏台唱戏演戏，他们都在不断发展壮大，并组建了一支支专业队伍，行业会馆相继出现，从而也形成固定行规。每年六七月间，粤剧戏班解散旧班、重建新班，戏班重组后，首场演出必到祖庙万福台上演。究其原因有三：一来粤剧戏班最初流行于水道纵横的珠三角一带，他们在广东四乡巡演，多通过水路搭乘红船外出；因此，水神北帝深受“红船弟子”尊崇，在万福台酬神演出后，能祈求北帝保佑他们到外乡的巡演一切顺遂。其二，这也是一年一度检阅戏班阵容的重要时刻，以万福台为演出中心，沿袭一贯以来戏曲竞技的传统。其三，审核上演剧目，对演出戏班质量的严格把关，“各班之高下，一年一定，即以诸伶工值多寡，分其甲乙”。[4]万福台，被尊为粤剧的“审戏台”，其审戏的权威受到当时粤剧从业者的一致认可。

现如今，万福台的审戏功能已逐步弱化，但借由粤剧“审戏台”这一传统的历史积累，无论是专业戏班还是民间私伙局，都将万福台视为他们统一汇聚并向往的圣地；因此，万福台在清末又成为“民间私伙局”诞生到兴旺的摇篮，并一直延续至今。20世纪八九十年代以来，随着流行音乐和各种新媒体手段的兴起，传统戏曲粤剧面临着冲击，观众流失，专职的粤剧艺人和剧团也急剧减少，导致一些传统戏院、听戏茶楼都相继关闭，粤剧传承更一度面临濒危的状态。然而，万福台却仍能保有活力，350多年来粤韵缭绕、琼花焕彩，完全得益于粤剧“私伙局”的活跃，这一个个由粤剧热爱者自发组织的民间戏曲社团，如同星星之火，留存着岭南戏曲的火种，他们代代相传，不断活跃在佛山祖庙万福台上，近十年来，更以每年100多场的演出，让独具岭南韵味的粤剧呈现出蔓延不息的燎原之势。

根据万福台近三年（2017—2019）戏曲演出数据统计（表3）可见，民间私伙局已然成为万福台演出的主力，尤其集中在广佛地区。佛山禅城私伙局每年都上演50多场粤剧，广州次之，南海、顺德的私伙局近年来也得到长足发展，从参演人数到演出质量，都有很大提升。此外，随着广佛肇一体化和粤港澳大湾区的发展，为这一地区的文化、戏曲交流提供了各种便利和优势，因此，在万福台上，还可见深圳、

4. 俞洵庆：《荷廊避忌》，1884年（清光绪十年）刻本，广东省立图书馆藏。

图 5　民间私伙局万福台演戏

图 6　广东省粤剧院二团新春专场

珠海、中山、港澳等团队的演出身影。而专题性粤剧演出，由最初的个人包场，发展为由政府机构和协会推动的专题演出为主；此外，一些粤剧名伶和专业粤曲大赛还特选万福台作为个人专场和团体比赛的场地。每一年新春、北帝诞以及佛山秋色期间，岭南最具实力的粤剧专业团体广东省粤剧院、佛山粤剧院都会在万福台轮番上演经典粤剧，以飨大众。此外，还有京剧、豫剧、黄梅戏的演出，也深受大众欢迎。这也再度印证了万福台的兼容并蓄、海纳百川，展现出万福台这“岭南第一台”经久不衰的独特魅力，每年吸引着近百万民众前来参观，每次专场都有上千人专门赶赴万福台，一睹其风采（图5、图6）。

结语

佛山祖庙万福台是名副其实的“岭南第一台”，它的前世今生，向我们展现着“一座戏台一卷历史，一场大戏一段古”的精彩华章。千百年来，戏曲文化深刻影响着人

表 3　2017—2019 年万福台戏曲演出统计

演出场次 年份	佛山（禅城）私伙局	广州私伙局	南海私伙局	顺德私伙局	其他地区私伙局	折子戏专场	其他剧种专场	主题专场
2017 年（126 场）	52	40	17	5	三水、高明、中山、珠海、香港各 1 场	佛山粤剧院（春节：年初二到初五）	1. 京剧专场（3 月 18 日） 2. 圆梦京剧团专场（10 月 28 日）	1. 个人包场（1 月 1 日） 2. 个人包场（2 月 19 日） 3. 禅城曲艺家协会（4 月 2 日） 4. 好友同欢耀万福（10 月 8 日） 5. 迎新岁贺回归——禅港粤曲演唱会（12 月 31 日）
2018 年（143 场）	57	33	23	7	三水（6 场），高明（4 场），深圳（1 场），澳门（1 场）	佛山粤剧院（春节：年初一到初七） 佛山粤剧院（11月2日）	1. 佛山禅城区京剧艺术联谊社 京剧专场（12 月 15 日） 2. 佛山圆梦戏曲艺术团 祖庙戏曲专场，包括京剧、豫剧和黄梅戏、花鼓戏等（12 月 16 日）	1. 浓情粤韵迎新年粤曲演唱会（1 月 1 日） 2. 骨子腔黎佩仪名曲酬知音专场（1 月 21 日） 3. 圆梦戏曲艺术团新春祖庙戏曲专场（3 月 17 日） 禅城曲协 · 梁天雁作品粤曲演唱会（3 月 18 日） 4. 佛山市文广新局主办的佛山五区粤剧专场演出（9 月，10 场） 5. 个人包场（11 月 18 日）
2019 年（1 月 -10 月：109 场）	55	23	22	7	高明 1 场	佛山粤剧院（春节：年初一到初七）	1. 京剧联谊专场演出（5 月 11 日） 2. 佛山圆梦京剧团“庆七一颂党恩”戏曲专场（6 月 29 日）	1. 粤韵曲艺促进会（1 月 1 日） 2. 广东銮舆堂 · 少年班粤剧专场（1 月 27 日） 3.2019“粤韵之春”粤曲大赛总决赛（3 月 2 日） 4. 文化馆扶持演出专场（7 月，10 场）

们的心理意识，而且戏曲文化也早已融入到百姓的日常生活。面对万福台这一丰富的地方戏曲资源载体，开发其文化旅游价值、发展戏曲文化旅游是人们心理需求和生活需求的双重呼唤。

此外，万福台更将自然景观与人文景观完美结合，佛山市祖庙博物馆通过发掘万福台戏曲人文景观的内涵与价值，从而搭建出一座地方戏曲表演交流的大舞台，通过它能展示地方剧种的历史底蕴、艺术特征和发展成就，让万福台兼具展览性、休闲性、教育性、收藏性的特点，进而成为一个大众休闲娱乐的重要文化旅游设施和场所。

由此可见，万福台现已不仅仅是戏曲从业者心之向往的天堂，也不仅仅是粤剧爱好者的粤迷乐土，它更是当地民众和来自五湖西海的游客一见倾情、再见倾心的难忘之地。如今的万福台以它为中心，依托祖庙古建群，已被打造成一座岭南文化背景下的粤剧主题公园，这里集演出、交流、收藏、研究于一体，未来万福台将以更为多元的姿态尽展岭南戏曲之美!

参考文献：

[1] [清] 阮元修：《广东通志·艺文略》，道光二年。

[2] [清] 吴荣光：《佛山忠义乡志》，道光十年。

[3] [清] 郑梦玉、梁绍献：《南海县志》，同治十一年。

[4] [民国] 冼宝干：《佛山忠义乡志》，民国十二年。

[5] 佛山市博物馆编：《佛山市文物志》，广东科技出版社，1991 年。

[6] 佛山市地方志编纂委员会：《佛山市志》，广东人民出版社，1994 年。

[7] 罗一星：《明清佛山经济发展与社会变迁》，广东人民出版社，1994 年。

[8] 黄淑聘主编：《广东族群与区域文化研究》，广东高等教育出版社，1999 年。

[9] 余勇：《明清时期粤剧的起源、形成和发展》，暨南大学 2005 年博士学位论文。

[10] 肖海明：《中枢与象征——佛山祖庙的历史、艺术与社会》，文物出版社，2009 年。

[11] 刘庆华主编：《广府文化研究论丛二》，广东人民出版社，2017 年。

[12] 曾美英、孔义龙：《岭南俗乐舞台初探》，《人民音乐》2012 年第 7 期。

[13] 于有荣：《戏曲文化的旅游价值及其开发利用》，《艺术教育》2012 年第 11 期
[14] 曾令霞、李婉霞：《场域理论视野下的佛山戏台文化研究——以万福台为例》，《佛山科学技术学院学报（社会科学版）》2015 年第 4 期。
[15] 李珊：《古镇、戏台与民俗活动的依存关系——以鄞江古镇开发为例》，《戏剧之家》2015 年第 12 期。
[16] 吴艺：《山西民俗旅游中的戏曲资源开发探析》，《黄河之声》2019 年第 8 期。

粤北山区城镇旅游新探：以连南三江镇为例

吴平贞*

【摘要】粤北山区的城镇旅游在发展上存在着交通不便、基础配套设施不够完善、对当地旅游文化研究力度薄弱、开发旅游产品力度不深以及旅游产业同质化现象严重等问题。本文以连南三江镇为例，通过对其区位优势、自然景观、人文景观与瑶汉民族融合等方面的分析，从“瑶汉融合”的角度提出连南地区旅游新的视角和方向。

【关键字】城镇旅游；三江镇；瑶汉文化

随着社会经济的发展和国家出台有关节假日的政策，“小长假”旅游成为都市人的新宠。同时，都市的“快节奏”生活又激发了人们想短暂逃离的愿望，于是前往都市附近的小镇，感受和体验“慢生活”成为当下大多数人的选择。然而，由于“小长假”居多，在时间和空间上都限制了人们进行长途旅游。于是，位于城市周边的山区小镇便成为都市人群在旅游时间和空间上最好的结合点和选择点。本文以粤北山区连南县的三江镇为例，探讨山区城镇旅游发展的新思路，为新时期旅游业的发展提供参考和借鉴。

一、问题的提出：粤北山区城镇旅游发展的困境

粤北山区，按照现在的行政划分，主要包括韶关、河源、梅州、清远、云浮五市。长期以来，受各种因素的影响，社会经济发展水平相对较低，但同时也保留了较好的

---

* 吴平贞，清远市博物馆副馆长兼藏品管理与研究部主任，中山大学文物与博物馆专业硕士。

生态环境和较完整的民族物质文化和非物质文化，构成了鲜明的瑶族、壮族和客家文化生态环境。近年来，受“小长假”旅游的影响，在交通、住宿、饮食、娱乐等方面都有了较大的发展，吸引了不少珠三角地区的人群前来观光、游览、体验，收到了一定的经济效益和社会效应。但同时也应看到，粤北山区的小城镇也存在旅游业发展上的一些共同的困境：在“硬件”方面如交通不便，无法吸引游客前来观光；城镇接待能力较弱，无法满足游客的不同层次的需求；基础配套设施不够完善等等。在“软件”方面，对当地旅游文化的研究力度薄弱，无法深入发掘当地文化特点和亮点，达到深度宣传、深入人心的效果；特色产品开发力度不够，无法产生持续性的吸引力。

此外，旅游产业同质化现象严重。例如阳山县旅游宣传的关键词为“文化”“山水”，南雄市、佛冈县、黎溪镇、蕉岭县等地的旅游关键词也是“文化”“山水”。再以“温泉”为例，南雄、佛冈、东源、平远都以“温泉”为主打品牌[1]。如此，对于游客来说，他们很难在较短的时间内对各地的旅游产品进行细化区分，由此产生了“到此一游”的表象进而成为一种低效旅游；对于旅游地来说，同质化的旅游宣传口号，让它们失去了自我，无法彰显个性特征，更无法提升自身形象和品牌，进而陷入“仅有一游”的窘境。因此，笔者认为，要达到长期吸引省内外游客的目标，粤北山区城镇需充分发掘本地旅游特色，打造亮点，实现个性化发展。

二、城镇旅游资源的个性化开发：以连南三江镇为例

（一）三江镇作为粤北山区城镇的典型性与代表性

三江镇位于广东省西北部、连南县县城的东部偏北，属于粤北山区，是连南县的县城所在地[2]，也是连南的政治、经济、文化中心。西接连山县，东邻连州，南部与涡水、三排、南岗相连，北与湖南接壤。境内西、南、北三面群山环抱，东面有三

1. 郑文均：《概念性规划在粤北山区小城镇的应用研究——以连南县三江镇为例》，哈尔滨工业大学2012年硕士学位论文。

2. 连南县成立于民国三十五年（1946）。中华人民共和国成立后，于1950年成立连南县人民政府，县政府驻三江。随后数十年间，连南县行政区划几经变革，曾一度由韶关市管辖，直到1988年清远建市后，划入清远市管辖。

江河流经，是粤北地区著名的排瑶聚居地之一。[3] 全镇总面积 218.87 平方千米（2017 年统计数据），下辖 10 个行政村、1 个社区居委会、151 个村民小组，瑶汉聚居，全镇常住人口 43768 人（2017 年统计数据）。

三江镇作为粤北山区的小镇，具有典型性和代表性。首先，在地形地貌上，粤北山区地形较为复杂，城镇多分布在群山中少有的盆地上。“九山半水半分田”是对其地形地貌的形象写照。三江镇在这一方面具有典型性。镇的东西两侧为喀斯特地貌，群山延绵，三江河沿南北向川流而过，而主镇区则位于三江河西侧地势平坦之处。[4]

第二，区位因素。区位因素包含自然条件以及土地环境容量、交通运输现状、区域内城镇体系的布局构成和发展趋势等多个方面。[5] 交通运输方面，随着广东省公路网的建设，城镇得以凭借公路找到发展机遇。三江镇也在此列。国道 G323 线贯穿全镇，清连高速和二广高速从镇内通过，镇内村村实现道路水泥硬底化，形成较为完善的交通网络。与粤北其他山区城镇发展相似，“马路经济”现象明显。

三江镇兼具自然旅游景观与人文景观资源。三江镇在民国时期也有集自然景观与人物景观于一体的“三江八景”[6]，同时也具有与其他山区城镇不同的如瑶族耍歌堂、讴莎腰等少数民族特色活动。在旅游资源开发方面，也同样存在开发和利用率低下等问题，尤其是在瑶汉文化融合和城乡协调发展发面用力甚微。

3.《三江镇镇志》编辑工作小组：《连南瑶族自治县三江镇镇志（征求意见稿）》，内部资料，2004 年，第 85—86 页。

4. 三江镇紧邻三江河，早期沿河发展，面积只有 0.4 平方公里，连南设县以后，先后建成了民族一路、民族二路，面积在 1990 年前后扩大到 1.3 平方公里。进入新世纪后，又拓展了东北片区，形成了以政府大楼和顺德广场为中心的新的县城格局，县城范围增至 2.9 平方公里。

5. 郑文均：《概念性规划在粤北山区小城镇的应用研究——以连南县三江镇为例》，哈尔滨工业大学 2012 年硕士学位论文。

6. 三江八景的来由始于民国初年，三江籍文人杨芝泉等追慕各县均有八景之说，于三江境内，访幽寻胜，定出八景称谓。分别是：鹿鸣秋高、伏兔春荫、花径瑶归、桂井残虹、合望夕照、沿潭映月、石泉夜渡、仙楼晚眺等八景。目前除了“石泉夜渡”因三江河淤塞而消失外，其他景色仍在。参考《三江镇镇志》编辑工作小组：《连南瑶族自治县三江镇镇志（征求意见稿）》，内部资料，2004 年，第 238—240 页；广东省连南瑶族自治县政协文史资料委员会编：《连南文史 · 旅游业专辑》（第十二辑），2000 年内部出版，第 15—17 页。

政府政策的支持和资金的扶持是促进粤北山区城镇旅游发展的重要推手和因素，近年来，各地政府都为本地区的发展出台了有利于旅游业发展的规划。三江镇也是政府大力支持和规划的旅游地区。根据《连南瑶族自治县县城区总体规划（2004—2015）》，未来三江镇将成为“一心四轴四片区”（其中，“一心”是指城市中心区，汇集了行政、交通、旅游、休闲娱乐等服务功能；“四轴”蓝轴为沿江景观生态轴线，绿轴为景观生态轴，红轴为商业和服务业轴，黄轴为瑶族风情街和旅游购物中心，突出文物保护和旅游功能）。

因此，笔者认为，三江镇在粤北山区城镇中具有典型性和代表性，深入发掘三江镇的文化旅游资源，并对其进行个案研究，对于粤北山区其他城镇旅游的发展具有一定的借鉴和参考作用。

（二）基于“瑶汉融合”角度的个性化旅游

瑶族是我国民族的一个重要组成部分。据 1982 年的人口统计，共有 140 多万，主要分布在广西、湖南、广东、云南和贵州。其中以广西为最多，约占国内瑶族总人口的66.4%，其次是湖南，占瑶族人口的14.6%。广东瑶族主要分布在连南瑶族自治县、连山壮族自治县及散居在连州、始兴、曲江、阳山、翁源、仁化、乐昌、怀集、阳春、龙门、英德等 10 多个县市内，约占瑶族总人口的 6.8%，[7] 居全国第四。根据清远市民族宗教事务局统计，至 2015 年，清远有瑶族 12.96 万多人，连南是瑶族的主要分布区，全县有瑶族人口 9.2747 万，占全县总人口的 54.32%，占清远市瑶族人口的 71.56%，分布在占全县总面积 88% 的山区，是粤北山区瑶族的主要聚居地。笔者认为，三江镇作为瑶汉民族交往、融合的中心地，应以“瑶汉融合”民族友好交往的角度开展个性化旅游产品开发和宣传，以别于其他粤北山区的城镇旅游。

三江镇历史悠久，考古工作者在城东北的猫公山岩洞里发现新石器时代的石锛、石刀和夹砂粗陶以及制陶用具，说明早在五六千年前，已有人类在此生息，并从事原

7. 杨鹤书、李安民、陈淑濂：《八排文化——八排瑶的文化人类学考察》，中山大学出版社，1990 年，第 1 页。

始的农业生产。[8]“三江八景”之一的“伏兔春荫”[9]所指即为此山的优美风景。

三江镇也曾是粤北山区历史上重要的军事重镇和经济贸易集散地。历来为连州所辖，隶三属中的“捕属”。所谓“捕”，有掌捕盗、防“猺乱”、保治安之意，这是由三江特殊的军事地理位置来决定的。自五代以来，从湘境陆续入粤北连阳一带的瑶人，至明初（1368 年以后）已大体定居于八排二十四冲。三江是汉瑶族的交接地带，东塘讯炮台南控“外三排”（油岭、南岗、横坑），鹿鸣关是北江掌钥，雄险天成，西扼“内五排”（军寮、火烧、大掌、里八峒、马箭）出入州城的咽喉。明清两朝，八排瑶发展壮大后不断起事，朝廷频频派兵征讨……这些战争虽没有在三江面开打，但各省大军云集，必屯兵于鹿鸣关下的三江口；军需供应和后勤工作，也必依赖于三江。所以在旷日持久的战争中，三江的军事地位越来越显得重要。康熙末和乾隆初建造两座城池后，三江便由名不见经传的小地方，崛起为粤北军事重镇。[10]“三江八景”之一的“鹿鸣秋高”，即指三江镇重要的军事关口——鹿鸣关。[11]

---

8. 参考《三江镇镇志》编辑工作小组：《连南瑶族自治县三江镇镇志（征求意见稿）》，内部资料，2004 年，第 80 页。

9. 伏兔春荫，指县城东北面的伏兔山，该山从西面看似兔，从东面看似猫，因此又名猫公山。山上灌木郁郁葱葱，山下古榕参天蔽日，村寨环山拥抱，与县城连为一体。玉兔伏于四季如春的林荫里，故取名“伏兔荫春”。该山有几处山岩石洞，曾发现不少新石器时代的石刀石斧和夹砂粗陶，是考古学家值得探秘之地。抗日战争时期，广东省国民政府迁移至此达 4 年之久．当时的省长吴铁成在山洞崖壁上刻下“义愤难容”四字，现在笔迹犹存。参阅：广东省连南瑶族自治县政协文史资料委员会编：《连南文史 · 旅游业专辑》（第十二辑），2000 年内部出版，第 16 页。

10. 参考《三江镇镇志》编辑工作小组：《连南瑶族自治县三江镇镇志（征求意见稿）》，内部资料，2004 年，第 80 页。

11. 鹿鸣秋高，位于县城西面 2 公里处的鹿鸣关。鹿鸣关原名鸡笼关，是连南通向连山的必经之路，路之右傍高山陡坡，左悬岩壁深沟，关口一山墩与高山相夹，形成一夫当关万夫莫开的险津要隘，合似鸡笼门户，因此得名。后来传说，关山上常有鹿引颈而鸣，故清道光年间，同知徐维清将此改为鹿鸣关。过去，这里建设有烽火台一座，清王朝曾在关下陈兵一营汛，乃围困瑶山的一个据点。民国时期，关口建有一座凉亭，亭上横书“鹿鸣秋高”四个大字。参阅：广东省连南瑶族自治县政协文史资料委员会编：《连南文史 · 旅游业专辑》（第十二辑），2000 年内部出版，第 15 页。关于“鸡鸣关”的由来，李来章在《连阳八排风土记》中也有记载：“绝湟水约三十里，至鸡鸣关，或云鸡笼关。士人断断征其说云：关以内四山偏塞，人处其中，如鸡在笼；或云：在县东出，路旁无居人，至关，其麓与连州接壤，始闻鸡鸣。近说近理，因从众呼为鸡鸣关。”

经贸方面，明以前，三江地区的商品交易集中在连州县城进行。明初，在今东和村的东和完全小学附近建立圩集，俗称为“上老圩”。当时圩集濒临河道，水路交通方便。到了明朝中期，因河道流向的变迁，水路交通已不便了，圩集迁到原上老圩往下约半里处，称为“下老圩”。此处濒临河道，至今留下有街道、商店遗址。清康熙四十三年（1704），建立三江老城。驻军增至2000人，商业亦随之繁荣。在清朝道光至光绪（1821—1908）的近百年间，城西老城的商业活动相当兴旺，吸引了不少外来商人，其中南海县商人在光绪年间，集资在城西建立“南海会馆”，籍以集会联络同乡感情。由此可见，当时的南海县籍商人来此经商的盛况。民国初期，商业重心又逐渐转移到城东高良圩（今城东地区），尤其是民国十四年（1925）创建高良圩亭后，圩集更加繁荣。据统计，抗日战争期间，共有商店62间，另有客寓中伙栈8间。抗战胜利后，广东省政府南迁，连县顿显冷清，但作为高良上乡的商贸集散地的三江，其繁荣景象仍不减当年，并一直持续到中华人民共和国成立初期。集中体现在圩尾至东门口，长不足300米，宽仅4米多的泰安街上（即现在朝阳路卫生防疫站至农贸市场），街道两旁的店铺鳞次栉比，各地商贾纷至沓来，构筑了无限商机，其中“满记、夏兴，及何传的布饰服装店等都是专门为瑶胞服务的”[12]。另据《广东民族关系史》记载，民国时期有大量的汉商驻扎在瑶区，“连南八排瑶区的驻扎商共一百三十八家，其中南岗、油岭等瑶排平均十五户左右便有一家。驻扎商大大地方便了瑶族群众的生产生活，深受欢迎，他们为沟通瑶汉产品的交流、活跃两族经济乃至密切两族关系都起到了积极的良好作用。”[13]瑶汉民族之间经济交往繁密可见一斑。

三江镇历来都是瑶汉民族融合之地。排瑶聚族而居，自成村落，形成小聚居，但其外为汉区所环绕，二者之间并不存在不可逾越的疆界。两族“村落相望，田土错连”，往来甚密。在漫长的历史岁月中，两族人民虽然曾有过隔阂[14]，但友好交往是

12.《三江镇镇志》编辑工作小组：《连南瑶族自治县三江镇镇志（征求意见稿）》，内部资料，2004年，第118—120页。

13.练铭志、马建钊、朱洪：《广东民族关系史》，广东人民出版社，2001年，第487页。

14.参见民国十七年《连山县志》卷十四《历代绥猺政策上》。

主流。瑶汉之间生产技术上互相学习，物质资料上互通有无，文化上互相吸收，形成不可分割的互相依存的关系。[15] 其主要表现在以下几个方面：

第一，经济方面。瑶汉间的交换关系历史悠久、范围广泛，由于二者的不同生态区而形成了相互依存的经济关系。瑶区因其地理条件的限制，部分商品需要到汉区市镇上进行交易，尤其是铁质的农具、盐等生产生活物资更是需要汉区供应；同样，汉区也需要瑶族山区的一些特产，例如木材、药材和山货等。据解放初期的调查，在南岗的成年人中，绝大多数的人都到过汉区市镇出售农林产品，购回生产和生活日用品。另一方面，汉人到南岗经商和从事手工作业在 100 多年前（清末）就开始了[16]。此外，瑶、汉之间的借贷、雇工关系也相当密切。如在 1946 年，邻近连阳县闹大饥荒，每年都有大批汉人来瑶排等工作。瑶人亦因收获季节与汉区不同以及无田户较多，每年也有不少人到汉区做短工。瑶人在青黄不接时，很多人靠借贷生活。由于在瑶族内部借贷的利息很高（利率达 100%—500%）且多以田地作为抵押，所以很多瑶人会通过关系到汉区去借贷。同样，汉区也有到瑶区借贷的，但多是在农作物收获期借实物，少部分则会向富裕的瑶人通过关系进行低利或无利借贷。[17]

第二，文化方面。瑶族的建筑、服饰、刺绣、语言、歌谣、舞蹈、神话传说等都具有浓厚的民族特色。在没有本民族文字的情况下，这些东西都通过口述相传。瑶汉间的互相交往，在文化上的影响主要表现在：建筑上，由于汉区砖瓦技术的传入，在瑶区也出现了砖瓦房、油漆窗和雕花纹的墓碑；由于汉文字的传入，很多歌谣、巫经、契约已用汉字记载；在农业生产技术上，汉人的一些耕作技术也传入瑶区，如玉蜀黍与黄豆间种方法、番薯由平地种改为行种等。此外，在瑶经上叙述李广、太上老君以及传说中的梁祝故事等都体现了瑶汉之间的文化吸收和融合在不断加深。

---

15. 练铭志：《略论连南排瑶与汉族的历史关系》，广东省民族宗教研究院、中山大学人类学系、连南排瑶文化教学科研基地编：《排瑶研究论文选集》，广东人民出版社，2013 年，第 361 页。

16. 广东省编辑组：《连南瑶族自治县瑶族社会历史调查》，《民族问题五种丛书》，民族出版社，2009 年，第 16—18 页。

17. 广东省编辑组：《连南瑶族自治县瑶族社会历史调查》，《民族问题五种丛书》，民族出版社，2009 年，第 19 页。

第三，社会交往方面。瑶汉之间的友好关系更为明显。主要表现为：（1）“挨伙计”“认同年”。“挨”，瑶语是“做”的意思，“挨伙计”就是做朋友。“认同年”相当于汉族的结拜兄弟，关系比前者稍深。据调查，金坑区（乡 / 镇）内田坑排瑶约有 50% 的户与汉族有“伙计”或“同年”的关系[18]，而附城区（乡 / 镇）城西村（行政村）梅村汉族中华人民共和国成立前有 70% 以上的成年男子与瑶胞交过朋友，有的人同时有几个甚至十几个“伙计”或“同年”。汉族老人潘启理由于替汉商经营木材，经常出入瑶山，先后同 19 个瑶胞认过“同年”，每逢赶集或节日，家里挤满了瑶族客人，彼此关系十分融洽密切。[19]但需要指出的是，这种交往在排瑶之间虽然很普遍，但多限于贫苦的劳动人民之间。（2）认契爷（拜干爹）。瑶人生孩子后怕自己的命不好，难以养活，于是让孩子认他人为契爷（干爹），意思是托庇别人的福荫。不但在排内互认，也到汉区内认汉人为契爷。后者的孩子常被命名为“坚贵”或“坚单”，全名如“邓坚单二”“邓马冷坚贵一”（意为汉人之子）。此外，也有汉人认为瑶人“命烂”，容易成长，带子女到排瑶认契爷的。认契爷后，凡婚丧、节日都有来往和送礼。[20]（3）互相领养子女。由于传宗接代思想和社会习惯以及其他一些因素的影响，领养子女之风在排瑶颇为盛行。这种领养虽有排内族内互领的，但以领养汉族子女居多。据调查，中华人民共和国成立前南岗排共领养小孩 17 人，其中属于汉族的有 12 人，占 70% 强。[21]

最后，汉人入籍瑶族。由于历史和现实等原因，部分汉人移居到瑶区与瑶民长

18. 广东省编辑组：《连南瑶族自治县瑶族社会历史调查》，《民族问题五种丛书》，民族出版社，第 142 页。

19. 练铭志：《略论连南排瑶与汉族的历史关系》，广东省民族宗教研究院、中山大学人类学系、连南排瑶文化教学科研基地编：《排瑶研究论文选集》，广东人民出版社，2013 年，第 370 页。

20. 广东省编辑组：《连南瑶族自治县瑶族社会历史调查》，《民族问题五种丛书》，民族出版社，第 19 页。

21.《广东连南瑶族自治县南岗、内田、大掌社会历史情况调查》（铅印本），1958 年，第 23、83 页。

期交往后，经双方同意，履行一定的手续后[22]，部分汉人也可以加入瑶籍。这是瑶汉民族融合的重要体现。瑶汉两族血统融合的事例，古籍和地方志亦有记载。例如屈大均在《广东新语·人语》中记载："诸傜率盘姓……其非盘姓者，初本汉人，以避赋役潜窜其中，习与性成，遂为真傜"。民国《连山县志·排瑶志》中也有言："盘姓为真瑶，异姓为赝瑶"等。此外，排瑶族谱和群众中也有这样的记载和传说。如，南岗排瑶族老人邓瑶冷公说，他们祖先原是嘉应州（今梅县）汉人，祖先到瑶山，与唐、盘、房等姓排瑶"挨伙计"，日久定居，遂成瑶族[23]。

综上，笔者认为，连南三江镇的个性化旅游，应深度发掘三江历史文化背景和内涵，依托于现有的"三江八景"，对其中的集自然景观与人文文化于一体的"伏兔春荫""仙楼晚眺"[24]等景点进行大力开发和宣传，对三江镇是瑶汉民族友好交往的聚居地的历史进行深度挖掘和探讨，从而进行"个性化"旅游产品开发，以"人无我有，人有我优"的优势长期吸引不同类型的游客前来体验、感悟。

三、小结

一个具有旺盛生命力的旅游地需要满足不同类型游客的多种需求，归纳起来主要体现在六个方面：吃、住、行、游、购、娱。作为粤北山区城镇的三江镇，也应从

22. 按南岗入族成规，入族要履行一定的手续：首先找结拜兄弟对象，双方志愿，在征得本房同意后，请先生公择吉日，然后于吉日举行入族仪式：请先生公念经拜祖，宴请本房和村中有威望的老人，当事人声明正式入某房族，并与某人作兄弟，最后取名。至于入族手续的繁简，还要视入族者具体情况而定。若是久居瑶排，为广大瑶胞熟悉，而且关系很好。为人老实，手续则要从简。若系外来生人或在汉区犯罪窜到瑶排避难的人，手续则要从繁、从严。参阅唐彪：《瑶汉人民的友好情谊源远流长》，《三江镇镇志》编辑工作小组：《连南瑶族自治县三江镇镇志（征求意见稿）》，内部资料，2004年，第284—285页。

23. 广东少数民族社会历史调查组编印（内刊）：《广东北江瑶族情况调查》，1951年，第38页。有关于"生瑶""熟瑶"及瑶汉之间关系的转化等问题的讨论，参见（美）詹姆士·斯科特著，王晓毅译：《逃避统治的艺术：东南亚高地的无政府主义历史》，生活·读书·新知三联书店，2019年，第144、145页。由于这些问题过于宏大且不在本文讨论范围内，故此处从略。

24. 仙楼晚眺，即九隍庙。位于县城西郊淳溪中学东侧。九隍庙是建于清朝初期的释家庙宇，一座三进，逐层递高，清静幽雅。在落日余晖之际，登上殿阁，晚眺三江，城廓村庄，河流田园尽收眼底。建国后，庙宇改为木材加工厂，20世纪80年代初拆毁改建电线厂。

这六个方面改善和提高，吸引游客。如在“行”上，改善和完善城市交通路线，打造“3小时旅游圈”（三江镇距离清远市区约180公里，驾车约2个小时；距离广州市区245公里，驾车约3个小时；距离韶关市区225公里，驾车约2.7个小时）；在“游”上，除了传统的几条瑶族风情观光点之外，更要深度挖掘三江镇历史，发掘其历史、文化价值，并进行宣传，提高旅游质量，走“精品旅游”路线（如2019年10月动工的“鹿鸣小镇”项目，该项目选址在“鹿鸣关”，包括精品商业、康养度假、特色酒店、茶山观光、农耕体验等五大功能板块，建成后有望将连南生态和民族文化优势转化为经济优势，大大提高旅游品质和体验，成为连南旅游的一个精品项目）；在“娱”上，政府则应加大资金投入，基本设施、配套设施方面要进一步提高和改善以提高接待能力和承载能力等。

连南瑶山有优美的自然风光和独特的人文景观，如奇山秀峰、临海飞瀑、溶洞温泉，奇花异树，民族风情、排瑶古寨等，远近闻名，吸引众多的国内外游客前来观光旅游。为此，连南县委、县政府作出了“大力发展以瑶族风情为主的旅游业，促进民族经济发展”的战略决策。[25] 此外，笔者认为，作为瑶汉融合聚居地的三江镇，更应将目光聚焦在“瑶汉融合”的历史文化底蕴上，重点发掘瑶汉之间在经济、政治、文化和社会交往上的互动与交流，为连南旅游提供新的视角和发展方向。期待未来有更多的材料和线索发现，将这一研究视角进一步推向深入。

25. 许文清：《粤北瑶族研究》，香江出版有限公司，2002年，第109—110页。

后 记

2015 年 10 月 11 日，广东省民俗文化研究会第四次代表大会暨岭南祠堂文化研讨会在汕尾市红海湾隆重举行。大会选举产生了新一届广东省民俗文化研究会理事会，推选时任广东省博物馆副馆长肖海明博士为新一届广东省民俗文化研究会会长。研究会的各项工作开启了新的征程。

广东省民俗文化研究会着力推进广东民俗研究的深度和广度，通过与各地文博机构合作，以定期举办研讨会的形式构建学术交流平台。五年来，广东省民俗文化研究会在 2016 年、2018 年、2019 年分别与顺德博物馆、东莞福木源博物馆、深圳博物馆合作，举办了“民俗与水神信仰研究——广东民俗学术研讨会”“不忘初心 鼎力传承——广东民俗与民间工艺学术会议”“民俗与旅游——广东民俗学术会议”。三次会议参会人员近 200 人，提交论文 60 余篇，有效促进了广东民俗的研究和学术交流。2018 年，广东省民俗文化研究会与中国民俗学会、广东省博物馆共同主办了有 300 多人参加的“中国民俗学会第九届代表大会暨 2018 年年会”，密切了研究会与国内外民俗学者之间的交流与合作，进一步坚定了研究会以学术研究为主要发展方向的信心。

顺德、东莞、深圳三次会议的成功举办，首先要感谢顺德博物馆、东莞福木源博物馆、深圳博物馆对会议的大力支持，同时也要感谢广东省民俗文化研究会各位会员的积极参与，感谢秘书处兰维、黄苏哲、陈慧、郑文菊、胡相花、李扬、陈瑜等各位同仁的辛勤付出。

论文集由广东省民俗文化研究会和深圳博物馆主编，深圳博物馆资助出版经费。广东省民俗文化研究会会长、广东省博物馆馆长肖海明和深圳博物馆馆长叶杨统筹出版事宜；广东省民俗文化研究会副会长、深圳博物馆副馆长蔡惠尧负责协调；广东省民俗文化研究会秘书长、广东省博物馆学术期刊部副主任兰维具体负责论文集编写工作，确定了全书体例并进行图文的全面校对；深圳博物馆历史文化研究部主任张冬煜跟进和落实论文集出版事宜，田雁、郑颖、吴翠明、王昌武等同仁参与了论文集编辑工作，田雁对全书文字、图片进行了仔细校对。同时，要感谢广东省民俗文化研究会各位同仁和作者的支持与理解，正是大家的坚持与努力，论文集最终得以顺利出版！

论文集所选论文涉及民俗的广泛领域，囿于编者水平，错漏和不足之处还祈请各位专家批评指正。